正在遇见的革命
百家争说"物π网"

PHYSICAL INTERNET

田民 | 总策划　马宏 | 主编

文汇出版社

图书在版编目（CIP）数据

正在遇见的革命：百家争说"物π网" / 马宏主编．－－上海：文汇出版社，2022.10
ISBN 978-7-5496-3853-6
Ⅰ.①正… Ⅱ.①马… Ⅲ.①物流 Ⅳ.①F252
中国版本图书馆CIP数据核字(2022)第136736号

正在遇见的革命：百家争说"物π网"

总 策 划	田 民
主　　编	马 宏
责 任 编 辑	戴 铮
装 帧 设 计	智 勇

出 版 发 行	文匯出版社
	上海市威海路755号　（邮政编码200041）
经　　销	全国新华书店
印 刷 装 订	上海颛辉印刷厂有限公司
版　　次	2022年10月第1版
印　　次	2022年10月第1次印刷
开　　本	720×960　1/16
字　　数	260千字
印　　张	22
书　　号	ISBN 978-7-5496-3853-6
定　　价	156.00元

源起

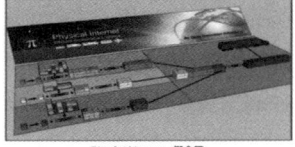

3月14日,被称为"中国PI第一人"的"物界科技"创始人、"顺丰集团"前CTO/"顺丰科技"前CEO田民,借"π(PI)Day"这个特别的日子,介绍了"超越今天传统物流模式的一次颠覆式创新和范式革命"——Physical Internet(PI),并展示了欧盟和日本等实施Physical Internet的路径图和时间表。

一石击起千层浪。

这个名词已经出现了12年,但至今还没有找到准确中文翻译的Physical Internet,不过是又一次"新瓶装旧酒"的概念炒作,还是一场确确实实的终局"范式革命"?这就是5年前我们在《无法预见的革命》一书中说不清道不明、但感觉已扑面而来的"新物流",还是依然不过是理想主义"痴人说梦"的遥远幻想?实体(物流)世界,最终也能像数字(信息流)世界一样,构建起它的物理网络世界(Physical Internet)吗……

目 录

II 序一
IX 序二
XIII 序三

认知派细究概念 趋势派质疑派分庭抗衡

002 概念认知派
007 趋势派
012 质疑派

行动派躬身入局 拥抱派观望派各抒己见

020 积极拥抱派
027 行动派
036 观望派

技术视角小心求证 资本视角大胆假设

044 技术视角
056 资本视角

行业协会宏观把握 咨询服务见仁见智

068 行业协会视角
078 咨询服务视角

一石击起千层浪 百家争说物 π 网

094 颜艳春 | 物流产业互联网（π 网）正呼啸而来
101 金岩石 | 从《清明上河图》到 Physical Internet
103 宋　华 | 炒作还是趋势：如何认识"物 π 网"
105 王孝华 | PI 就是一个伪命题

105	陈　春	协同：PI 生态形成的关键战略
111	刘世宏	PI（π）：新一轮经济时代的物流科技驱动力
115	尹军琪	尹 PI：软件定义物流
117	罗　浩	PI 视角解构物流企业的数智进化路径
122	刘　波	开启 Physical Internet 美丽新世界
125	常欣然	未来新世界：PI x IP
127	相　峰	PI：重构物流体系
128	牟屹东	PI：如何实现内容物的标准化
130	宋　伟	中国托盘：能否弯道超车
132	曹文洁	PI 并非只是理想国
133	陆　玥	大象无形，大音希声
136	褚方鸿	"蚂蚁"如何"雄兵"
140	徐水波	技术、模式、组织和物流的行业本质
142	钱　钰	PI：重构我们的做事方法
144	张玉晶	三个成语，话说 PI 的"落地之路"
146	陈　磊	我的"铁皮箱"之梦
148	饶国荣	理想很丰满　落地不容易
150	刘雪飞	要模仿　先理解
152	李国杰	"PI 思维"助力抗疫保供
154	潘　炜	抢菜、通行证与 PI 的局部实践
155	尚尔斌	3·14，不过是一个平常的日子
157	高小美	PI：统一大市场的基石
160	詹斯敦	新供应链思维已然到来
164	罗辉林	PI：物流竞争的新武器、新方法、新战场

| 172 | "罗马对话"：技术进步与组织创新 |
| 181 | "褚马对话"：联盟、联邦与"重新连接" |

目录

寻找 PI 企业

196　"物界科技"：PI 原生科技创新公司

198　"木牛流马"和"立镖机器人"：PI 基础的一环

200　"中物汇智"：标准化封装难题——BSIM 搭建 PI 元宇宙

201　"辰达物联"：PI 底层协议和 IP 地址基础——"容器编码"

204　"万位数字"：致力基于位置的场景化解决方案

206　"冰魔方"：细分领域的 PI 实践者

207　"派天下"：理想的 PI 应用实验场景——高速公路网络

209　"共生物流"：物流工业互联网（物π网）实践

213　"货运中国"：致力打造全流程物流运营的共享云服务平台

215　"德坤供应链"：是技术是网络，更是思维是生态环境

217　"金润数科"：PI "生命体"及其"神经系统"

219　"云运智科"：赋能新一波 PI 大众创业的"π 商"

221　"有信运"：给您一台"矿机"，让您成为"数字化员工"

223　他山之石：三家经典的 PI 企业

PI 最前沿……

234　实物互联网容器：高效运行的智能模块化容器

242　实物互联网设施：网络节点

264　实物互联网网络：多层弹性超链接物流网络设计

284　实物互联网运营：可持续化的超链接物流实现

304　驱动面向大规模全行业部署的"元联网"

后记

314　2022 年：PI 定义"新物流"

序一

本书对如何构建"实物互联网(Physical Internet，简称 PI)"以及发挥其价值等问题展开了深入的讨论，并且提供了一些方向性的建议。无论是在中国还是其他国家，无论是城市还是乡村，实物互联网都将更加高效公平、具有弹性、安全且可持续地满足人类对于实体对象（商品、货物等）及其所提供的服务的需要。实物互联网为实体对象（商品、货物等）的移动、部署、生产、供应、设计和使用提供了一种更加高效的模式，为实现持久、无缝、高效的供应链提供了新的基础设施。在当前供应链和物流领域，全球各地区和各行业都面临社会、经济和环境不可持续的三大挑战，实物互联网是一个非常大胆的探索，旨在帮助政府、产业、企业和从业人员等利益相关者，在全球范围内可以大规模和指数级提升现有供应链的能力与效率。

以一种更加弹性和可持续的方式大幅度提升现有物流和供应链的能力和性能是提出和推动实物互联网最基本的理念。从经济层面，实物互联网的目标是降低商品流通成本，打造更加稳健和更具有复原力的供应链，提升业务的连续性，优化需求结构，并把握新的商机与发展机遇；从环境层面，实物互联网的目标是显著减少由物流运输引起的温室气体排放、能源消耗（特指不可再生、非清洁能源）、废物、污染、交通拥堵、气候变化以及对生态系统的破坏；从社会层面，实物互联网的目标是显著提高运输、物流和供应链从业人员以及所有人的生活质量、健康和安全，以适当的价格和时间改善商品的可及性和可用性，实现更快、更便捷的发货、取货、退货，以及新颖的服务能力。

上述实物互联网的目标是非常宏伟的，但这些目标都可以在技术上分解和对应到现在物流和供应链中无处不在的痛点。举例来说：提高货车装载率，减少空驶、降低总里程；降低处理散货和交叉转运的时间和成本；促进多式联运和不同运输工具之间的协同；提高可视性和可追溯性；增加清洁能源的使用；提高司机和从业者的生活质量；减少包装材料浪费；减少货运引起的交通堵塞；改善城市第一和"最后一公里"服务；提升全渠道物流能力；减少对交通基础设施扩建的需求；提高产品的可用性，提高交付和取货的速度、精确度及便利性；提高生产和仓储设施的使用效率；减少库存，避免生产过剩浪费；促进小批量多批次；降低交易、管理成本和交易复杂度；减低跨境运输的复杂性和延误，提高国际部署能力；保障供应链的安全性、韧性和弹性；增强智能化和模块化、自动化能力；提升创新步伐、范围和规模。

无论从宏观高层次发展还是从微观技术角度物流都呈现出大量纵横交错的痛点，并且面临巨大的挑战，实物互联网是从底层进行全面思考的解决之道。实物互联网对于许多专业人士来说也是难以想象的，也一定会有人质疑实物互联网所描绘的是否是个"乌托邦"？这正是本书的核心价值：200多位业界专家齐聚一堂，呈现自己不同的观点、认知和疑虑。这是构建宏伟愿景的必经之路，书中也将会开放和建设性地从多个角度探讨实物互联网在中国国情下的潜在发展路径、优先发展方向和蓝图。

实物互联网的概念建立在数字互联网的隐喻之上，但不是简单的复制。数字互联网处理的是"字节"世界的"信息"，而实物互联网处理的是"原子"世界的"物体"：两者之间存在很大差异，特别是在时间、速度、成本结构、物质属性、与人类和环境的关系等方面。互联网将一个个"孤岛"超链接在一起是一种范式革命，对人类的影响十分深远，这些都依赖世界标准的数据包结构和协议、万维网的普及，以及应用和API的创新。通信和计算机与分布式移动技术和设备的融合、云计算和云存储的转变，万物互联的物联网、基于数据的数字智能，最终迎来了智能建筑、智慧城市和智能基础设施全面爆发的时代。此外，数字互联网改变了几十亿人的生活方式、大多数企业的经营方式和服务方式，以及政府管理和服务的方式，实物互联网络也将充分发挥其潜力，发挥与数字互联网类似的优势。

从技术上讲，实物互联网可以定义为一个超链接的全球物流系统，通过标准化的封装、模块化、协议和接口实现无缝的开放资源共享和整合，从整体上全面提升物流的能力、效率、弹性和可持续性等。超链接指的是组件和参与者在多个层面（数字、物理、操作、业务、法律和个人）上随时随地紧密互链。实物互联网是政府、学术界、产业界和企业共创、共建、共享的产物，是高效协同和公平开放的下一代物流网络的基础设施，旨在全面解决行业发展遇到的经济、社会和环境不可持续的挑战。

实物互联网如数字互联网一样是一个高度复杂的开放系统，实施初期需要把握并聚焦重点。借鉴互联网发展过程中分而治之、互联互通的思路，重中之重是分解实物互联网的核心要素，将复杂的物流活动分层解耦、分工协作，进而构建新的物流网络。例如，标准模块化的物流容器，以及适应这些容器的物流设备和技术；标准化物流协议；经认证的开放式物流设施和方式（道路、水路等）；全球物流监控和追溯系统；开放的物流决策和交易平台；通过数据驱动分析、优化、模拟和数字孪生等数字智能技术实现决策支持和自动化；认证的开放物流服务提供商。

互联网的爆发源自万维网和众多应用让世界各地的用户都可以方便快捷地接入和使用互联网，因此也需要建立一个物流的万维网让零售商、分销商、制造商和物流服务提供商等都能便捷地接入和利用实物互联网。

实物互联网须分阶段构建，必须进行测试、试点和逐步解决过程中遇到的难点。大规模实施必须具有切实可行的战略愿景、路线规划、行动计划、商业模式和风险投资。企业可以选择初步构建区域性、垂直行业的局域网，充分进行横向协作和纵向协调，各国家、地区、城市以及产业部门也可以采取类似的方式。

在全球范围内，实物互联网已经开始逐步形成，欧盟和日本颁布的实物互联网建设路线图已经在政府和产业之间达成共识。一些物流巨头也纷纷加入早期建设中来，如美冷、顺丰、UPS和Yamato；平台型企业也加入其中，如Convoy和Uber Freight；零售巨头如亚马逊、American

Eagle 和 Shopify；MiTek 和宝洁等制造商；以及越来越多的创业公司，如 Flexe.com、物界科技、Ponera Group 和 Stord 等。

本书作者众多，书中阐释了他们的观点、愿景、抱负、担忧与批判，这对全球实物互联网领域不断增长的文献资料提供了重要补充；同时，这是由中国发出的一个强有力的推动信号，以战略愿景和变革性方案加强供应链能力建设是未来支撑中国、亚洲与全世界繁荣和可持续发展的关键。

最后由衷地感谢田民先生，因为他的不懈努力才使这本书得以成形。

Benoit Montreuil
班旺·蒙特勒伊
美国佐治亚理工学院 工业工程学院 教授
实物互联网研究中心 主任 / 供应链与物流学院 主任

This book on the Physical Internet (PI) is about opening deep discussions and steering action in China and around the world on how to shape, deploy, and leverage it to fulfill humanity's needs and demands for physical objects and their services efficiently, fairly, resiliently, safely, securely, and sustainably, across the world, within each region, city, and rurality on the planet. It is about enabling and enacting persistent seamless high performance in moving, deploying, realizing, supplying, designing, and using physical objects, including notably food, pharmaceuticals, materials, microchips, vehicles, equipment, to name a few. It is a bold quest, aiming for order-of-magnitude improvement over current capabilities and performance, on a massive worldwide scale and scope, to meet the societal, economical, and environmental supply chain and logistic challenges met across industries and territories by all stakeholders, be they industry, government, or people.

The inception of the Physical Internet was driven by deep constatation that the capabilities and performance current state of logistics and supply chains needs to be improved significantly in a resilient and sustainable way.Economically, the aim is to reduce induced costs as well as prices to customers, to enable more robust supply chain and business continuity and better overall demand and disruption responsiveness, to generate novel business opportunities and economic development opportunities. Environmentally, the aim is for significantly reducing supply chain, logistics, and transportation induced greenhouse gas emissions, energy consumption (special non-renewable, non-clean), waste, pollution, traffic, congestion, climate change, and ecosystems destruction. Societally, the aim is to significantly improve the quality of life, health, and safety of people working in transportation, logistics, and supply chains, and more broadly of all people; to improve goods accessibility and availability at adequate price, proximity, and leadtime; to achieve faster, more convenient delivery, pickup, and return of goods; and to enable novel service capabilities.

The Physical Internet aims expressed above are stated at a very high level. For those engaged in supply chain, logistics, and transportation, these aims can be technically transposed into correcting ubiquitous challenging symptoms at grand scale. Examples include increasing the fill rates of transport means, reducing empty travel and excess travel; reducing break-bulk and cross-dock times and costs; improving multimodality and enabling synchromodality; increase visibility and traceability; increase clean energy usage; improve the quality of life of vehicle drivers and operational workers; reducing packaging materials waste; reducing traffic and congestion induced by freight transport;improve urban, first-mile and last-mile logistics; enhance omnichannel logistics capabilities; reducing the needs for transportation infrastructure expansions; improving product availability; improving delivery and pickup velocity, precision, and convenience, reducing induced costs and lateness; increasing facilities utilization, notably related to production and storage capacity; reducing overall inventory; reducing overproduction waste; reducing the de facto economic lot sizes, illustratively from a truckload to a pallet-equivalent, to a case/tote equivalent, and eventually to the single unit level; reducing the transactional and administrative cost and complexity; reducing cross-border complexity and delays; enhancing international deployment capabilities; improving supply chain security, robustness, and resilience; enhancing smart and modular automation capabilities; and enhancing the innovation pace, scope, and scale.

This wide-spectrum portfolio of symptom-induced high-level and technical aims reveals the grand challenge that the Physical Internet has been conceived to help address. At the same time, it may well be perturbating those trained and used to tackle a very limited set of problems concurrently and may Appear to many as pure utopia. Presenting different views, perceptions, uncertainties relative to the pertinence for such as grand vision and blueprint, the potential evolution pathways from the current state, the priorities, and the orientations to favor, is at the core of this book on the Physical Internet. Such an open multi-perspective exposition is sane, opportune, and constructive.

The conception of the Physical Internet builds upon the metaphor of the Digital Internet. It is in no way meant to be a mere copy or transposition. The Digital Internet deals in the byte world while the Physical Internet deals in the atom world: there are big differences, notably in terms of clock time and velocity, cost structure, nature of items, relationship with humanity and with the environment. Yet there is much to leverage from the learning and capabilities gained through the foundational shift from pre-internet isolation to universal interconnectivity, the reliance on world-standard data packet structures and protocols, the overlay of the world wide web and the innovative flow of Apps and APIs, the merging of communication and computing into distributed mobile technologies and devices, the transformative evolution toward cloud computing and storage, the connection through the Internet-of-Things to machines, devices, and sensors, the growth of data-based digital intelligence, and the overall hatching of an era of smart buildings, smart cities, smart communities, and smart infrastructures. Also, the Digital Internet has huge impact on the way of life of billions of people, the way of doing business and serving clients for most corporations and enterprises, and the way of governing and serving populations for most governments at all levels: leveraging the Digital Internet, the Physical Internet has potential to do similarly in the spectrum of physical objects.

Technically, the Physical Internet can be defined as a hyperconnected global logistic system enabling seamless open asset sharing and flow consolidation through standardized encapsulation, modularization, protocols, and interfaces to improve the capability, efficiency, resiliency, and sustainability of fulfilling humanity's needs for physical objects and their services. It is said to be hyperconnected as its components and actors are intensely interconnected on multiple layers (digital, physical, operational, business, legal, and personal), ultimately anytime, anywhere. The Physical Internet is fundamentally an artefact, conceived to help address worldwide logistics and supply chain challenges. It is a collective construct engaging business, government, academia, and people from all over the world.

As the Physical Internet is a complex open system of systems, as indeed is the Digital Internet, it may be able to grasp and to focus implementation priorities. It is important to decompose it into its basic building blocks, such as standard modular logistic containers, as well as logistic equipment and technology adapted to these containers; standard logistic protocols; certified open logistic facilities and ways (roadways, waterways, etc.); global logistic monitoring and traceability system; open logistic decisional and transactional platforms; decision support and automation through digital intelligence such as smart data-driven analytics, optimization, simulation, and digital twin; and certified open logistic service providers.

As the digital worldwide web and its multitude of Apps are enabling users around the world to leverage the Digital Internet, there is a need for putting in place a Logistics Web for enabling retailers, distributors, manufacturers, transporters, deliverers, etc., as well as citizens throughout the world, to take advantage of the Physical Internet.

Such a construct as the Physical Internet requires a phased implementation. There must be tests, pilots, focused tackles. There must be strategic vision, roadmApping, action plans, business models, ventures. Corporations may select to first explore and engage through a Physical Intranet phase, with the same concepts and principles, yet bounded to their organization and ecosystem. Regions, cities, and nations may do similarly, as well as industry sectors.

The Physical Internet is already starting to exist, as reflected through the European and Japanese Physical Internet roadmaps embraced by both government and industry at large; the early moves made by service providers such as Americold, SF Express, UPS, and Yamato, platforms such as convoy and uber freight, retailer-focused giants such as Amazon, American Eagle, and Shopify; manufacturers such as MiTek and Procter & Gamble; and a growing number of startups and ventures such as Flexe.com, WaterMirror, Ponera Group, and Stord.

This book, with its vast number of authors providing their perspective, vision, ambition, worries, and/or critics, is a significant addition to the growing body of literature on the Physical Internet. It is a strong action-driving message by the Chinese community about the boiling need for disruptive strategic vision and transformative solutions in the supply chain and logistics domain, key to the prosperity, resilience, and sustainability of China, Asia, and the world.

Thanks and kudos to Tim Tian for his leadership in making this book a reality.

Benoit Montreuil
Director, Physical Internet Center
Director, Supply Chain & Logistics Institute
Professor, School of Industrial & Systems Engineering
Coca-Cola Chair in Material Handling and Distribution
Georgia Institute of Technology, Atlanta, USA

序二

2022年3月14日, "π Day", 在公众号上发了一篇介绍 Physical Internet 全球发展趋势的短文, 希望能够吸引大家对于 Physical Internet 的关注。这篇短文通过互联网各种渠道的分享和传播, 出乎意料地引起了不小的反响, 收获了近200位专业人士非常有价值的反馈。虽然这些专家的意见有左有右, 但都是非常正常的。科学是一项复杂的事业, 需要不同类型的人, 既包括那些非常谨慎的、批评每一个新想法的人, 也需要那些更加革命的、大胆提出新想法的人。没有第一种人, 一切都会失去控制; 没有第二种人, 一切都不会变好。策划和编辑这本书的目的就是整理这些专家的观点和意见, 让更多的人了解和关注 Physical Internet。

大家都知道圆周率 "Pi" 是圆的周长与直径的比值, 一般用希腊字母 "π" 表示, 是一个在数学及物理学中普遍存在的数学常数。2011年国际数学协会正式宣布每年的3月14日为 "国际数学节"。全球各地的数学爱好者都会在这天下午的1时59分或者下午3时9分 (15时9分, 象征圆周率的六位近似值 3.14159) 举行庆祝活动。Physical Internet, 缩写为 "PI" 或 "π", 是国际学术圈的一种惯例。从2014年开始每年都会在世界各地举办 Physical Internet 的国际会议 (International Physical Internet Conference, IPIC), 至今已经举办了8届。今年的会议由于全球新冠疫情停办, 下一届会议计划于2023年6月或7月在希腊雅典举办。经历10多年的探索和研究, Physical Internet 的思想和理论已经被越来越多的国家政府和产业界所接受, 并且得到了越来越高的重视。各国政府除了在科研和试点项目上给予大力的资金资助以外, 还分别根据各自的战略目标制定了 Physical Internet 的推进路线图和时间表。

互联网是人与人之间所达成的最广泛的协议之一, 证实了通信对人类的重要性, 也充分肯定了人类的创造能力。互联网是奠定在几位科学家的伟大理论和技术发明之上的高科技产物。有人开玩笑说互联网是人类在最正确的时间, 找到了最正确的人, 采用了最正确的方法, 选择了最正确的方向, 做好了最正确的一件事。分组交换 (Packet Switching)、TCP/IP 协议和万维网 (World Wide Web) 是构建互联网最重要的核心基础技术, 前两项技术的发明者被称为 "互联网之父", 第三项技术的发明者被称为 "万维网之父"。互联网所引发的全球化风暴一直持续至今, 引领了过去几十年间规模最大的社会变革。今天, 互联网依然在快速成长, 它被不断扩展边界、赋予新的内涵。

"Physical Internet" 这个词, 最早出现在2006年6月出版的英国《经济学人》杂志上。著名专栏作家保罗·麦基里 (Paul Markillie) 写了一篇关于全球物流和供应链现状的文章 The physical internet：A survey of Logistics。文章通过一系列人物采访和现场调研，以图文并茂的方式，呈现了一幅在全球化背景下现代物流和供应链高速发展的美好画面，但同时也列举了几个案例，提出了一个今天看来非常有前瞻性的担忧：供应链是未来战略竞争的核心，供应链在变得越来越敏捷和越来越复杂的同时，潜伏着各种风险和危机，当面临自然灾害、公共卫生事件、地缘政治冲突等时候，供应链有可能会变得非常脆弱。在文章中，保罗·麦基里写了这样一段话，"商品就像互联网上的信息，在世界各地通过各种运输方式快速地流转"，他把全球流通的商品隐喻成了互联网上的信息，把公路/铁路/海运/空运连接在一起的全球物流网络隐喻成了一个"互联网"，并且"写意"创造了"Physical Internet"这个词。"Physical Internet"是保罗·麦基里天马行空的神来之笔，却无意中激发了后来被称为 Physical Internet 理论创始人班旺·蒙特勒伊(Benoit Montreuil) 教授的遐想。班旺·蒙特勒伊曾经非常明确地表达过他是偶然看到了《经济学人》杂志上的那篇文章后才获得了灵感，并且启发他借鉴互联网的理论和框架重新思考物流未来的发展方向。为了表达敬意，他继续沿用了保罗·麦基里创造的"Physical Internet"一词。

"Physical Internet"是两个英文单词的合成。"Physical"是指网络处理的对象是物理世界由原子构成的实物、货物或商品，以区别于数字互联网中由字节构成的信息或数据，与"Internet"合在一起特指通过各种"超链接"技术和手段实现的一个互联互通的物流网络或"网间网"（The Network of Logistics Networks）。另外，两个词合在一起也代表了 Physical Internet 是一个"物"与"数"、"实"与"虚"高度融合的数字孪生系统。Physical Internet 是通过一套标准化的封装、协议和接口构建的一个开放、共享和高效的分布式全球物流网络，可以帮助不同的利益相关者无缝和紧密地进行合作和协同，提升资源的利用效率，降低成本，减少公路和城市交通的压力，节能减排，提升物流从业人员的生活品质、安全和健康等。

物流与通信对人类具有同样的重要性，但现有的物流和供应链体系存在许多自身无法解决的痛点，同时在经济、社会和环境三个方面都面临不可持续的严峻挑战。面对这样的现状，全球一些科学家开创性地尝试借鉴互联网的理论和框架对未来全球物流和供应链体系进行重新思考，"革命性"地提出了 Physical Internet 的理论和框架，并且通过多个场景的实验和试点验证和论证了其可行性和必要性。Physical Internet 从最初一个想法到概念，从概念到理论，从理论到验证经历了漫长的十几年，目前已成为物流和供应链领域最具创新性的课题之一，吸引和聚集了越来越多的科学家和创新企业参与理论研究和技术突破。

Physical Internet 对于传统物流企业相对封闭和保守思想的冲击还是比较大，就像当年要让 AT&T 接受互联网一样，需要一定的时间和过程。Physical Internet 与当年的互联网一样，已经是一种全球势不可当的趋势，并且在后疫情时代会加快推进的步伐。对 Physical Internet 的理解需要从对互联网的深刻理解开始。互联网是一个由各种不同类型和规模的独立运行和管理的计算机网络组成的全球范围的计算机网络。网络间可以畅通无阻地交换信息。组成互联网的计算机网络包括局域网（LAN）、地域网（MAN），以及大规模的广域网（WAN）等。这些网络通过普通电话线、高速率专用线路、卫星、微波和光缆等通信线路把不同国家的大学、企业、科研机构以及军事和政府等组织的网络连接起来。互联网的诞生与发展是一场典型的基础科学实践，是20世纪人类最伟大的发明之一。在互联网世界，最重要的是连接，连接是酶，因为连接产生聚集、产生规模、产生网络效应。过去几十年，互联网的网络效应创造了科技行业中绝大部分的价值。前美国联邦通信委员会主席里德·洪特（Reed E. Hundt）曾经说过这样一句话："摩尔定律和梅特卡夫定律为我们提供了理解互联网的最佳角度。"摩尔定律大家都很熟悉，算力随着时间的推移，变得更加强大而且价格低廉。梅特卡夫定律告诉我们，网络的价值随着连接数的增加而倍增。与摩尔定律指出硬件性能进化逻辑不同，梅特卡夫定律在业务层面对互联网时代的发展规律进行了高度概括的总结。梅特卡夫定律的表述非常简单——一个网络的价值和这个网络节点数的平方成正比，用公式表述就是：$V=K \times N^2$，其中V代表一个网络的价值，N代表这个网络的节点数，K代表价值系数。第一代互联网接入的PC存量设备数大约是10亿台，第二代移动互联网接入的智能手机存量设备数大约为30亿台，5G成熟之后的物联网时代，接入的设备数保守估计将达到500亿台，根据梅特卡夫定律由此产生的指数级价值是极其惊人的。

用网作为连接的物流网络也同样具有网络效应。有一个案例可以说明这点，就是"改变世界"的集装箱。集装箱最大的成功在于其产品的标准化和自动化，并且以此为基础把全球范围的港口、码头、铁路场站、公路转运中心、仓库和工厂等按一定的规则和方式连接在一起，成为一个可以实现多式联运的全球集装箱运输网络。集装箱运输网络大幅度地提升了货物装卸、中转和运输的效率，并且指数级地降低了货物运输的成本，加速了经济全球化的进程。集装箱的案例充分体现了连接的重要性，证明了梅特卡夫定律所代表的一种指数级增长逻辑，可以帮助我们更好地理解和预见Physical Internet的巨大网络效应和由此产生的指数级价值。

我的职业生涯都是与物流和供应链密切相关，先后在美国UPS和顺丰工作。在整个工作期间我发现除了在某些单点技术上的创新外，整个行业基本都是在沿用一套几十年都没有变化过的理论体系和实践经验。2016年第一次接触到Physical Internet这个概念时，我就直觉到Physical Internet可能就是我们一直在寻找的理论上的突破和创新。从2017年开始就与班旺·蒙特勒伊教授和他的团队开展了多个关于Physical Internet的合作项目，包括同城网络、城际网络和供应链网络等。通过项目的合作和交流，我对Physical Internet有了更加深刻的理解，更加坚信了Physical Internet是物流面向未来的一种发展趋势。

以下是班旺·蒙特勒伊教授最早期发表的一些文献资料，全面和系统性地阐述了Physical Internet的概念、理论框架和价值主张等，可以帮助我们更好地了解和理解Physical Internet。

2009年，在加拿大CIRRELT发表了Physical Internet宣言《Physical Internet Manifesto：globally transforming the way physical objects are handled, moved, stored, realized, supplied and used》。

2010年，在《Progress in Material Handling Research》专业学术期刊上发表了《Towards a Physical Internet：the impact on logistics facilities and material handling system design and innovations》。

2011 年，在《Logistics Research》专业学术期刊上发表了《Towards a Physical Internet: Meeting the Global Logistics Sustainability Grand Challenge》。

2012 年，在 INCOM 大会上发表了《An Open Logistics Interconnection Model for Physical Internet》。

2013 年，在 CIRRELT 上发表了《Physical Internet Foundations》。

2015 年，班旺·蒙特勒伊 (Benoit Montreuil) 教授、埃里克·拜勒特 (Eric Ballot) 教授和罗素·梅勒 (Russell Meller) 教授合著出版了全球第一本关于 Physical Internet 的学术书籍《Physical Internet: The Network of Logistics Networks》。全球畅销书《第三次工业革命》《零边际成本社会》和《零碳社会》的作者、美国未来学家杰里米·里夫金 (Jeremy Rifkin) 在书的前言部分写了这么一段话："互联网正在演变成一个超级网络。如今，一种新的经济范式正在演变——'协作共享'，它有可能将世界上大部分行业的边际成本降低到接近零的水平。无处不在的通信互联网，正在将刚刚起步的可再生能源互联网与已具雏形的自动化物流和交通互联网连接在一起，扩展和覆盖全球每一个角落，创建一个分布式的神经网络，并将通信、能源和物流交通融合在一个操作系统中。"

5 年前，108 位中国物流精英集聚在上海深入探讨与交流了"新物流"概念，并出版了一本书《无法预见的革命》。在书的结尾有这样一段话："我们正在遇见一场革命，一场无法预见的革命，一场无法躲避的革命，一场'基础设施'的革命。"我个人认为 Physical Internet 可能就是我们正在遇见的一场革命，以往的所有概念和定义并不能十分准确地将它描述，但是它已经来了，不管你喜欢不喜欢，不管你叫它什么，它已经实实在在地出现在我们面前。

Physical Internet 的推进除了需要理论和技术上的支撑以外，更重要的是在相关利益者之间达成广泛的共识，并且在共识的基础上建立更多的连接，从而让我们一起在这个不确定的世界更好地应对来自经济、社会和环境的巨大挑战，最终实现可持续和高质量的生存和发展，让这个世界更加美好。

最后非常感谢班旺·蒙特勒伊教授对本书的大力支持，在百忙之中为本书写序，并且组织和指导他的几位博士生为本书特别撰写了四篇专业文章。

"物界科技"创始人
"顺丰集团"前 CTO /"顺丰科技"前 CEO

序三

我们借用"元联网"这一名字,当作"Cyber-Physical Internet"的中文翻译。

Cyber-Physical Internet,是 Physical Internet 的数字化延伸,或者是 Internet 的物理物质化延伸。我们认为:数字-物理系统(Cyber-Physical Systems)中的"数-物"和"时-空"纠缠,正适合我们的特殊研究领域 Metaverse(元宇宙)。所以,"元联网"可以理解为"元宇宙"中的物流系统。

虽然我们在此提出了"元联网"新名字,但我们并不希望"元联网"变成一个新的流行词(Buzzword)。我们将香港大学研究团队(HKU Laboratory for Physical Internet)20多年的研究开发所获得的一些初步认识,按几个维度整理了一下,抛砖引玉,结合本书,希望能够慢慢形成"元联网"的核心技术和理论创新体系,最终研发出新一代全球物流系统网络,真真切切地实现像在实时聊天平台上收发短信一样,收发物件。

2006年《经济学人》杂志的一篇短文,最早提出"将来物流网络系统收发货件,将会类似我们用互联网收发电邮一样"的基本构思,并起名为 Physical Internet (PI)。2010年左右,欧美的几位教授联合物流业界,展开了深入的研究开发,在法国的启动项目 OpenFret 的基础上,于 2012 年成功立项。MODULUSHCA 是欧盟第一个有关 PI 的里程碑项目,后来,相关项目在美国和加拿大也相继立项。通过这第一波的推动,PI 构思得到初步认可。此后,欧盟接连立项,第二波的推动形成了欧盟 PI 的路线图,并由 ALICE 发布。

"路线图"分五个五年逐步推行,涵盖五个维度,分别是物流节点、物流网络、物流网络系统、实施营运和管理机制。

第一个维度"物流节点",包括跨码头内陆枢纽、港口、机场、多式联运码头、仓库、仓库和配送中心。其目的是通过标准化、互联、自动化和自主的节点,来构建 PI 主架构。欧盟的项目,包括 SuperGreen and COREALIS。

第二个维度"物流网络",旨在实现无缝、灵活和有弹性的端到端运输流程、运营和决策服务。代表的项目,包括 ICONET、SYNCHRO-NET、LOGISTAR 和 ePIcenter。

第三个维度"物流网络系统",旨在建立重点关注物理、运营和信息层面的互操作性,以实现容量共享和流量交换。代表的项目,从 Modulushca 延伸到 Clusters 2.0、FENIX 和 PLANET。

第四和第五两个维度,将 PI 视为当前实践和业务的游戏规则改变者,主要探讨思维转变、商业模式和治理问题。目前,SENSE 项目是唯一致力于这两个维度的欧盟 H2020 项目。

欧洲有关 PI 的研发和推行有以下几个特点：

首先，虽然 PI 没有限制或指定物流系统和商品类型，但欧盟的大部分努力，都集中在快速消费品 (FMCG) 上。这类商品尺寸相对较小，形状有规则的包装，可以装入所谓的模块化"PI 容器"（PI 容器是开创性 Modulushca 项目的主要研发成果之一）。相比之下，大湾区则涉及全球进口（原材料）和出口（成品）物流；越来越多的大型住宅生产和基础设施建设项目，则采用模块化集成施工 (MiC) 方法，大型、笨重和重型建筑模块的物流和运输，在即时制 (JIT) 的交付和现场组装操作中，发挥着关键作用。

其次，虽然快消品物流涉及多个国家，但这种跨境物流没有严格的边境管控，欧盟国家之间的税收、安全通关，几乎是单一货币。相比之下，大湾区的跨境贸易和物流的性质，涉及严格的安全边境检查和控制、税务申报和清关，以及多种货币兑换。

第三，尽管欧盟最近的 PI 项目，都有提及"数字化"，涉及物联网、数字孪生和信息－物理系统，但它们主要关注的，还是物料流动的"物理"特性，"数字化"不是 PI 的支柱。没有数字化的基础设施，也就没有明确突出"像收发电邮一样收发货件"的初衷，严重限制了创新和突破的空间。

最后，我们香港大学研发团队联合 PI 创始人和其他教授专家，提出 PI 与互联网相融合，形成 Cyber-Physical Internet，也就是"元联网"的设想。在 20 世纪六七十年代，研发人员借用邮局收发信件物件的一些技巧，最终成功研究开发了互联网 (Internet)。今天，我们反过来借用互联网的一些核心技术，来构建"元联网"。

元联网有以下四大基础支柱：

第一个支柱，是数字化架构。其主要目的，是用智能感知和物联网技术，把物流系统中的基本元件（人 / 机 / 物 / 单）进行数字孪生，形成"元体 (Meta Twins)"。元体由三部分组成——物体元件、数字孪生，以及链接两者的智能螺栓 (digital thread)。在元联网里，配置元体（比如叉车、货车或装卸台）与在互联网上配置打印机相似，分为两步：首先是配置"装卸台元体"（类似打印机）的网路，然后配置"装卸台元体"的工作特性。元体的引入，不仅形成了数字和物理的两个空间，而且这两个空间高度纠缠，可以从一个空间的状态来分析推断另一个空间的状态，从而实现物流网络系统的实时性、透明度和韧弹性 (resilience)。

第二个支柱，是网络配置协议 (CPI Protocols Suite)。借用互联网的构思，元联网可以有三种典型的网络配置——广域元联网、局域元联网和区域元联网。广域元联网，主要用于跨境物流和干线物流；局域元联网，主要用于工厂、仓库、配送中心、商场等内部物流 (intra-logistics)；区域元联网，是典型的轴辐式 (Hub-and-spoke) 物流网络，比如一个配送中心为一个城市或其某个片区提供物流服务。就像 TCP/IP（Transportation Communication Protocol/Internet Protocol) 网络配置协议，是互联网的关键，元联网也需要有一套类似的并能涵盖信息流和物流两层的 TCP/PIP (Transportation Communication Protocol/Physical Internet Protocol) 网络配置协议。在此基础上，我们建立元联网路由器使用的路由表和路由协议，从根本上改革物流运营的计划、调度和执行。

元联网的第三个支柱，是伙伴关系协议。Ping(呼) 是互联网的一种基本工具，用来测试数据

包 (data packet) 能否透过 IP 协议，到达目标主机，以及往返时间。现行的智能交通系统和主流地图服务平台 (如 Google Map 和百度地图)，都已提供类似"呼"的工具，在目前的交通状态和采用特定交通模式来往的情况下，指定目的地的路径和时间。不过，元联网测试物流单位负荷 (unit load) 能否透过 PIP 到达目的地，要复杂很多，主要是因为空间因素瞬间多变，路由表的形成和路由协议，需要分析大量的实时数据。

互联网价值链中，供求双方的定价和分成机制已经发展成熟。相比起来，元联网的市场机制还是个未知数，物流业现有的定价和分成机制，是否能被沿用和应该如何拓展，都有待深入探讨。元联网是数据驱动的，各个环节都会使用大量的实时数据，这也要求各环节必须采集和共享网络数据。数据提供者承担了数据收集、上载和分享的成本，却分享不到数据使用者的得益，不能达成元联网价值链的均衡，导致整个元联网价值链的断裂。元联网作为典型的去中心化解决方案，必须建立一套持份者激励机制，确保数据的实时性、准确率和真实性。

元联网的第四个支柱，是决策应用 (decision Apps)。打个比方，互联网上信息交互传输决策和邮局收发信件的决策是完全不同的，因此可以说，元联网上收发货件的决策与目前物流系统决策应该完全不同。元联网的透明度和可追踪性，可以用于消除或大幅降低物流系统中的多变性和不定性，元联网的路由表和路由协议具有高度的数据智力，实现从随机决策到随机应变决策的蜕变。

元联网不能消除或避免全球供应链的干扰和中断，但可以为随机应变赋能。新冠病毒大流行期间，工厂关闭，城市封锁，飞机停飞，港口堵塞，跨境封关，造成物流资源紧缺，海运和空运成本多倍上升；与此同时，社交距离的限制，大幅提升社区对物流服务的需求。互联网在这机遇与挑战并存的关头，发挥了巨大的作用，社区大规模使用在线应用软件和聊天平台，较快地寻找到了解决方案，并迅速进入疫后新常态。但国际贸易与全球物流，还在探索全球供应链的新常态。

元联网将会是不可或缺的及时答案。

互联网和智能手机，影响了人们工作和生活的方式；元联网，将影响人们为工作和生活收发货件的方式。

香港大学工业及制造系统工程系系主任
国家千人计划专家

认知派细究概念
趋势派质疑派分庭抗衡

3月14日,一个被赋予特殊意义的日子,"中国PI第一人"、"物界科技"创始人田民,借"π(PI)Day"介绍了PI。一时间,众说纷纭。

不管你把Physical Internet翻译成物理网、物动网、物派网,还是实物互联网、物流互联网、智联互联网,甚至就是所谓的"新物流",这实物流的"物π网"(Physical Internet, PI),和信息流的互联网(Internet, IT),以及万物相连的"物联网"(Internet of Things, IoT),到底有什么区别和联系?这未来"地上的"Physical Internet,与未来"天上的"Metaverse(元宇宙),以及将其相互连接的Digital Twin(数字孪生),到底有什么关联?它们各自有着怎样的不同定位和不同职能……

如果您也认定这是必然趋势的话,这一次,中国的PI能否在第一时间融入世界PI的构建潮流中?

概念认知派

王继祥
中国仓储协会副会长 / 中国物流技术协会副会长

"物联网"概念 2003 年前后传入中国，是以 RFID/EPC(射频识别技术/电子产品代码)为基础的新技术。2005 年，国际通信领域推出物联网三层架构，中国物联网开始逐步热了起来。记得当时参加一个中外交流，中方专家谈"物联网"，翻译不懂，没有翻译成 IoT(Internet of Things)，翻译成了 PI(Physical Internet)。老外愣了，互相沟通后老外说，这很有意思，PI 完全是一个新的科学概念了，值得研究……我不知道这个 PI 学科，是否与当年的翻译有关。

语言逻辑很好玩，翻译往往会带来有趣问题。何明珂教授曾研究，认为"物流"这个概念，就是翻译的一个错误，而且是不得不坚持的一个错误。中国人说到物流概念，产生的语境很形象，但与西方物流的语境有很大区别。物流最早被翻译成"后勤"，我们的物流概念是由日本传入的，日本的"物流"被翻译成 material flow，日本物流之父平原直先生的弟子间野勉创立的《物流》杂志，用的就是这个英文。再说一件趣事：有位著名的人文领域专家，不懂英文，但翻译了一本著名的英文哲学著作，被公认为是翻译得最好的版本。怎么翻译的？原来他是在别人翻译的版本基础上加工的，翻译家翻译的版本晦涩难懂，因为翻译家不懂专业，看不太懂他翻译的书，但不懂英文的专家看懂了，知道翻译家翻译得不好，就再加工翻译了一遍……

我讲那次物联网交流，只是想说明翻译仅仅错翻，就能让外国物联网专家思维受到冲击。至于 PI，我认可这属于很好的理念创新。我对 PI 寄予厚望，但没有太好想法，我看这门学科也还没有建立起技术架构与理论体系，还处在概念探讨阶段。七八年前，我也曾提到过：物流互联网将会给智慧物流带来变革。我脑袋中的物流互联网向往，其实与"物界科技"田民总介绍的 PI 体系是一致的。

互联网与物流实体网络高度融合，推动实体网络互联网化，这与我的单元化物流理念基础上的软件定义物流理念，基本一致。实体网络互联网化，要找到实体"超文本协议"、标准"物流包"单元，就需要物流容器标准化。但我看 PI 现在关注的，还只是物流作业对象，物流作业工具(设施设备)也需要融入虚实一体的互联网才好——硬件资源虚拟化，虚实一体互联化，管理调度编程化，全程链路智慧化……看田民总介绍，PI 现在在国外发展很快。希望它能在国内获得业界认可，推动中国物流的创新发展。

庄伟元
"复星创富"风险合伙人/"瑞幸咖啡"独立董事

目前 Physical Internet 的翻译,比较官方的说法是"物理网",但我更愿意把它翻成"物动网"。我觉得"物动网"能够比较清晰地反映"物件流动的网络"的概念(翻成"物流网"不好听),有别于信息流和资金流,而且"动"字很生动。

Internet 的老祖宗是 Logistics。物流网络中,占据重要物理位置的,是物流节点(Logistics Node),例如集散中心、配送中心、内陆码头和港口等,类似 Internet 上的交换机、路由器和网关等,都是 20 世纪 70 年代的产物。Circuit Switching(电路交换)的电信网络,就像传统的物流网络:把物流节点按特定逻辑连接起来,就构成了一个物流网络。这些都早已存在,只是现在工具革新了,物流人中有很多 IT 背景的人,再加上 Logistics 这个字,原本就是 Logic(逻辑)的实操。现在,孙儿把爷爷的智慧现代化了,爷爷用上了孙儿的现代科技,于是,"爷孙一体"了。

来中国之前,我在美国和新加坡做 IT,是 Exel(现在 DHL)亚太的 IT Director。我发现:物流的海、空、陆运节点和营运,是我做 IT 时逻辑思维的模版,只是工具没用上,但模型非常匹配,也是最容易看到好处的商业场景。

王沁
《冷库视界》高级副总裁、专家委员会主席

Physical Internet(实物互联网),应该是以标准化为前提和基础的。

毕竟实物世界,尊崇的实物规则是有形的。让其超链接,就是让物的世界的尺度恒定,从而形成空间和时间的共享,以达成开放的效果,分布的均衡。然而,这个终点始终有,始终没有结束。定时间目标,只是在当下的评估前提下,给未来世界一个定义。而我们,始终在打破中确立新的定义与目标。或许,将其解释为哲学辩证上的"实物互联网",更为妥帖。集装箱、火车轨、托盘,等等,都是实物互联网的单元化体现。

现实地说,它就是一种工具手段和指导思想,是支持实现某个阶段政治和经济目标的思想理念。思想不是现实,但它能帮助我们实现现实的目标,尽管它一直是使命。

我们都有理想,而且或多或少都是理想主义者。亦或者说,我们一直走在去往理想的路上。理想是相对的。

拿来可用即为之。有用,就拿来用吧。目标不会错,达不成或者达不到,就说它是初级阶段罢了。

王俊静
"睿博龙智慧供应链"创始人

从 Physical Internet 展示图上看，其逻辑和近 20 年来欧洲主流的城市中转集拼配送模式，以及国内目前的集拼模式没有大区别。只是由于数字化水平不够，我们目前集拼的维度和精细化程度并未达到极致的降本增效。PI 是早年欧洲学者提出来的比较理想的线下物流组织模式，近年来，在欧洲逐步淡出，主要是在实践层面有诸多的不可行因素。随着智能制造、3D 打印技术、物联网等前沿技术的不断发展，我个人认为：未来的线下物流组织模式，一定是革命性的，会通过与供应链，甚至生产、流通等环节的整合再造，重新定义角色和分工，以达到前所未有的用户体验，应该比今天 Physical Internet 描述的模式更精益、更具柔性和弹性。

于汇
"万汇链智能"创始人 / 上海交大海外物流供应链联谊会会长

Physical internet 的概念可大致定义为：供应链物流领域里物理实物空间与互联网数据交互后虚实结合的世界。PI 是未来打通线上互联网与线下物理世界的理想状态，是可以实现互联网与物理世界有序互动场景化的、未来物流供应链以及产业链的全新状态，是以分布式一体化为特征、实现物流的线下标准化操作和线上标准数据传输的新生态体系。PI 需要参与各方通过标准化、网关、智能协议等要素组建成网，需要行业组织从结构安排和标准设计等方面进行呼应。PI 成功的关键，取决于线下生态的各个节点能达成共识，纷纷加入。随着主流共识和行业标准的逐渐达成，龙头企业的纷纷加入，PI 将会由虚转实，就有可能成为"物流与供应链和其他产业的新范式"。PI 是互联网虚拟世界与现实世界非常好的结合，对于原有的生态，不会是"终局"，也不会是"范式革命"，但一定会有派生和增量创新。"元宇宙"和"产业数据化"会渗透进各行各业，一定会有叠加的新玩法和新玩家。我对此抱乐观态度。

牛志文
"物来物往数字科技"董事长兼 CEO

Physical Internet 就是结合了新技术的新物流形态，很难说出它的边界，应该是数字供应链的一部分。一切围绕降本增效来展开吧，实体物流和信息流耦合发展，很难剥离，物流的网络化（PI）和信息的网络化（互联网）紧密结合，但底层逻辑是降本增效。信息流、物流、资金流、商流的"四流合一"，不是终局，而是常态。

简万龙
"量子网信" CEO/ 产业互联总架构师

Physical Internet，物理网络，实际应该是在网络中实现物理效应、理化效应，典型如比特币。也就是元宇宙，虚拟世界映射物理世界、精神世界，甚至控制管理物理世界（数字孪生）。

柳智
"托华机器人"创始人

"新瓶装旧酒"吧。看不出这个概念和以前物联网和 5G 做的事情，有什么不同。

沈敏蓉
"佳速物流"董事长/原"航空货运网"创始人

Physical Internet？应该算是一种"物联网+"，就是一场拓展出标准化才能进行复制的传承革命召唤……个人认为：这还是一个信息技术层面的概念，就像"元宇宙"。Internet，这个大家都知道，大数据信息时代，实实在在的。元宇宙，是生长在 Internet 之上的、一个技术层面的概念名称；Physical Internet，则是生长在 IoT 之上的，一种新技术系统升级说法。

陆小建
"道裕物流"创始人

Physical Internet 因为时势未到而搁置多年，今番再度引发关注，应是趋势理念和现实需求的再次邂逅吧。PI 应该是两个事物的集合：物理性 (P) 和网络性 (I)。前 20 年的 Internet 大潮，商品买卖，由众多生产者/消费者通过物理的供销系统串接，改为生产者/消费者直接通过 Internet 对接。当时众多供销环节的从业者，本身也具有多样性和非标准化，其中的最大创新，就是商品流通路径，由原来的"集供→集采→分销→自提"模式，变成了"单销→单送（送货上门）"模式。这就是互联网的巨大魅力所在，它也意想不到地造就了快递行业的迅猛发展。这是人类第一次把商品交易的物理性和网络性进行了完美的结合。

未来 20 年的 PI，人类尝试再次把物流的物理性和网络性进行结合，构建又一张包含了天网、地网、水网、铁网的实体大网。快递的蓬勃发展，带来物流系统的彻底洗牌，但门到门之间，物流参与者依然众多，物流单式运输必定向多式联运方向转化；电商直播的发展，带来物流配送的前置——海外仓 + 当地快递；产业西部转移，带来江海联运、海铁联运，甚至公铁江河海的联运发展……

Physical Internet 究竟是一个什么概念？依然众说纷纭，尚无一种说辞，能给人恍然大悟的惊喜。PI 不应只有单一主体，也不是三三两两几个垄断性实体；PI 针对集合在系统里的所有参与者（包括服务商 / 运输商、物品本身 / 运输工具等），是运输模式网格化等的重新定义编码并对运输系统的重新编程；PI 是在寻找物流系统的最终底层逻辑和特殊算法，在这个网中通过自身编码自运营，从而达到最终无须人力、用户到用户传输系统。如果只是就 Physical 或 Internet 单方面思考，都是对 PI 这一物流变革的割裂思考。

"道裕物流"专注探寻物流的底层逻辑，从而构建了一个行驶在水面上的"货拉拉"。"道裕物流"App 经过 4 年时间的研发打磨，目前已进入市场化，帮助船主在一个平台上"滴滴打货"、自由挂牌买卖船舶，并以镇为单位探索加盟商模式，重新定义物流的交易模式，以期架构一个所有参与者共生共存共赢的极简交易模式。

葛基中
中国报关协会会长 / "欧坚网络"董事长 / "欣海报关"董事长

我个人认为：Physical Internet 是将虚拟网络世界与现实世界结合起来的体系，就如同太极中的阴阳两极，存在于同一个世界里，并且相互变化发展。

一是 Internet 只是网络与网络的连接，而 Physical Internet 是与现实生活、工作和物质的连接，不论虚拟世界还是实体世界，任何一点的变动，都会相互影响；二是 Internet 与 Physical Internet 必然相互联系，任何一方不可或缺，如果天与地的统一体，阴阳运行必须通过此起彼伏的互换能量，才有存活的动力；三是 Internet 与 Physical Internet，通过阴阳相互促进、循环往复地变化，获得螺旋式上升——没有变化就不能发展，没有发展这个统一体就没有生命力。

颜滨
"新颜物流"董事长

人与人之间信息传递（信息流）的互联网（Internet）发展以后，物与物之间实物传递（物流）的实物互联网（Physical Internet）必将发展，互联网与实物互联网，共同组成了元宇宙（Metaverse）。所以有人说，元宇宙是下一代互联网的简称。我认为，真正革命性的力量，则是元宇宙的数字革命——源于人类的智慧革命。德鲁克说，过分依赖技术是危险的。

长远来看，管理智慧比技术先进更重要。这是我最想强调的。

趋势派

刘秋红
"华通行供应链"总经理

革命,就是新事物战胜并取代旧事物。按照马克思哲学发展的原理,新事物也必将代替旧事物!

作为传统复合型企业,物流企业在国内层出不穷,但是信息化程度普遍偏低,大家都是粗放式经营管理,成本得不到节约,资源得不到管控,给客户创造不出更多的增值服务。归咎原因,传统企业更注重于物流网络的打造,将集散中心和配送中心的建立和管控,作为重中之重。通盘全局的流通体系,点对点的配送服务,舍弃细部构造,也造成传统物流网络运输的许多缺陷。

随着时代的发展、科技的进步,互联网大时代的到来,这一状况将会得到实质性的改变。互联网时代讲究的是高度信息化,前期由于信息不对称所创造的商业契机,也将渐渐不复存在,无论是 Physical Internet,还是 Internet of Things,都是这个大时代的必然产物,即万物互联,Physical 和 Things 都是实体、实物,Internet 则是信息互联。这种精准投递到万物的高度信息化,必将创造巨大的商业价值。以兄弟行业"快递"为例,物联网技术已经得到广泛应用,射频技术、卫星定位技术、传感器技术等,在运输过程中的信息采集、物品及车辆追踪、运送监控、可视化管理等方面,都取得了很多突破,创造出了可观的经济效益。

以此类推,将这项技术移植到"隔行不隔山"的物流行业,必将给企业带来革命性的影响。物联网技术的应用,有利于提高物流技术水平,有助于提升物流环节中对产品质量的监控,有助于提高物流服务水平,有助于减少物流成本,有助于资源的高效利用,更符合国家大力倡导的节能减排的基本战略,于国于民都是一大利好。如果把道路比作一个国家的经济血管,那么,物流企业就是一个国家的经济血液,有了物联网技术这颗"强心剂"的加入,将大大加速经济血液的循环,从而带动经济大跨步发展,实现中华民族伟大复兴的中国梦!

革命的前夜是寒冷的,但革命的前夜也是充满希望的。Physical Internet 的构建,也是新旧两种物流企业的时代分水岭。旧的物流企业必将在时代大浪拍打中渐渐退出,新的物流企业则将在新技术的加持下涅槃重生!

赵明
"众诚一家供应链"创始人

推动世界滚滚向前的是一个双轮结构,前轮是"艺术"和"梦想",后轮是"科学"和"实践"。很多"革命",都来自起初似乎不切实际的"灵光一闪"。我不认为这是"旧瓶装新酒",这也不可能是终局的"范式革命"。"艺术"和"梦想"还会带着我们走向下一个"梦想成真"。

我看欧盟、日本的战略计划,都长达20年。20年足够发生很多事情。如果半途而废,也许就是发现了更好的优于"TCP/IP"的方式。只要地球不毁灭,我们终究可以看到"一个分布式、开放和共享的物流网络"。

闫永立
"赤途供应链"总经理 / 上海大学现代物流研究中心研究员

这是扑面而来、正在形成的"物流的网络世界"。

路、水、空、港口码头、转运中心,甚至太空站,都会根据网络的分布,计划货流量,这就是立体的基础设施建设和数字化结合,是将逐渐变为现实的云物流的终极。

现在,信息流和资金流都有自己独特的网络。其实物流也是一样,要么为贸易,要么为需求。物流不再是简单的货物的流通渠道,物流最终也会和信息流、资金流一样,也会依据需求和购买提供更优价值的流通,逐渐形成稳定的网络。这是一种数字和实物结合在一起,因为拥有共同的协议而可以互相认知的一种网络,也是标准化的一种形式。

荀卫
"国商物流"创始人

PI是正在实现中的趋势,是人类经济社会发展的必然结果。

人类社会发展的总趋势是:世界乃一国,万众皆其民。凡是符合这一趋势的科技创新、模式创新、组织创新、意识形态创新,都会快速发展。虽然因利益调整会有短暂逆流,甚至回潮,但人类社会一体化的总发展趋势不会改变。

PI将与区块链、虚拟货币,共同重构人类的社会组织、经济组织模式。技术、组织、运营领域,创新实体的大量涌现、成功迭代,是PI迅速发展的前提条件。分布式、去中介、物理产品拥有者个体的使用效率提升和收益,将极大推动PI的普及。PI是经济领域全链路的重构,物流行业将以本身的跨界属性,迎来更大的发展空间。

赵粤
"上海中远海运物流"副总经理

Physical Internet 设想，借鉴和参照了 Internet 的思想和原理，将物理世界不同地域、不同类型、不同大小、独立和封闭的物流节点和物流网络，无缝连接起来，实现更大、更开放、更透明、更优化的互联互通的物流网络。这一设想，是基于全球化视角，基于对开放、共享、高效、减少资源消耗的美好愿景。

从技术角度看，区块链、人工智能、云计算、数字孪生的快速发展，使得运输工具标准化、包装容器标准化、数据信息和数据交换标准化、支付手段和支付方式标准化，都可以在预期范围内实现。技术的进步，又将极大地推动物流和供应链领域，在方案路径优化、高效协同、提质增效、低碳环保中，发挥更大价值。

就这点而言，我更认同 Physical Internet 是技术的优化与迭代，是思维的升级与突破，是从大物流和供应链的视角，重新审视未来物流与供应链的趋势。

可以想象的是，在当下国际环境中，Internet 里发生和遇到的问题、困惑，以及瓶颈，在 Physical Internet 中，同样都将面对。在相当漫长的一段时期内，可能会形成 2~3 个区域性的标准不同的世界，我们可能要做的，就是在这样的区域（或领域、或行业）内，构建"局域"Physical Internet，以期在将来，实现全球化的 Physical Internet。

张卓
"荣庆控股"联合创始人／"荣庆物流"创始人

作为一名从基层做起的物流人，我对中国物流成本一直居高不下、对中国物流根本上缺乏统一并严格实施的标准和规则，有着切肤之痛：车辆车型不统一，托盘尺寸不统一，运营规范不统一，等等，这一系列的"不统一""不标准"现象，直接导致中国物流的成本居高不下，直接导致中国物流占整个 GDP 的比例居高不下。

如何能让"不统一""不标准"趋于"统一"和"标准"？如何让整个社会资源一起协同，切实降低整个社会物流成本？中国确实迫切需要一场物流的"范式革命"！

现在广义的"物流"，除了"实物的物流"外，还包括与之相伴的信息流和资金流，Physical Internet 的出现，正是可以让传统单一的"实物物流"，发展提升到未来"三流合一"的新高度。PI 致力于将全国乃至全球的物流统一化标准化，通过"标准化容器＋互联网协议"的方式，形成一个"共识体系"，并据此构建一个开放和共享的"P+I"的物理网络，从而使物流效率大幅度提升，这正是我们物流人所期盼的。

这种全新的架构，需要全社会一起，共同去努力、去协作、去实践。现在看来，这或许还只是个美好的愿景，又或许，这需要一代人甚至几代人的共同努力。但是，只要有人敢想、敢去实践，相信愿景总会一步步地实现。

华萍
"远度云供应链科技"产品经理 / 原"点晴供应链"创始人

"Physical Internet 是借鉴 Internet 高效数据传输的方式（TCP/IP 协议），通过标准和超链接技术手段构建一个分布式、开放和共享的物流网络，最终实现物理世界货物流转效率和效能的大幅度提升"，单就这段文字的字面意义来看，个人感觉，是很符合当下趋势和物流供应链转型变革方向的。

不论是"概念"炒作还是范式"终局"，也不论是"虚拟理想"还是"实体组织"，个人以为：可以把它当作过程、形式、方法或者手段，甚至把它当作只是某个阶段、某种表现的定义形式而已。

我们最终还是要回归到商业本质，就是与客户需求相匹配的产品，与产品研发制造相匹配的人，还有相应的支撑所有这一切的财力资金。这三个基本因素非常重要，也是真正长期和持续的。

作为物流从业 30 年的老兵，经历了物流由传统搬砖到现在的半自动或系统自动化控制的整个进程，相信真正科技系统的应用是必需的，也是大势所趋；是虚实结合，是实践与网络的结合，也是实力与资本的结合。

符振东
"知行智融供应链"创始人

这是物流发展的终极目标，提不提 PI 这个概念其实并不重要。在标准化、精益化、数智化的整体大发展趋势下，物流都会向这个方向发展的。

王琦
"唯捷城配"创始人

PC 互联网、移动互联网击穿了空间限制。
Physical Internet 将再度击穿空间限制。

信息技术已经在商业和生活中得到了空前、极大的应用，改变了生产方式、交易方式和交付方式。

Physical Internet 将同样如此。

从消费产业来看，流量的分散和迁移，场景的更新和迭代，成为行业最重要的发展驱动，供应链的权利中心，从供给侧逐步下移到需求侧。最重要的变化，就是消费出现了去中心化的分布式结构，与之相对应，逐步形成了分布式的履约结构，以能很好地匹配需求。

物流作为消费产业的基础设施之一，不仅要进化成更先进的结构，还需要更先进的技术，信息系统、智能装配，已成为先进生产方式的标配，成为 Physical Internet 时代的发展要素。线下线上联动、交易和履约联动、仓库和车辆联动、订单和设施联动、人和物联动，算法、规则、大数据、场景，也在互联之中成长迅猛，更加深刻地影响商业发展。

孤立和封闭，已经不是产业的优先选项，除了学习和观察，还要融入和尝试，物流从业者非常期待新时代的到来。

罗贵华
"美华系统"董事长 / 上海保税区域协会副会长

数字化和智能化，对现实物流发展的影响，正在从效率的量变，到合作生态的质变。应用场景的点，流程的线，协同的面，立体的生态，都已经发生了深刻的变化。

基于数字化和智能化的深度和广度的应用，成为物流创新的唯一驱动力。

谢珮玲
上海冷链协会秘书长 / "锦江冷链"副总经理 / "新天天冷链"总经理

中国物流近 20 年的发展，已经完成了基础的物流设施和信息体系的建设，正在向数字化的高质量物流体系转型。我们做的就是互联、互通、全程可视化、数字化智慧物流体系建设。

今后，物流体系只会更开放、更包容、系统的接入更方便和更具友好性。我看了日本的 Physical Internet 发展路径图，表达得也非常清晰。

不管名字怎么叫，概念炒作也好，"范式革命"也罢，这也算是我们物流人最终想做成的事。

质疑派

黄曦
"精星货架"创始人

这个问题太宏伟了,以下是我个人私见:

一是从目前阶段来看,个人觉得:起码还需要10年时间。现在更多属于概念和小范围尝试阶段。因为设备层内部控制复杂,不是连一根网线,做一个App就能真正解决的。即使是设备物理联网了,底层的逻辑控制也是千奇百怪,看似连上了,只是把数据传出来联网而已,底层的标准并没有实现。二是从更长远的趋势来看,这是一个方向。从历史看,就像原来存在各种通信协议,但随着TCP/IP的定义,随着PLC的推广,经过几十年的发展,数量庞杂、各种方式混存,会越来越集中,趋于几种主要的方式。同时,要实现文中所说的那样,没有国际机构和巨型企业的统一认识和行动,根本无法落地,因为他们自成体系,都要抛弃一部分自己的现有利益,去做"雷锋"的。就像柯达、大福等公司一样,改变就必须先要"革自己的命"。

PI对于目前阶段的物流行业,还是理想主义,还是各类专家的"自嗨"模式。

黄滨
"易流科技"副总裁

痴人说梦。物流的根本,是实物的空间转移。在人类没有能力发展出超能力,打散物质组合、用能量传输后再组合的前提下,实物的空间转移是永远的。信息在实物的空间转移中的价值,在于更高效,减少不必要的空间转移。脱离这个的创新,都是为创新而创新。

蒋化冰
"诺亚医院物流机器人"创始人

Physical Internet希望借鉴Internet模式,理想与架构不错,难在实操。现在实际能想到的、相对容易做的,似乎只是"软件"(操作系统、协议等)。Physical Internet还涉及硬件

(Internet 可以主要是软件)，要做标准平台、节点，就得做标准硬件并推广。这就有几个难点：1. 硬件涉及"投入"，谁投入？怎么投入？物流领域，本身就没什么钱 (三大不可持续挑战); 2. 平台能成功推广，一般有三种模式：第一种模式，性能、可用性做得特别好，能吸引别人用，如苹果手机，这一要大投入，二要出现乔布斯、马斯克那样的神级人物；第二种模式，免费，如 Android (安卓系统)；第三种模式，政治力量，统一或垄断，如统一标准、国家要求。Physical Internet 计划用哪种模式 (并做成功)，或者能创新性地拿出新模式？3. 如果涉及大公司甚至大国之间的话语权、互联互通，还会涉及政治、标准之争……

我们可以借鉴思考"智能手机"的发展历史：智能手机 (IPHONE) 对于功能手机 (NOKIA)，是一个巨大升级。这个跃升，就是通信 (功能手机) 向互联网 (移动互联网) 的跃升。其中贡献最大的两个，是 iPhone 和 Google(Android)。iPhone 的成功，除了产品特别惊艳外，还有个影响力巨大的"大神"乔布斯 (2C，比较容易造神，2B 业务会难一些)，拉动了大氛围 (这类似于无人驾驶的马斯克)；Google(Android) 的成功，起最大作用的是免费，虽然比 iPhone 差很多，但免费，团结一帮兄弟一起干。能够免费的关键原因：一是 Android 的基础是 LINUX，LINUX 本身就是免费的，Google 只是在 LINUX 基础上，做了规范 (适用手机) 和优化，本身投入并不大；二是 Google 原来的业务模型，就是互联网广告，只是转移到智能手机的移动互联网上了。既有资金支撑 (广告)，又不得不做 (抢未来)，所以，可以免费。两者，都形成了很好的生态 (App)，并相互促进。

回头看 PI，并没那么容易。有谁能打造出平台并免费提供？如不免费，如何一统天下 (谁愿意用，谁敢用)？能出现乔布斯、马斯克这样的影响力人物？如何成功推广，让大家都来接入和使用？创新要靠经济效益拉动。投入从哪里来？对于其他人有何好处？ 物流领域本身利润就比较薄，平台拉通、标准化、规模化，未来确实可以节省成本，但成功降本的前提是规模化，如何规模化又是挑战，得把这个过程的投入想清楚，把经济账算明白。"集装箱"在技术维度上，就是一个很小的创新点，虽然意义巨大，但推行起来，却花了多长的时间，而 PI 要改进的东西似乎太多了……

冯雷
"维天运通" / "路歌"董事长

第一次看到 Physical Internet 这个概念，说两句直觉感受，很可能不正确。不管 PI 如何翻译，其构划思路是以互联网的发展路径来类比的，仅这一点来说，逻辑是错的：一，互联网的发展之初，完全是在社会经济利益之外的；军方、大学、科研是第一批用户，后面才逐步扩展到经济领域：信息门户、2C、2B 等。目前仍然处在与传统经济融合发展的过程之中。二、物流是一个完全受经济利益驱动的体系，互联网只能逐渐渗透、融合，不可能在短时间内，革命性地颠覆重塑。因此 PI 的结局，大概率是"然并卵"。实干兴邦吧。

崔维刚
"德邦股份"副董事长

Physical Internet 是否就是运输物品（货物）的标准化＋信息系统（接口）的标准化？举个例子，世界只用一种语言，效率当然最高（其他语言，都可当作方言或者辅助语言）。啥时能统一？能不能统一？这是学者的课题。我们主要是研究和学习的，是未来 2~5 年内，能不能找到落地场景，再远了，我们这种企业很难规划落地。

个人感觉，是从哪个维度来看：从全局看，大致会走向几个或多个标准，就跟语言一样，全球化以来，语言个数减少啦，但距离统一还很远。从另外的角度看，现在有些 SaaS/系统公司，就在搞系统统一，国家也在搞车辆的国家标准，是不是也算一种统一？过去 10 年，包装也是越来越标准。同时，自动化也越来越柔性，但实体比这个难很多。

褚建新
"盒马鲜生"物流中心供应链负责人

我不太看好 Physical Internet，这个概念的想象力不够，还不如 3D 打印。实物是有不同的体积和重量的，和 Bite 电子流不同，传输的工具和效率很关键。

未来的物流，个人认为有两个方向：一个是类似 3D 打印，把实物分解为信息流，在目的地再次组装起来，关键看组装的效率；一个是人口向大城市集中，物流半径缩短，物流效率提升。有一个基本逻辑，效率来源于专业化分工。物流的效率，也一定是来源于专业化分工。从专业化分工来说，铁路、快递已经是 PI 了，载具、编组、分拨、电子标签，基本就是 PI。但对整车、大件、合同物流来说，基本 PI 就没有提效。

陆国荣
"韵达快运"副总裁/韵达战略联席总经理

这个话题实在比较大。对于物流计划性较强、品牌竞争公允的区域（国家），这种跨主体、多链路、高集成的物联革命，有较好的可行性。但个人觉得，这种类似物流的"共产主义"，对于中国现状而言，太过理想化了。物流是屈从于制造、流通和消费的，说到底，是给上游配套加持"竞争力"的。物流竞争的核心，要回归本质实力（摆脱同质化性价比），这还有一段遥远的路程要走。且不论技术与门槛，单一的地域容载不均衡，就很难突破。反过来说，也许在某些特种物流（危化、深冷、战备等），倒是有尝试空间。

李聪
"纵腾集团"副总裁

理论上应该可以,实际操作起来非常困难。实体世界复杂程度,比电缆内的通信环境复杂很多。另外,传输能源是否足够优化?体积重量不一致,这个网络的速度、能量,怎么才能控制最优?电子信号的质量,是几乎可以忽略不计的。未来的能量转换科学,我觉得要有大进步。碳的能源效率太低。穿越时空的技术主要还是缺乏,能量与质量之间新的突变?如果能穿越时空,这个网络的意义,也就没有了。

宿宁
"妙寄信息科技"创始人

理论没什么问题,关键是应用场景:未来用 AI 和大数据搞仿真优化?

个人觉得:各个企业都会建自己的"局域网"并且做到最优,出现一个大范围共用的"广域网"或者"物流互联网",估计没有哪个总部企业会用吧?违反商业逻辑了。小范围,"局域网"内出现一些共用节点,"hub"的可能性是有的,就像我们说的县域共配,或者区域共配。这种局域共享,在美国也存在,比如 UPS,FedEx 也买 UPS 的服务。在基层,部分产品上也会有运力共享,但就全国甚至全球而言,共用枢纽和网络,似乎不太现实,"一大二公",有点太天下大同了。理论上也许行得通,实践中估计困难挺大吧?

朱建林
"优通国际物流"董事长

尝试理解 PI,个人认为还是理想化的概念。在现实世界,搭建广义的大同互联互通网络,感觉是理想大于现实。这可能不是靠我们物流、供应链相关参与者就能改变的,可能会涉及到社会、政治等因素,特别要跨越国界。

但 PI 的一些观点,还是很可借鉴的,可以尝试在一些领域,搭建局域性的网络。基于这个设想,大胆推测搭建类似网络所具备的必要条件:一是足够标准化、足够智能化(非人工判断);二是网络布局搭建足够开放(倘利益过于集中,谁来玩?)。

从制造供应链段来看,未来是可期的。作为行业从业者,我认为首先需要打通行业上下游之间现存的信息交流不通畅问题,做到互联互通。目前,这方面大都是通过共建系统、共享实时信息数据的方式进行。另一个关键因素,是推行标准化,这涉及运输网络、仓储服务、产品包装等,这也是在一些行业中,非常难推行的点。比如托盘标准化,目前也就只能在某些行业实行。

PI的推行,可能要先从某些局域,比如某些产业或行业(如汽车产业,其产品包装、循环周转箱,大部分都是非常标准化的)开始尝试;经过相当长远的一段时间的演变发展,再由一个或者多个推动力,实现真正意义的Physical Internet的全网络建成。

林泰恩
"安得智联"首席产品官

物的流动跟信息(金融)的流动,严格来说还是两个场景。虚拟世界的信息流所构建的秩序,源于全球统一的Protocal(协议):通信协议、HTTP(超文本传输协议)、FTP(文件传输协议)、BGP(边界网关协议)、POP3(邮局协议版本3)、TCP/IP(传输控制协议/国际协议)等。这在物理世界不太成立。

卢建强
"中融泰隆"总裁、联合创始人

都在说"新物流",只能说当今网络词语丰富了。真正实际的物流,不可能像虚拟世界。世界技术再发达,也没有办法把物流变成虚拟世界,只能是通过信息化数据化形成一定的算法,帮助实体物流降本增效,或者帮助物流的某些环节自动化。物流还是需要实体做基础,纯属虚拟网络概念,只能说是一个时代话术。

罗戈网分析说:未来"物联网"的一个方向,是通过互联网打通物流网,形成生态圈,不断深化进行共享平台,比如末端派送共配,资源联动共享,不重复投资,节约资源,同时可以产生几倍的效率和效益。但我们面对的物流现状,同质化太严重,没有真正做得大的数据共享。

两年前,有幸和国家发改委的领导探讨未来中国物流的走向:国际物流,除去受各国政治政策影响,国际通用共享代理模式一直在进行,但依然形成不了共享大平台,因为物流本身,就带着国家军事的战略敏感性,不会轻易开发开放;国内物流,科技达到一定水准,在国家安全监督和指导下,相信未来可能会出现罗戈网分析的结果,但时间可能会长久些,这和基础技术有关,加上国内物流一定的草根性文化。这几年,民营企业都在想突破,还是困难重重。如果由国家来推动,可能实现会更加快些。

王志彬
"韵达产业园"高级经理

个人感觉形式大于内容,"新瓶装旧酒",与物联网区别不大。有什么已经落地的应用吗?

一看到开放的、共享的、分布式的,就让人联想到"含庞率"(网络用语,意为先到的吃大头,后入场的得不到什么,赶风口)较高的区块链,终究还是中心化的应用效率高。建议 Gartner(高德纳咨询公司)把这个技术,列进技术成熟度曲线里,让我们看看发展到哪个阶段了。

宋汝祥
"奔海供应链"CEO / "直帆冷链"CEO

个人觉得:万物互联,网络无处不在,这是美好未来,是智能化数字化升级版。但短时间无法实现,主要障碍在产权壁垒。

杨叶龙
"好多车"创始人

任何一个纪念日,都会找个契合的日期。但这个 PIday(πday),更偏向于往这个日期(3·14)硬靠的概念,逻辑很通,还是偏概念,我的感受不强。

骆海东
"聚水潭"创始人

哈哈,"激情燃烧的岁月",但不能脱离现实哈。

周韶宁
"百世集团"创始人 / "Google"前全球副总裁兼大中华区总裁

这些年,我从 IT 转到物流,一个方面的理解是:IT 是完全标准化,大家在标准里面创造模式、内容、产品,都是数字化的。而物流,物理上的标准化,非常困难。

行动派躬身入局
拥抱派观望派各抒己见

π，3.14，3月14日；π，PI，Physical Internet……一个平平常常的日子，就这样被赋予了特殊的含义。

范式革命？行业终局？理想国？乌托邦？大同世界？……日常的琐碎和平凡，就这样被赋予了工作的意义、公司存在的理由。

过去没做成，不等于现在做不成；现在做不成，不等于将来就没有希望；一国没做成，不等于我们不能在一域一业开始尝试。一部洋洋洒洒30多万字的《人类简史：从动物到上帝》，尤瓦尔·赫拉利不断重复着的，不过是《新教伦理和资本主义精神》的书作者马克斯·韦伯的那句名言："人是悬挂在自己编织的意义之网上的动物。"

看看现实世界，物流的显性运营成本不断被压缩，我们是否还看到诸多物流隐性的"社会成本"？PI和"双碳战略"又有什么关联？……疫情之初，尤瓦尔·赫拉利就曾断言："风暴终将过去，人类还将继续存在，我们大多数人仍将活着，但将生活在另一个世界里……"

积极拥抱派

徐海锋
清华互联网产业研究院数字物流首席专家/"京沪高速铁路"前总经理

新物流是新经济新变化带来的产物。

过去的物流，我们只关心物体物理状态的位移，今天的物流，我们更关心它在虚拟世界中的属性、形态及其自身产生的数据价值；今天的物流，我们只关心它的安全性、准时性、及时性，未来的物流，我们更关注它的关联、生态，以及其产生的看不见而易被忽视的价值，更关注它的系统性、自控性、精准性。

简单的位移，已不足以诠释物流的所有价值。物体流动夹带着的相互驱动/相互关联的某种内在规律，更体现出其价值。

比如我现正在研究的贸易场景下物流供应链的应用——在主客体之间、实虚之间，建立起网络连接、多点驱动的网络立体架构，让彼此的多元性，展现在物理世界和信息世界的空间之中，让它们在互动中，找到彼此的关联和驱动的元素，然后赋予其新的使命。让全链条全息全过程，变成有机整体，触发新的路径和新的构架，让原本的不可认知，在现实场景中再现。这也就是我理解的虚对实的重构，突破以往的思维认知，找到本源和归属。新的架构，一定是立体的、多维的，一定是交互的、关联的，这就是新的网络世界。它不仅是物理架构，更是一种关系的重新定义。

这是一个新时代的开始。疫情加速了其进程，使之成为未来经济的引擎和驱动力。商品交易的实物移动的物理属性，与其天然拥有携带数据的数据属性，在生态构建中成为不可或缺的要素，从而揭示商业生命周期的链条，彼此依存。更重要的，是它能把不相关不可能，变成关联、彼此成就和天然绝配——"虚"对"实"进行挖掘，"实"把"虚"变成可能，彼此成就，创造出新的价值。

时代变革一定要遵守规律。交易产生价值，流通形成闭环，物流成为载体，经济才能运转。阻滞，堵塞，瓶颈，其实都和"通"有关，"通"与"连"相关，"连"与"链"相关，"链"与"数据"相关——逻辑链条上，交易过程数字化，自然就与物流数字化关联了起来。

标准化、数字化、集约化、网络化，自然就成了定义新物流的要素。

叶宇芒
"上海中远海运物流"党委书记

这是一个必然的趋势,但前进的道路必然坎坷,既不会太乐观也不必太悲观。

作为从业者,必然要投身其中。谁拥抱得快,谁就有先发优势。这一过程中,也必然有一大批先驱成为"先烈"。从来就没有轻轻松松的成功者,最后的成功集大成者,只能是极少数。

卓序
"德马科技集团"创始人

我第一次听到 Physical Internet 这个概念的时候,第一个感觉就是:这是一个伟大的构想,是物流领域一个全新的范式,也是人类不断探索世界的成果之一。

PI 的概念并非诞生于当下,但在物流技术和互联网技术发展到今天的这个时点,大家纷纷对 PI 表达出各种兴趣和向往,也正说明 PI 还是在成长和发展中。假如我们换一个视角:去到 10 年后的今天,PI 完全有可能以一种崭新的面貌呈现出来,或者将以更高级的形式出现。

站在当下的时点,我们来说 PI——假设 PI 是物流完美的终局,我觉得:我们应该实实在在地从以下几个方面,去推动它的发展和演化:

第一,物流的单元化技术;第二,物流前链路的数字化;第三,物流装备的智能化;第四,区块链和数字货币;第五,数字孪生技术和产业元宇宙;第六,政府、企业和组织的共识和共享……

这些技术、标准和协议等要素,其相互影响互为作用,会使现在看起来尚且遥远、似乎还不大会可能实现的 Physical Internet,终将变为现实。

当然,PI 这个范式也会在实践中像 Internet(信息互联网)一样,在运用中不断被拓展被放大被优化。而像"德马科技"这样的智能物流系统解决方案提供商,其系统解决方案,也要"与 PI 俱进"——不仅要解决单一的、局部的系统优化,更要参与到更大范围的、整体的系统优化当中。

曹明
"泓明供应链"总裁 / 上海保税区域协会执行会长

PI 与物联网 (IoT) 有本质区别:IoT 只是互联网的延展,通过"物物互联"开展智慧物流;PI 算得上是一次颠覆式的物流范式革命,属于最底层生产关系的重组,基于互联网技术,通过统一标准的封装、接口和协议,做到物流在全球范围互联互通,指数级提高生产力(供应链效率和成本),实现物流节能减排的可持续发展。

尽管新冠疫情和地缘政治，造成逆全球化发展趋势，供应链发展趋势从全球和离岸向本地和近岸发展，我们更需要主动拥抱 PI，积极融入供应链全球化——以与世界连接度和开放度最高的自由贸易区为实验田，邀请具有代表性的网络型、平台型和产业型供应链物流企业共同参与，成立 PI 组织协会，落实和推进 PI，通过产学研，加强与欧美 PI 同行交流，在各种场景实践中探索 PI 各种可能的模式。

邹建华
"递易智能科技"创始人

Physical Internet 的构想和宏大展现令行业振奋，其释义表述，完全突破了传统物流点、线、面的概念，对过去几年物流的信息化、数智化升级，又有高度的不同，具有不可限量的内涵和外延，呈现出对整个社会物流全体系的高屋建瓴的统筹。

这一理念，对所有的物流组织，所有的人、货、场，以及期间使用的各种物理性工具，结合物联网、互联网、数字技术，都做了基于层级、模块的规划，不仅能消弭各种物流组织间的信息不对等，也能整合不同物流节点间的资源，以及不同物流属性间，标准输入 / 输出的信息通达和共享。这对整个世界物流的效能提升和成本的降低，将带来巨大的变化。

当然，实现这些还有很长的路，但理念出来了，方向就有了。

韩金宇
"车满满"创始人、CEO

时代的脚步从未停歇，每隔几年，市场都会呼唤技术革命，来满足发展所需的新动能。

个人觉得：在当前环境下，最能为 Physical Internet 这一概念起到支撑作用的，是自动驾驶和新能源技术。就这两个新兴技术方向，国家已经推出了诸多扶持政策，很多专项资金也已陆续成立。相信通过这两方面的技术革新，可以让 Physical Internet 概念，更好地在现实社会中落地。

未来的物流行业，会向着自动化和无人化两个方向发展，在降低成本和降低能源消耗两个方面，取得突破性进展，更好地服务物流企业和社会。自动驾驶，不仅可以降低成本，解决劳动力不足，还能降低事故率，避免疲劳驾驶等因素带来的死伤事故；新能源技术，也会降低成本，还将在世界范围内解决碳中和问题，实现人与自然的和谐发展。这两项科技的发展，是构建未来物流网络的核心。当然，这并不是说前几年着重发展的 5G 和供应链信息化技术就不重要，而是这些技术已经逐渐成为一种基础设施，已被大规模使用，已在行业中起到关键作用。

好的技术需要有好的运营团队，科技只是工具，如何组织运营，提高客户体验，是未来各物流企业制胜的法宝。希望若干年后，我们能看到 Physical Internet 变成现实，并再提出一个更高级别的概念，来引领时代发展。

张晓宇
北京市物流商会执行会长 / "八达物流集团"董事长

当今社会，经济的快速发展，伴随着难以预测的经营环境的变化，尤其是"后疫情时代"，实体经济恢复活力的周期必定延长，新生系统的出现及自然生存环境的挑战，对社会各行各业寻求生存发展，提出了崭新要求。

时下无疑是中国物流业迅猛发展的时代，传统物流正在向科技型有序转型，这对物流全产业链的各个环节，都提出了更高的要求。

个人以为：除物流行业大中台的科技赋能型和数据赋能型企业外，应该广泛引导更多的物流主体实业公司，参与到行业的科技化转型中来，这样才能加速物流全行业的科技转化。未来物流业的科技发展，需要落实到每个实际参与的企业，落实到每个物流环节的参与者，需要科技到人、科技到位。

我简单理解的 Physical Internet，是以后货物的运输，就像信息的流动一样。举个不太恰当的例子：未来发货，可能就如同发送电子邮件一样——收货人下单后，并不知道你的这批货物，从发送到收到，经过了多少个系统处理器，经过了多少家物流公司的运营网络，进行周转、接驳、存储、投送，等等；但是，它就是通过最高效便捷、切实可行的方式，达到你的手上。通过这种方式，PI（"物理互联网"）实现了全面的水平和垂直的协作，整个网络取得了巨大效率。

要形成成熟的 PI 网络，想必还有相当漫长的路要走。

作为传统物流企业，"物流+互联网"是必然趋势，必定是在横向纵向延伸、线上线下融合，以及构建平台化联盟的整合浪潮中，不断前进。过程中，有效整合资源和信息是难点，却是步入产业互联网直至 Physical Internet 的必经之路。

许云龙
"新希望集团·鲜生活冷链"董秘 / 中国蔬菜流通协会副会长

尽管 OMS/TMS/WMS 系统早已经存在，当年如同踩着风火轮一样快速发展的冷链业务，实际还只是运输和城市配送，接触范围并不广，客户要求也相对较低，初期还只是实时提供车辆位置/温湿度的 GPS 等，在后台形成各种报表，以做服务与品质佐证。

时间如白云苍狗，一转眼十几年时光，当年在我们眼里的高科技，早已成为每家物流企业必备的能力。很多客户已不仅需要自己的物流服务商，提供运载工具的位置信息/温湿度信息等，还需要直观了解出发地仓的视频信息、存储仓板信息、货物包装信息、产品生产信息/效期信息/收发信息，甚至驾驶人、配送者的个人信息、在途交通安全信息，以及国内外的采购信息和市场信息，等等。

物流服务，已经成为万物互联的重要组成部分，成为连接和传递信息的载体。我们在成长，客户也在成长，竞争对手更在成长。看似生长在一个因互联而透明的世界，实际上我们一直生活在信息不对称的时代。如何获得更多能为我所用的信息？如何先人一步，不至于落后和被动挨打？如何为客户提供更多更有效更便捷的信息，为客户创造更大的价值？通过存储、运输、配送，通过站点，通过扫码、云计算等各种手段，让货物在流动中形成有效的追溯体系，让流动生成数字，让数字连接服务，让服务产生价值，这应该是值得我们永远研究的课题。

邵一峰
"铁大大供应链"创始人、董事长

重要的不是物理移动，而是技术的更迭带来的不同意义。

Physical Internet，重要的不是货物的不同属性和特性。无论是否需要温控，是否需要危品标识和操作，还是大到包船包机、定制化班列，货物始终是物理属性，供需供应链产生移动的需求，这就是 Physical 的定义，不一样的是 Internet，其内涵已经迭代了好几层。

最初是 IT-Information Technical 信息技术时代，具有方便自己控制和管理的特征，"信息"代表的是一种权力和控制力。

接下来，我们进入到 DT(Data Technical) 数据科技时代，具有的是利他、激发大众活力的特征。DT 是数据充分流动的时代，更加透明、利他，更加注重责任和体验；

2020 年开始，随着元宇宙和算法的流行，又进化到了 DI(Data Intelligence) 数智化时代，大数据和算力成为数字经济时代的石油和发动机，新消费连接新需求和新供给，促成有效连接要通过数智驱动来完成。

从不变的内容物，到万变的万物互联以至产生价值的技术，确实让我们这些从业者体验到了"一生二，二生三，三生万物"的大道魅力。可以说，目前国际货代行业尚不成熟，还停留在 IT 迁跃 DT 的阶段，无数的国际货代从业者都还在探索：如何获取流量？如何产生数据？如何利用数据？公共服务平台和私域垂直细分平台，像雨后春笋一样发展着，大家努力成就着这样一个 Internet 万物生长的时代，有幸参与，幸甚。

"铁大大供应链"创业之初，一直将国际铁路物流服务互联网化作为企业使命，这几年一直在摸索，从内部管理 ERP，到体现外部服务的询价平台和可视化运踪系统，在业内也一直走在前列。今年着力打造垂直细分市场的 DT 架构：联通国际物流供应链上下游各环节的供应商，形成一个密不可分的数据交换平台，共同快捷完成物流委托；联通客户端的便捷服务，提供预约、实时运踪跟进及操作透明、互动式的服务和结算的闭环设计，致力于打造一个国际铁路领域的最佳服务平台；打造数据分析能力，指导市场产品及销售营销，提升能效及产出，同时利用数据，为客户共享，产生价值。

Physical Internet 之路，没有"旧地图"，没有参照物。但只要不忘初心，始终坚持，全国统一大市场、中国百年复兴都可实现。

道阻且长，行则将至，行而不辍，未来可期！

刘向东
"工品云"创始人、总设计师

Physical Internet 这个词，从 2006 年 6 月出现到现在，已有 16 年。其间，不管是物流，还是互联网，业态都已发生巨大改变。尤其随着电商的高歌猛进，物流业蓬勃发展，超越了许多产业，甚至可以说是增长最快的产业之一，物流及相关产业对中国 GDP 的贡献，可能也是最大的。

但是今天，我们依然可以讨论 Physical Internet 对未来的影响：一是客户需求，这是创新的源泉，效率更高、成本更低，是永无止境的，没有最好，只有更好；二是商业模式创新，市场化分工协作依然是主流，企业是商业主体和创新的执行者，企业在追求盈利的时候，会不断对组织进行优化变革，以促进产业变化；三是技术创新，信息化技术的应用将更为广泛，"元宇宙"的发展和创新，将是重要的突破口；四是社会公共设施投入和建设，尤其在中国，社会基础设施（包括新基建）的投入和建成，将使 Physical Internet 更具中国特色。

葛国明
"裕宁供应链"创始人

创建一个连接全球的物理互联网 PI，一个无缝连接的物流网络系统，是一个引人入胜的话题。

"物流互联"可以想象到的优势，至少有以下几点：

1. 提高资源利用。可以通过 PI 更好地利用资源，提高供应链网络的透明度和效率，更好地连接客户和供应商。

2. 降低成本。可以通过 PI 与其他业务合作伙伴共享资源，进一步提高效率，例如共享交通工具和存储空间。

3. 促进物流智慧化。在标准和无缝连接的 PI 中，物流智能系统会不断地产生数据交换。有了这些数据，配合上快速发展的人工智慧、区块链等技术，能让物的流转真正地智慧化，确保了更大的灵活性、可靠性、可预测性、可控制性。

如此美好的愿景，主要的难点在于标准的接受度。要想实现 PI，就必须做到物流节点标准化、物流协议标准化、信息格式标准化、物料包装标准化，等等。

信息互联网的标准化，是诞生在一张白纸上，在互联网大规模地应用之前，已经有了公认的标准传输协议，后来的整个互联网世界，是在一个统一规范的标准下构建起来的。而物理互联网不同，物流已经在全球各地自然发展了很多年，不同地区、不同行业都有迥异的特征，形成了自成体系的法则。想要实现标准共享，不仅是技术层面的问题，还牵涉到更多的经济利益、传统习惯、政策法律法规，等等。

互联网的发展，就像在一片荒蛮之地上开疆扩土，建立起一个崭新的世界。而物理互联网的发展，将更像是城中村的拆迁，牵涉方方面面的利益，首先是现有的玩家必须接受新的规则。标准普及后，物理互联网的时代才能真正到来。

黄影明
"元初控股集团"董事长 / 中国口岸协会科技分会副会长

Physical Internet 于我们这一代人，也许很难做成。

我们的思维，已经被几十年的成就和经验束缚住了。面对新科技、新模式、新思维的挑战，40 岁以上的业内人士，需要有极其强大的自我革命的愿望！

希望寄托在下一代行业管理团队身上，更为合适，90 后、00 后，甚至 10 后，时间可能需要再花上 10 年 20 年……

我们现在要做的，就是把所有的资源、经验、能力，尽快赋能给他们，帮助他们实现行业的变革和创新。

这是一个新世界，首先需要打破的是枷锁，是我们的习惯、"人我"和傲慢！

行动派

詹博瀚
"冰魔方"创始人兼 CEO/ 商务部全国农产品冷链流通监控平台智能化管理组组长

记得 2017 年"万溓沙龙"推出《无法预见的革命》讨论的时候,行业对"新物流"反响强烈。5 年过去了,物流行业经历了一轮大规模的高速发展,也面临着在经济、环境和社会多方面不可持续的挑战。

随着规模的不断扩大,各大物流企业的边际成本迅速增加。在单点优化效果有限的情况下,如何利用创新技术进行突破和提升,成为行业热议的话题。其中,Physical Internet 是非常值得关注的理论或模式。

过去 30 年,我们见证了 Internet 通过全世界数以千万计的计算机系统互联,以网络软件实现网络资源共享和信息交换,让信息可以不受空间、区域进行传递,成本更低。互联网从根本上改变了信息传输方式,推动科技突飞猛进,极大改善了我们的生活。

类似 Internet 重新定义信息的流通,Physical Internet 希望重构实物在物理世界特定空间和时间的网络传输。

Physical Internet 的核心业务场景就是物流——通过构建开放式、标准化的物流标准协议,将各个物流节点的能力和服务,整合成一个共享协同体系,最终实现高效率、低成本、灵活柔性、互联互通的物流网络,从根本上改变实物传输方式。这无疑将再次极大推动经济发展,大幅改善我们的生活。

比起 Internet 改变世界,Physical Internet 的难度和挑战更大。物理世界既要处理数字信息,也要处理物理实体。由于各种线下业务场景、环节所对应的物理实体,种类繁多、标准不一,加上涉及人员参与的因素,Physical Internet 要构建"物流标准协议",比之 Internet 打造 TCP/IP 那样的"标准语言",所涉及的技术、规范、政策、监管等,想必要复杂得多。Physical Internet,理想美好,任重道远。

从整个演化过程来讲,则有以下几个较明确的趋势:

一是自动化和数字化技术的应用,一定是未来物流行业乃至整个 Physical Internet 的基础。只有通过自动化技术,才能最大限度地降低人为干扰,便于标准化执行;只有通过数字化技术,才能将所有物流要素互联互通并且数据化,实现以数据驱动洞察、决策和行动。未来的"物流标准协议",最终也是通过数据标准来落地,类似于 Internet 的 TCP/IP 协议。

二是仓库物流节点将是标准先行的关键，作用类似 Internet 上的交换机、路由器等。物流仓库包括生产中心、集散中心、配送中心、港口码头等，各物流节点连接起来，就构成了一个物流网络。标准协议有了，节点骨干有了，新型流通逐渐做起来。在规模没有起来前，可能会面临前期成本挑战，面临流程对接障碍，但随着规模的放大，这种建立在新标准的共享协同物流体系，将展现出无与伦比的效率、成本、灵活度、用户体验优势，并带动产生新的生态系统和物种，最终取代传统物流，在更高层面驱动世界经济发展。

"冰魔方"所做的，就是从核心冷库这个"节点"入手，通过连接冷库再连接冷链车，通过构建冷链设施物联网络，进而构建一个"区域"的 PI 网络。

"数字孪生"的世界一定会到来。数字孪生将带来更高效链接、更便捷体验，也会推动实体的进一步协同融合。PI 是未来，或许还有很多我们现在想象不到的事情，值得我们期待。当然，在这个数字化构建过程中，客户需要得到短期价值，我们还要解决当下客户痛点，比如安全、节能、等等。

"冰魔方"正是选择冷链这个市场作为切入口，从冷库节点数字化起步，怀着对 Physical Internet 美好未来的憧憬，躬身入局，静待花开！

金任群
"中通速递"副总裁

其实这就是"通达模式"，弥漫状的数字物流闭环体系。

物理上，进入这个体系后，就是生命的开始，同时也预知了生命的结束。或者，当上帝之手不小心拨弄下后，马上就会产生新的生命曲线。未来是依托数字化孪生系统作为支撑的实战运营，是实体的数字化呈现和拟化运行，这个时间窗口只有 3~5 年。

这种模式对于"通达系"来说是常态，所以才会有这么快增长、这么大规模、这么高效率、这么低成本。大家无非都是叶公好龙而已。

余嵩
"三志物流"创始人

互联网从"局域网"进化成我们今天全球化的互联网，给人们工作生活带来的便利是显而易见的，互联网的浪潮还在持续不断地推动着科技的发展。从宏观的角度来看，Physical Internet "物流互联网"，是提高整个社会生产力的有效方式，一旦得以实施，无论是组织效能还是单位成本，都将获得显著提高，货物运输的便利性和时效性，也将得到有效的提升。毫无疑问，Physical Internet 的实施，将会给物流行业带来巨大变革。

从辩证角度来讲，尽管 PI 的到来是物流行业值得期待的事情，但是货物的运输，毕竟不能等同于数据的传输，物流是更多的搬运、装卸、运输等一系列的物理过程，跨组织之间的交付、结算，虽然可以通过协议和标准化的方式来解决，但大量的异常情况，还是需要有一个较为庞大的组织，来进行仲裁和协调，这无形中就有可能会降低 PI 的预期效果，况且，这个类似联合国组织的仲裁协调机构的作用力，也是 PI 能否顺利落地的一个较为关键的因素。从我们"三志物流"近年来的实践和成长情况来看，我们似乎也是在打造一张局域网，尽管我们希望能够把这张网做得更大、辐射更广，但对于整个全球物流行业来说，也只能是沧海一粟。

PI 的到来，无疑能让我们未来有可能接入更广阔的物流网络之中，尽管由此可能会有更多更直观的竞争，但相信也能使我们发挥更大的作用，我们期待也积极拥抱 PI 的到来。

杨光
"黑豹物流"创始人

所谓供应链 (Supply Chains) 中的"链"，要解决的是点与点之间的联通和运输，而两点之间的直线距离最短，在如此的场景和假设下，"黑豹物流"历来积极倡导和执着实践的"干线模式"，不仅简单高效，而且也是成本最优化的。

众所周知，单一的供应链往往是脆弱和易断的，高效的往往未必同时又是可靠、稳定或持久的。伴随两年多来疫情的此起彼伏，由中美贸易摩擦导致的"双循环"需求，乃至俄乌战争产生的油价高涨、欧美制裁等风云突变的不确定性，单一供应链缺乏可靠性和稳定性这一弊端也日显突出。在这一大背景下，市场和客户所要求的，不只是高时效和低成本，而是可依赖、可确定，同时又是可持续的供应和物流解决方案。单一供应链模式，正在潜移默化地向多点、多连接、可重复的"供应网 (Supply Webs)"模式发展和演变。这一不可逆转的趋势，对于类似"黑豹物流"这样传统物流企业，带来的最大挑战是：目前的干线模式和物流管理系统 (TMS)，将无法适应和满足"供应网"模块化、算法化和智能化的需求。

服务"供应网"的物流方案，必然是一整套网络化的物流模式和技术框架，网络化的问题，也只有通过现代互联网的思维和模式来解决。Physical Internet 理念，在基因上，为解决供应网给物流企业带来的运营模式和技术平台的挑战和难题，提供了天然的思路和方案。无论是定义物流实体对象的信息数据包、信息交换的数据协议 (protocol)，还是构成 πOS 系统核心底层功能的感知系统、预测系统、决策系统和控制系统等标准模块，Physical Internet 的超链接性、模块化和智能性，让其成为"供应网"在物流空间的映射和实现，创造了可能，也提升了其对传统物流颠覆的概率。

以物流创新为使命的"黑豹物流"，期盼着成为 Physical Internet 在物流企业落地生根、开花结果的探索和开元者。

黄晓波
"餐北斗"创始人 / "国美电器"前副总裁 / 中国人大国际商学研究生导师

"餐北斗"是一家由物流行业和餐饮行业两个坐标轴交会出来的企业，对 PI 的研究与应用，聚焦在这两个行业的交汇点上。

2020 年疫情暴发后，为解决进口冻品新冠病毒溯源问题，我们与腾讯合作，将"餐北斗"基于 web 的仓储配送 SaaS 系统，嫁接在腾讯的人工智能、图像识别、区块链底层技术上，结合赋码技术和各地健康码体系，形成了一整套从末端餐厅，逆向到进口冻品码头的覆盖货物、船舶、集装箱、港口、堆场、拖车、仓库、末端配送，以及终端门店的全链条溯源体系，在海南全省得以普及应用，大幅度减轻了拉网式人海战术排查进口冻品病毒的工作量，提高了工作效率。个人以为：这就是 PI 的局部应用的一个典型案例。

最近，我们又与国际知名企业"霍尼韦尔"深度合作，聚焦餐饮物流场景，在我们的 SaaS 系统基础上，结合"霍尼韦尔"先进的语音智能拣选技术，大幅提升货物的拣选效率，降低人工费用。

我们的实践证明，PI 在餐饮供应链物流领域，有着广阔的发展空间。"餐北斗"提供应用场景和需求，提供专业仓储和配送系统，合作方则提供先进的底层技术和前沿的领先理论，二者的有机结合，能形成完整有效的解决方案。

张金连
"英赋嘉集团"董事长 / "大恩物联"总裁

我做了近 30 年的三方物流 (3PL)。三方物流的特点，就是整合自身或外部的物流资源，为客户提供基于供应链全环节的物流服务，具有很强的非标准化属性。

说起前些年的三方物流，它具有三个明显的功能：运力安排、垫资和服务。近些年，随着快递 / 快运的迅猛发展，快递网络和快运 (小票零担) 网络，乃至快线 (大票零担) 网络的日渐加剧的整合购并，以及各枢纽节点的打通，一张"超级大网"似乎正在慢慢形成。如果再负载上科技的助力，也许这就是未来所谓的"PI 网络"吧。

随着效率化程度越来越高的大网的出现，传统三方所依赖的"运力安排"职能，必然会走向弱化甚至消失。"新三方"必须在新的时代，找到它新的位置。我们需要重新认识"物流"，重新定义"物流"。

今天的物流，显然已经不只是简单的仓储运输收货送货，它已经被赋予了更多的功能职能。回归到传统三方物流的"三大功能"："运力安排"之外，"垫资"显然不是我们这些民营物流创业企业的强项 (辛苦 10 年 20 年，滚出一堆应收账款)，最后只能在"服务"上找出路。

记得前些年讨论"新物流","棋盘资本"创始人马宏写过一篇文章,叫做《物流的"三重性"》,说是物流除了"物的流通"的天然物理属性外,还有第二重属性"数据属性",并"由数据链接衍生出物流的第三重属性(服务属性),在物的物理流通过程叠加服务甚至文化的增值",因为有了物流自带的"数据属性",物流服务商可以"对物流'入口端'的物品追本溯源",可以"陪伴和见证了物的整个生命周期",可以"比客户更了解他的客户,比消费者更了解消费者自己"。

我并没有马宏总的所谓物流将是"诗和远方"的浪漫,但十分认可"新三方"将有更多"服务属性"的断言。服务一定藏在产业供应链里,"新三方"的利润来源,在产业供应链的各个节点之上。一家第三方物流企业,不可能面面俱到包揽一切,必须聚焦专注某几个产业领域,真正做深做透。

马荣
"立镖机器人" COO

新概念能带给人思考、跟进、启发,甚至一定的知名度,不过叫什么名称并不重要,根本还在于它能提供什么功能,解决什么问题。

Physical Internet 的核心,是一套基于开放式物流网络互联互通模型的标准体系,类似互联网的 TCP/IP 协议,使得不同节点、渠道的"物",都能够不那么费力地从 A 点到达 B 点,如果 AB 两地的"物"是标准的,即产出时间跟需求时间一致、质量水平差不多、价格也基本一致,则物可能不需要位移,直接用 B 点的物替换(不讨论当下有些 App 收集的与"物"有关的数据价值)。可见"物"的标准化是 PI 的基础。

我现在所在团队对物流的理解,跟 PI 的内涵不谋而合。我们认为,物流的核心是三件事:物的路由、物的存储和物的传输。"物"通过包装和二维码,实现硬件标准化和软件数据打包,在仓库内高效存储、在物流节点实现路由、经由传输工具达到各终端,而柔性贯穿始终,区别于传统串联式智能仓储。

以此为理论起点,我们研发和销售模块化、标准化的存储工具、路由设备及相应方案,形成与已有设备之间的沟通普通化。

尽管业内已有多年发展和探索,而且因为信息技术、运算能力等领域的快速迭代,给 PI 发展奠定了良好的物质基础。但个人感觉:PI 的广泛推行,仍有其天然障碍。一是作为生产配套,足够的效率是对 PI 的必然要求,但在很多场景下,开放式、并联式的互通网络,效率会成为高效生产的瓶颈;二是标准化模块化并不容易,"物"的场景纷繁复杂,一物一场景、一行一区别,要在如此复杂的场景中抽象出一些环节进行标准化还有可能,但很难有设备适用全部场景,因而 PI 也难全面落地。正所谓"无标准,不 PI"。

祁萌
"大马鹿"创始人

这事儿在物联网领域已经发生，我们都在参与。快递的终局物联网表现形式，就是不再有面单，生产厂家在大多数商品内装入物联网芯片，快递过程中的大多数分拣和上门环节，人被机器取代，机器可以直接读取芯片内信息，无须面单。这是一个事儿，在物流业看来，物联网是第一步。推动共配，需要比电子面单更有效的物品识别方式。我们就在尝试通过机器人分拣，未来可以摆脱各个公司的内网面单，形成统一的分拣方式。

栾剑锋
"乘风咨询"创始人 / 原"货来货往"创始人

Physical Internet 确实是比较新颖的概念。宏观来看，物流网络跟 Internet 确实非常相似：干线、支线、末端和转运中心，都可以在实体中找到与 Internet 对应的设备和元素——Internet 是以字节为单元的信息流，实体物流是以包裹为单元的货物流……

这两种体系最大的差异，应该是在于组织形式而非运作模式：Internet 是以社会化来组织和运营的，使用者只需要关心数据的源头和用户的终端；而实体物流则还是以企业为主体来组织的，因为跨组织/跨机构的标准化，是社会级的问题，这个问题将涉及货物所有权、运转过程的成本结构、货物的安全，以及企业核心竞争差异等多方面的挑战。

早期我曾创业"货来货往"项目，当年很多的设想，与 PI 不谋而合，希望解决的，就是物流企业间货物交换协议的问题。但实际操作中，遇到的问题非常复杂——因为这项业务涉及跨企业货物交换标准和统一结算管理标准，组建起来的标准，缺少强力手段和号召力去要求企业遵从，尤其是在这个过程中，又缺少变现的手段，如果再把这些问题上升到整个社会层面，其复杂度将会成阶乘上升。我是学计算机专业出身，以前的业务涉及企业间交换，所以对 PI 有直观感受。我仍然认为，PI 是一个很好的思路，是很可以参照的、用于解决物流中某些局部交换及标准化问题的路径选择。只要能够解决某些课题，就可以带来效能的大幅度提升。

季玉磊
"扫臻网络科技"CEO

IoT 的概念、力量和技术，停留在"芯联网"的阶段，即每个物都需要内置一个射频芯片，通过这个芯片与网络进行通信，以收发信息、执行指令。而 PI 则实现了"数字化""云存储""泛物联"，无须给每个物内置通信芯片，以零成本的方式得以广泛推广，以底层技术和基础设施、与区块链、WEB3.0 等技术体系融合。PI 得以实现的必要条件，是物的数字化。

物的数字化大体可以分为两个路径：硬件射频芯片和非硬件数字化。

非硬件数字化又可以分为 3 个阶段：1. 属性信息。代表性的为商用条形码，每个条形码表达的是这个品类的数据，也就是说，所有该品类商品的条形码都是一样的。2. 个性信息。即每个物的数据都是唯一的，如电子监管码、普通二维码。唯一性的价值在于可以确认每个物如商品的信息，从而将该商品与生产、物流、销售、消费的流转节点关联，实现更精细化的管理和营销。3. 加密数据。即每个物的数据唯一且加密，加密的意义在于避免数据的破解、伪造，从而将该数据关联更多的管理和营销功能，如在销售端的销售提成的在线统计支付、消费端的防伪、溯源、优惠等。

我们的"扫臻区块链溯源平台"，对上亿件商品植入了加密二维码数据，以该加密二维码作为载体，实现了真正意义上的 PI，即物流与数流的一体化。并且，基于以上数据，我们将金融服务内置到订单系统、收货系统，实现采购即付款、收货即付款，将数流与金流一体化。

因此，PI 概念、理论的推广，须以物的数字化、联网化、泛物化为前提，而商用的前提，应解决成本问题，提供营销、资金等服务。

李东
"财中金控"主管合伙人兼总裁

社会的发展进步，是靠企业创新发展推动的。从资本的角度来看，长期创造社会价值和用户价值的企业，才是能够赢得未来的企业，才具有资本价值。

"大物流"行业，几乎贯穿所有领域，行业基盘大，细分领域多，企业核心能力偏科，数字化发展程度有限。如此市场状况，给"后互联网时代"通过数字化手段进行产业整合，带来巨大机会。通过构建信息流、资金流、物流、信证"四流合一"的平台，盘活运力存量，提高行业参与者协作效率，提升行业生产力，正是行业新锐"智通三千"的核心思想。

"财中金控"作为"智通三千"的战略股东和财务顾问，充当着其"副驾驶"的角色。"智通三千"取名寓意，就是用智慧与科技的力量，通达中国三千城市。通过实体企业物流管理 SaaS 平台、政府物流监管 SaaS 平台、运力用户端口 SaaS"三位一体"的架构设计，赋能实体企业提高物流服务效率，帮助地方政府提升数字化监管效率，给运力提供更多的运力时间管理效率，多方共赢。"智通三千"将以人工智能技术为核心能力，以行业大数据为核心壁垒，打造赋能物流产业链的数字"物流云"平台；同时，也会运用区块链技术及物联网商业思想，实现节点数字化、数据具体化、反馈及时化运营生态，来帮助更多的物流参与者提高运作效率，持续创造商业价值。这正与 Physical Internet 的模块化、单元化、标准化、智能化等创新物流理念，并以此构建未来智能、高效、可持续性物流网络的中心思想高度吻合。未来的"智通三千"，将持续不断从物流行业的点状整合到面状整合，最终形成数字物流平台化新物种，成为 Physical Internet 的一个实例印证。

曾小兰
"易速医药冷链"创始人

  如同生物从单细胞进化成现今的物种，如同人类从走路骑马升级到今天的坐上飞机火箭，从 Internet(互联网) 和 IoT(物联网) 诞生之日开始，Physical Internet(PI, 物理互联网) 其实已经在演化的路上了，只是版本不一样，迭代的速度和方向受到环境（自然选择）、自身需求（遗传基因）和技术工具（变异）影响。"物竞天择，适者生存"。

  记得最早在美苏冷战期间，美国国防部需要设计一个分散的指挥系统：当部分指挥点被摧毁后，其他点仍能正常工作，而且这些分散的点，又能通过某种形式的通信网取得联系。这就是美国国防部高级计划局网络 Arpanet(阿帕网)：采用分组交换技术，通过专门通信交换机 (IMP) 和专门的通信线路相互连接，从起初的 4 个节点，一年后就扩大到了 15 个节点。

  后来，就慢慢进化出了包含应用层 / 传输层 / 网络层 / 数据链路层 "四层体系结构"的网络通信协议 (TCP/IP 协议)；定义了电子设备如何连入"因特网"，以及数据如何在它们之间传输。从此，全球需要联网的通信设施，都遵循这一规则，用上了同一种语言，全球互联网及其相关的经济体，便快速发展了起来。

  消费互联网时代，"阿里巴巴"商业模式的本质并没有改变，都是解决行业痛点，满足客户需求，创造社会价值，提高企业效益。"淘宝"也是利用了互联网、物联网及其他技术和工具，把批发市场模块化、标准化、透明化地搬到了线上，同时实现客户上线 / 员工上线 / 上下游上线 / 产品上线 / 管理上线 / 流程和服务上线，让沟通、信息、数据快速互联互通，高效透明，帮助阿里和那些主动拥抱变化的商家客户快速发展了起来。

  疫苗事件后，医药相关部门加强监督药品的流通质量，需要检查监督冷链药品存储、运输的环境温度，温度数据需要保存 5 年。当规范问题已经不只关乎企业成本，而是关乎生死之时，医药相关企业为了生存和发展，就必须遵循规则，用上物联网温度监控设备。一些提前布局并一直坚守的医药冷链物流及相关企业，也就获得快速发展。新冠疫情后，人类的生存环境更趋恶劣，资源日益匮乏，这就又需要全人类共同努力，保护环境和资源，目前已有数十个国家和地区提出了"零碳"或"碳中和"气候目标……

  产业互联网时代，产业链数智化共识过程，也是自然选择演变的过程。在搭建线上"人、货、场"场景和生态中，需要不断提升效率、节约资源、避免浪费，需要持续优化产业生态。"标准"和"共识"的建立，将逐步完善各节点、各主体、各服务的线上数字身份信息，让身份和数据快速互联互通，高效地收集、传输、计算、预测、决策、执行、反馈、纠偏、迭代。

随着迭代速率的不断提升，上述的这一切，未来很可能还会同人类经验积累和生物进化融合，我们还需要坚持"向善""向上""向阳"的发展原则，不能违背保护人类生存环境和资源的原则，不然也将是人类的灾难……

顺天道，应人道，得正道！

田民
"物界科技"创始人 / "中国 PI 第一人"

Physical Internet(实物互联网) 的英文定义：An open, global and multimodal logistics system founded on universal physical, digital and operational interconnectivity and enabled through standard encapsulation, protocols and interfaces.

Physical Internet(实物互联网) 的中文定义：一个建立在通用的物理、数字和操作互联互通基础上，通过标准的封装、协议和接口来实现的开放的、全球性的、多模式的物流系统。中文翻译本身，就是一个认知过程，就像最早把 Internet 翻译成"因特网"一样。Physical Internet(实物互联网) 可以类比 Digital Internet(数字互联网)，是将实体货物分装成像"数据包"一样，在实体物流网络里自主流转。

Digital Internet(数字互联网)，可以承载全球数十亿设备之间的天量信息和数据交互，任何使用电脑或智能手机的个人、企业或政府用户，都可以上网，实现互联互通。Physical Internet(实物互联网)，同样可以连接全世界的发货人和收货人；在 Digital Internet(数字互联网) 中，信息被封装成数据包后，通过通信链路网络进行传输。数据包中的数据是封装的，在传输过程中不能查看或者修改。在 Physical Internet(实物互联网) 中，不同大小的货物同样按照一定规则，封装到一组不同规格的标准容器里，运输过程中处理的对象是标准容器，而不是实际货物；在 Digital Internet(数字互联网) 中，数据包的报头 (header) 包含识别数据包，以及发往正确目的地所需的所有信息。数据包通过路由器 (Router) 在不同网络之间进行传输，直到抵达目的地。在 Physical Internet(实物互联网) 中，每个容器同样都使用 RFID 和 GPS 进行标记，以便在通过网络时能够识别、路由和跟踪。

Digital Internet(数字互联网)，是由不同的运营商 (ISP)，遵循标准化协议共同提供服务。用户不需要了解他们的数据是如何从始发地路由和传输到目的地的。在 Physical Internet(实物互联网) 中，货物同样是被封装在标准容器里，通过不同的物流服务商进行运输。如同 Digital Internet(数字互联网) 数据，可以使用铜线、光纤和微波等介质进行传输，Physical Internet(实物互联网) 可以使用公路、铁路、内陆航道和航空等进行运输。用户可以信赖 Physical Internet(实物互联网) 及其服务，将他们的货物运送到任意目的地，而不必知道货物的运输路线。

观望派

陈君城
"万纬冷链"首席合伙人、总裁

供应链能力是现代企业成功的核心要素。整体物流成本的持续最优化,需要企业在经营过程中不断努力。在国内大家为"居高不下"的物流成本困扰、经营毛利年年承压,且没有太多的立竿见影的举措之际,只能使用简单粗暴的手段,向下游压价,如此循环,物流的规范、服务水平持续下降,物流从业者的水平也难以提高。

降低供应链整体成本并持续精进,需要系统性思考、分析和执行。例如,行业从生产端、流通到销售,需要一盘棋、端到端的考虑,以市场需求和特点来倒逼上游的仓网和物流规划,并在标准化的前提下,逐渐实现物流数字化和智能化。

Physical Internet 概念,是在这些以行业或细分领域为小系统的基础上,实现智能网络体系互联互通,深度执行。我认为需要优先考虑以下至少三个条件:

1. 统一的语言。在细分领域,物流的流通过程中,其数据须遵循统一语言,让各环节能沟通起来,互相拉通,实时和透视。2. 标准化。货物流通需要标准的载具,比如托盘、周转筐甚至到特定的运输工具,这载具需要结合产品,从生产端开始进行计算和设计,以实现流通过程中的最大效率;另外是计费标准,快递能做到服务产品化,有行业通用的价格体系,而大部分物流并无行业规范,收费单位名称不统一,导致物流操作动作也有差异,更何况数字化。3. 智能设备。在确定各类标准后,各物流环节的信息交互程度,或受制于传感器或感应,这意味着物联网的进程将影响 PI 系统的实现过程。

PI 系统的实现,或许需要更完善的顶层设计;与此同时,也需要找到合适的土壤播种、浇水、施肥。更多人员参与讨论和交流,有助于加快这创新构想的实现。

侯泽宽
"弗朗斯股份"创始人

这的确是一个非常有趣的讨论。首先,它当然是个概念,无关乎炒作,而且它可能也会是一次革命,如果 Physical Internet 构建成功的话——我个人认为,还是能够构建成功的——我觉得，关键还是节点，不管是产品制造地，还是运输工具、保管场所，乃至相关联的人等，都要纳入这个大系统里来。显然，这是一个非常大的、极具挑战性的工作。

栾学峰
阿里"淘菜菜"渠道运营 & 物流供应链管理部物流专家

个人认为：这是终极形态，还比较遥远。

大的拓扑结构上，物流履约的网络、节点，各节点上货物的分离聚合，节点间的运输，跟互联网字节包的传输有类似，尤其是跟目前的快递网络很相似。但要真正实现高效履约，还需两个必要条件：1.标准化：包装、容器、载具的标准化，运营操作流程规范的标准化，虽然这些谈了很多年，逐渐向好，但就国内而言，距离 PI 的要求，还有很远的距离。2.足够的物流量：实物物流的链路，基于相对稳定的物流基础量，以摊薄运输成本，维持干支及末端网络的存续，这类似一个先有鸡还是先有蛋的问题。

余杰
"天下库房"创始人

依照我们"天下库房"的认知：现在的仓储物流，无论是数字化，还是自动化、智能化应用，已经可以算作是 Pre-PI（Physical Internet 前期）了。

运输数字化 2B 运输订单比较复杂，往往是发货人、接单方、承运人、收货人多方共同参与执行，这就必然需要构建起多方连接的社区型数字化管理系统，支持"从客户处获取众多需求订单—分发给不同的承运商—调度给不同的司机—送达交付给不同的收货人并收取回单—进入后续财务/管理分析流程"整个流程。它原本就是一张网，全流程、多环节、多人员、跨地域、跨组织，先展开再收拢。

仓储数字化 仓储管理同样如此，已经从单一仓库的入库、上架、盘点、拣选、出库、发运等库内管理，进化到多仓协同、"一盘货"管理等数字化进程。从发货人到物流再到收货人的仓运配，已经可以基于统一的系统，进行信息交互和运作全程全环节的数字化管控了。

终端数字化 延伸到终端，数字化不仅可以实现全流程中，每个环节、每次交接、每次交付过程的可展现和可记录，而且可以切实推动从 B2C "品牌霸权"的正向供应链，迈向 C2B "消费者主权"的反向供应链。

不只是针对流程管控，数字化实际已经涉及整个流程环节中的所有参与主体、所有设施设备、所有协作人员，以及所有终端乃至用户消费者。如果再有智能化硬件设备（包括

Physical Internet 所谓的"标准化容器"等）的全覆盖，既能与前述流程管理的数字化系统衔接，又能在所有环节点（Physical Internet 所谓的"开放式节点"）上更加细致明确地界定相关方的交接责任，这不就是大家现在热议的 Physical Internet 吗？

理想很丰满，现实很骨感，并非都能用"机器人"实现库内全链路柔性自动化。现实成本压力，让疲于奔命的中小企业，只能更关注能否立马实现效率提升和成本改善。比如电商订单，波动较大，订单多寡有时候相差数倍数十倍，需要在成本、服务、效率中间找到平衡，何时哪里该用机器人，何时哪里该用人工，何时哪里该用机械设备，怎么组合出一个高效而低成本的流程？"普洛斯"正在尝试构建智能仓标准——面向不同行业和不同环节，以提升评效与人效为基础诉求，在存储、分拣、搬运、辅助等各个环节，使用相应的智能解决方案。

所有这些环节的背后，当然少不了各种智能算法：机器学习、路径优化、库存优化、调度优化、路由优化、补货模型、调拨模型、预测模型、网络模型等。通过不同的优化算法和模型应用，使每一部分都能持续自我进化。前端流程数字化了，所有相关终端、主体、节点也都需要获得相应的智能化提升，后台就必须有一个全链路的数据体系，支撑运营整合和组织协同，构建起可视化能力、灵活机变能力、平台服务能力、生态协同能力，服务和适应不同的客户、不同的场景。有数据集中的底层平台，有对整个流程的数字化管控体系，所有流程节点和前端设施设备、组织、人员都有相应的智能化连接，有算法模型进行持续优化。这大概就是数字化/智能化的未来物流的 Physical Internet 世界吧。

还是回到中国市场现状：中国太大了，中国是城乡二元结构的社会。我们既要看到智能物流的快速迭代，大型物流企业快速应用科技强化竞争力；我们还要看到还有大量小企业、大量个体物流从业者，使用非常传统的手工方式处理业务，其需求和能力离智能化还十分遥远。也许，Physical Internet 还需要一个漫长的前期准备期。

杜华
"杜臣供应链"董事长

Physical Internet，翻译成"货物互联网"也好、"物流互联网"也罢，架构了一个超现实的完美理想，从其终极目标、实现价值去评估，无疑令人向往。"物"的源头在生产地，主要在制造基地和农业基地，它不像互联网的图像处理和信息交换，用较低成本的技术即可解决。实物从源头出发到终端，有一个很曲折的路径，其中每一段的责任、定价、标准、时效、付费、结算、利益等问题，任何一个解决不好，就会被卡住。这个难度，远大于互联网和物联网的实现，要追逐这个梦想，或许可以从不同维度和版块的物流局域网去探索，而且光靠分散的社会力量，又很难形成共识标准，最终仍要在一定的验证基础上，依靠强大的权威力量去推行。

有梦想总是好的，万一实现了呢！

刘培军
"快行线冷链"创始人

Physical Internet 万物皆互联的时代终究会到来，但冷链物流作为传统行业，还是极大地依赖人工的干预。

作为从业近30年的老兵，看着信息化、数字化、网络化、科技化的进程不断加快，的的确确减少了很多前期犯过的错误，降低了很多新生从业者的难度，少交了很多学费。

但物流终究是货物的转移。在这个转移过程中，所遇到的人与人之间的交流交付、公共环境中的交通限行等情况，以及客观政府政策的变更和指引，会给这个行业带来很多不确定的因素，从而导致某些方面节省了资源和成本，某些方面又增加了资源和成本。

所以，我们要辩证地看待这个问题。

首先，PI 物流网一定可以解决很多事情，比如繁重的入库作业，通过信息化对接机械轨道的应用，直接摆脱人工搬运；通过明确的信息介入，指定批次、日期出货作业；利用智能托盘进行产品的称重和盘点等等，库内作业已经实现了非人员全机械化作业，但是其目前的成本造价和物流行业的收入完全不成正比。其次，对于车辆调度来说，2B 的业务场景复杂且多变，大仓、卖场、街边店、店中店等等多个业务场景，系统可以识别，但是其交付环节短时间内一定无法脱离人工，而且随着社会发展新的业态不断涌出，拥有丰富经验的冷链从业者，一定会凌驾于系统之上，毕竟系统的所有理论和实际操作场景，都是基于人员的大脑开发出来的。

总结一下我个人的看法："(Physical Internet) 万物皆互联 + 精英人员"，才是最终的行业方向。冷链从业者只能跟上时代的脚步，充分利用自身经验并结合信息化的发展，不断地完善，不断地进取！

人是如此，行业亦是如此！

张峻
"食神供应链"合伙人

供应链管理，包含物流管理，我在海外读的就是这个学科，导师在著作中就有网络互联互通的内容。欧盟、日本本身，具备区域内打通供应链的基础，可以预见，这是一个可以努力的目标和方向。

仓库、物流，属于供应链后端；计划、采购、生产，需要更精益化管理，才能支持更敏捷可靠的物流；研发、品控，是更前段，同时还是物流可以标准化并提供标准化服务的基础。建设系统的核心，是先设定标准，建立流程和制度。

这方面，中国目前还有许多需要完善的空间，尤其是中国本地品牌，以及产业链。

华军
"合鲜美众物流科技"创始人

  Physical Internet 的整套理念，把标准化、精益化、数字化和智能化，浓缩在一个完整的网络体系之中，以此构想颠覆性新技术，以及加速实现"下一代智慧物流"的时间表。

  对于硬件的建设和铺设，以及对"下一代"的深度理解，我认为我们完全可以做到；对于后续的执行，我认为我们不太可能长期有效地推进。PI 同时要求深度协同、高效执行，基于中国企业普遍的各自为阵、散点爆发的特征，凡是涉及协同及开放式的事情，基本以失败告终，除非有行政命令。

  Physical Internet 字面理解就比较复杂，据我肤浅的理解，它是最智能化的、物流各个阶段各个节点的全开放式打通。现在国内的物流企业，较低端的占据绝大多数，现在推进 PI 为时过早。

周贤君
"田野配送"董事长助理

  互联网的兴盛，离不开标准的统一，就像微软的成功，是因为它终于统一了标准，并形成了全球共识。

  Physical Internet，在我看来，如何让各种类型、各个环节、各个国家合格标准不一的参与者统一起来，这才是难题。

  或者说，由谁来撕裂星空，可能更能看得到未来是否可期。

  毕竟，以我的年纪和浅薄阅历，看到的是 VCD 乱世狂魔，DVD 群雄割据，蓝光最终一统天下，这都走过了近 30 年。

  恕我斗胆：这盘棋，国家才能下吧……

王江川
"座头鲸"创始人兼 CEO

  从物理分层映射到数据结构，类似 TCP/IP 的物流节点定义，理论上是可以的。深入理解了专业技术及行业知识，也是数字孪生的一个发展路径，有洞察力有前瞻性。

  重点要看由谁来制定标准，由谁来落地实践，最终达成商用……

  这需要进行跨专业知识融合，产业型资源整合，难度及工作量很大。

陈宇奇
"海柔创新科技"创始人

个人以为:如果分拣中心、DC、运输都已经无人化了,这个还是有可能的。

田民
"物界科技"创始人 / "中国 PI 第一人"

想象一下全球货物运输系统,像我们熟悉的互联网一样运行的画面:货物以标准化的容器进行封装,每个容器沿着事先计算好的最佳路由进行运输,包括选择不同的物流承运商、运输车辆、中转节点和运输模式等。在运输过程中还能够根据各种外部和内部的变化情况,及时动态和自主地调整路由。

实现 Physical Internet(实物互联网),有三个核心要素:开放协议 (PI Protocol,πProtocol)、标准化容器 (PI Container,πContainer) 和开放高效的节点(PI Node,πNode)。Physical Internet(实物互联网) 是以一种全新的共享协同方式,将原来相互隔离的物流系统链接在一起,成为一个更加开放和高效的物流网络。

许多物流标准其实已经存在,例如集装箱、托盘和 EDI (电子数据交换) 等。Physical Internet 是在已有标准的基础进行扩展和优化,并且更加强调链接。超链接(HyperConnectivity) 是 Physical Internet 最重要特征之一,主要体现在三个方面:1. 物理超链接:确保货物在网络中的无缝流动,需要对容器、运输载具和装卸设备等制定标准;2. 数字超链接:确保信息无缝和及时交换,需要对各类数据和格式制定标准;3. 操作超链接:确保现场操作和业务流程之间的无缝衔接,需要对操作或作业流程制定标准。

技术视角小心求证
资本视角大胆假设

Physical Internet 不过是西来的概念，中国物流早就开始了网络整合构建的进程：且不说顺丰、京东、"通达系"们，其实就是一个"局域" PI；也不说满帮、G7、天地汇们，正埋头做着的，应该也就是 PI 的一部分事情；即便是安能、壹米滴答、德坤、三志之类，也都是希望通过加盟、联邦、合纵、连横、"大平台小组织"、"做大公司做大家的公司"等等方式，构建起物流"互联互通"的 PI 梦想……

"中国 PI 第一人"、"物界科技"创始人田民，3月14日 π(PI)Day 的一则短文，引爆了广泛探讨：PI 只是永远无法抵达的遥远"使命"，还是可以预期的未来"愿景"？PI 落地实施的"战略步骤"是什么？"切入点"在哪里？是"由上而下"，通过技术突破、技术赋能，去整合众多的"小、散、乱"，还是"由下而上"，通过组织变革、集约合并，先构建起蚂蚁雄兵的"大平台"？

PI 到底是新技术，还是新模式，抑或是新的组织形式，甚至就是新的文化理念？……

技术视角

甘仲平
"昆船智能"总经理

在物流装备行业（也被称为内部物流系统），很少关注大物流下的各种概念。在行业内使用的技术和开展的业务，一般均围绕设备、控制和动作等内容展开，大家都认真处理与自动化相关的业务，还真没有认真考虑过 Physical Internet 之类的概念对内部物流行业产生的影响。

这些天，学习了各个领域专家的各种见解。如果将所谓内部物流，解析为是解决供应链体系中节点（仓库和转运中心）的建设和在工厂内部组织物料满足生产需要所完成的搬运和存储等活动两个部分，那么，Physical Internet 这一概念，对于推动内部物流系统向智能化迈进，具有明确的指导意义。

首先，Physical Internet 在宏观层面，对物料和信息网络进行了定义，是以全局的、开放的、互联互通为特征，来构建物流网络。在这张网中，生产和物流配送的节点——内部物流系统这一黑盒将被透视，其产品和技术的架构，必须满足 PI 链接的定义，才能以满足供应链数字化及智能化的要求，实现全域物联。

其次，Physical Internet 提供了物料管理的全新视界。通常情况下，内部物流系统通过管理、调度和控制三个层级，由任务驱动自动化设备，完成物料的搬运、存储、分拣等业务，可以理解为是在信息驱动下的自动化系统，其管理和控制的对象是设备，当下内部物流的数字化和数字孪生系统的构建，关注的主要对象也是设备。

在即将来到的 PI 时代，业务场景应该是由物料驱动的智能化系统，是在软件定义的流程中，物料处于与设备交互信息的智能系统之中。系统管理和控制的对象是物料，是由物料携带的信息，驱动设备完成各项业务活动。可以用未来的智慧交通系统做对比：车是路上的物料，路是各种搬运设备构建的线路，车路协同或智能的移动搬运设备，通过智能算法对物料（车）进行自动调度，使不同的设备和系统开放地协同运作，完成对物料高效率柔性的管理。这样的系统，已经满足 PI 系统的特征，百度地图等已经在实践。

赞同"伍强科技"尹军琪尹总对"软件定义物流"概念的解释。大家可以换个角度，来理解物流系统智能化，毕竟智能化的设备和信息系统，最终需要解决物料在哪儿、什么时间去哪儿的问题。大家可以一起积极实践 Physical Internet 在内部物流系统的落地。

盖莉珊
"埃林哲股份"创始人

数字化浪潮,对交易—服务—金融—物流—生产,依次并循环地进行着促进与更新换代。依托数字浪潮的供应链,链条上每个业务环节,任何一次智慧升级,都是在新技术的推动、在其他相关业务环节的创新发展的促进之下,一次次从量变到质变的发展过程。

Physical Internet 是在交易、服务、金融、生产等环节极大地数字化智能化之后,所催生的物流环节的再次配套升级,是在智慧物流基础上的再次智慧升级。PI 既要处理信息,又要处理物理实体,其面对的物理世界的环境和设施,远比其他环节要宽泛和复杂得多。

PI 的思路,从想法走到实践,极具挑战性,需要更广大范围的软硬件系统的协同,而且协同范围是国家级,至少是整个区域级的,因此,也必然是发展相对比较缓慢的业务环节。

PI 所需软件信息系统、智能算法等,相对可以优先发展;PI 所需硬件设施,包括仓储智能化(自动仓库及设备、拣货机器人等)、运输工具智能化(各种智能控制的电动车、自动驾驶技术与网络)、交通系统智能化等,这些软硬交互的领域正在蓬勃发展;目前比较差和不可控的,是物流运输的通路网络。

埃隆·马斯克设想的"弹丸火车",就是人流通路和货流工具。设想一下:一座大型城市的地下,是否可以建成四通八达的专用物流通道网络,并设有智能的中转站和节点站?如目前水、煤气,已经拥有了这样"物"的通道网络。指挥系统、运输站点设施、运输工具、运输通路等都智能化了,Physical Internet 就可以达成。这是极具挑战性的。

梦想总是会一点儿一点儿变成现实的,这样的实例已经在发生,如"元宇宙",已经从梦想步入现实。多年从事数字化建设和服务的我,坚信这一点。

师尊俐
"富勒科技"创始人

Internet 上数据包的传输,遵循着共同的 TCP/ID 协议,让数据能够畅通无阻。Physical Internet(PI)上物流单元的传输,如果也能遵循类似的协议标准,将有机会给物流行业带来革命性的变化。

只是这个愿景实现的路径,可能会相当漫长。对物理世界的改造,会比对数字世界的改造,面临的困难和障碍可能会多很多。这个困难和障碍,我觉得最主要可能不是技术层面,而是社会层面的。物流包装的标准化和单元化,是提升物流效率的基础,这是全行业 20 年来的共识,但至今并未取得实质性的突破。搭建局域网容易,构建广域网很难。构建一个类似于局域网 Intranet 的封闭的生态系统,相对容易些,但要构建一个全社会的基于统一标准的互联互通的 PI，则要面临诸多的利益冲突和巨大的改造代价。如何在付出的代价和获得的收益间找到一个平衡点，可能会是推广 PI 的一个关键。

无论如何，既然 PI 从逻辑上完全合理，效率上具有颠覆性的优势，而互联网、云计算和大数据已经高度成熟和大范围应用，为 PI 奠定了坚实的技术基础，相信 PI 最终一定会实现，只是实现的路径，可能会相当漫长。

陈伟
"运匠科技"创始人

从一家物流软件厂商和数字化解决方案提供商的角度来看，如果实物数据互联这项技术，可以让高质量低成本的数据供给成为一件容易的事情，肯定会更有利于提升数字化投入产出的确定性和回报率，对业务增长是非常有帮助的。过去的 20 年里，实物产生的数据数量、质量和成本，一直在不断改善，总体来看，有了很大的提升，但到达理想的状态，肯定还有很长的路要走。实现这一过程可能会遇到各种现实的困难，解决这些困难可能需要政府的引导和规范，也需要技术的突破、相关成本的下降、推广场景的适配，等等。

这是大势所趋，也应该是一个比较漫长的过程，过程细节有诸多不确定性。

邹晖
"柯尔柏供应链"大中华区总经理

新技术推动了经济的转型。一方面互联网和移动应用程序不仅使得信息更容易得到，而且彻底改变了全球供应链；另一方面，消费者的需求模式也在不断发展，在性能、质量和可用性的基础上加入了新的维度，如准确性、全渠道、社会责任和可持续性。

随着新的挑战，现有组织寻找各种方式，例如建立微型前置仓，部署自动化设施等来优化供应链，以便更快处理订单。在某些方面，一些组织的供应链甚至达到了极限，递送频率的增加与整合的努力，损害了供应链的可持续性。从大规模生产到适时服务和一小时送货上门，有一个持续的趋势，那就是供应水平的瓦解。每一个参与者，都在与不断增加的流量碎片化做斗争，无法独善其身。

虽然消费者希望快速收货，但越来越多的人开始关心这种交付对环境的影响。例如，目前全球卡车只有大约 50% 的利用率。在欧盟层面，这意味着每年大约 20 亿欧元的费用，每增加一个百分比，就会对交通拥堵有重大影响。同时，环境、健康问题以及为满足需求的基础设施都会带来所需的高额成本。

数字互联网开发了一套通用的互联协议（TCP/IP），这些协议使每个单一的网络，以无缝的方式与其他网络合作。PI（Physical Internet）概念的提出，可以理解为是物流和供应链专有的，是一种实体世界的互联方式。这个概念的目的是组织物流活动，它比目前的物流活动更有潜力。

尽管这个概念是新的，却已经获得了欧洲、北美洲和南美洲的思想领袖们的关注。在欧洲，新的货运市场/仓库，作为一种新的服务方式产生，软件应用也在不断扩大，包括可追溯性应用、供应链网络规划与航线中心建设等。新兴的企业和技术，正推动着PI的发展，不断产生出物理互联网的协议套件，以便提供更高效、更有弹性和更可持续的物流。

范基元
"德坤供应链"总裁高级助理/"满运科技"总经理

过去10年，无疑是中国物流行业有史以来发展最为迅猛的10年，随着资本的大量涌入，在物流全链条各个交易和管理环节上，催生出大量创新和变革。但从另外的角度来看，这个阶段的创新和变革，无一例外都是聚焦在物流链条中的单一环节单一场景，通过规模效应和平台聚合，帮助其从有限的私域边界，获得更大规模边界的效率优化最优解，或在交易环节，求得"场景+设备+系统"的效率和成本最优解。车货匹配、大车队、快运快递网络，无一例外都是借助产品或场景，通过规模聚集和平台聚合，在更大的流量域内，匹配一定的算法，求得降本提效的最优解。

物流发展到今天，准确地说，社会供应链伴随今天商业业态的颠覆性变化，已从过去的库存式供应链，向需求满足型供应链发展。物流回归行业本质，是为了满足用户供应链的全链管理和优化。就组织形态而言，未来物流供应链的竞争核心，是"数字化+算法+组织协同和变革能力"——通过平台化组织形式，从传统的雇佣制，逐步过渡到"大平台小组织"的协同制，通过交易和结算规则，数字标签链接到整个供应链的每个最小作业单元，并基于每个最小作业单元的服务能力，将其实时状态和历史质量数据，形成分布记录的独立数据标签，形成不仅是单一环节的规模聚合之下的最优解，更重要的是，完成每个最小单元的数字化存在，服务上链，跨组织协同，以及不同环节和个体链与链之间的高效协同。

通过数据和算法，为用户提供个性化的供应链全局优化。基于数据标签和平台化协同，实现基于一定质量目标和成本目标之下的、实时订单协同和组织协同；并通过算法，实现全局供应链弹性调控和管理；最终，从单一环节单一节点的规模最优解，走向全供应链的全链最优解能力。其中，分布式的最小运营组织数字标签、平台化的标准结算接口，全链互动和协同的数据分发和聚合，全局优化算法等，都起到重要的作用，同步也验证了区块链、WEB3.0、SaaS 等技术理念，在全局供应链的应用和实践，通过低代码低耦合的方式，实现在局部标准化产品基础之上的供应链全局优化和管理，以匹配基于商流的个性化供应链需求。

杨心怀
"浩创科技"董事

Internet 互联网，只是解决了与人相关的信息传送和交互的问题，解决不了把人从 A 地直接传输到 B 地的问题，那还得靠运输工具实现。

以 IoT 物联网为基石，以容器为载体的 Physical Internet(PI)，其实是个巨大的标准化和利益分配再造过程。

IoT 和容器标准化，提出来十分容易，执行起来相当困难，特别在是中国（如果是民营推动，很难；如果是计划推动，很容易，但后遗症无穷）。

"实物互联网"(Physical Internet，PI)，不同于"物联网"(Internet of Things，IoT)。没有 IoT 做基础，PI 就没有了信息（数据）支撑。PI=IoT+ 标准化容器 + 标准化仓储 + 多元化运输。没有 IoT 就没有 PI。

包裹、容器和运输工具自身，并没有人类的感知觉和主动信息输出能力，也没有思维。离开 IoT 这个基石，物品无法自主移动到需要去的地方。

徐明
"万汇链智能"总经理

不知道这个"实物互联网"，和我们现在讲的"物联网"，有什么本质区别？

万物互联，已适用任何场景，不仅在工业互联网。物流网络，更是需要万物互联，每一个物流相关单元（运输工具，运输容器）的各项传感数据（比如定位、温湿度、视频，如果危险品有更多传感数据），都需要互联互通。目前所缺乏的是一些通用的行业标准，致使所有数据互联互通的技术代价还比较高。

PI 借签 Internet 的 TCP/IP 协议，就是先建立统一的通信语言标准，这思路我非常认同。前两年，我也一直在想：如果有一个统一的标准，那对整个生态都是利好，相当于大家都能讲同一门语言，沟通就会很便捷。

我本人自中科大软件硕士毕业后，在供应链信息化领域干了很多年，擅长用信息化解决方案解决一些痛点问题。Physical Internet 的构想，我还是比较认同的，这相当于任何端到端的事物，都能实现直接"通信"（"物通"），这对整个社会来讲，效率提高一定是非常明显的。里面的难点，就是谁来定义这门语言。

现在"元宇宙"很火。如果真能把现实世界的所有物流信息，映射到虚拟网络系统之中，这是件挺有意思的事情——在元宇宙世界中，进行物流规划、交易、模拟等，再反馈回现实世界中。系统的好处，就是可以模拟没发生的事，也能记录发生过的事，这比较有意思，依赖技术的发展，特别是 5G 或 6G 的低延迟通信，远程操控机器人技术，还有无人驾驶，等等。

虽然有点天马行空，但我觉得：未来一定会实现。

张舒原
"智楹机器人" AI 环卫事业中心总经理

从 Physical Internet 概念的运行机理描述来看，是借鉴了 Internet 的网络运行原理，以此来改造物流网络。

因特网发展的最大基础，是 TCP/IP 协议的推出，它使信息传递能够标准化，让信息传递从点对点模式变为网络模式，从而极大地扩展了信息传播的便捷性和灵活性，让网络节点上的所有人，能够以最快捷、最低成本的传递和获取信息。信息在互联网上自由传播，是因为信息是标准化的，借助路由技术，一个信息包可以通过任意的路径传输，理论上，这个信息包可以抵达任意网络节点。

目前的物流传递是实物形态，这和 Internet 必然存在差异。要借鉴因特网的传播原理，PI 首先需要解决的，是传递对象的标准化难题——物流包裹的标准化是其基础工作。正如集装箱的出现，极大地扩展了海运规模一样，物流的标准化也会极大拓展社会物流系统的效率，降低成本。从这个角度讲，PI 并不是什么革命性的新技术或者概念，而是现在整个物流行业正在做的事情。不过，像物流容器标准化等工作，推进速度并不快，主要还是各企业自发进行为主，整个行业的标准化，还需要更高层面的协同工作。当各类物流容器，以及物流信息接口的标准化最终达成之后，整个物流基础设施，都成为可以共享的资源，物流效益将得到巨大提升，行业的商业模式也将发生变化，物流服务会像水和电一样，成为基础公共服务。

张翚
"欧坚集团"数智平台事业部总经理

Physical Internet 让我们对 Internet 有了全新角度的认知，忽然领悟到 Internet 和 Logistic 有虚实之分，却有殊途同归之妙。例如 TCP/IP 协议，类似物流里面集装箱的拼箱（TCP

是将文件拆分成不同标准小数据包的过程，类似集装箱柜的拼箱），首先 IP 是网络链接协议，类似选择海运、空运还是陆运，TCP/IP 居然和国际运输的组织，几乎如出一辙；其次，路由器又可以比喻成分拨中心，有了分拨中心，上面的货物就可以进行调拨和分拨，让货物的流动更加自由；再次，网关和海关又有异曲同工之妙，通过网关将计算机语言转换成本地的语言，而通过海关则将货物按照本国规则进行运输和配送。

领悟了 Internet 的内涵，再来看 Physical Internet，它和物联网的 Things 最大的区别，PI 是未来的物流体系，既是未来发展的全新理论，更是一种认识和构建未来世界的全新思想。PI 比物联网的范围更宽，可以涵盖更多的物，目前的物联技术还很局限和狭窄，只有有限的几种通信技术，PI 可能要宽泛得多。更重要的是 PI 的组织方式，Internet 里的 Packet Switching，被应用于 Internet 网络传输，有着区别于 Circuit Switching 的三个明显优势：其一，可以高效地利用成本昂贵且有限的链路带宽和资源；其二，允许大量且突发的传输共享链路带宽；其三，能轻松应对链路或路由故障，当一个路由或者一条链路出现故障时，可以快速通过其他路线继续传输。我们可以设想：PI 让物流的流动可以随时切换网络，并允许高并发量（类似节假日）的运输，可以轻松应对异常天气和车辆或者道路故障下的运输，那我们岂不是可以实现畅通天下的美好愿景。

期待 PI，期待未来。

夏浩飞
"云运智科"创始人

宇宙的"宇"，意为上下四方，即空间，无边无际；宇宙的"宙"，意为古往今来，即时间，无始无终。

万物皆存在于时间和空间之内。所以我相信：宇宙处于绝对运动状态，静止只是相对的。在大宇宙空间内，相对静止的概率，远远低于绝对运动。只是在个人局限的认知领域内，相对静止符合人的惯性思维，也可以说是"路径依赖"吧。

路经依赖，就造就了传统和传统效率，优点是稳定，但增量非常有限，社会价值也会逐步呈现负增长。社会的进步，需要突破传统，需要让静止运动起来，那就会涉及"流"——只要涉及"流"，就代表万物非静止。

在一般人的认知里：有物流，Material Flow；有人流，flow of people；有信息流，(Info flow)Internet；有资金流，Capital flow。Physical Internet 的出现，在我现有的认知范围内，是唯一有可能把"物（货品）—人（决策）—信息（协议）—资金（利）"四大要素结合起来，利用超高效的算力，在无限多种的组合和可能性中，动态选取最优解，在最终物流决策上，助力社会效率最大化——也就是，动态计算出"成本效益 + 能耗效益 + 时间效益 + 决策成本"

组合中的最优解。

只是这种最优解的获得，需要物流行业的大一统，需要有情怀的企业家牵头，把社会效益放在首位，为各国各组织都能带来巨大的价值增量。

当下，其实我们左脚已经踏入了这个时代……

吴军旗
"杭州热联集团"总裁助理 /"热联物流科技"总经理

物流行业历来呈现的状态是：低、小、散、乱，成本不透明，作业不标准。尽管随着电商及互联网的发展，在运力网络、智能仓储、路由算法等方面，取得了一定的进步，但整个行业与数字化技术快速应用的大环境，仍有不小的差距。

究其原因，我认为有两个方面：物流作为信息流、资金流三流合一的闭环组合，是唯一需要通过物理状态呈现的动态实物流，相对于虚拟可计量的信息流和资金流，物流实现标准化的难度显而易见；实物流动以运输、装卸、存储等环节的从业者为主体，行业整体素质偏低，推动行业变革既要熟悉低端琐碎的仓配作业运营，又要有行业格局和系统思维，人才始终是瓶颈。

尽管如此，多年来，物流人一直围绕行业变革在做不懈的努力，从20世纪80年代的Supply Chain(供应链)到今天的Physical Internet(实物互联网)，系统化管理、数字化技术和网络化运营等，在物流行业得到了大量的应用和实践。

个人认为，Physical Internet是建立在供应链、互联网和智能化基础上的物流运营理论，代表着行业未来的发展趋势。

其一，供应链的集成化管理和节点高效协同，是PI的核心。以供应链管理的系统视角，布局物资流通的链路，在整体链路上寻找共性，推动链路接口的标准化（尤其是生产、运输、仓储、配送等环节的实物接口标准化），这是搭建PI互联开放平台的基础。标准化，也是自动化、智能化、数字化的基础，推动集成化管理，标准化是前提。这方面，很多国家和行业正在做类似的探索，如包装尺寸标准化、周转单元标准化、容器标准化、托盘标准化和车辆规格容量标准化等。

其二，互联网和数字化技术的应用，为PI的实施创造了条件。互联网的高速传输技术和数字化计算预测分析技术的应用，可以在物资没有实际流动前，模拟货物流动的路由和方式，尤其在路由各节点实现信息互通的条件下，使得模拟状态下的节点协同与真实场景匹配，通过模拟场景寻找更高效、更合适的物流流动方式，从而实现整体链路的优化和协同。

其三，自动化和智能化，将推动PI更好地落地实施。在自动化和智能化的场景下，各物流作业模块、设备和作业场景与货物移动自动匹配，有机组合。因人工作业或个性化作业导致的非标作业将极大减少，或作为 PI 的补充，从而实现货物流动自上而下一盘棋，使得物流效率最高，成本最低。

当然，PI 理论的实施，必然面临当前传统物流管理思维的冲突，需要站在行业的高度和系统的高度，逐步分计划地推进，在实际过程中我有以下建议：1. 政府和行业部门，要作为 PI 实施的推手，尤其是围绕 PI 而落实的行业标准化工作；2. 要有选择地从某些行业或某些全流程供应链企业入手，由易到难，逐步试点；3.PI 网络参与者的利益分配机制要做有效的设计，确保所有参与者既要认同 PI 链路开放协同的管理模式，又要保障参与者的长期利益及积极性。

樊永生
"高诚智能"总经理

我们公司进入"物联网"领域已经有 20 多年，对物流行业并不熟悉。物流的联网 (PI) 与物体的联网 (IoT)，都可以叫作"物联网"，但含意并不一样。

有些东西，不同行业却是相通的。有一点就可以肯定：新的信息化网络技术的应用，对物流产能和效率的提升极为重要，这相当于工厂的技术改造。既是需求和产能在网络（无论是 Internet，还是 Physical Internet）上的高效配置，实际上也是网络上信息化平台的应用。

我们以前推广的"物网联"(Internet of Things, IoT)，首先是要让每个设备都拥有一个脑袋（芯片），可以直接挂在网上（作为网上的一个节点）参与互动，以实现智能化（智慧化）。我想 PI 的第一步，应该也是一样。

徐永刚
"麦得邻信息科技"创始人兼 CEO

基于互联网、人工智能、云计算、大数据等基础技术，让万物实现了互联，这个"万物"更多的是物体、实物，由此产生了 IoT(物联网)。IoT 解决的是物体之间信息的传递，通过信息传递与算法，让每个物流变得更智能、更有价值。

但随着传统企业数字化升级与数字化普及，IoT 中的万物，除了"实物"外，更是把具有思想的"企业"和"人"连接了进来。在未来数字经济体占主导的情况下，IoT 会发生更大、更广的"质变"，产生一种新形式，这可能就是 PI。

所以我个人觉得，Physical Internet(PI) 是在数字经济体下 IoT 的一种进化，或者说就是 IoT 的一种质变。再过几年，可能我们不再过多地讨论 IoT，而是 PI，就像现在我们不再过多地谈"互联网",而是"数字化"。就拿我所从事的快消品行业举例,经销商内部通过数字化,完成了商品、车辆、仓库、门店、人员的连接,通过这些物和人的连接,完成对商品的高效率低成本流转。多个数字化企业实现连接,就形成一个数字化联盟体。

未来,可能会出现很多个联盟体(商贸联盟体、物流联盟体、零售联盟体、区域联盟体,等等),但联盟体与联盟体之间,还会形成链接,这个时候就需要通过一种标准协议去交互,通过制定标准协议,来形成更多、更广、更深的链接。相信未来在快消界,会形成一种超级高效的商品流通形式,这种变化,可能就是 PI 其中一种形式的应用。

罗建辉
"紫云股份"创始人

如果货物可以像信息一样标准化的话,物流行业目前的发展模式,就正在向 Internet 模式演进!我们现在看到的、通过互联网传递信息这种模式,如果把货物也看成信息一样的"东西",现在的互联网就是实体互联网。只不过信息这一"物体"容易标准化,PI 则是要建立一个高效网络,能统一传递不那么容易标准化的货物。本质上,现在的快递、网络货运平台等,就是 PI。各快递网络,完全可以通过类似 TCP/IP 的方式,形成一整张大网,但由于业务竞争,导致现在快递行业有多个 Intranet。未来,整合是必然,货物的标准化程度越高,Internet 化的进展越快!现在整个物流形态,也已逐步转向网络货运,网络货运是未来物流发展的必然,可以降低整个物流成本,协调实体运输和货主关系。随着这个实体互联网的逐步深入,整个物流网络将实现更低成本、更高效率。

未来的物流,也一定要和"物联网"融合——通过传感器展示物体的状态,让别的网络或别的物体能够感知到它,对它做出一系列动作。这个应用前景非常广阔,可以通过物联网感知物流的状态,进而对它实施管控。这里面有非常重要的一点,就是整个数据的真实性!物联网技术在物流行业的应用,只能解决物体运输过程各种状态的感知,以更好地保证运输质量,提高效率,降低成本,但要想实现货物相关信息在全球各物流段之间的智能协同,就必须对传递的信息进行真实性判断,然后基于规则触发下一步路由方向或者物流动作!但整个物流过程中,数据(包括状态、轨迹、等等)可能失真甚至造假。物联网的基础是数据真实,获得真实数据才能做出正确动作,比如感知温度的传感器传递的数据失真或者被篡改了,大数据处理这个传感器传递过来的信号时,做出需要或不需要特殊温度的控制处理,这样的动作就是错误的。

未来整个实物互联网(包括互联网)是真正的数据验证过程,从数据验证到系统执行,应该是基于区块链和智能合约来实现的。互联网里面有大量的虚假信息是没有经过验证的,如果根据这些信息是无法触发行动的。只有通过区块链技术,对数据进行真实性验证,然后才能基于智能合约对这个数据触发动作，这个动作才是正确的动作。有了正确信息，才能有正确的动作。未来世界，互联网、物理网、物联网，都是基础，真正智能化的，还是区块链和智能合约，这才是最终的。真实的物流世界，是透明的物流世界，用透明物质世界的眼光来构建网络，这时网络才有意义。

付文兵
"颢屹汽车"合伙人

　　看到关于 Physical Internet 的思想理论和物流相关领域大咖的思想碰撞，引发了我对汽车技术与 PI 物流结合运用的思考。

　　PI 思想的核心，是基于标准和基础的思考，其实质是要解决物流领域以最低成本获得最大效益的问题。目前的中国物流，大多仍以粗糙、混沌的方式运作，物流相关企业靠着"小聪明"的方式生存和发展着。PI 物流思想，实际是想解决物流"大智慧"的问题，由此必然会引申出更多产业相关方"协同作战"，来共同思考和探索如何用智慧的方式与之共生发展。

　　物流涵盖的领域非常广泛，汽车也是其中的一个工具。除了载人的乘用车，更有大量载物的货运车及商用车。乘用车竞争的核心，当然主要是围绕"人"，满足消费者各种需求；货运车及商用车，则主要是围绕"物"，满足企业效率提升和实用性方面的各种需求。

　　汽车技术的核心竞争力，是由驱动方式和运作能效等引申出来的，就是各种驱动能源的使用、能源利用率的提升，以及智能化等各种核心技术的运用。我想：汽车最终的核心竞争，是控制软件的迭代能力、汽车底盘的柔性化、开放的数据和硬件接口、高效的能源利用水平等。汽车技术与 PI 物流的结合，应该在开放的数据和开放的硬件接口方面下功夫，通过无人驾驶技术、数据运算能力，来提升行驶效率，通过底盘通用性及柔性化，来解决货物承载能力，最终达到物流整体运作能效的提升。

　　"牵一发而动全身"，关于 PI 物流的思考，必将引申出更多相关产业链发展的广泛探讨。"路漫漫其修远兮，吾将上下而求索"，我想这也是人类不断突破自我、探索未知世界的精神力量。

齐少辉
"轵虎汽车"联合创始人 / 研究院副院长

　　经济贸易的飞速发展，带动货运需求增长，物流业已成为中国国民经济的支柱产业和重要的现代服务业。2020 年，中国社会物流总费用为 14.9 万亿元，占 GDP 比重达 14.67%。在中国的物流运输结构中，公路货运占绝对主导地位，公路货运量占全社会货运量的比例，长期雄踞70%以上。根据亿欧智库测算：2021年，中国公路货运市场规模达5.85万亿元。货物贸易需求增长以及电商行业的爆发需求，推动公路货运市场业态演进，形成了以快递、零担、整车物流为主的结构，其中零担与整车物流二者的总和，占据中国公路货运市场总额近90%。

尽管中国公路货运市场具备万亿级规模，但60%的运力，仍然掌握在小型车队与个体散户手中。从细分市场的集中度看，零担与整车市场二者的前八家企业，市场集中度均不足5%，市场整体处于高度分散状态。这种高度分散的物流运输形态，极大浪费了运输资源，也增加了各环节的交易成本。

如何高效地对物流系统进行组织和运作，成为学者们和各大物流企业面临的重大课题。在此背景下，PI物流理论，旨在能像互联网一样进行组织和运作的新物流操作形态应运而生。

我们知道，互联网能够蓬勃发展的重要原因，在于分层和标准化的运用，使得无论何人、无论何时、无论何地，都可以通过互联网进行信息沟通。基于此，如果希望货物运输也能像互联网那样无缝运转，货物包装和单据的标准化和统一化，就是必不可少的。

从互联网的发展历史看，"以太网"的发明和推广，正是促进互联网发展的一个非常重要的因素。以太网的发明，使得信息能够低成本、安全、快速地进行传输。从层次结构上看，以太网在整个互联网体系里面，属于数据链路层和物理层，属于互联网的基础设施。在物流体系中，公路干线运输网络，就类似于互联网中的以太网，如何能够安全、高效、低成本地进行货物运输，就成为提高物流体系效率的关键。

当今以"有人驾驶"为主的公路运输体系，存在诸多弊端，难以满足新型PI物流体系的需求：一是公路货运市场高度分散，无序竞争，超载、疲劳驾驶现象普遍；二是公路货运安全事故频发，损失巨大，司机因素与装备因素是主要归因；三是人力与燃油成本攀升，进一步挤占利润空间，物流企业降本增效需求强烈；四是重卡氮氧化物与颗粒物排放污染大，难以满足环保和碳中和的需要。

随着自动驾驶技术和新能源技术的日臻成熟，新能源"无人驾驶"技术在公路物流运输中运用，曙光已现。在公路货运场景中应用自动驾驶技术，理论上可以实现24小时不间断行驶，可以有效提升整体物流运输效率，有力支撑"全球123快货物流圈"。自动驾驶应用于干线物流，是人工智能、大数据、云计算等新一代数字技术赋能传统产业的绝佳尝试——通过自动驾驶系统对人类司机的逐步替代，通过驾驶策略与驾驶行为的优化、车队管理效率的提升，可以有效解决干线物流安全、成本、环保、效率等痛点，打造更安全、更绿色、更经济、更高效的公路货运体系。根据亿欧智库测算，与普通柴油重卡相比，L3级自动驾驶重卡，每单位周转量的总成本可降低9.35%，而L4级自动驾驶重卡，则可降低15.35%。这对于利润不断被挤压的物流企业而言，无疑是一个必然的发展方向。

相信随着自动驾驶的日益成熟，无人驾驶技术就像以太网对互联网发展的促进作用一样，必将推动PI物流体系的飞速发展。

资本视角

吕明方
"方源资本"合伙人

这是个好题目。

物流世界，本质上确实是个网络世界。这个网络世界，在 TCP/IP 协议的逻辑框架下，必须面对的最大问题，就是它依然需要通过物理的方式，实现物物相连，光有互联网技术方法是不能完全实现的。物流的背后，是人和车的组织。除非未来世界完全是无人驾驶，货物装卸也都是无人操作，但那是个非常遥远的事了。

目前的中国物流企业，总体来讲，还是粗放的、简单的、效率低下的。这种运营管理模式，的确需要一些"革命"。这种变革会怎么发生？我觉得技术肯定会起到重大作用。如果仍以传统模式运营，包括人工、物料、运输、油料，等等，成本会越来越高；而客户端到端、点对点等需求，也会越来越强烈。

这背后，就有一个如何拥抱技术、拥抱变革的问题——这个变革，我指的是组织变革——原来通过客户关系的连接（比如吃饭喝酒、人情交往之类，虽然也需要，但它不是本质需要），物流本身是货物流、信息流，以及其背后的物理流、技术流的连接，怎么产生一个超文本的结构？这个可以去探索去尝试。在实践中，一定会产生新的东西，产生各种新的组织、新的方法、新的运作模式。

这能在多大的程度上替代今天物流的主流模式，我觉得还不到这个阶段，或者说质变的时间点还没到。但是作为物流企业，必须去拥抱这种变革，如果还沉浸在原来的模式中自以为是，那是肯定不行的。

周林林
"谱润投资"创始人、董事长

Physical Internet，我称之为互联物流网，它打破了原来物流搬运东西的概念，而是基于信息互联网的概念，将物流网络和运行规则结合起来，实现互通互动，持续不间断地传输和流动，实现"物体" + 信息的网络传输和流动。这是物流领域的下一个时代，也是物流整合和升级的必然趋势。这也是"互联网 + 物联网 + 物流网"的完美结合，每个物流人都应为此努力和奋斗。

李明
"中金甲子"执行总经理

疫情再次抬头，在这样的大背景下，相信每个人都体会到城市智慧配送体系的重要性。一个好的智慧配送体系运营商，既要发挥传统物流配送的基本功能，又需要特别是物联网等现代智能技术的系统支撑；既要把握好点（节点）、线（线路）、链（网络）的科学布局，又需要激发技术、市场和社会对智慧配送体系发展的动力作用；既要抓决策、运营和绩效等业务的管理，又需要营造文化、绿色和安全等环境要素的保障。

这么多要求，对一个企业乃至一个城市的政府而言，都是非常不容易的。那是否可以换种思路：城市配送甚至更广义的物流配送，能否用一个智慧的、共享的、开放的系统来完成呢？PI 其实就是这样的思路，它建立在与互联网相似的原则上。Internet 彻底改变了数据在世界各地流动的方式，包括开放访问和全球互联，PI 的工作方式类似——运输和物流公司，将能够进入由枢纽连接的路线网络，使它们能够简化货物从一个地方运往另一个地方的方式。PI 的原则之一，就是向每个人开放，类似于互联网建立在开放接入的基础上一样。

理想是美好的，要做的工作也是繁杂的。当然，首先应该将所有可用信息数字化，比如让网络的每个元素都有一个数字双胞胎，可以更新相关细节，如仓库中有多少空间或不同运力的时间表等，通过充分共享，实现每个客户最有效率的定制化。也许还应大力推进标准化，标准化容器应该可减少包装过程的耗时，也使得更易实现数字化下的实时响应。当然，最重要的，也许还是如何创造设计好机制，实现仓库和运力的共享，以及如何让沿着同一条路线运输货物的竞争者们有序合作，更好利用资源。

杨兆国
"红杉资本"合伙人

我在充电桩场景中，隐约看到了 PI 的影子。完整的给智能电车充电的物理网路，既包含固定的充电桩系统，又包含无人智能充电小车，以应对冗余充电需求和脉冲型的充电；既包含物理底层（半导体、功率模块、线控滑板底盘、下一代储能电池等），又包含界面软件、无人驾驶系统，甚至是数字人民币的支付体系，以及无线充电体系、整体 SAAS 云化的管理等，还包含发电端的国家电网系统，或者分布式的风光储的绿能电力，更少不了地产、物业、公共设施管理、场景进出，以及 2B 和 2C 端的商业模式，是能源系统和移动交通工具之间的能源转化图景。PI 网络是更复杂的概念集合，是物联网和无人驾驶时代的物流场景。这个生态中，最重要的品种还在孕育之中，还在等待技术和时间的风云际会,是已经走到了"大观园"的门口，门口隐约写着两个字母"PI"，至于里面到底是什么场景，还需要等时代先锋们推开这扇大门……

董中浪
"隐山资本"合伙人

这个概念还活着？我以为已经"死翘翘"了。Physical Internet 理论的创始人，是 Benoit Montreuil（班旺·蒙特勒伊），他是美国乔治亚理工学院（Georgia Institute of Technology）工业和工程学院教授、供应链和物流学院主任、Physical Internet 研究中心主任。早年我也听过这位老师讲课，主要就是以互联网的逻辑，来解释实物移动。但感觉与现在的物联网定义的边界并不清楚，其实某种程度上，是数智供应链的高级阶段，说的是供应链的自适应和自感应，以及智能决策。目前，这还只是学术界使用的概念。这么多年了，有什么实例吗？

廖伟翔
"安博中国"副总裁

认同 Physical Internet 理论的愿景方向，即通过物联网、区块链、数字耦合、柔性供应链等技术，进一步提升供应链服务效率。然而，将互联网技术理念完全复制类比到物流行业，在可见的未来实施难度较大。除了物理世界高度复杂，难以高水平标准化整合外，物流行业本身：1) 传统且悠久，底层颠覆动力不足；2) 业务数据敏感，导致开源互通困难；3) 2B 业务模式，决定了推广效率低。如果当下，我们连托盘标准化、流通体系和数字化搭建都难以完成，谈论全方位的物流云化，为时尚早。

然而，畅想未来，必须承认：PI 理论，作为理想的全社会协作供应链运营发展方向，值得物流供应链产业上下游各个参与者共同期待并为之努力。PROLOGIS(安博) 所提供的供应链基础设施，就是未来 PI 在物理世界的关键节点。仓网的广泛包容性、运转高效性，是能否有效融入、支持 PI 的重要能力。2022 年起，"安博全球"正式将数字化赋能客户定为重要战略，其中"安博中国"团队，也联合行业内优秀的合作伙伴，共同思考并践行：通过数字化、信息化和智能化手段，提升客户体验和园区运营效率。目前，试点园区已经上线并开始调试，计划今年完成大规模部署。作为物理载体空间，我们还是踏实地将数字化提高自身、赋能客户的能力底盘夯实，为下一步拥抱更广泛的数字化升级、跨行业协同打下基础。

周晓明
"斐君资本"董事总经理

有幸见过一位聪慧的创业者，身体力行地把 Physical Internet 的理念，应用到了自家的同城配送路径优化系统当中：在每个节点（揽件、进驿站、上车等），通过扫码把包裹信息更新到系统中，实时计算下一步的路径和操作，直至最终送达目的地。值得一提的，是他这个系统可以让两辆物流车在中途交会时，靠边停车交换包裹（实现接力传递）。

PI 版的城配系统，可以灵活处理路段拥堵、物流车抛锚、驿站封闭（核酸检测）之类的突发问题，非常像互联网信息包的传递模式：此路不通换一条路。传统城配体系则是星状结构，即从一个郊区大仓出发，先到达上百个城区中转仓，再到上千个驿站，最后派送至千家万户，一旦某条路径受阻，包裹只得返回大仓重新分派。两者优劣一看即知。事实上，各大快递公司也已经在向着 PI 方向，改进自家的系统了。

理想状态下，包裹面单上二维码包含的信息，恰似互联网信息的包头信息，指向目的 IP 地址 / 收件地址（可能还要附加玻璃易碎等包裹属性信息，以使得未来的自动化设备能够正确地移动包裹）。如果把包裹信息全国乃至全球标准化，那么，只要是兼容这个 PI 网络标准的物流商，在马路边上捡到一个包裹，都可以顺利地将其送至目的地。

当然，PI 比互联网要复杂得多。我现在能想到的，有计费问题和信息脱密问题（物理损害问题留给自动化装卸设备，不在此处讨论）。前者好比是电信用户打电话给移动用户，乘客在上海站买了沈阳铁路局的过路火车票，怎么跨服务商计费，这也需要有一个协议；后者则需要在 PI 信息包头中，以编码来代替实际的用户住址等信息，可能会比邮政编码和信箱号更复杂一些，需要由具备公信力的机构来提供"解析敏感信息编码"的服务。

想象一下电商发货时，只知道买家的大致方位，只有"最后一公里"的派送小哥的 PDA 才会显示具体门牌号，中间的物流承运环节，由各家物流商的系统自动竞标。哈哈，这样的 PI 网络会不会颠覆现在的快递业格局？说句题外话，早实现物理地址编码化，滴滴就不会犯错误了。

不妨来做个脑力游戏：门户网站 = PI 系统中的什么？试解：门户网站是给人看的，PI 世界里的门户网站，则是给包裹们"看"的，所以包裹可以自己决定喜欢看什么吗？天气？航班信息？爆仓新闻？新款温柔的搬运机械手？

类似的问题还有：搜索引擎 = PI 系统中的什么？即时信息 = PI 系统中的什么？微博 / 朋友圈 = PI 系统中的什么？个人网站 = PI 系统中的什么？

王瑞
"远洋资本"董事总经理

经历了一轮大规模高速发展后，中国物流从 2019 年开始，面对经济增速放缓和突如其来的疫情，整个行业加快了产能优化。后疫情时代，物流作为宏观经济的晴雨表，持续面对经济、社会和环境三大挑战，正处于一个十字路口。从更高的视野，从整个大循环，去感受物流行业目前的窘境：1. 作为最终买单的消费者，在宏观经济整体下滑，甚至社会出现大量裁员下岗的情况下，未来收入预期会大幅下调，会增加储备而减少消费，对购买价格的敏感性，会显著提升；2.消费的不振，使得上游生产厂商，在原材料成本不断上涨、渠道价格不断上升的背景下，不敢对商品进行涨价，没办法对下进行价格传导，使得生产企业的毛利率不断下降，甚至亏损；3.生产企业面临巨大的成本压力，只能把压力继续传给它的服务商，物流企业首当其冲，服务价格不会因为提供服务的价值得到提升，相反每年不断下降，但物流企业的主要成本，柴油价格2022年同比增长一倍，人力成本以及仓租成本也在逐年提升。

物流行业面临如此巨大压力，如何能大幅提升效率，降低成本，成为不可回避的话题。现有的任何单点创新，只可能减缓或优化局部问题，无法做到全局优化和系统性解决复杂问题。PI网络也许是值得思考的方向。开放性的资源共享和信息共通，最终形成超链接的分层和分布式的物流网络，让物流包能像数据包在互联网中传递一样，在物流网络中传递。PI也许是未来人类物流的终极范式，是继集装箱后的又一次"物流革命"，欧美和日本都分别制定了各自的实现路径图和时间表，中国需要加快了解和研究Physical Internet。

徐勇
"蜂网投资"首席执行官

只要市场存在竞争，任何基于互联网新的技术都是一种工具。只要世界上的各种技术在不断研发和更新迭代，就一定会有新的技术淘汰或者优化原有的技术，使其更加优化更加智能化。同样是一个物流智能化的技术，在不同的公司应用，也存在差异，可以理解为该技术的柔性很强，也可以理解为应用场景存在局限，或者受人为因素影响，其成本存在差异。

如果Physical Internet的智能化技术，是可以优于替代其他技术应用的一体化解决方案，这就是值得推广应用的技术手段。至于Physical Internet是否是物流的终极技术？现在下结论为时过早。除非是无限放大它的应用范围，或者无限拓展它的开发潜力。

由于在物流的细分市场，产业集中度很低，如我国快递行业和快运行业，导致同质化竞争，其结果就是价格战。那么，参与竞争的公司都会呈现微利化、无利化现象，而Physical Internet的应用并不能改变这种格局。

对比中美快递业，同行的自动化技术应用水平，我国快递业的单位作业成本似乎更低。这是由于我们的人工成本低于美国而快件量规模大于美国，形成了规模效益，以至于欧美日的快递，无法进入中国的快递市场。从国内快递市场竞争的角度看，如果一家公司较早投入了物流房地产，购置成本较低，其折旧分摊到单位快件的作业成本也较低。同样，应用Physical Internet也会存在竞争成本的差异，如果一家公司应用Physical Internet降低成本的幅度不如物流房地产购置成本，就会考虑这竞争成本的差异。

如果把Physical Internet推广应用，和海运集装箱的应用对比，目前的确还没有一种新容器可以替代它，未来是否有一种新的作业方式，取代海运集装箱的装卸方式，这是可以期待的梦想。然而，由于这两者不是同类技术，不具有可比性。互联网的基站是否会被星链技术取代，使其更加优化提升能效？这也是可以期待的可能性。

综上所述，Physical Internet 是一个基于目前认知水平的最佳和最优的物流技术，但不是终极的物流技术。

范惠众
"彬复资本"合伙人

自打有商品交换开始，便有了有序的以人的意志组织起来的物品流通，这种以人的意志组织起来的有序的物品流通，就是今天大家说的"物流"。

随着全球人口数量的不断增长，人类总需求也在不断增长。同时，人类分工日益细化，技术不断进步，"物流"规模也伴随这个过程迅速膨胀，复杂度也与日俱增。从城邦内部集市上的以货易货，到跨越"城邦"的茶马古道，再到今天全球立体的物流网支撑的大规模、高复杂度、高效率的物流，再到今天人们憧憬的 Physical Internet(实物互联网)，毫无疑问，物流产业发展史构成了人类发展历史浩卷中浓墨重彩的一笔。回顾这浓墨重彩的一笔，我想不难发现：物流产业的发展，存在一个很重要的拉力和一个很重要的推力。

拉力是什么？全球人口数量不断增长，需求不断扩张，需求的丰富度也不断复杂化，使得人们需要更丰富的物质供应 (就像今天，中国人一段时间后也总想换换口味，煎个牛排、吃个比萨饼、喝口红酒……)，这种需求拉动着人们想方设法，要让全球的物品高效流通起来。

推力是什么？那就是技术的进步和商业的发展。商业发展的典型代表，就是当人们发现以物易物效率太低的时候，物品流通领域里的一个辅助物品流通的等价物，就被创造了出来，后来便发展成了货币，甚至美元可以充当国际货币近百年，因为人们太需要一个共识的资金流底层，作为物流层高效运转的基础和支撑了；技术进步的典型代表，是蒸汽机的发明，因为有了蒸汽机，能源供应方式得到很大改进，运输效率极大提高，大型货轮、高速铁路、高速公路 / 大型运输机，共同支撑起了今天人类的这张复杂而高效的物流网络。

展望未来，既然物流是"以人的意志组织起来的有序的物品流通"，那么人的意志就需要被记录、被表达、被传递。首先，"人的意志"这一信息，如何在物流行业里得到更加高效的表达和传递，将会是物流产业发展的一个方向；第二个关键词是"有序"，想要有序，就得把大规模、高复杂度的物品流通更好地组织起来，物流高效有序组织起来的基础，在于物品流通的信息，能够很好地被记录、被表达、被传递，这便是物流产业的"连网"需求：要把物流产业里人的意志和物品流通的信息，高效地组织与衔接起来。也许，这就是 Physical Internet 想要实现的目标吧。

其实这个需求一直存在，差别在于今天信息技术的快速进步，使得 IT 遇到了物流，IT 就能很好地起到这个推动作用。Physical Internet（"盛景嘉成"合伙人颜艳春颜总称之为"物流产业互联网"），其本质便是：在物流网络的底层，架设信息流网络，从而使得物流更加有序，更加高效。

技术进步和商业发展，是推动物流产业发展的动力。人类在物流网络的底层，架设了"一般等价物（货币）"流层（资金流），从而极大促进了物流的发展；人类通过蒸汽机革命，在物流网络的底层，架设了一张基础设施的网络，以支撑物品高效流通。今天及未来，人们正在物流网络的底层，架设一张高效的信息网络，给物流行业带来又一次革命性的发展机遇。高效的信息网络，能让物品流通的信息组织，更加高效、有序和互联互通。

曹抒阳
"清新资本"合伙人

Physical Internet 的涵义非常广泛，大抵来看，对物流供应链产业来说，还是一个比较远期的理想化描述。但可喜的是，通过过去 10 多年全行业的努力，我们看到这个"理想国"正在向我们靠近。更重要的是，在无限接近 PI 的征程中，全行业已经创造了大量的价值。技术创新和商业模式创新，像双螺旋结构一样交织在一起，相辅相成，相互助力，构成了一幅百花齐放的绚烂图景。

五官：传感器在各类设备端收集和回传数据；手脚：机器人/AI 在仓库和运输车辆中完成人类不愿完成的工作（搬运、拣选、驾驶……）；大脑：越发先进的算法算力在分析五官传回的数据以指挥手脚的动作……

我抱有乐观的心态，当图谱上各个离散点的努力不断累积，当各种小变革的边界不断拓宽，那么总有一天，这些努力会推动产业的组织形式发生天翻地覆的变化，而那一天，也许就是"PI 日"真正来临之时。

张大瑞
"雍时资本"合伙人/"韵达股份"独立董事

我以前是一个物流业者，曾经的冷链老兵，2003-2007 年，带领团队创办了第三方物流公司 (3PL)"光明领鲜物流"。现在，我已是一个风险投资人，不具体干活了，讲话可以肆意些，谬误之处，新旧同行海涵，付之一笑就好。

我把 Physical Internet(PI)，比作"一种堪比欧拉定理的兔角式思维"。

高中数学里，有个"多面体欧拉定理"：在一凸多面体中，顶点数 − 棱边数 + 表面数 =2，即 V−E+F =2。它的意思是"简单多面体各维对象数，总满足一定的数量关系"，我们可以在生活中，找到其应用的形象比喻：就是人要是胖了，长得就会很像（多面体可以变换成球）。

用类似的思维也可以说，历经几十年发展的 Internet，可以变换为 Physical Internet(PI)；

用类似的思维也可以说，元宇宙（Metavers）是历史的终结。

用类似的思维也可以，发端于第二次世界大战的"物流"世界发展，一定有主动的方面，是为"阳"，反之则为"阴"。所以，Logistics 的理论和实践，将会收敛于阴阳五行，云云。

"敏思达"刘雪飞刘总说得好：PI 很适合做顶层设计。PI，很好的理念，也确实可以充当顶层设计的思维"辅助线"。但是，"辅助线"要在未来清晰地画出现实轨迹，是需要沉淀的；而且，还要和其他替代方案（例如"物联网""数字化"，以及华为 5G 后面到底是什么，等等）竞争的；还要证明自己不会是 20 世纪曾经风靡一时的"世界语"，不是一个"兔角"概念。

最后，"乌鸦嘴"臆想一个反向指标，就是"日本现已成为全球第一个政府推动建设 Physical Internet 国家"。日本政府以及产业界，把战术推广到战略高度并沉醉其中，过往这样的案例，还少吗？

龙艳
"招和基金"合伙人

最近"元宇宙"大火。想象很容易，如何从今天到后天、从假设到实现，还是有相当难度，需要有较长时间。个人觉得：要彻底实现元宇宙，得完成从物联网 IoT 到实物互联网 PI 再到元宇宙 Meta 的三步进化和迭代共存。今天，物联网基础设施正在建立，成本费用也趋于平民化。根据国际电信联盟(ITU)的定义，物联网主要解决物品与物品(Thing to Thing, T2T)、人与物品(Human to Thing, H2T)、人与人(Human to Human, H2H)之间的互连，顾名思义，以物为载体，技术驱动，打通物与物之间的信息 gap，感知－收集－传递－处理－执行，形成智慧、标准、流动、连续、互联、真实的价值空间，提升业务执行效率，细化各类行业发展方向，赋予物以"灵魂"。而这个灵魂的价值体现。

其一，源头活水——点。利用各类 RFID、二维码、传感器、激光扫描、嵌入式系统技术等前沿信息技术，搭建可采集不同场景中业务端有效信息的源头，重视内部点与点的勾稽关系，不断优化、分析、调整，形成可供使用、包含多种维度的信息源。如光电传感器，记录牧场中养殖牛羊的数量，确定 3D 打印机操作角度、物流分拣详细计数等。国内的传感器产业尚处发展阶段，大多数应用硬件需要国外进口，还需要长时间发展迭代。

其二，以点连线。在通信技术日益发达的今天，环境中各种信息可实现实时共享，5G 通信、大数据、云计算产业发展，场景中"物"的价值点越发重要，业务后台系统化收集信息、洗涤数据、储存云端，再利用大数据分析指导运输和物流、工业制造、健康医疗、智能环境（家庭、办公、工厂）等作业。如麦金地央厨，订单采购、生产管理、仓储作业、物流运输采用"SaaS软件+IoT+大数据"，保证供应链平台、各类业务的有序推进，同时可节省大量人料厂的资源。

其三，连线为网。这里有两张网：一张是实物构成的资产网络，一张是所有物与网络进行连接的信息流通网，利于物、人的识别、管理和控制。人与物都是一堆数据，自由流动，人们可以更加精细和动态的方式管理生产和生活，达到"智慧"状态，提高资源利用率和生产力水平，改善人与自然间的关系。如"双碳"背景下，碳的溯源、跟踪、资产确定等，需要大量的系统化的资产配置。

明天的 Physical Internet(实物互联网)：在人们认知的逐步提高之中，在资本的持续关注之下，在国家政策及相关配套的拟定推出的进程中，期待花开！后天的 Metaverse(元宇宙)：暂时只是简单游戏和数字资产尝试，待物联网和实物互联网阶段完全完成后，将会极大繁荣！

彭程
"柚子投资"合伙人

坦率地说，我主要觉得压根儿就没有这个市场。如果要说 PI，快递很明显就是，但是要扩大很多，就没有可能。

Internet(互联网) 是从底层规范了数据格式，并要求硬件层面 (芯片和线路) 都采用一样的格式。前期也是有几个协议，后面都被人多的 TCP/IP 打败。这种强制力，若要在 Physical Internet(实物互联网) 也能够实现，必须有足够的线下号召力。

比如就"通达系"现在对外合作的方式，怎么整合中国零散的 1000 多万的运力？我觉得：能在物流某个细分领域里研究明白并且有能力实干的老板，也就一只手都不到。也许国内经济没有增长了，再内卷多几年，Physical Internet(实物互联网) 这玩意儿，才有可能见到曙光。

张彤
投资人 / "传化智联"前高级副总裁

其实 PI，我们在懵懵懂懂中，都已经做过一部分了。

原来在"中交兴路"时期，我们做的事情，也就是满帮、福佑、G7 现在正在做的事情，都应该是 PI 的一部分，只是广义和狭义、整体和局部的区别。

我认为，包括一些物流系统软件公司做的事，也都是 PI 的一部分，只是需要在应用层更进一步。如何系统性地做好，还真是一个课题。

真要是实现了，那就是翻天覆地的了。

田民
"物界科技"创始人 / "中国 PI 第一人"

10 年多前，美国佐治亚理工大学工业和工程学院 Benoit Montreuil 教授，最早提出 Physical Internet(PI，实物互联网) 设想，当时听起来就像梦幻般的"元宇宙"。随着相关领域理论研究的不断深入、实验验证和相关科技的井喷式发展，PI 的技术落地方案和商业应用场景，已具雏形。欧盟、美国和日本，开始接受和认识 PI 这个颠覆式创新想法和深远价值，都已分别制定了 PI 的实现路线图和时间表，并且着力突破经济、社会和政治方面的障碍，进行大力推广和试点。

日本早期也是拒绝 PI 的，觉得自己已经做得非常好了。今年 2 月，日本经济产业省、国土交通省举办了第 5 次"实现 PI 会议"，颁布《PI 路线图（草案）》，分析了日本物流业发展难以为继的现状，阐述了 PI 的概念、发展历程和实施意义，以及预期效果（高效、坚韧、优质就业、通用服务），并从现状分析和实现路径两方面，对行业管理服务、物流商业数据平台建设、标准化横向合作、供应链纵向整合、物流站点机械化、运输载具自动化等 6 大重点 4 个阶段，进行了为期 5 年的详细规划。"草案"还明确：日本的 PI，要在 2040 年前建成，届时将形成世界上最高效、最具韧性的物流系统，产生大量优质就业岗位，并盘活经济社会全要素。

共享合作和价值分享，是人类社会进步的必然，PI 就是在物流领域，实现这一目标的一种方式——从技术验证开始，到商业验证，再到社会验证的迭代过程，在这一过程中逐步达成共识和建立生态圈。PI 不是要重新构建一个全新的物流网络，而是把已有的相关独立的网络互联互通起来，企业可以在各自的"私域网"里，继续他们的业务，同时可以把闲置资源和能力"共享"到 PI 网络里，提升彼此的效率和效能。这就是共享合作经济模式，大家还是分而治之，但同时又可以低成本和低摩擦地协同。正如"互联网企业"不同于"互联网"，"PI 企业"与 PI 也有所不同。对互联网的底层逻辑和运行机制不了解，往往就会直接从现实应用端去假设，比如网络撮合平台，其实这只是建立在互联网上的应用。互联网货运平台代表的是 Logistics Web 2.0、Physical internet 与 Block Chain 的完美结合，就是未来 Logistics Web 3.0。

PI 可以有效地应对经济、社会和环境不可持续性的挑战：1. 闲置空间：因为装载低效和非标包装，大量卡车和集装箱都是半空的，闲置空间没有得到充分利用。2. 回程空载：未能充分匹配和利用返程运输的机会，导致回程车空驶，浪费了四分之一行程。3. 仓配低效：受产品和市场的季节性影响，在一年的很多时间里，仓储设施往往处于利用率低的未满仓状态。4. 公路运输占主导地位：2019 年，公路货运占中国内陆货运总量的 76.3%，合格的司机也将供不应求。5. 多式联运切换成本高：不同运输模式之间的同步性很差，转运时间和成本高，火车的燃油效率是卡车的四倍之多，以铁路运输代替公路运输，可减少近 75% 的温室气体排放。6. "最后一公里"配送效率低：约 40% 的城配成本，发生在"最后一公里"，电商的持续增长，意味着小规模、小批量的末端交付，将会变得更加频繁。PI 将会是全人类物流体系进化发展的终极形态。人类物流业务中的主流部分，10 年内将陆续迁移到 Physical Internet(实物互联网) 上。

行业协会宏观把握
咨询服务见仁见智

持久的疫情,让我们重新认真审视现实的物流和供应链体系:柔性(网状)供应链、物流数字化(数智化)、"大平台小组织"、共生组织(命运共同体)等,又被频频提及。被封社区里的"团长"们的出色表现,似乎更证明了"蚂蚁雄兵"乃至"分布式商业"和"柔性短链"的力量……

现在,又有了 Physical Internet(实物互联网)。

角度不同而已:Physical Internet,更多是全局性的终局思考,描述的是未来世界的一种基础设施、一种整体生态;柔性供应链,更多的是从结果出发,当"计划性"频频被"黑天鹅"搅乱、"不确定性"变成了确定性、"唯一不变的就是变化",我们只能从追求高效转向强调敏捷,从线性管控转向协同柔性;而数字化(数智化)讲的是手段,是现实"切入点"和"落脚点",是企业现在迫切需要做的工作——未来世界是数据连接、网络协同的世界,数字化(数智化)是企业进入未来世界的门票……

理想原本就不是一蹴而就的,创新往往就是"小步快跑"。历史可以告诉未来。还是德鲁克老爷子的那句话:"战略不是研究我们未来要做什么,而是研究我们今天做什么才有未来。"

行业协会视角

魏国辰
北京物资学院商学院党委书记 / 中国冷链物流联盟副理事长

Physical Internet，既不是"新瓶装旧酒"的概念炒作，也算不上是一场确确实实的终局"范式革命"。我认为：它只是从本质上对 Internet 进行了诠释和拓展，是 Internet 的一个新发展阶段。它为物流和供应链的未来指明了发展方向，赋予了技术力量；对完善和构建现代物流和供应链体系、提高供应链效率，具有一定理论、现实和历史意义。

储雪俭
上海大学现代物流研究中心常务副主任 / 上海市物流学会副会长

我没有看到 PI 的具体研究文献，只是从字面上理解，PI 是实体配送的互联。

个人以为：物联网是未来物流革命的基础。IoT 是万物互联，范畴更大，包括设备、设施，包括人、活动。PI 的范畴，应该要小、要窄，仅仅是配送物流的过程，或者指物流的活动。物流的翻译也有 logistics/physical distribution。现在翻成"物流"的 logistics，最早也被翻译成"后勤（军事用语）"；physical distribution（百度条目里翻译成"传统物流"），最早是出现在市场营销的书籍里面，作为市场营销、市场流通传到中国的。

我的观点：物流的革命，是一个系统化的过程，是"天上云"与"地下网"的重构——云，是指"数据云 + 物流云"；网，是指"干线网 + 配送网 + 库网（园区网）"，所谓"天上两朵云，地上四张网"。地网的链接，就是 PI；天网的链接，就是区块链、云计算、大数据。这是未来，但物流技术的革命是一个漫长的过程。

刘大成
清华大学互联网产业研究院副院长兼物流产业研究中心主任

Physical Internet 是佐治亚理工学院工业工程系的可口可乐讲席教授 Benoit Montreuil 提

出的理论体系。我曾在 Georgia Tech 与其有过几次直接的交流，甚至有次专门去邮件邀请他到中国参加一个国铁集团主办的高峰论坛，后来因故取消了活动，着实麻烦了一下 Montreuil 教授所做的各种行程计划。

我个人对 PI 持支持态度。PI 对于物流业，有如 1956—1965 年的标准集装箱及其运营体系，而 Montreuil 教授所做的工作，有如约翰·霍普金斯大学的 Forster Weldon 教授对标准集装箱尺寸优化的作用，但这也需要泛大西洋轮船公司总裁 Malcom Mclean 作为企业家持续不懈地使用和推广。PI 是面向物流业未来的，正如我与 Montreuil 教授多次推介的最小封闭运载单元"百搭箱"，所引发的第二代多式联运体系。在信息化向网络化、数字化和数智化转变，在工业文明向信息文明转变的时代里，PI 会发挥其促进全球物流业降本增效、绿色持续发展的强大作用。

恽绵
中国物流学会专家委员会委员

未来的世界，一定是共享和开放的世界。只有在这种环境下，世界的经济运行效率才能不断提高，浪费才能降到最低。分布式是效率提升的手段之一，类似的手段还会出现很多。至于是叫"Physical Internet"还是什么并不重要，最关键的，是大家能达成共识，并共同向这一目标努力。未来就在创新和发展的探索之中。

"π 网的终局，是物流共同体"，有魄力! 但作为一个高度市场化和处于快速变革与发展的社会，是否会有"终局"? 是否还会不断地发展与迭代到我们尚且未知的世界呢? 目标的实现，从来不能单靠理想，是需要无数企业家、不断地努力，需要靠一个个微小的前进脚印，一步步走出来的。

让企业家们逐步理解和达成共识，可能是我们这些行业中人所应该承担的责任和义务吧。

秦玉鸣
中物联冷链委 / 食材供应链分会 / 医药物流分会 / 医疗器械供应链分会 / 全国物流标准化技术委员会秘书长

Physical Internet 理论，解释了在全球化纷繁复杂的商业活动和社会生活的表象下，存在巨大的实体流动的网络。通过对 Physical Internet 理论的认识，更有助于人们去理解、思考如何改善当下世界的物流，改善人们的生活。

一、Physical Internet 理论强调建设全球标准化的物流体系

Physical Internet 理论，强调物流体系中的规格化和标准化，通过具有智能化、绿色化和

模块化特点的,并具备全球统一标准的 π 容器,使物流实现高效顺畅运作。从物理角度来看,π 容器应易于处理、存储、运输、密封、固定、互锁、装载、卸载、构建和拆除。从信息角度来看,每个 π 容器要有唯一的全球标识符,以确保识别效率。

二、Physical Internet 理论强调提升物流效率

随着货物规格化和单元化的统一,物流作业和服务流程将实现标准化,在信息技术、物联网等科技手段深度赋能下,能够使单元化货物的分拣、装卸、堆码与拆垛等物流作业,实现高度机械化和自动化,从而大幅提升物流效率。

三、Physical Internet 理论强调建立开放共享的物流体系

当前全球物流体系的物流资源分散在众多竞争系统中,造成物流效率低下,资源浪费严重。通过全球统一标准的 Physical Internet 体系,将实现分散的物流资源的共享和高效利用。Physical Internet 理论体系带来的标准化、可追溯性和自动化,使物流转移操作的成本更低,更加流畅安全,减轻公路和城市交通的压力,实现节能减排。

总之,随着 Physical Internet 的日益成熟、完善和发展,将进一步促进物流的高效紧密协同,形成可持续、有弹性、适应性强且全球互联互通的物流网络,在物流和供应链领域发生颠覆性的革命,形成一个全新的群智能的数字生态系统,对文明合作、可持续性增长和经济发展产生巨大的影响。

白光利
"北京亚冷控股"副总裁 /GSCC 中国研究院院长

听到 Physical Internet 这个名词,已经有四五年时间了。当时的第一反应就是,一个新名词而已;第二反应是 Physical Distribution(传统物流)。从最早的 PD 到现在的 PI——现在我们已经将 PD 理解成为"实物配送",其当初就是物流的定义;PI,通俗理解为"实物互联网"(也有人译作"物理物联网"),我觉得可以简称为"物联网",当然它已经不是我们原来理解的 IoT 了!

纠缠学术上的名词解释,对于业界的意义不大!更想说说所谓的"实物互联网"到底应该是什么,以及如何推进。这里罗列一下自己的简单看法。

1.PI 技术应该是与元宇宙概念具有相通性;2.PI 技术要与 BIM 体系能够串联;3.PI 技术必须反映现实;4. 在现实中能够验证 PI 的模型搭建;5. 单纯强调"P"与单纯强调"I"都是不对的,就像当初的 O2O 一样,单纯强调线上或强调线下都是不对的,应是线上线下的互动,"P"与"I"应该是孪生镜像关系;6.PI 技术一定是和数字孪生紧密地结合在一起;7.PI 技术要能够自我衍生,并且具有群体性的互动性;8.PI 技术能够将产业贯穿,并且从教学端一直到实务端都能够打通。

从产业经营的角度,我们历经了流程化、信息化、自动化阶段,进入了数字化时代,正

在全力打造智能化、智慧化场景，结合 VR/AR、DT(数字孪生)等工具、设备，进行全流程的数字化改造，将现实生活、工作场景虚拟化、数字化，以达到沉浸式教学、培训、工作，这才是 PI 应用的未来！

最终的世界，可能是现实与虚拟混合的世界。这个世界，将会彻底走向"现实要素数字化、数字世界虚拟化、虚拟世界具象化、具象世界现实化"。你只需要想象现实世界游戏化就足够了，也许你还不理解，但是这并不妨碍一部分人乐此不疲！

名词本身不重要，做什么才重要！

陈永军
上海市供应链发展促进会常务副会长兼秘书长

这是一场基因重塑的革命性工程。集装箱改变世界，就是标准化的革命。物流的端对端，也是未来可期的趋势。

应该从理论和实践两个维度，来看待中国物流的未来。物流与供应链的链接，应该从认知的高度、实践的深度和广度进行探索。关键不是"愿景"方向，而是"战略"路径——运筹算法，物流场景化、数字化解决方案……关键是工具变化。我相信今天的技术，已经具备满足物流变革的工具。没有翅膀的鸭子只可以做烤鸭，有了翅膀的鸭子可以"无中生有"。物流不赚钱的原因，就是缺少标准化。

物流人的致命缺点是：欲望很强，能力不匹配；大都只有阅历没有学历，只有文化没有文凭，更悲哀的是，其中不少只有体力没有脑力，只有觉察没有觉悟，小富即安，井底局限，很少反思。中国物流需要这样的思想冲击。

于波
大连市仓储与配送协会秘书长

只有 Internet "信息互联网"，并不能真正完整地连接整个世界。世界毕竟是由物质组成的，物物的交换，物质位移的产生，既需要 "Information" 形式的互联互通，更需要 "Physical" 形式的互联互通，很多所谓"网络空间生存"的失败案例，往往不是信息连接保障不到位，而往往都是败在物流保障跟不上。

Physical Internet "实物互联网"，不是简单的"物流智联化"。物流所包含的"仓储、运输、配送、包装、装卸搬运、流通加工、物流信息"七要素的有效智联，只是对物流业的降本增效有益，还无法达到"实物互联网"的高度。"实物互联网"，应该覆盖供应链领域所包含的"采购、库存、生产、分销、物流、信息、金融"的全过程和全方位。

Physical Internet"实物互联网"的发展，既可以借鉴 Internet"信息互联网"发展的模式和架构，同时又具备"实物互联"的诸多特性，整体而言，应该是创新大于仿制。比如 Internet"信息互联网"，基本是由"实体层、网络层、应用层"的层级结构和"网络协议"来支撑；Physical Internet"实物互联网"的架构划分，可能是"不可移动基础设施（包含其运作），可移动物流工具（包含其运作），物流承载的实物（包含其移动与交换）"这三层，其支撑协议用"区块链"技术解决为首选。

就像"信息互联网"是对电话通信模式的革命性改变一样，"实物互联网"的雏形，可以发端于以集装箱运输为基础的多式联运物流。当然，其模块化、单元化、标准化、智能化的提升，是要对现在的多式联运做革命性的改变。

IoT"物联网"和 Internet"信息互联网"，都是对 Physical Internet"实物互联网"有重要支撑作用的信息空间的网络工具。"实物互联网"需要"物联网"提供的对物品的智能化识别、定位、跟踪，以及"信息互联网"提供的电子信息的储存、传递、检索等功能支持。

"实物互联网"运送的是实物，建设的难点却在于标准，包括系列的物流硬件设施标准、运载工具标准、承运协议标准等，乃至模块化、单元化也是需要先定义好模块与单元的标准的。

"实物互联网"的互联互通并且实物的接续传递，运输协议的标准化和去中心化很重要，这正是区块链技术的强项，今后同样是区块链技术支持的数字化货币的应用，也为"实物互联网"内的现金流提供了便利。

"实物互联网"的连接，"网络""节点""路由""运载工具""协议"等，同等重要。现在我们国家施行的"国家物流枢纽布局和建设规划"，是迈出了"实物互联网"的中国广域网的第一步，但真正的全球"实物互联网"需要所有国家的类似的共同行动。

"实物互联网"，一"实"激起千层浪，"实"在值得物流界同人深入学习与积极实践！

白先卫
河南省物流协会副秘书长

两座大山或者鸿沟，让参与者望而却步或者无法逾越。

一是参与者出于对商业信息安全的谨慎考量，一般将其视为企业自身发展的"核心商业秘密"，以企业性质做 Physical Internet，外围参与者会顾忌被釜底抽薪掏空客群，市场影响负面大于正面。

二是政府主导参与的 Physical Internet，参与者则又会担心税务等其他行政机构，采取手段探囊取物，而且，只要是政府主导或者参与的，落地可能性甚小，参与者失望大于希望。

当然，我的思考和看法，基本还都是基于底层逻辑和现状。

王坚
"凯卓立"总经理 / 中物联公路货运分会轮值会长 / 中国物流学会副会长

Physical Internet 拿 Internet 类比未来的物流网络，认为物流网络的未来，也会像互联网一样，实现标准化、模块化、单元化、智能化。作为物流未来的一个努力方向也许是对的，但是短期（20~30 年）内，要达到几乎是不可能的。

互联网交换的是数据和信息，理论上说可以用光速来传输，资源可以瞬间被调整，但是物体流动不可能是光速，在这个速度下，资源也不可能及时调整，会带来很多变化，节点、网络的设计，就会和互联网大不相同。

Physical Internet 用于指导我们今天的实体物流，明确未来的方向，是有积极作用的，比如互联网的分布式结构，对于提高物流网络的可靠性就有指导意义，尤其在当前疫情下，一个节点被封，货物可以通过其他节点转运到目的地；另外，互联网的开放性和共享，能提升资产使用效率，帮助我们打通物流的边界，物流公司不能完全依靠自己置办自己的资产，可以考虑使用社会的共享资源。诸如此类的概念，对指导我们的工作有特别的意义。

未来的物流应该是什么样的，肯定不是一家垄断或者几家寡头的情况，一定是百花齐放的局面。信息的互通、共享，一定是未来的趋势，信息不但是记录现在实时的物流状况，可能更多地用于仿真、模拟、测算各种情况，这个可能是未来的方向。

曹连根
上海保税区域协会会长

未来的物流世界，数字化劳动力是主流，而我们正在前往未来世界的路上。

人们常常会用当年最火热的新名词或新概念来标记这一年，称之为"xx 元年"。过去的 2021 年是"合规元年"——大厂"反垄断"，数据安全审查，以及社区团购、互联网教育等行业，倒在了黎明前夕或直接宣布消亡。但这并不是物流行业的写照；相反，在疫情大背景下，物流行业通过科技发展，书写了多个传奇——2021 年最后一天，浙江大学物流与决策优化研究所联合菜鸟物流，发布了 2022 物流科技的十大趋势报告。报告指出，低速无人驾驶、氢能源、供应链数字化、绿色包装等技术，以及 AI 技术在物流场景的加速应用，将成为 2022 年的十大物流科技趋势。

物流科技，是应用型科技，强调科技在场景下的应用能力。物流科技的第一性原理，是从场景出发解决实际问题。物流领域凸显的技术性场景，一直集中在"三无"（无人车、无人机、无人仓）领域，"无人化"是科技发展的趋势之一，物流企业早已深入无人领域的探索之中。2021 年，中国快递量突破 1000 亿件，成为中国快递业发展的新的里程碑。如果没有物流科技的加持，在肩扛手提的年代，这绝对是根本无法企及的数字。我们能切实地感受到世界的变化，我们正从自然智能时代飞快地滑向机器智能时代，正处于技术变革的历史关键性时刻。这一变革的显性特征，就是劳动力从人到人机CP，最终到完全的"机器人"劳动力。

张海岐
中物联公路货运分会专家委员会特约专家 /2021年全国物流服务师职业技能竞赛总决赛裁判长

田民先生是先知先觉，看得很深远！

但有两点，我还未想明白：一是物流是三分科技七分运营，科技是第一生产力，需要与之配套的商业规则、资本助推，可能还不是一时半下的事；二是中国物流跌跌撞撞地走过了改革开放的40年，信息化还未彻底完成就进入数字化，标准化也还未成形，这也需要个过程吧。

不过当年互联网兴起的时候，中国也是这样的状况，后来似乎弯道超车了。Physical Internet在中国，是否也会重复同样的命运？

张中民
中国物流与采购联合会物流规划研究院副院长

随着移动互联网、云计算、大数据、物联网、人工智能、区块链等数字技术的深入发展，产业端和消费端都发生了深刻的变化。在产业端，制造业正由大批量生产，转向小批量、多批次、个性化的定制化生产；在消费端，以消费者体验为中心、数据驱动、泛零售业态为特征的新零售快速发展。产业变革、消费升级和技术创新，共同推动着物流新理念、新技术、新业态、新模式不断涌现。物流互联网PI(Physical Internet)正是在这一新的时代背景下，重新活跃起来。

设想一下PI的应用场景：货物被装进标准化容器，按照成本最低、时效最高、温度要求等规则，类似于互联网，物流网络自主选择公路、铁路、水路、航空、管道等多种运输方式，在不同的承运商、运输工具、物流节点间无缝衔接、高效切换，快速抵达目的地。这正是多式联运发展追求的极致目标。实践上，在消费品物流领域，京东物流、菜鸟物流、顺丰物流的快递、快运物流已经自成体系，在一定程度上实现了PI的部分功能。在煤炭、金属矿、粮食等大宗物流领域，经济环保的运输方式，还是采用铁路、水路直达，或者铁水联运、公铁联运等，PI模式如何应用，尚须进一步探索。

总体来看，PI 是一个数字化物流网络的理想模型，需要在生产实践中不断摸索前行，任重而道远。当然，这一理念与国家层面正在规划建设的以物流枢纽为核心节点的"通道+枢纽+网络"的物流运行体系，大方向上是一致的，对于建立以"干线运输+区域配送"为特征的现代多式联运网络，也具有很好的借鉴意义。

陈婷婷
中欧商学院校友·物流与供应链协会副会长

是否就是"合纵"拼网共享（仓网，运输全网）？

如是，那么将有以下问题：1.物理集成：几大自有"网络"的公司还有可行性，个体司机如何拼网和实施控制？2.利益分配：公司之间如何划分利润，才可以吸引拼网共享？行政命令？3.操作难点：大公司有拼的可能（路径、仓、分润），个体户很难，而大的多采用三方（个体为主体）。4.落地执行：PI在国外，是一种愿景态度，可能可行；在国内，取决于能否落地，大规模实施比较难；5.其他因素等。

张伟光
中国联合冷链研究所所长

感觉上，这是物流业的理想国。要真正实现 Physical Internet，关键是顶层的标准化——建立能够互联互通的协议，打通物流各环节之间的障碍或壁垒，这是一个系统工程，难度很大，但可以期盼。

Physical Internet，我把它翻成"物流网"，与互联网相比，首先，因为有需要有人操作的因素参与其中，以及实际运行的冗余度要求较高，建立类似 TCP/IP 协议有一定难度，需要有较大柔性；其次，这是需要全社会多个部门单位参与的，由政府、生产端、仓储端、运输端、消费端，以及配套服务单位，等等，互相之间如何打通协同？各自的利益如何平衡兼顾？最后，如何科学地布局网络节点？我们国家东南西北的发展很不平衡，目前各物流公司有自己的物流网点，如何把这些网点统筹到一个 Internet 里面？

这个想法很理想，运行得好，可以大大提高效率，节约社会资源。但它让我想到了计划经济体制。我觉得，最难的就是人的因素和利益平衡。国人在自己一亩三分地里，可以做得很好，打破围墙一起协同来做一件事，恐怕并不容易。我接触过利用液化气气化冷能做冷库冷源的项目，技术上没问题，可由于要涉及多个单位部门的协同，就很难实现。原因？体制和文化、人性因素都有。

作为新事物，我觉得可以在局部进行尝试，先做局域网。首先要做顶层设计，建立协议，有参与者必须遵守的标准作为基础；其次实际运行时，需要有政府鼓励，协会引导，大企业示范。如果确实能明显提高整体效率实现利润，就会吸引更多的市场参与者，逐步建立生态。

PI 真要实现，那真是物流行业的革命，从跑高速变成坐飞机。

万益锋
中交协冷链委前秘书长／"阿格乐供应链"创始人

针对物流业提出的 PI(Physical Internet)，大致理解为物流设施的互联网络，应该相差不远。

PI 概念很有远见。一方面，是硬件的信息标准化、自动化、人工智能、5G 等技术的应用，让 PI 的落地实现成为可能；另一方面，是我们国家庞大的物流需求产生的巨大市场规模，使能够带来更好经济效益的 PI 的实际应用，具备了商用的基础。可以说，PI 理论虽然诞生在国外，但在中国，应该更具有实践的基础。

但 PI 若要真正在中国落地开花，个人认为可能是两个极端走向：一是单个企业内部，追求完整的 PI 是其必然的诉求；一是放大到多个同行或者上下游企业，要实现社会化的 PI，千难万难。

众多实力派企业在看好某类物流的时候，往往是通过"快鱼吃慢鱼"，通过"合并同类项"，以规模效应来扩大标准化，获得经济效益。就"正在遇见的革命"的命题而言，当前最完整实现的，无疑是各大快递企业已然组成了一个个全国性的"PI"，已然实现了全国绝大部分地区的生产端到消费端的交付，得益于日益高涨的电子商务交易，快递领域的"PI"，仍在不断延伸扩大之中。在这个网络中，货、人、车、仓、末端交通工具、驿站等，以及其中使用的各类工具，都已链接在了一起，通过 PI，顺利完成交付。

再小一点儿的，一些局部区域性物流（我们姑且叫它"城市物流"）也做得不错，比如一些落地配企业（目前团购普遍使用的物流方式）、一些港口城市的物流体系，等等。但要再进一步，实现社会化 PI 协同，这就涉及更深的利益与社会问题的屏障了。这个问题的复杂性，在可见的未来，似乎也很难解决。

从当前中国经济特点和疫情防控现状，以及商品销售的波峰波谷等视角来看，PI 的大力拓展，又刻不容缓。PI 的发展和实施，能够有效地化解物流波峰波谷的资源占用弹性问题。PI 的实施，起于规模，实现后又可以反哺个性化物流，特别是在应急应用层面，很值得政府和有社会责任的规模化物流企业重视。

刘京
"中冷联盟"执行秘书长

2000年左右,"物流"概念开始在中国兴起;电商出现后,又细分出快递快运、城市配送等业态;2008年北京奥运会召开后,冷链物流迎来10多年持续发展——从2008年全国仅850万吨冷库,发展到2021年超过5000万吨,十几年间增长近六倍。

从重投资轻管理到供应链一体化管理,从单温库发展到多温库,从民营主导到多元发展,从无人问津到资本宠儿,从拼车拉货坐地收租到供应链金融……中国冷链物流行业规模逐渐扩大,科技水平和创新能力不断提升,初步形成了产地与销地衔接、运输与仓配一体、物流与产业融合的冷链物流服务体系。

但行业依然存在发展不平衡不充分问题:从行业链条看,产地预冷、冷藏和配套分拣加工等设施建设滞后,冷链运输设施设备和作业专业化水平有待提升,新能源冷藏车发展相对滞后,大中城市冷链物流体系不健全,传统农产品批发市场冷链设施短板突出;从运行体系看,缺少集约化、规模化运作的冷链物流枢纽设施,存量资源整合和综合利用率不高,行业运行网络化、组织化程度不够,覆盖全国的骨干冷链物流网络尚未形成,与"通道+枢纽+网络"的现代物流运行体系融合不足。

《"十四五"冷链物流发展规划》为中国冷链物流高质量发展指明了方向——将打造"321"冷链物流运行体系,构建"四横四纵"8条国家冷链物流骨干通道,建设国家物流枢纽和100个左右国家骨干冷链物流基地,最终全面建成现代冷链物流体系。

从冷链物流行业未来发展趋势看:高质量发展是主旋律——科技创新是驱动力,降本提质增效是方向——借助5G通信、大数据、云计算、物联网、人工智能等技术,赋能冷链物流创新发展,全面提升行业运行效率。

冷链物流信息平台建设——通过对行业数据标准化建设和信息共享,加强农产品冷链流通的安全性和可追溯性,提升冷链流通的信息化、标准化、集约化水平;冷链枢纽和定点储备冷库建设——疫情常态化给冷链物流带来极大影响,打通"最后一公里",提升冷链供应链的弹性和韧性,满足应急保障需求;投资并购,企业规模化发展;自建加盟,企业网络化建设……冷链物流未来发展大趋势,一定是"大冷链"视角下高度开放、高度融合、高度共享,追求极致的一张网络。

供应链上下游高效协同,需要网络体系支撑;数字供应链体系构建,需要信息开放共享,全国统一大市场下的供需精准匹配,需要大数据和AI算法;提升行业资源利用效率,需要设置更多的公共节点和共享节点……这些,恰恰都是Physical Internet的用武之地。

面对未来"网络与实体结合,线上与线下同步"的经济生态,Physical Internet的世界里,也许会创造出更加完美的冷链物流模式与体验。

咨询服务视角

房殿军
同济大学教授 / 德国弗劳霍夫物流研究院中国首席代表

站在学术研究角度,学者们还是很喜欢 Physical Internet 这个题材的,因为好发表文章,因为它是可以提供很多很大的优化算法的理想方案。Physical Internet,十几年前在德国讨论得比较多,当时我也参加了很多这方面的方案讨论。理论研究是有意义的,大学老师们肯定都愿意研究这个课题,因为可以发表文章。站在投资的角度,个人认为:Physical Internet 还是一个比较遥远,甚至是比较虚幻的题材。

我们在德国那边,过去也尝试过。实际上,即使在市场经济很发达的大环境下,在德国的一个国家境内,都没有办法实现 Physical Internet 这样的方案。最大的问题,就是各家参与者从市场角度来讲,都已经存在。已经存在了的德国配送网络、物流网络的拥有者,他们并不想与别人共享,并不想把他的网络开放出来,这涉及很多他自身的利益问题,里面的好多信息也不能共享,这就很难把 Physical Internet 在一个国家层面推动起来。至于说到包装的标准化和规范化,所谓的 PI Container(容器),德国这边也尝试过,在德国境内统一包装标准,尤其发货标准,实际上最终也没有办法去实现。这里面除了德国现有的国家标准之外,实际各自在发货的过程中,还是会使用一些周转器具,实际上也还有行业上的一些标准,这块也很难统一。结果,Physical Internet 在德国境内的尝试,不了了之。

这并不是说,Physical Internet 不是好的方案。从想法从方案上来讲,这是一个值得探讨的理想方案。但是这种理想方案在实施的时候难度非常大,至少在德国这边,没有推动起来。Physical Internet 最理想的状态,是实现跨国的、全球的标准化。那么,在一个国家标准都建立不起来——德国的城市物流,尤其是和电商相结合的快递,都试图建立统一的网络标准和包装标准,最终都没有实现。越理想的方案,实施的难度就越大,至少在德国那边没有做成。在中国,电商启动之前,"通达系"还没有建立自己的网络之时,或许还有可能从国家层面推出一些比如针对电商的配送标准,把 Physical Internet 方案推进去。可现在的实际情况不一样,中国的包裹量已经非常巨大,整个配送体系从网络的角度或者从远程包装的角度,再用 Physical Internet 的思路去推,估计也很难推得动,各家快递公司包括京东,可能没有合作的愿望,或者这种利益切分很难实现,国家层面也很难有人出面来推这样的事情。

丁伟强
"原色咨询"合伙人

Physical Internet 是一个非常不错的理念，在现实应用中，我认为应该分开来看：在小件快递领域，基本上已经实现了 Physical Internet 设想的场景——普货小件，在物流网络中可以视为标品，重量体积的差异在分拨节点上可以忽略；商务件和电商快递的网络架构、分拨的标准化，以及路由方案，都和理想中的 Physical Internet(物动网)非常接近。然而，在其他领域，这种标准化和网络化效应就比较理想化了。

个人认为认为：IoT(物联网)的整套理念、方案到技术，已经比较清晰，可实现性较强——物理对象（货物、装备等）完成数字化，在数字化的世界进行网络调度，再将结果以数字孪生的方式，去调度物理世界的对象。

物理对象的数字化，需要一个长期的过程，既需要对货物、包装和装备等进行标准化，也需要根据对象不同进行差异化标签；再加上智能设备的技术成熟和生产效率提升，也需要时间。种种这些，导致 IoT(物联网)的进展速度并不如预期，但方向正确、技术成熟。所以，我更加看好 IoT(物联网)。

喜崇彬
《物流技术与应用》记者兼新媒体主任

2019 年，我有幸采访过依据 Physical Internet 理论创建"物界科技"的田民博士。从田博士的求学、工作及生活履历中，我们了解到，田博士是一位学贯中西、游历中外、长期沉浸于物流行业产业界和学术界的行业精英、专家。我深切感觉到，他创办"物界科技"有着很大抱负，不仅想实现更大的自身价值，而且确实想着让这个行业、产业，产生革命性的升级和变化。

以我本人的粗浅理解，在互联网世界中，由于在全球范围内，形成了统一的各种信息传输的协议和接口，使得信息能够在庞大的互联网中无缝高效传输，使得信息传输效率极大提升，从而推动了各种信息应用的革命性变革。Physical Internet（物流互联网），简单来说，就是致力于将互联网原则应用于物流，建立一个全球、开放、互联的物流网络，使用一组协作协议和标准化的智能接口，以发送和接收被标准模块承载工具承载的实体商品。

个人感觉：这个理论和国内物流界德高望重的专家吴清一老先生（也是我现在所在杂志的创始人）前些年所倡导的"单元化物流"理论，有异曲同工之妙。2013 年，吴教授基于丰富的物流理论和实践，开创性地提出了"单元化物流"概念：将托盘、货架、叉车、集装箱、料箱、输送机、运输车辆等物流装备有机地结合在一起，使货物以单元化、模块化、标准化、智能化的形式，完成物流乃至供应链过程，从而大幅提高物流与供应链运作效率，降低物流成本。

Physical Internet 理论，无疑具有强烈的理想主义色彩。我有些可能是非常肤浅的认识，觉得在推广这个理论和这套体系的时候，遇到最大的问题，是如何替代原有体系，熬过最初成本极高的"体系培育期"。在世界物流产业发展过程中，有过一次极为成功的单元化体系推广，那就是集装箱的应用和体系建立。但是，集装箱的使用，最初发源和最广泛使用的，都是在海运体系中，海运就是点对点（港口对港口）的运输，海运过程中几乎没有任何其他的操作，所以整个体系流程运作十分简单，几乎没有替代原有体系的成本。但 Physical Internet 体系，想要替代的是整个物料流转的体系（海、陆、空、水运、干线、城市配送，等等），其难度和建立集装箱体系相比，要大太多了。

而且，陆运、干线运输（包括铁路和公路）、城市配送，等等，在各个细分物流市场中，已经形成了众多固有的体系，有很多固有的运作模式，相应地，就是已经投入了非常多的成本，建成了非常多的相关基础设施。要替代这些体系，就意味着要放弃以上的投入。当然，很多投入和设施，经过改造是可以融入新体系中的，但损耗是不可避免的，绝对成本应该也是相当大的。建成一个体系，最重要的就是形成规模效应——被接入的使用者越多，整个体系效率就越高，分摊到个体上的成本才越低，但体系的建立是需要培育的，在这个过程中，前期的投入一定是高昂的。这个成本，需要新体系的构建者和使用新体系的用户共同承担，需要坚持到规模效益出现，成本拐点出现。

当然，全新的理论和全新的技术最初出现的时候，绝大多数庸人肯定都是不懂的，就如同马云刚刚创建阿里巴巴，要打造一套全新的商业运行体系的时候，也是面临种种不解和观望。对于 Physical Internet，我们应带着期待去观察，如果一旦依据这个理论建立起全新的物流运转体系，绝对是革命性的。

李勇瑞
"五行之道供应链咨询"合伙人

我一直不敢谈对 π 网的理解，因为总感觉这个题目太大。这两年，我们聚焦对制造业企业供应链的优化服务，我想还是从制造业企业供应链目前存在的一些问题的角度，谈一下我的理解。

我们处在一个商业模式不断变化的时代，商流在不断重构。企业也从之前以代理分销为主的模式，变成线上线下全渠道全链路的经营模式。全渠道管理，也会因为对渠道的掌控，分为单纯为渠道赋能、优化调整渠道利益分配模式、强管控到渠道门店库存等几个阶段。线上销售里，近两年直播电商，以及城市圈近场电商服务的兴起，对传统电商销售带来新的机遇。

商流变化对制造业企业带来的供应链与物流的冲击还是很大的。以前供应链与物流有更多可规划性，现在可以从OME厂家仓库、企业总仓、电商仓、渠道仓很多仓库直发消费者，商品需要全链路的统一管理。制造业企业的ERP系统需要不断升级、不断对接，技术人员总处在一个不断升级、不断应对新销售模式的开发，而无暇顾及企业内部传统的系统管理。仓储人员在不断地寻找新仓库，以备战大促，大促后又退租仓库。退货管理也变得更加复杂，消费者7天无理由退货、原单退、签退、自己维修、返OEM厂家维修，这对供应链与物流提出很多更细致的需求。商品包装也有线下包装、电商包装、内装外装、通用包装等不同标准，这也提升了物流与供应链的复杂度。

Physical Internet 的设计，也许可以几乎包括供应链物流的所有环节，仓储、物流、退货、分拨、单元工具、信息系统等，但每个类目都是一个专业的领域，这里首要的问题是：要对制造业企业商流，以及供应链管理，有着精确的理解和深刻的洞悉，才能更好地服务商业发展……

黄文平
"硕智管理"创始人 / 上海市管理科学学会管理咨询专业委员会主任

互联网正深刻推动着各领域各产业的革命。

随着物联网、新物流的发展，人们将越来越清晰地发现：Physical Internet 必然是物流领域的一场"范式革命"。基于 Physical Internet 的原则和规范，物流模块将被改造得更加单元化、标准化，物流节点将更加智能化、集约化、开放化和协同化，物流网络将从单个区域逐步扩展到国际乃至全球范围内，真正实现互联互通、高效运行。Physical Internet 建立的物流互联网络系统，将很好地实现数字世界与物理世界的无缝连接。

这场革命，也必将给物流行业的组织变革带来深远影响。可以预测的是，未来物流企业的组织发展，必将更加"数字化、平台化、生态化"，必将会不断打破组织边界，体现出"去中心化"运营的特征，深度融入全球物流网络，与其他企业互通有无、协同共生。

吴学谦
《物流时代周刊》前主编

人类社会的欲望永无止境，所以技术才需要不断发展，以满足那些已知和未知的需求。现代社会的物流需求也无止境，永远处于不断提高和丰富的过程之中，信息化、数字化、智能化技术的不断升级，不断改造着传统物流。

除了物理载具集装箱的大规模应用外，我们很难说有哪一次信息技术的升级，使得物流发生了革命性的变化。物流技术水平的提高，数十年来，依然表现为逐步演化的态势，虽然某些信息技术看起来在某一阶段对物流产生的推动作用比较大，比如互联网的应用、智能设备的应用等。

物流需求和信息技术之间，也是相互刺激、相互诱导、相互促进、相互实现的，就如同人们有了更远距离、更细致、更精准的物流需求时，就会有技术匠人据此需求研发出相应的技术；新技术现身后，又会启发人们利用它的新颖功能，拓展新的应用，从而又挖掘出更新的物流需求，比如基于互联网的物流平台的产生。

作为技术小白，基于以上认识，我不觉得 Physical Internet 是一场革命，我没有看到其中有哪项关键技术，能对物流本身起到关键的颠覆性作用。理论的提出者，只是将技术发展和需求推进这两个因素，共同作用的未来某个阶段的场景，运用技术语言进行了一次描绘，或者说，是将现今已知的各种技术，按照其发展路线上的高级阶段，通过新创建的协议和标准，进行了综合和重构，以期让这个技术体系对物理世界（包括人和万物），实施更加高级、更加智慧的连接和互动。其未来希望统治的世界，绝不会局限于物流。

我倒宁愿认为：Physical Internet 理论是技术为应对未来的需求，在应用层面进行的创新。说是"新瓶装旧酒"或许有些苛刻，因为它毕竟对物理世界未来的运行模式进行了展望和探索，而且那时的"酒"也非"旧酒"了。

汪大平
"君汉控股"高级合伙人

Physical Internet(物流互联网) 是一个理想的存在，也是值得付出的理想。

其一，这个庞大的体系，远比我们熟知的"互联网""物联网"要复杂得多，毕竟后两者传递的是信息，是数据，是虚拟产品，而前者必须伴随物品的物理转移，真正要实现"三流合一"。物品的多样性、存储方式的多样性、运输方式的多样性，必将给标准的建立带来挑战。TCP/IP 协议相对容易建立，也比较好实现，也确实已经实现，"物联网"协议也已经建立，正在实现，而"物流互联网"的协议还在理论模型和小范围试点之中，万里长征才走出第一步。

其二，哪怕 Physical Internet 在区域范围内实现，也必将给社会发展带来巨大贡献，"物流价值比率"一定会提升。尽管前路漫漫，也未必有真正实现的那一天，但可以无限逼近。任何公共平台的建立，共识是第一步，那就是参与各方对平台的价值非常认可，且相互利益机制能够得到有效分配。互联网生态就是如此，从底层的硬件基础设施，到应用层的百花齐放，层层调用，不仅要解决技术问题，更要解决社会人性问题——自由、共享的价值何在？同样，物流互联网的参与方，涉及各国政府、各大厂商、各大渠道商、1PL、2PL、3PL、4PL，以及终端消费者，利益如何平衡？谁才是 Physical Internet 的建设运营主导者？

以身边的智能家居行业为例，家电智能化提倡了很久，也畅想了很久，但到目前为止，还是没有真正普及和实现。早期，各大家电厂商都建立了自己的标准，比如海尔、美的、TCL等，都构建了自己的小生态，也都不成气候。后期，小米打破藩篱，一定程度上助推了智能家居的进步，但依旧还在路上……这个过程却在不断进步，新技术在得到应用，新生态在逐步完善，最终消费者确实也享受到了进步的红利。

期待 Physical Internet 在局部试点成功的基础上，逐步扩大版图，最终成为全球基础设施的重要组成部分。但这，需要不止一代人的努力。

张雄
"泷盛数科"创始人

物流行业从来就没有"新瓶装旧酒"的概念炒作，因为物流行业是支撑制造业、商贸业流通的基础设施，概念炒作在这里没有生存空间，不会长久。

正所谓"商流改变物流"，物流需要不断地去适配商流的需求。这些年，因为上游制造企业、商贸企业的柔性供应链发展趋势，下游的物流企业也不得不随之发生重大变革，供应链物流的"范式革命"一直在进行。

电商平台、快递公司、快运物流，依靠商流、品牌、资金实力、人才招募能力，以及数字化技术、组织能力，或强势攻占，或攻城掠地，杀入供应链物流领域——如"顺丰"收购了DHL中国区供应链物流业务，又收购了嘉里物流的控股权；如"菜鸟"入股了日日顺物流，又染指"四通一达"；如"京东物流"控股了跨越速运、德邦物流，接盘了"中国物流资产"部分股权，等等——传统型中小 3PL 于是"集体焦虑"。

表层原因，直接指向产能过剩导致"价格战"、同质化竞争导致的"劣币驱逐良币"；深层原因，则是时代变迁带来的"范式革命"：顶着20年前干物流的脑袋，却生活在体验经济数字化社会；抱着老旧的打法和服务理念，却期盼发现新大陆——不做任何改变，一觉醒来就变成一个不一样的自己……

现实是残酷的。供应链物流初期，3PL 的运营（风险），主要源自企业外部的"资源能力"：只要有运力资源，就能依靠行业信息差，赚取巨大运输差价。体验经济数字化时代，3PL 的运营（风险），主要源自企业内部的"认知能力"：创始人及管理层对数字化和体验经济的认知能力与学习能力。上游货主企业的需求，已经由之前的简单运输业务，向仓运配、端到端的供应链模式转变，需要 3PL 具有一系列专业化的解决方案、运营能力，以及数据信息化共享 IT 能力。

新物流的"新",应该是履约交付模式创新,运营管理模式创新,人才招用培流模式的创新,等等。这是大规模共享与协作的时代,供应链物流需要像虚拟世界的信息流一样,构建它的网络世界(Physical Internet)。供应链物流服务,需要"跨企业、跨组织"多级协作和共享信息,这种模式本身,就是一张"信息流网络",核心就是提升大规模协作的"集体效率"。遗憾的是,目前中国的供应链物流,这张所谓的"信息网络"还没有上链,还不能在云端互联互链。

没有企业的时代,只有时代的企业,数字化是未来所有物流企业的必选项。借用当下流行的一句话:当今社会,很难再有人可以赚到认知以外的钱。如果是"集体焦虑",那一定是经营者的认知有问题。任何外部的变化,对企业来讲都是"机会",对没有认知的企业,则是重大的"危险"。"以知为机",才能在"范式革命"中抓住机遇!

贺国煌
"伍陆商学院"创始人 / 中交协智慧物流专家

构建 Physical Internet 物流世界,能实现物流效率效能的大幅提升,就其结果而言,这种发展趋势理论上是可行的,但实际操作起来并不容易。

我曾就职于中国电信旗下的互联网公司,有幸参与和见证了互联网的早期发展。当时的主要瓶颈,在于网速、用户习惯、上网工具,这些都可以通过技术和时间解决。物流的发展,并不完全取决于技术。中国物流未来的发展,与中国互联网历经的发展会大不一样。中国物流是支撑国民经济发展的基础性、战略性、先导性产业,其发展体制与日本和欧洲都不一样,未来物流的发展模式,还会受到国家宏观调控的影响,但这并不影响我们学习日本和欧洲的发展战略与模式。

制造业是社会物流总需求的来源,中国制造业的总量,目前应该是全球最大。全球制造业的竞争,已进入高新技术与产业链博弈竞争的新阶段,供应链的竞争,已上升到国家高度。个人以为,中国制造已经进入以产业与数字化为标志的"工业互联网"转型升级的新阶段,至少需要 10~20 年的"高质量发展"阶段,这些都会影响到物流在未来的发展模式。

我并不赞同有些文章关于中国物流发展从 1.0 到 5.0 的表述,事实上,很多物流公司,已在数字化和智能化领域探索得很深入了。未来的中国物流,可能无限接近 Physical Internet,但永远不会是百分之百。因为物流涉及的不是一个技术问题,而是一个社会问题。尽管如此,我还是认为 Physical Internet 的理论体系,可应用于中国物流在未来发展趋势的顶层设计。

趋势没有问题,但任重道远。

孙朝阳
原"谦鸣咨询"合伙人

受全球性疫情、商业环境变化、新技术应用推动的影响，未来的供应链将具有三个特征：全透明无接触，高度自动化和数字化，在JIT基础上的风控调整。

一、面对疫情大流行造成的不确定性、无法旅行甚至无法去办公室的情况，公司管理人员更加需要了解全球供应链中正在发生的事情：我的货物在哪里？这个零件什么时候还有多少库存？客户真正需要多少产品？新供应商的质量是否像他们声称的那样好？供应商能在最后期限前完成承诺的数量吗……

面对不确定性，"可视性"是提前准备和在危机来临时能够快速反应的关键。技术和数字化，使供应链端到端的可视性成为可能。社交疏离使数据变得更加重要，进而使通过数字技术对供应链进行更多控制——数字化供应链——成为趋势。这些控制，正在使无接触操作成为可能，并创造了流程改进的机会。

二、机器人不需要物理隔离、戴口罩或休假，公司也不必担心机器人生病。对工人健康的担忧、社交疏离的要求、因疫情暴发导致设施关闭的威胁，以及客户对其他人接触过的物品进行消毒的担忧……所有这些，都促使企业必须寻找更多的方式，来实现业务的自动化。疫情下，机器人的优势凸显，而电商的竞争进一步促进了自动化程度的提高。供应链自动化，在工厂车间、零售和电商配送中心、"最后一公里"配送，以及重复性白领工作领域，正在狂飙猛进。

三、从JIT中衍生了很多相关的管理理念，例如精益制造，例如几乎每个行业都在实施的六西格玛。JIT是有史以来最重要的制造和供应链创新之一，已经带来巨大的商业利益。尽管这种做法容易受到异常破坏性事件的影响，但它不会消失，公司会在JIT基础上进行风控调整。

李娜
资深媒体人/《现代物流报》前记者

新冠疫情卷土重来，Physical Internet的概念被上海的朋友推送到我面前。这个概念所描绘的理想是一幅美好的图景，它将联结现在的真实的物流世界及其数字化后的各个节点。虽然现实里的物联网、末端配送，这些理想正在被平凡地践行着，但PI更为系统化，或者说更具顶层设计和范式革命的意义。

我在想，为什么此一时间段，Physical Internet 会被热推？它背后的现实逻辑是什么？正如"物界科技"创始人田民所说，开放性的资源共享和信息共通，最终形成超链接的分层和分布式的物流网络，从而让物流包能像数据包在互联网中传递一样在物流网络中传递。或许就像现在方兴未艾的"云仓"，它所依赖的就是这种开放性的资源共享与信息共通。无论哪里出现了订单，云仓就会借助快捷的物流体系迅速地完成货品的送达。这个送达的过程，如何实现最优化？我理解未来的 PI，就是要完成这个使命。

未来已来，我们将和它迎面相遇。我们期待作为新事物的它，与现实在短兵相接后能够结合，然后优化整个体系，焕新物流与信息的运转，为国内国际双循环的物流提质增效！

杨永茂
资深媒体人/《第一财经日报》前编辑

致力于将互联网原则应用于物流业的 Physical Internet，谋求借助一种协作协议和标准化的智能接口等互联网技术，以发送和接收被标准模块承载工具承载的实体商品，实现物流与互联网世界的对接，从而建立一个全球开放、互通互联的物流网络，这无疑是一场现代物流业正在遇见的全新范式革命。

之所以称其为"范式革命"，首先是说 Physical Internet 的内在逻辑，已然在很大程度上表明了这一新型物流互联网的存在模式，意味着现代物流业正面临着一种整体性和根本性的变革，因而我们有理由将其看作一个物流行业发展的重大（产业发展意义上的）存在论事件。这是因为，Physical Internet 的范式架构，开始显示出这一新生事物将远远不只是一项理论创新，或一项技术创新，而是一种新语言和新逻辑的发明，是一种新制度和新规则的创造，是一种汇集了多种技术集成、多样要素合作与多元运营、服务与投资主体参与、无限开放的新型平台运作与生态建构。

"物流"固然是一个"实体世界"，但物流不是也不能简单地等同于实体。物流产业的本质属性在"流"字上，Physical Internet 新物流的灵魂与使命，就是借助数字互联网带有嵌入信息的数据包传输，实现物流与互联网的高效无缝对接，使物的流动更精准、更高效、更快捷和更低成本，此其一；其二，我们不能只看到以 Physical Internet 为标识的新物流，是以全新的"网络世界"形态存在和运行，从另一方面考察，设若没有跟这个物流"网络世界"的连接、融通和对网络虚拟世界的实质性支持，基于传统（信息）互联网构建的纯虚拟世界（甚至"元宇宙"等）的运行，也必将只是永远悬浮于空中，无法真正实现其"终局"意义上的范式革命。

如果我们也从终局意义上来重新审视 Physical Internet 业态，其存在论意义上的"新物流范式"构建，可能还需要着眼于物质、能量与信息的"大统一场"，从这一更高的维度，来进行前瞻性的战略研判与谋划。这不仅需要具备传统互联网思维，更应具备产业互联网思维；不只限于"物流+互联网"产业融通，还要进行"物流+信息流+资金(资本)流+商流+价值流……"等全方位的产业融通融合，最终让物流不仅不再是数字世界与物理世界之间的末端屏障，而更应成为数字世界与物理世界乃至能量(能源)世界的强力纽带与保障支撑体系。

Physical Internet"物界网络"的建构，是物流产业发展的必然要求，具有强大的内在逻辑力量，更具有强大的产业发展现实生命力及其广阔前景。当下关于 Physical Internet 的讨论，与其争论"成立"还是"不成立"，抑或"可能"还是"不可能"，不如首先从物流业发展的战略整体视域，来重新定义 Physical Internet "新物流"的产业边际究竟在哪里。确定这个边际的核心或底层逻辑，就是要确定物流的"流"与互联网的"联"，如何得以真正实现互通互联。广而言之，更具终极意义的边际，恐怕不只是"物"的互联互通，更是物流、商流、资金流、价值流、信息流之间，"无边际"亦即"自由跨界"的互通互联。

刘海燕
"雷励金服"创始人

永远都在"心物同流"的路上，无限接近。

物理世界首先要通过数字革命投射到虚拟世界，虚拟世界经过计算来指导物理世界。如此螺旋前进，既不是"新瓶装旧酒"的概念，也不是所谓的"范式革命"，一直就是这样，发展快慢而已。

个人觉得，未来的方向应该是寻找有效的方法，使得员工、企业、合伙伙伴(客户)、供应商之间，构建起更为合理的、基于价值贡献的分配机制，一种能够兼顾当前、近期和远期的合理分配的机制，构建一种新的"资本+价值贡献"的双轨定价机制。

孟群
"施耐德电气"OEM工业事业部全国经理

这是个很有意思的话题。我没有想太深，但觉得共享的背后应该是标准化、可衡量，如果这些解决了，这个 PI 应该是很有意义的，可以很大程度上避免浪费，打造集约、可持续增长的供应链体系。先实现物理世界的容器标准化、软硬件解藕，这个 PI 才有可能。我们公司这几年就在推广软硬件解藕的产品(基于 IEC61499，有别于目前的 IEC61131 标准)，但推广之路还很漫长。

霍建民
"百利威集团" CEO

　　Physical Internet 是把标准化、精益化、数字化和智能化，浓缩在一个完整的网络体系中，带来的物流颠覆性新技术。智慧物流是必然趋势，比如国内有些公司已在创新运营模式，即"天上一朵云，地上一张网"，就是通过技术工具的支撑来指导物理操作，再通过物理操作，去影响技术工具升级迭代，做行业大数据的整合，打造物流数字生态。"物联网"的概念已广为人知，并在探索落地之中，与其理论概念类似的 Physical Internet，目前仍在概念和探索阶段。PI 实现的路径，应该先从特定区域和场景开始，逐步拓展到标准品物流、细分行业物流，再进一步延伸，成为一个更宽广开放和互联互通的物流网络，以实现物流基础设施的全面升级及颠覆性变革。

肖羽
"来伊份"董事长助理 / 原"大开沙界"创始人

　　用伟大的互联网，来预比未来由物流织成的一张智网，实在是超前的见识。试想，以"物进物出"对比"数存数取"、以货仓对比硬盘、以飞机高铁对比光纤宽带，的确十分形象贴切；同时，难免让人对未来在物流领域可能发生的"大数据""云存储""分布式计算"……产生无尽遐想。

　　物流共享运力、共享算力，相信离我们已经不远。真正的颠覆，也就是从"按照订单分配"到"先于订单分配"的颠覆，我想很可能会在那一时刻到来。到那时，PI 可能已经活了起来，已经在跟人类社会有机互动了，正如今天的互联网一样。

陈湘义
"星之火生物"合伙人

　　这并非概念炒作，我认为是智能和高效物流的新理论，将推动物流进化，进而提升社会的生产效率，有利物流行业的节能减排。多年的互联网和移动互联网的发展，近年来 5G 和物联网的蓬勃兴起，以及智慧物流（特别是伴随电商发展起来的自动化仓储、分拣和递送到点的毛细物流网络）的成熟，都为"实物网联"（PI）的发展，构建了很好的基础。Physical Internet 上，生产者与消费者之间的高效传送，将犹如 Internet 上，信息制造者与信息消费者之间的即时传送。

"实物网联"并非遥不可及的梦想,关键是需要发展一套相应的规范和协议,让物流的各个环节和所有参与者,都能遵循这些标准和协议。要让实体世界的物流,实现自动化、网络化和智能化,实现现实的"实物网联",要让实物在 Physical Internet 上流动,就必须像 Internet 一样,将信息"标准格式化",就需要制定规格的标准和流动的标准——像因特网的网关一样,有合理布局的实物集合点;像因特网的网线和光纤网络一样,有运输的干线和支线;像因特网的 TCP/IP 通信协议一样,有实物网联的通信协议和控制协议……

这个实物网联的基础架构和设施(Infrastructure)网络,需要集合互联网基础专家和物流运输行业专家来共同研究,需要联合相关企业来共同搭建,需要吸引各利益相关方来共同加入。也许,Physical Internet 在中国要取得成功,需要有类似美国当年的"半导体制造技术联盟"这样一个机构去推进,需要有当年"因特尔"的罗伯特·诺伊斯这样一位权威来带领,研究制定标准和规范,协调行业发展。

李克
"贝通电子科技"创始人

这轮疫情,又唤起了我久已有之的对未来物流"最后一公里"的遐想。

也许不远的将来,我们所居住和办公的楼宇底层,都标配着包裹自动接收到装置,就如同现在住宅有水、电、煤气和网络管线等标准配套设施一样。未来的现代化城市基础建设,将把物流输送管线,像现在的网络及水、电、煤气管道等公用设施一样,敷设到每栋楼甚至每户人家。本人斗胆猜测,这种奢望可能会在不远的将来,在某些超级现代的新型城市中实现。因为人类已经具备了这种技术,也有这方面的需求。

只要人们拿出建造地铁和其他现代化城市所需要的地下公用管线设施的勇气和魄力,未来的城市地下具备可以自动运送包裹的输送线是完全有可能的。到那时,即使没人愿意干"最后一公里"的包裹配送工作,或再有疫情发生需要所有人足不出户,也不用担心,因为你的快递包裹,将会通过城市地下物流输送线配送到你的楼下甚至屋内。到那时,货物包装将更加标准化、环保化,包裹都会在配送中自动消杀,包装将自动回收处理,包装造成的污染将大大降低;满街的配送小哥将不再出现,市内配送车辆会少之又少,城市交通和居住环境将由此得到极大改善……

未来的某一天,我们会像现在每月支付水、电、煤气费用一样,去支付到家的包裹配送费用,这是天方夜谭吗?在人类已经可以遨游太空的当今,让包裹"入地"有何难度?

只要有勇气,一切皆有可能!

一石击起千层浪
百家争说物π网

谁将own(拥有)Physical Internet？这是个好问题，也是一个片面的问题。Physical Internet并不只是一项技术，也不是一种公司产品，甚至不是一种商业模式。它是一种状态，是未来生态的基础设施，就像我们今天习以为常的互联网。PI节点不同于物流节点，PI网络不同于物流网络，物流网络可以由一家公司控制，Physical Internet则是所有人的工具，是未来人们生活方式的组成部分。

就像"互联网企业"不同于"互联网"，PI企业也不同于PI。BAT也好，TMD也罢，包括Google、Amazon、Facebook(现在的Meta)，等等这些，都不过是Internet企业，而非Internet本身。未来也一定会冒出一大批各具特色的Physical Internet企业(PI企业/π企业)，也就是我们所说的新的"生态物种"，而Physical Internet(PI)本身，将成为人们的共识，成为种种创新模式的"生态底盘"。

未来的PI时代(π时代)，"Belongs to whom？"会变成一个古怪的问题。人们面前更多的机遇和挑战，就如同移动互联网时代一样，"所有企业都值得重新再做一遍"。届时，会呈现出什么样精彩纷呈的景象？

物流产业互联网（π网）正呼啸而来

文 / 颜艳春

"盛景嘉成基金"合伙人 / "山丘联康"创始人兼董事长
《第三次零售革命》作者 /《产业互联网时代》作者

"π 网的终局，是物流共同体。"

过去 40 年，得益于高速的城镇化步伐和人口数量红利，在大部分消费品和工业品类，中国建立了多个世界级、大规模、低成本的超级供应链体系。但 40 年高歌猛进的增量时代已经完美结束，今天正在进入低速高生产的存量经济时代。无论是国家还是每一个企业家，在共同面对以下两个关键的挑战：

其一，供需严重错配。很多交易结束以后，大量的用户资产，就像长江之水滚滚东流去，老客户留存率低，供给资产、库存资产、人才资产（员工是最大的库存）等大量闲置。在物流服务和零售业中，这个现象非常突出。

其二，市场碎片化，高度分散，造成明显的效率低、不成规模、产品线弱、供应链不稳定、履约成本高居不下。

著名物流咨询公司 Armstrong & Associates 的数据显示，2020 年，全球物流支出达 9 万亿美元，约占全球生产总值 (GDP) 的 11%；中国商务部的数据则显示，2020 年，中国的这个数字，是 14.7%。一方面，市场高度内卷；另一方面，大量运力和物流基础设施空置、仓配低效，多式联运总成本居高不下。

有没有一种新模式，可以打破内卷，将物流市场大量碎片化的过剩运力和基础设施整编起来？

01 互联网的下半场：产业互联网时代

一场静悄悄的产业革命正在开启，我们称之为 5am + ABCD + 产业路由器 + X。

5 就是 5G，a 就是 aiot 智能物联技术，m 就是 metaverse 元宇宙；A 是 AI 人工智能技术，B 是 Blockchain 区块链，C 是 Cloud 云计算，D 是 Data 大数据；通过 b2f 产业路由器——就是我在五年前提出的一种需求驱动的反向供应链模型——正在加速每个行业的产业革命，从消费互联网到产业互联网、从人类互联网到万物互联网、从信息互联网到价值互联网。我们发现：连接一切的时代，真的到来了。

互联网，已经从上半场的消费互联网，进入下半场的产业互联网。

随着每个行业的产业链上游、中游和下游，慢慢自愿团结起来，从单边到双边再到多边，"产业路由器"将成为产业互联网的重要抓手、关键节点和超级枢纽。从 B2C、C2C 电商模式到产业路由器模式，产业互联网将引爆第三次产业革命，其终局，是一大批"产业共同体"诞生，将代替传统电商经济体，成为主导 21 世纪新经济的力量，将团结一切可以团结的世界产业力量,一起从战略利益共同体迈向共生、互赢的命运共同体。单打独斗的旧经济纷纷瓦解,以"利他"为灵魂的产业共同体模式,将加速整编和复兴正在失去优势和地盘的旧经济体。

对比经典的 b2c 电商模式,典型的产业路由器是 b2f 模式:通过共享大量闲置、碎片的用户资产和相对头部的、闲置的供应资产,打造整体产业链的成本型或效率型的价值洼地,团结整个产业链下游大量闲置的、碎片化需求和私域流量(小 b,如小溪、小河),汇聚到产业大坝(如三峡大坝)里来,与产业链的上游中游等大量过剩的头部供给(小 f),进行实时连接、智能配对,重构整个产业链,形成产业共同体。

产业路由器,以提升一个行业的整体效率和消灭产业链的一切浪费为使命,借助 ABCD 新技术,通过实时连接产业链上 / 中 / 下游,收集每个节点的大数据,完成供需双方高效的智能配对,共同创造 3~10 倍的价值洼地。

建设 b2f 产业路由器,最重要的是要建设好四大数字化的基础设施。

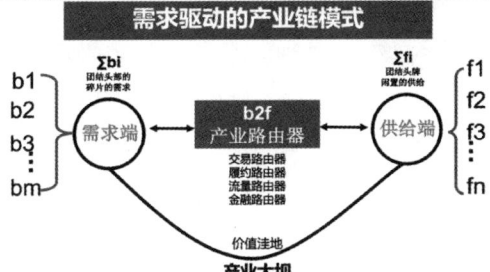

产业路由器的主流商业模式是需求驱动的b2f模式,跨境出现C2M模式

目前产业路由器的主流商业模式是b2f:
产业路由器是产业互联网的超级节点和关键枢纽,相较于经典的b2c电商模式,典型的产业路由器是b2f模式,通过共享大量闲置、碎片的用户资产和相对头部的、闲置的供应资产,打造整体产业链的成本型或效率型的价值洼地,团结整个产业链下游大量闲置的、碎片化的需求和私域流量(小b,如小溪、小河)汇聚到产业大坝(如三峡大坝),与产业链的上游中游等大量过剩的头部供给(小f),进行实时连接、智能配对,重构整个产业链。

第一是"交易路由器"b2f(b2factory, b2farm):共享客流,共享采购,逐步建立拼单集采,小单快反。需求端,把有上进心的、愿意多赚钱的小 b 端(无论是夫妻店,还是工业品的次终端、中小企业)的所有碎片需求拼起来,形成集单效应;供给端,对接头部的闲置产能的工厂(b2factory)或者农场(farm),建立规模采购。

第二是交付路由器(或履约路由器)b2f(b2fulfilment):共享物流,共享履约,逐步建立全国性的分布式履约网络。需求端仍是上面那些小 b,履约端(fulfilment)是物流的履约方或服务的履约网点。物流型的履约路由器,就是连接产业链上的、成千上万的需求方和履约方(Fulfilment,指有巨大闲置产能和交付网络覆盖的前置仓、运输公司、企业物流公司或第三方物流,当然也包括有大量闲置库存的各类零售终端的自提点)的主体。

第三是金融路由器 b2f(b2finance):共享金融,建立数据银行,建立零资金池的金融科技(fintech)平台。需求端,即资产端,可能是产业共同体的所有资金需求方;供给端,即资金端，所有愿意参与产业银行金融服务的银行、金融机构或有牌照的、合规的供应链金融公司。平台方需要与所有参与方一起，提供全链路真实的、完整的交易数据赋能和资产全周期控货或监管的赋能，确保资产保值和金融安全运行。

第四是流量路由器 b2f（b2flow）：共享用户资产，做好公域流量的私有化和私域流量的公有化，加速用户资产的流动性。通过场景流量路由器，做好高频流量池的低毛利场景和低频流量池的高毛利场景的实时连接，建立一个公平分钱的机制，形成一个分布式的流量大坝或价值洼地。用户资产（包括时间资产、消费资产和社交资产），通过币权制度，做好用户资产的货币化，确保规则公平。

目前独立站最大的服务商 Shopify——据说是唯一让贝佐斯退休后冒汗的公司——通过电商路由器，帮助全球 200 多万个 DTC 品牌和传统大厂品牌，把这四个基础设施建得非常完整，同时还开放了一个拥有 6000 多个应用软件的类似苹果的 App Store。如果说亚马逊正在建造一个帝国，Shopify 则武装了一支叛军——把那些在 amazon 平台上发展不好的，或增长遇到天花板的品牌商、跨境电商企业团结起来，建立了一个反亚马逊的电商产业共同体。其 2021 年 GMV 接近 1900 亿，业绩增长 57%。

我们坚信：若干个物流产业路由器连接起来，将会使每家物流企业的线性运输链条，进化为一张"物流产业互联网"——产业链条上的所有参与方，实时连接在一起，共同为一个目标努力，造就出具有深度学习能力和自我进化的物流产业数字神经系统。

02 物流产业互联网的春天

产业互联网 + 物流 = ？

12 年前，实物的物流互联网（Physical Internet，下称"PI 网"或"π 网"）之父 Benoit Montreuil 教授，给我们打开了物流产业互联网的大门：从大宗商品到 MRO 等长尾商品、从农产品到工业品、从汽车到快消品、从全球贸易到跨境电商、从直播电商到社区团购……不同行业、不同业态、不同品类，预计将涌现出一大批注入 PI 思维和基因的物流路由器平台公司和物流产业共同体。

"π 网"将是一张连接地球上任意两地、覆盖全球海洋、陆地、天空全方位的、立体的交通运输网络。它将分布在世界各国各大交通枢纽（包括港口、码头、车站、机场、火箭发射中心等），以及世界各地城市/乡村的共同配送网络（零售网点、自提点、网格仓、中心仓、分拣或转运中心等），所有提供物流基础设施、运力、设备的企业、司机、快递小哥，以及各种场景机器人（RPA 机器人、无人机、AGV、自动驾驶货车等），无缝连接在了一起。它通过多个"b2f 物流路由器"，将多个需求方（b, business）和多个履约方（f, fulfilment），实时连接在一起，一票到底，全链路可视化地进行追踪和管理；通过 AI 算法和收集到的全网大数据，完成网络协同、智能配对，最终确保将全世界的货物，以最优效率、最低成本，从出发地按时运送到指定地点。

这张高度智能和高度容错、具有自主纠错、自主优化线路和深度学习能力的智能物流数字神经网络，即物流产业互联网一旦建成，就像消费互联网时代一样，也将诞生多个100亿到1000亿美元级别的、物流平台级别的大厂；同时，也将诞生多个共生、互赢型的物流产业共同体——在每个共同体里面，所有的参与方将共享闲置的运力和基础设施，公平分钱，一起繁荣，共同富裕。

"π网"的终局，是物流共同体。相信这张网，正在加速编结之中……

03 三级Cache履约网络："π网"的关键枢纽

未来，我们能否借助AI人工智能和Blockchain区块链这样的技术，构建共享实物资产和数据资产，使得资产能够透明化、公正化地分布于物流网络呢？通过物流路由器，这一切是有可能逐步实现的。我们还可以引进区块链通证机制，把产业链上所有共享仓/分销链上的所有分销商和小店的库存资产通证化，形成数字资产，通过"AI配对+区块链通证+IoT全程监控"，把包括工厂、分销商、零售终端在内的分销网络和闲置的库存、仓库、运力共享起来，在全国打造一个30分钟、2小时、24小时、48小时等不同运输节奏的分布式物流网络。

这一物流履约网络，包含三个重要部分，也被称为"三级cache(高速缓存)仓"。

一是产区枢纽共享仓：在长三角、珠三角、京津冀、中部地区的产业集群带，甚至其他国家的一些主要港口，设置低频全品类的共享仓，实现48小时配送。

二是销区枢纽共享仓：在全国24个千万级人口的大都市圈，分别建立销区枢纽的中频次长尾商品的共享仓。各级代理商可以根据自己的销售节奏，在共享仓里建立自己合适的库存，实现24小时配送。

三是门店型前置仓：中国幅员辽阔，网格仓、社区小店和商业区街边店星罗棋布，可以此建立高频商品的共享仓——在这些小商圈里，可将现有门店的品类结构进行优化和扩充，改造成30分钟至2小时就能相互调货或共享的分布式配送驿站或自提网点，形成分布全国零售网络的高频商品的共享仓。

估值已达120亿美元的"社区团购的领先者"兴盛优选，目前在下沉市场,已与多多买菜、美团买菜等互联网大厂，形成了三足鼎立态势，其核心也是典型的"预售+自提"的"零库存211高效运行模式"——头天晚上11点前预售，将100万家社区小店的碎片订单集中起来，每天最高超过1500万订单；第二天凌晨开始收菜，并通过覆盖下沉市场最广、效率最高的三级履约网络，在第二天中午11点前完成到店配送。集单配送成本，每单平均1元，配销比约7%。

这个三级履约体系，从产区的共享仓，到销售地的中心仓，再到覆盖各大社区小店零售网点的网格仓，最后配送到100万个门店的自提网点。从覆盖范围看，1个中心仓可覆盖40~70个网格仓、1.2~3.5万个团长，大致6000~10000个小区。为了保障快速将货物送至中心仓，供应商存储货物的共享仓大都靠近中心仓，也会出现与中心仓同园区、实质共用一仓的情况。中心仓的覆盖半径在100KM左右，主要覆盖一省或多个城市；网格仓的覆盖半径在15~20KM，主要覆盖区、县、乡镇及村。一般而言，每个城市均配有网格仓，渗透率高的城市网格仓数量相对多，一个网格仓覆盖 150 个小区，一个 500~1000 户家庭的小区，一般有两个团长。

从 2018 年到现在，兴盛优选不断优化整个三级履约体系，对全链路配送网络进行不断地试错优化和持续迭代，全链条履约费用率显著低于竞争对手，兴盛优选的履约成本至少下降了 50%。

三个"π 网"案例

在我的新书《产业互联网时代》里，深入剖析了菜鸟、Flexport（飞协博国际货代公司）和 Shopify（全球著名的电商类 SaaS 平台）三个案例。他们没有自己的轮船、飞机和火车，但它们都注入"π 网"的灵魂和基因。

1. 菜鸟网络

按照《枢纽:3000 年的中国》书作者施展的预期:全球中低端制造业，向中国转移是终局性的。那么，投资千亿甚至数千亿元，阿里巴巴"菜鸟网络"打造的中国智能物流骨干网，显然将成为这场全球格局的重要枢纽和超级节点。 未来的"菜鸟网络"，将通过建立物理的、数字化的连接，在人类社会从工业文明走向智能文明的过程中，创造新的社会基础设施，用新的方式，去运营一个社会化的协同网络。而这，也将使"菜鸟网络"成为商业文明枢纽的梦想，变成现实。

在中国，菜鸟网络已经形成了七大全国性仓配网络枢纽，协同仓储面积峰值达 3000 万平方米，当日 / 次日达服务覆盖的区 / 县达 1500 个，快递平均时效从 5 年前的 4 天提升到现在的 2.5 天，有超过 3000 个合作伙伴。在国外，菜鸟网络已经铺设到 224 个国家和地区，建立了 231 个跨境仓库。

随着菜鸟网络的物流节点越布越密，用户体验也在升级。比如天猫的"一小时达"服务，底层是密集的前置仓，可以让生鲜水果实现"分钟级送达";菜鸟网络和屈臣氏门店的合作，让"线上下单、楼下取货"变成现实;盒马鲜生在某种意义上，也是分布式物流在打通"最后一公里"上，演绎出来的新业态……

2.Flexport

货运代理的使命，就是把不同的环节联合在一起，承接收发货人需求，串联各环节的连接方，提供垫资、手续代办、订舱 / 车等一系列服务。虽然货运代理行业的全球市场规模约为 2 万亿美元，全球以货运代理为主的第三方物流总额接近 1 万亿美元，但作为全球贸易的循环系统，货运代理过去仍主要通过书面运作。

海运是全球贸易的基础服务，目前 90% 左右的全球贸易靠海运完成。相比于公路运输的"车"和"货"两端市场的完全开放，海运仍属于不完全开放的市场，且物流方式极度复杂，进入门槛较高。由于新冠肺炎疫情、贸易摩擦等客观因素，远洋航运的供应链，过于漫长且充满不确定性。与国内物流相比，国际物流（包括跨境电商）涉及进出口国两地的运输，海运的运输链长、环节多、各国监管政策复杂，而且需要链条上所有参与方共同协作完成，其中包括发货人、收货人、运力方（拖车、船公司、航空公司）、码头、海关，以及为收发货人提供代理服务的货代、报关行，等等。

基于上述种种原因，海运存在效率低下、价格不透明、物流信息可视化程度低等问题。运输链条的稳定性至关重要，需要链条上各角色共同协作完成，所以跨境物流的运输链条，必须全程可视和可控，任何环节都不能掉链子，否则，企业将会蒙受巨大损失。实际情况是，货运代理行业的各个节点，仍处于信息孤岛。拥抱产业互联网，完成数字化转型，提升对供应链的全程控制力，保障行业利润及整体健康，实现全产业链条的数字化，已是迫在眉睫。

该行业的行业集中度也很低，全球船运代理排行前 20 的企业，加在一起的市场占有率不到 10%，最大企业的市场占有率仅 2%～3%。而且，行业信息化应用程度较低，国内外货代的运货、备货的操作过程，依然非常传统；各地区代表还在通过电话和邮件对接工作，浪费了大量时间和生产力。虽然货主有很大的定制化需求，但由于货代企业过度依赖人力，服务效率和组织管理效率都不尽如人意，较难实现规模化扩张，营收也难过亿元大关。

2021 年销售额达 33 亿美元、2022 年 3 月获得 A16Z/MSD Partners 等机构 9.35 亿美元投资、投后估值达 80 亿美元的 Flexport（飞协博），是一家以数字技术为基础的科技型货运代理公司，2013 年诞生于美国硅谷，主要经营"端到端"的全程货运代理服务，专注于国际货运代理，服务覆盖海运、空运、卡车、铁路货运、拖运和搬运、仓储、报关和贸易咨询，以及融资和保险等。

Flexport 创始人 Ryan Petersen 希望：将企业打造成为全球货代行业的产业互联网平台。Flexport 没有物流部门，是货运界的"Uber"，连接了 200 多个国家或地区的上万家客户，包括成熟的全球品牌和新兴品牌，为他们提供全方位的货运代理服务。通过安全的物流产业路由器"云平台"，Flexport 将国际贸易的所有各方——进口商、出口商、货运公司、海运公司、航空公司、海关、港口码头，等等，联系在了一起。需求端，主要来自欧美国家及地区有进口需求的零售商和制造商；履约端，包括当地的卡车公司、物流中心、航空公司、海运公司和其他货运代理商。

Flexport 的公司愿景是：通过紧密的商业网络将世界相连，不再受到实体边界、疆域、政治事务的阻碍。它希望所有人，都可以不受实体边界、国界或政治因素影响，顺利地进行交易。除了提供所有交通模式的物流基础设施，提供可靠的空间和费率，Flexport 还在全球所有主要人口中心附近，不断扩张开设交叉对接仓库，每个仓库都在全球枢纽辐射网络中，通过高频空运、海运、卡车和铁路货运线路连接起来，Flexport 还率先在市场上，推出了专门的云软件和数据分析平台。

Flexport 已为 200 多个国家的 1 万多名客户和供应商提供全方位服务，还建立了类似于 Android 一样的全球贸易操作系统——这是一个结合了技术分析、物流基础设施和贴心专业服务的战略共享系统，系统上已有 1 万多个高绩效的物流团队——该系统可连接供应链各方，及时管理"流动的库存"，优化供应链，提供实时的可见性和控制，让客户实时了解货物何时交付、是否遇到阻滞,以及不同航运路线的成本等,获得更好的货运代理体验。Flexport 致力于分析整理客户的数据,尽量将每个 "珍贵" 的集装箱装得更满(目前大多数只装了 70%),并试图将重量较轻、价值更高的产品(如 Everlane 的毛衣),空运至目的地;并在爱荷华州建立了一个私人铁路线,用来运送来自西海岸的货物,以避免芝加哥的拥堵。

对于面临库存短缺的企业,Flexport 为卡车司机专门开发了一款应用程序,可以提前 10 天了解到哪里需要他们;Flexport 还为 Zalora 构建了跨太平洋以及亚洲内部的空运和海运体系,为其提供货运支持,帮助这家东南亚领先的时尚电商公司,管理其复杂的供应链,确保其为全球客户提供快速的交付服务,Zalora 由此加速了快消时尚,并将物流成本降低 70%。

作为货代行业数字化基础设施服务平台,Flexport 已开始开放中台 API(应用程序编程接口),提供更多与物流相关的诸多增值服务,比如贸易金融服务、现金流优化服务、存货管理服务、产品溯源服务、质量监控服务等。

3.Shopify

2021 年,Shopify 的 GMV 已接近 1800 亿,是世界最大的、去中心化的、反亚马逊的电商共同体。目前,公司为 200 多万 DTC 品牌和中小企业,提供建立和营运独立站的所有基础设施(包括流量、支付、金融、履约、App store,等等)。

2019 年 6 月,Shopify 推出 Shopify Fulfillment Network。这是一个覆盖全球的、地理位置高度分散的、去中心化的分布式物流履约网络。Shopify 计划在未来 5 年内,持续完善这一基础设施建设。通过履约路由器,Shopify 与越来越多的第三方仓库和第三方物流公司,甚至是亚马逊的 FBA,连接了起来,支持多种渠道、定制包装,以及为消费者提供退换货服务。

Shopify 通过需求预测、采用智能库存分配等方式,确保订单能够快速、低成本地交付。平台与多个物流公司合作,商户在平台上选用不同的物流服务,可以享受不同比例的折扣,同时,平台提供物流信息管理功能。在智能库存分配技术的支持下,Shopify 使用机器预测存储和运输产品的最佳地点,以尽快地将产品送到客户家里。

结语

书同文,车同轨。"π 网"的建设不是一蹴而就的。

在产业互联网时代,应该从一个垂直行业切入,一个行业一个行业地突破,逐渐建立"π 网"的各种协议、容器和接口标准。

未来的"π 网",既是一张智能的全球性的物流互联网,也是一个充满生命力的、基于数字孪生或虚实共生的元宇宙。相信拥有 10 多亿人口的中国,一个世界最大的进出口贸易国,一个全球第二大的消费市场,将诞生世界级的物流产业互联网超级枢纽。

"π 网"的终局,是物流共同体。

在中国甚至全世界,每个行业、每个业态,都可能涌现出共生的、利他型、赋能型、分布式、智能的物流互联网平台企业，以及与其一起繁荣、共同富裕的产业共同体生态，这可能是中国物流产业数字化转型和国家级的解决方案。

参考文献：
1.《Physical Internet，面向未来的全新物流理论》，https://www.sohu.com/a/321682573_649545.
2."物界科技田民：Physical Internet 物流和供应链领域的颠覆性创新"，
https://baijiahao.baidu.com/s？id=1684149821212934012&wfr=spider&for=pc.
3. 颜艳春.《产业互联网时代》，中国友谊出版公司出版，2021 年 9 月
4.《估值超 80 亿美元！但 Flexport 为什么就不受业内人士待见?》，
https://www.sohu.com/a/524945356_1750535   https://cn.flexport.com/customers/.
5.《产业路由器模式，一个革命性的反向供应链模型》，https://new.qq.com/omn/20220416/20220416A0646B00.html.

从《清明上河图》到 Physical Internet

文 / 金岩石
世界区块链组织（WBO）区块链应用研究院院长、首席经济学家
中国政法大学金融研究院教授、基础理论部主任

读了各位专家的意见和分析，作为独立经济学家，我谈几点看法。

1. 现代物流业的产业属性

在《清明上河图》中，可以看到当时的人生百态。细心一点儿的人就能发现：不仅有人在洗头泡脚，也有人在跑街送货，用现在的术语来说，在做"物流"。

人的天性是懒惰，财富多一些的人不愿意跑腿拎包，就有人愿意代劳，赚点零花钱，于是，跑街送货的生意应运而生。这是典型的劳动密集型产业，和现代物流不可同日而语。

和《清明上河图》中的物流业相比，现代物流多了什么？简言之，多了工具，多了平台。这就是现代物流三个字：人一车一云。人，还是当年的功能；车，有了多种选择；云，特别是在互联网平台之上，把物流业提升到了现代。

人们习惯于用经济学的三次产业划分，来确定产业属性——第一产业是农业采掘业，第二产业是工业制造业，第三产业是城市服务业。由此演绎，物流的产业属性当然是服务业。城市服务业，最初是人与人之间互相提供方便，关键词就是人和服务。

但是，有了交通工具和信息平台之后，专业化水平提高了，还属于服务业吗？伴随着社会的进步，信息技术产业崛起了，交通运输产业独立了，同类问题越来越多，所以我提出：应该把广义的服务业至少拆分一下，分出一个"第四产业"。

第四产业和原来的第一二三产业的差别在哪里呢？主要是基础资源不同。第一产业是地表资源，第二产业是地下资源，第三产业是人力资源，依次类推，第四产业则是人类创造的资源再开发再利用，这就是：知识/数据/信息。

和古代宋朝的跑街送货相比，同样是"物"在流动，但"车"是交通工具，而"云"是信息平台。如此，产业属性就变了，现代物流主要不是劳动密集型产业，而是新型制造业。

2. 现代物流业的价值创造

多年来，服务业并不创造价值，似乎已经深入人心。的确，不就是送个货吗？物流业创造的价值，似乎只是节省了最终用户的时间，这个价值不是物流业独立创造的。然而，从第四产业的属性看，物流的两端是人的服务或劳务，中间的"车"和"云"却不是，而是相关知识/信息/数据的再开发、再利用。这就不仅是劳动密集的价值了，而是第四产业的价值创造。

任何资源的开发利用，都是独立的价值创造。因此，物流业作为第四产业独立出来，全社会的附加值总量就在增加。据不完全统计，物流业占社会总产值（GDP）的比重，在全球约11%，在中国约15%。

当然，物流业的总产值中，包含节省他人劳动的劳务价值。所以，现代物流业，是一个跨产业的行业，就像特斯拉生产的汽车，应归属于第四产业，但是为特斯拉新动力车提供服务的4S店，就是服务业。人们会发现，越来越多的产业会逐渐升级到交叉属性，如今人们刷抖音，是不是看到了越来越多的农民，直接在互联网平台上销售农产品了，这还是原来意义上的农业吗？如果没有物流业，农产品直销，可能吗？这个例子，直接证明了现代物流业是独立创造价值的平台，没有物流业的劳务，也有农产品直销。

直销平台是独立的，可以说是物流业创造的基础设施。和古代宋朝的跑腿送货不同，现代物流业是一个二元化的独立产业。看快递小哥，他提供的确实是劳务价值，但看快递小哥背后的数据平台，它是第四产业，是新型制造业。

3. 现代物流业的智能化趋势

现代物流业的三要素是：人—车—云，是城市服务业，又是第四产业。人们会发现，在这个三要素中，"云"是相对独立的，由此延伸到物流业的升级——智能化趋势。

现代物流业是互联网时代的产物，最初是隶属于电商的。如今"电商已死"，"云商"崛起，智能化云商给现代物流带来了什么？我曾经讲过，第一代互联网是门户网站，第二代互联网是搜索引擎，第三代互联网是定向推送。

抖音是定向推送的成功模式，秘诀是什么？算法。基于数据和信息存储而形成的算法！

这是一次革命，人们习惯于称之为"智能化"。

智能化物流是现代物流业的升级，从接单送货到定向推送，会越来越普及。物流业的未来市场空间正在高速度扩张，甚至有可能替代商业的半壁河山。由此演绎，智能化物流正在改变人们的消费行为，现代人会变得越来越懒。

懒惰是物流的起源，现代物流又在创造着懒惰。智能化趋势的本质，就是聪明的懒惰。人类的消费欲望，会在聪明和懒惰的助推之下，日益屈服于物流的智能化。这就是智能化的趋势，现代人本质上就是新一代聪明的懒人。

人性的懒惰有两种结果：其一，是让人们节省出时间，去从事创造性的工作；其二，是让人们自暴自弃，在无聊中沉沦。显然，我们鼓励的是前者而非后者，是创造而非沉沦。

和现代物流业几乎同时同步崛起的是游戏业。人们抨击游戏业的主要理由，是"毒害"青少年陷入沉沦，然而恰恰是有许多"沉沦"于游戏的青少年，后来成为创客。由此可见，现代物流的智能化，正在成为引导消费的力量，将在定向推送的服务中引领社会进步。

炒作还是趋势：如何认识"物 π 网"

文 / 宋华

中国人民大学商学院教授、博士生导师
北京现代管理研究会会长 / 中国管理现代化研究会副秘书长

近段时间，"物 π 网"作为一种新的词汇，忽然在商业领域得到广泛关注和热议，以至于人们纷纷疑惑："物 π 网"就如同骤然兴起的"元宇宙"一样，究竟是趋势还是炒作？

要想深入了解"物 π 网"，以及它对商业社会的影响，就需要深入探析"物 π 网"提出的背景和内涵，以及建构"物 π 网"的核心要素。

"物 π 网"：为解决现行物流的不可持续而生

"物 π 网"原意为"物理互联网"（Physical Internet，PI），该词首次出现于 2006 年英国著名杂志《经济学人》的文章标题中，该杂志包含了对物流的调查，以及各种供应链管理内容。此后，很多学者开始探索：能否像在互联网上传递分享应用数据那样，在物理世界有效应用数字技术，组织实物流动，提升物流的效率和效果，实现可持续发展？渐渐地，就形成了"物 π 网"的概念。

显然，"物 π 网"是针对原有物流体系存在的问题而提出的变革性体系。

Benoit Montreuil2011 年曾指出,现行物流体系的不可持续性,主要表现在 13 个方面:(1)公路、铁路、海运、空运等运输资源有限的使用空间;(2)大量出现的运输空载问题;(3)运输人员较差的工作条件;(4)大量的产品闲置;(5)产品分销的低效率;(6)生产和仓储设施利用的低效;(7)分销网络内部较差的协调;(8)多式联运效率低下;(9)功能失调的城市物流;(10)低效的越库作业;(11)物流网络安全性、稳健性较低;(12)难以验证 IT 在物流中心的应用和作用;(13)有限的创新机会。显然,上述 13 个问题,不仅阻碍了物流效率的提升,而且也对物流的可持续发展构成了严重威胁。

要解决上述问题,就需要用创新性的手段,对端对端的物流供应链,进行整体性的重塑和管理,而这正是"物 π 网"要实现的目标。

因此,所谓的"物 π 网",就是通过共享车辆和数据等各类资源,整体设计物流网络和枢纽中心,使无缝互操作性得以实现,并且供应链物流将在成本、速度、效率和可持续性方面得到系统优化。

"物 π 网"(PI)、"物联网"(IoT)、"数字供应链"

理解了上述背景和概念,就能梳理出"物 π 网"(PI)与"物联网"(IoT),以及"数字供应链"之间的关系。

"物联网"(IoT),是指通过各种信息传感设备和协议,即通过射频识别(RFID)装置、红外感应器、全球定位系统、激光扫描器、气体感应器等,实时采集任何需要监控、连接、互动的物体或过程等各种需要的信息,与互联网结合形成的一个巨大网络。其目的,是实现物与物、物与人,所有的物品与网络的连接,方便识别、管理和控制。

显然,"物联网"(IoT)是实现"物 π 网"(PI)的重要工具和手段,没有"物联网"的支撑和发展,"物 π 网"所关注的端对端系统,以及人、货、场等要素之间的实时联结,就无法实现。当然,"物 π 网"也为"物联网"提供了应用发展的商业场景,创新创建了新的服务交付渠道。

而"数字供应链",则是借助现代数字技术,通过海量的全周期数据应用,支持企业之间的同步运营,产生更大的协同价值。这一特征,也正是"物 π 网"试图达到的目标,只是"物 π 网"更加关注物流供应链领域。事实上,"物 π 网"高度强调物流供应链全生命周期的数据管理和应用,包括数据的产生、存储、分析、交互和决策支撑,以实现物流端对端的高效运行和可持续发展。由此,"物 π 网"可以看作是"数字供应链"在物流领域的具象化应用。

构建"物 π 网"的七个关键

显然,"物 π 网"的建立和发展,不仅需要融合各种现代数字技术,而且更是一种全新的、更具挑战性的组织方式变革。

要能真正建立"物 π 网",就需要在如下方面做出努力和创新:

第一,共享的、模块化的、可持续的、轻量级的和可扩展的物流单元和容器。"物 π 网"的运营,是建立在模块化、规范化的物流单元基础上,并且使用智能标签,包括 RFID 和 GPS 技术,收集和存储物流和枢纽中心的信息,实现在高度连接的物流网络中,能够实时识别、追溯和管理物流单元,以确保物流的完整性和安全性。第二,通过协同整合性地管理组群运输、统仓共配、网络优化等,实现运输物流的集约化和低碳化。第三,利用数字技术和协调算法匹配供求,使节点之间实现顺畅、零延迟流转,降低商品在主要节点和环节的滞留和高成本运作。第四,无缝、安全和保密的数据交换。需要各方定义一套开放、共享和安全协议,用于开放物流网络中的数据交换,限制非法对货物数据和交付状态信息的访问,从而一方面实现各个参与主体之间的互操作,另一方面保证各方数据安全和隐私。第五,探索协调与同步不同国家或地区的法律,既能实现物流供应链运作符合各地的法律环境和要求,又能实现无缝的国际运输。第六,各方之间的合作框架和利益分享机制。由于"物π网"是跨组织之间的协同物流,因此,参与主体之间,如果不能形成良好的合作框架,包括利益分享机制,就会产生阻滞和断链问题,"物π网"也就无法成立。第七,行业标准和治理模式。"物π网"的建立,需要有网络层面的标准和规范,这是各方协同运作的制度基础和保障。同时,通过清晰、明确的责任划分和管理,界定各方的责任义务以及相互之间的关系。

由此可以看出,"物π网"是数字化与物流管理融合创新的产物,需要跨组织,甚至跨区域、跨国家之间的协同,更需要技术、经验和知识的共创。

这一道路,必定是漫长而又艰辛的。

PI 就是一个伪命题

文 / 王孝华
"优联资本"创始人兼董事长 / "阿里巴巴"前副总裁 / "DHL 物流"前中国区总裁

很早就听到过 Physical Internet 这个概念,这些年一直没能落地。虽然近期大家又在热议,但本人依然不太看好。

Internet 和 Physical 是两个不同维度的事情,它们有各自的定义和存在价值。Physical 一直都在,Internet 是近二三十年的产物,如果硬要把两者结合起来,去创造一个所谓新的说法、技术或模式,去改造传统物流,甚至去颠覆传统商业逻辑,这需要从这件事的本质上去思考。

所谓的"PI"到底是什么?用来做什么?如何做?为什么这样做?传统商业的本质是什么?

传统物流的本质又是什么？物流究竟为谁服务？物流行业的痛点在哪里？如何解决？只有跳出PI的技术性或概念性讨论，回到现实的物理世界，讨论物流所处的真实商业环境，才能更加客观地评估物流瓶颈与解决之道。

互联网的特点是开放共享、去中心化。从最开始的以谷歌、雅虎为代表的信息平台，到以亚马逊、阿里、京东为代表的电商平台，再到脸书、腾讯为代表的社交平台，直到以抖音为代表的内容平台，互联网的功能越来越强大，也更加智能化。但互联网平台的纯"去中心化"却很难，这些平台都需要建立一套强规则，来保障平台的运营，最后还是又要回到中心化管理。即使后来的区块链、元宇宙，一直在主打"去中心化"，但真正在现实商业社会可落地的应用场景很少。

物理世界的规则是物竞天择，适者生存。商业社会的核心特点，包括多元、竞合、市场化、定价权等。物流是现代社会重要的基础服务体系，主要服务于制造业、服务业和百姓生活，包含了仓储、运输（海陆空铁）、快递、快运、配送、包装、装卸、托盘、报关、报验、订舱、代理等诸多环节和不同模式。全球至少有上百家行业巨头和百万级以上的中小企业，每天在服务于这些领域和节点。这里面信息化、标准化、智能化，一直是行业的痛点和未来提升机会。

PI的概念，可不是"物流+互联网"这么简单，仅仅是托盘的标准化，都已经做了几十年，依然面临挑战。想象一下，线下这么多物流公司的标准、系统、规则、定价、服务等整合的代价和难度！让这个系统像互联网一样运营，几乎是不可能的事。我们需要思考的是：为什么一定要整合，以及如何整合？

传统制造业关注信息流、资金流和物料流的三者协同。电商也讲究商流、资金流和物流的三位一体。在传统商业领域，物流服务于商流，既然客户有不同的个性化需求，作为物流服务方，就应该提供有针对性的服务。客户不一定都要标准化的服务，但都希望高性价比的服务。否则，中国邮政当年就可以一统电商江湖，就不会有顺丰、通达系的后来了。即使是快递做得再好，也主要服务于小件标品，对于更多品类货物的物流，尤其B类企业供应链，更多需要竞争化的市场机制，选择更适合的服务商，降低成本，提升服务，满足甲方客户的需求。

PI的理念，很难满足商业社会所有的需求。如果只是为了标准化而标准化，或者只能解决部分领域部分客户的问题，这张PI大网就没有实际的意义。

说到底，互联网只是阶段性创新的技术工具，通过线上网络，解决了人们在物理世界的传统需求，包括搜索、购物、娱乐、社交、出行、餐饮、学习，等等。同时，互联网带来的信息化和数字化革命，也确实为公共服务、社会治理、企业管理、生产制造、供应链管理、产业链资源整合，等等，带来了更大的机会。

数字化时代的大物流趋势是什么？是出现类似PI这样的大网一统天下，还是持续的行业整合，最后沉淀菜鸟、京东、顺丰、通达等几张大网？众多中小物流企业的出路在哪里？

无论大而全或小而美，都应该有它的价值。只要商业社会的基础架构和商业本质不变，相对应的社会物流体系的逻辑架构，也不会有太大的改变。短期内看，Physical Internet 很难落地；长期来看，Physical Internet 也很难解决中国物流市场的问题。

或许，这本身就是一个伪命题。

●

协同：PI生态形成的关键战略

文 / 陈春

中国条码协会副会长 /"中国条码应用第一人"/"先达条码"创始人

最早看到行业内讨论如何翻译 Physical Internet 这个英文名称的时候，脑袋里就冒出一个念头：这将是一出有场景、有内容、有花样的时代大戏啊！在 Internet 前加上 Physical，物联互通，非常实在地表达出 PI 内在多层次的链路及内容。

细读了许多国内外有关 PI 的文章，总感觉似曾相识。作为中国条码标准及技术应用的第一批推动者，我见证和亲身经历了中国物品编码标准化形成及条码升维应用的演变历程。从20世纪物品条码诞生、确定了物品身份的唯一性，到后来国际 GS1（全球统一标识系统）系统建立、促进全球流通物品的统一代码，再到后来形成一张涵盖供应链及 EDI 的全球流通物品信息网。一部物品条码标识的发展史，会给未来 PI 发展史中关于"容器"的标识体系带来什么样的启示？

让物品的流动与信息的流动同步，彻底改变物品与信息处理的独立与割裂，我认为 PI 是真正意义上的"新物流"。只有真正的共享才能达到供应链的高效，也许这也正是 PI 的宗旨之一。从广义视角来看，PI 无疑是一种生态系统，"PI 生态"的繁荣发展，一定是由各类生态"物种群落"的蓬勃生长共同构建，我坚定地认为：协同是 PI 生态形成的关键战略。

而且，纵观"消费品零售供应链"的持续升维发展历史，我们不仅可以看到、并且可以深切体验到：这样一个充满生命力的"物种群落"，一个具有自我渐变"革命"精神的"物种群落"，正朝着标准化、供应链优化，以及商品数字化，不断进化着。

1994 年，ECR（Efficient Customer Responses）国际组织成立，2001 年，中国 ECR 委员会成立，正是致力于推广ECR（高效消费者响应）的理念、策略及应用。成立较早的中国条码协会（中国物品编码中心），则负责推广商品的全球统一标识系统和相关供应链标准。两大组织的高度协同工作，以标准推广落地加战略应用落地，即以统一商品标识为基础，推动零供协同为宗旨，以消费品品牌商为主导，推动以响应消费者需求来优化供应链，从制造商、批发商、经销商、零售商及第三方服务商（如物流，系统集成商）全链路开展合作。

20多年来，中国ECR在零供协同方面，取得了很好的实践成果，见证了中国快消品行业从小到大、从大到强的高速发展历程。剖析这一维度，我们发现：消费品零售供应链，完全可以看作是一个颇具PI特性的"物种群落"。ECR作为一种可持续的供应链管理战略，首先强调的是供应商与分销商的协同合作，其目的就是消除供应链中的成本和费用，给消费者带来更大效益，同时也是将消费者、供货商及服务商等连接在一起，以达到生产与销售环节中，商品与信息的快速与高效的移动，以快速响应消费者的动态需求。在实践中，我们也很清楚地看到，这样价值高度统一的协同带来从供应商、渠道商、零售商及消费者的共赢共利。

所谓零售供应链的高效，最重要一个方面的体现，就是当消费者需要购买时，要保证品牌线上线下全渠道的"有货率"。ECR倡导的模型工具CPFR（协同、计划、预测、补货），其关键词是供应协同，意思就是协同式供应链库存管理，也可以理解为协同规划、预测与补货。这种管理技术，在降低销售商存货量的同时，也一定会增加供应商的销售额，形成良性的供应链链路。如品牌商"宝洁"就很好地应用了CPFR模型，与零售商制定了共赢的目标，针对不同客户的特点，开展销售与仓储预测，梳理供应链共享环节，减少库存和供应的偏差，达到了零供双方联合价值创造的目的。有数据表明：短短6个月时间，就使得客户订单的满足率提升了9%，货架缺货率降低了2%，库存减少了9%。同时应用大数据分析及数字孪生技术，结合供应链不同端的数据，进行数据建模和模拟仿真，将库存、生产、包装、物流环节都实行灵活机制，真正做到每时每刻为客户和消费者提供最优的供应链方案。

面对全渠道模式和订单的即时井喷，非常考验的，就是全链路的时效，因此，更短的履约链路成为关键因素。在物理层面，不管是面对零售商还是消费者，或者是经销商，通过优化节点的方式，把从生产线到消费者手上的距离尽可能缩短，才会带来供应链高效。"宝洁"在面对全渠道超150倍订单，实现全链路仅3.5天，这得益于多级仓网协同方案共同践行"千场千链"。"宝洁"基于消费者订单结构模拟，对上千商品采用了多样化的供应链路，减少供应链的节点，以多级"动态仓网"以及"仓共享"模式，实现了更优的全链路成本、时效和服务，

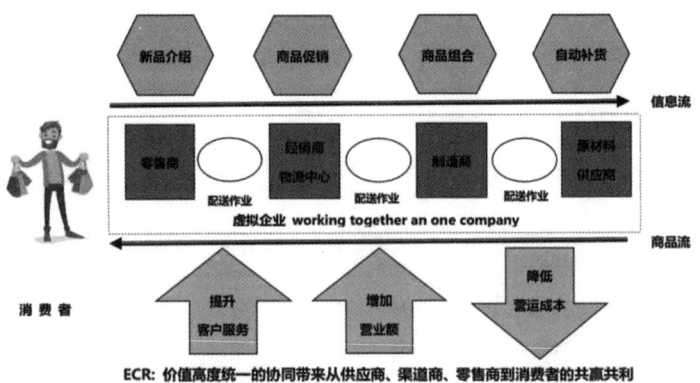

ECR：价值高度统一的协同带来从供应商、渠道商、零售商到消费者的共赢共利

同时使得消费者体验得到超预期的提升，真正做到了成本更优、效率更高、体验更好。其中的核心点，就是"宝洁"以开放的姿态与上下游合作伙伴协同合作，以无界定义未来业务模式，以不设限态度应对未来变化，面对不同的环境和维度，实现灵活多变。

当然，对于 PI 的生态形成，协同性及多样技术的融合，是一个个巨大挑战，还有一个涉及"容器"规范的标准化也是一个极具挑战的基础盘建设。通过消费品零售供应链的 ECR 实践，我们可以看到：在生产与销售环节的互联互通，在能力与服务的共享、商品与信息的快速移动，在满足消费者动态需求的高效响应等方面，全链路都获得了持续的经济效益。价值协同是实现全链路最优的关键战略，而贯穿全链路的物品标识系统 GS1，让不同形态的物品有了能够被读懂的"商贸语言"，供应链的 GS1 标准化带来供应链协同的可实现。

先达集团旗下的"辰达物联"，专业从事物品的"标"与"识"的应用已有 30 年，开创了中国条码应用的许多第一。

早在 1994 年，就在国内首创公共事业（移动/固定电话、水电煤等）条码账单核销系统，突破海量财务数据处理瓶颈，为解决当时邮电局的资金周转问题，提供了最有效的工具。其系统，包括条码标准化设计、条码账单输出、准确快速读取、及时核销及高效传输等，成为条码发展的里程碑应用。

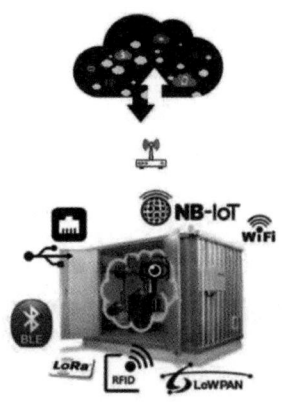

泛边界、模块化、具备物联技术的智能 PI 容器

1996 年，国内的零售超市迅速崛起，我们加大了条码标识的标准化推广，对零售信息化系统起到了非常重要的基础作用。多年来，运用 GS1 标准，对零售供应链不同环节中的各种物品形态，进行了规范设计，用条码、电子标签（RFID）、物联网（IoT）、人工智能（AI）等技术产品，实现快速、准确的数据采集、传输及处理，帮助企业建立并逐步规范数字化标识的体系，包括数据类别选用、数据介质适配、数据精准采集、标识位置部署、物品图像识别、数据及时传输及物联网中台等。成熟的供应链体系，物品与相关数据，在 GS1 的规范下互相绑定并赋码，一路中转，物品与关联信息一级传一级实现了准确传送。

结合 GS1，我们运用条码、RFID、IoT 及移动智能终端等综合集成技术，对于整个供应链的物品位置、货运包装箱、运输车辆、货物托盘等进行准确标识、关联绑定及多模式的快速识读，打通了供应链中每一环节的物品与信息有效传递。

我们认为，PI 生态中的所谓"PI 容器"，是泛边界、多形态的。PI 容器一定是具备各业态的不同特征，智能化、物联网化、模块化——既要具备最基本的可准确快速标识、识读，还要具备可内/外数据交互的本地 IoT 网络，实现远程控制内部的货物封装信息，如位置、容积、时间、温度、湿度等参数。

智能 PI 容器，能够实现 A 容器内的货物向 B 容器的高效中转，真正做到货物与信息的同步流转、同步到达。从 GS1 的标准体系来看，PI 容器的标准化建设已经是有章可循，有样本参考。我们坚信，PI 容器标准化也一定会在 GS1 标准的基础上多维升级而逐步形成。

"见一叶而知深秋"，我们似乎看到了未来"PI 生态"带来的更高效更有价值的供应链全貌。单一节点的最优，并不能带来全链路的最优，关键的"协同"战略的实施，辅之以 PI "容器"的标准化建设，物品与信息的流通有了统一的"规则"与"语言"，不同链条的价值供应链形成，PI 生态就具备跨地域、跨行业的组网功能了。

ECR 组织作为标准化的推动者，供应链优化的发起者，商品数字化的倡导者，无疑正在做很多有意义并且已经有经济价值的尝试。我们应该坚信，未来所有行业都是供应链行业，而消费品零售供应链的 ECR 有关"协同"的成功实践，一定会在 PI 生态建设中，起到很重要的案例示范并且继续发挥作用。我们也坚信，连线成面，组线成网，融合进化，一个以数字化为特征的多元生态，一个以需求驱动、互通交互、有弹性的 PI 生态世界一定会渐变形成！

相信 PI 会在一些成熟的生态部落上先行一步，就如当初条码技术的应用，在军需物资及

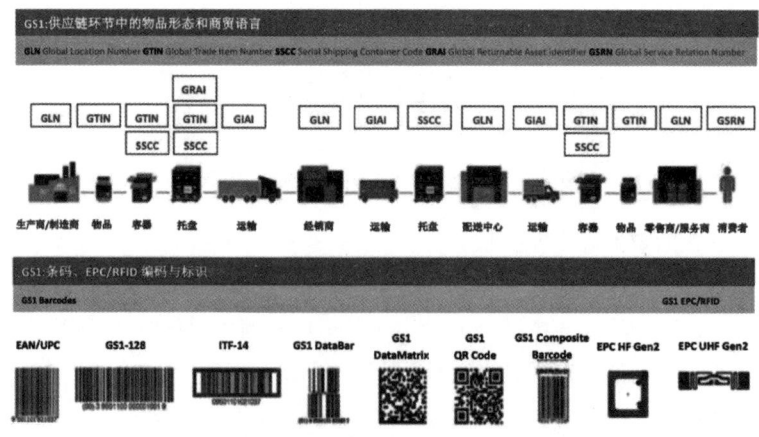

符合 PI 生态的 GS1 标准体系:信息流与物品流的互联互通

消费品零售等方面首先得到应用一样。未来的企业都是供应链相关的企业，关注 PI 这个历史机遇，积极参与建设有价值的"部落物种"，以生态思维加强部落、物种之间的合作，从而带动企业物种的多维度升级。

PI(π):新一轮经济时代的物流科技驱动力

文 / 刘世宏
"欧链咨询"创始人 / "欧链供应链"创始人 / 中国叉车及物流技术行业研究专家

3 月 14 日又 "PI(π) 日" 当天，Physical Internet 的理论又被重新拿了出来，"一石击起千层浪，百家争说物 π 网"。

这个理念会给整个物流行业带来全新思路。

从无序发展和块状分治，进入全新的高度，是互联互通的体现形式。这是一种理念，也是一种流派，可以把许多之前的应用和场景、没法贯通的内容，都嫁接或归集到这个大逻辑里来，这是整个物流行业升级蜕变的过程，非常有价值。

最近在和一位专家博士讨论企业管理。现在的企业管理，也是各种理论流派都不管用了，需要用一个新的逻辑去突破和蜕变。物流也是一样，各种打法流派，海内外各种模式，现在都出现了瓶颈，新环境对过去所有的打法都不兼容，急需一种新理论和哲学思想形成新的体系。

如果能把这个体系打通，那是极具价值的。

在当下的时间点，无论是从企业管理、生产制造的模式角度，还是从供应链的新发展逻辑的视角，都需要有一个新的思想聚集地，以主动或被动地运用新的逻辑、新的思想，来引导和拉动各自领域的发展。

Physical Internet 也是其中的一个理论基础，研究它，并把它推广成下一代物流思想理念的聚集地，有助于让困境中的物流，发展到一个新的境地。

"无论将多少辆马车连在一起，也成不了火车；即使不断地改良马车，加快其奔跑的速度，终究是无法超越火车的，因为这不是根本性的变革"。熊彼得在一个多世纪前，就用形象的比喻，阐述了这一个观点：需要建立一种新的生产函数，以创新的视角解释经济发展。

我们可以看到：很多过去的强势产业，在最近的十几年里，都陆续走到了内卷的尽头，走到了无法突破的天花板，而一些突破性的新技术或者新生态，又似乎找不到其安放的地点。

为什么"元宇宙"的概念如此火爆？其中一个重要的原因，就是原有的大量的涉及这方面

111

的技术,一直找不到一个聚集地。技术与技术之间,在散乱中缺乏相互支撑,也不知道未来的结合点到底在哪里。因此,各自的发展都比较茫然。而"元宇宙"概念的出现,让这一系列的新技术,有了共同的归属地。

让我们来回顾一下历次的工业革命——

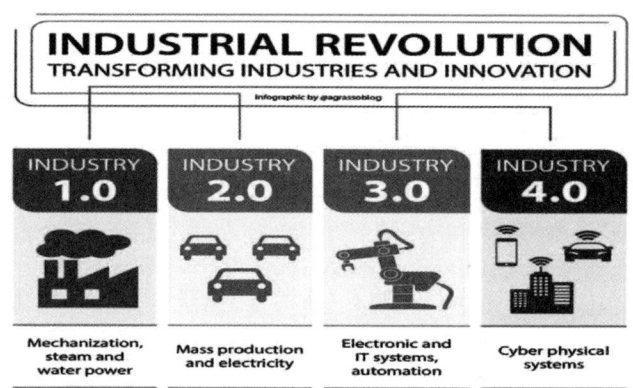

图片来自网络

从图中我们可以看到:人类历史上的数次技术革命,都是先有新技术的聚集,然后才形成了聚集概念的"工业1.0"直到后面的"工业4.0";都是工业和经济的发展到了一定阶段,才提炼形成新概念的。由于有了新技术的聚集,就形成了新的工业流派;由于有了新的工业流派,就提炼出了新的管理理念。

福特汽车"流水线"的大规模生产,为什么不再受欢迎?杰克·韦尔奇的通用电气,曾经是如日中天的巨无霸,为什么走到现在也出现了问题?全球的物流行业发展到现在,几乎已经看不到能够带来突破的革命,行业再一次进入"马车"的时代。

至此,PI 理论是值得站立出来亮牌的。

1. 为什么要谈 PI?因为基于原有的物流系统,已经无法应对未来的物流需求

正如四次工业革命,带来了企业经营管理的改革,物流企业面临相同的变革问题。原有的物流发展模式,从"竖起刀"竖向切割的业务形态——快递、快运(小票零担)、快线(大票零担)等一系列细分,到"横起刀"横向切割的运输物品——5公斤、30公斤、托盘货等一系列分类,从加盟、自营、合伙人、国家队等一次次组织形式的变换,到集货、拼货、数字化、透明化等一次次商业模式的转换,依照目前的现状,物流已经进入完全内卷的滞涨状态。

而整个物流行业,也正在经历人类历史中最大的技术革命。新技术不断出现!各种技术正在从各个角度,改变着物流的发展。但是,到底什么是"新物流"?它的哲学逻辑是什么?

显然,我们需要一个聚集地和支撑点,而"PI 概念"的提出,就是打出了一面旗帜。尽管在现阶段,Physical Internet 的概念依然不是十分清晰,但这个概念,可以把各种新技术在

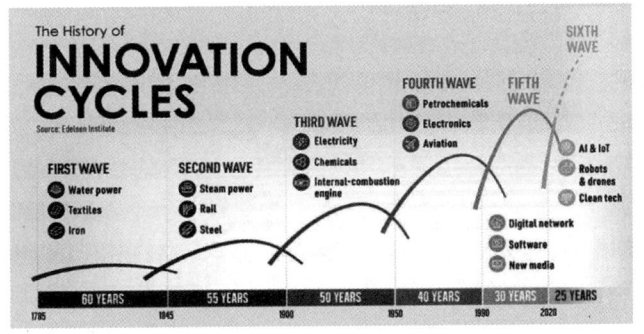

图片来自网络

物流行业里碎片化的发展，聚集在一棵大树之下，这些技术，包括互联网、硅经济、新能源、AI 人工智能、智能无人化、数字孪生技术、5G 和 6G 的技术、3D 打印，等等。

2."PI 概念"是一种哲学思想体系，是各种新探索新模式体系化的聚集地和交互点

各种新技术的发展，都会面临它未来的归属在哪里的问题——它将会在未来的哪个点上，和谁进行结合，然后会产生什么样的放大效应？这是目前新技术的应用市场需要认真考虑的。

无人叉车 AGV，早在 50 年前就已经造出来了，为什么直到在最近几年才突然火爆？一方面，是传感技术、自动化控制技术，以及人工智能技术等，出现了突破性的进展；另一方面，则是巨大需求的行业应用场景日益显现，双方叠加产生了放大效应。百年叉车，正处在被新能源和智能化推动着，进行着从它开始出现以来最大的变革。

因此，越早把 PI 概念提出来，在讨论中逐渐形成体系，让它越来越清晰化，就越能把整个现已发展和未来发展中的物流科技结合进来，形成新的发展境地。

3.PI 的构成是什么？它和互联网构成中的对应元素是什么？物流科技在其中会发挥什么作用，承担什么角色？谁是软件，谁是硬件，最终会是什么

互联网组成的物理结构：路由器、电缆、通信基站、天线、互联网交换点、数据中心，能源，等等，这些使通信成为可能。物理结构和三个对象的结合，形成了传输。1. 数据应用和采集中心，数据组织和存储。2. 互联网交换点，允许不同的服务提供商，交换互联网流量。3. 海底电缆和光纤，用于传输电信信号。

PI 的组成，同样有着相对应的结构：场、站、货、干线、搬运、运输、组合、软件和硬件、数据，等等。这些在互联网的世界里，都可以找到映射物。这也可以帮助大家，找到自己的相应位置。

PI 的元素和互联网的对应元素是什么？其中的分层，到底是如何分的？物流设备，到底充当着什么角色？谁是硬件，谁是软件？数字化的形式是什么？对应的物理互联网的实物，就是单元化吗？像数据一样传输的颗粒度，是否正确？传送和组合过程中，应用程序是什么？数

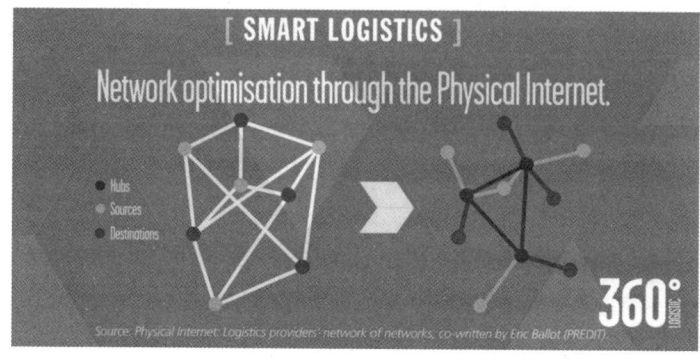

图片来自网络

据库和仓储库是怎样关联的？数据存储、数据线、海底光缆光纤和物流中的映射物，到底是什么……

4.PI 对企业的现实意义是什么？什么是创新驱动，什么是未来场景？如何打破目前的僵局，怎么看待未来的世界

根据海外专家的普遍观点，Physical Internet 最终开始成为现实，起码要在 10~15 年之后。那么，PI 对当下的物流科技领域的意义在哪里呢？

首先，我们还是需要跳出传统的"马车"升级思维。我们可以看到：最近一年多，各种物流企业的重组整合"抱团取暖"、收购兼并"规模扩张"、价格恶战等，层出不穷。但是，这会是可持续的发展模式吗？记得很多年前，曾经看到过这么一句话："当马蹄掌的铁匠们，在感慨生意越来越少的时候，他们不知道远处，机车正在颠覆着他们的未来。"

其次，找到创新的点。要以 Ecosystem(生态系统)的视角去观察，去设计。和当年的互联网一样，PI 的体系化运行，将会形成产业链和生态圈的新维度状态。很多的创新，都是在Plug-in(插件)状态下，产生出新"杂交""嫁接"机会的。创新的产品，需要找到你将来会嫁接在哪个聚集地或者哪棵大树之上。因为体系化，是未来的互通互联的必然。

再次，当某条路走不通的时候，需要退一步，审视并寻找新的路径。比方说无人叉车 AGV，虽然经过最近几年突飞猛进的发展，前景一片光明，但在成本居高不下、实施周期和难度越来越大的时下，快速发展出现了瓶颈，这就是一个坎。这个时候，需要再度审视一下发展路径，寻找到新的突破口。就在我写此文章的时候，马斯克就已经把下一代电动车转向了氢能源 Tesla H，而比亚迪则宣布不再生产燃油汽车……

最后，体系化的思维，整体化的作战，将是常态。PI 整体化概念的建立，对整个物流科技的发展，具有指导意义和引领作用。有了 PI 的理论体系做支撑，各类创新的产品和模式，都能在这个理论体系中，找到自己的位置。这将给新一代的物流，奠定广泛的创新基础。百舸争流，大家都知道目标在哪里。

Physical Internet，能否成为担当未来新物流的旗帜？我们希望它能！它是谁？到底是什

么样子的？这不是问题的关键。问题的关键是，未来的物流，下一代的物流，需要一面旗帜，需要一个灯塔。

这才是我们今天讨论 PI 的意义。

PI：软件定义物流

文／尹军琪
"伍强科技"创始人

互联网 (Internet) 改变了世界。因为这种去中心化的网络（网间网），让世界连接在了一起。人类历史上还从来没有像现在这样联系紧密，互联互通。

除开政治因素，地球上的每一个人，可以很方便地与其他人进行实时对话。网络破除了过去几千年来人类交流的局限性，人们可以在网络上随时发布身边的信息，包括突发事件、日常生活、美图美景，也可以随时发表自己的看法，或表演一段节目。这些信息，只要愿意，就会在短时间内，迅速扩散到全世界。

自媒体使得过去需要专门机构和专业人才才能完成的工作，变得简单通俗，几乎人人可以担当；微信让远隔千里万里的人们，获得实时通信的便利；视频聊天可以使人们身临其境，甚至连语言的隔阂也将被消除；电子商务应运而生，城乡隔阂基本消除，即使身处偏僻的山村，也可以通过电子商务，迅速购买到几乎全世界的产品，身处闹市的人们，亦可轻松品尝到生产于全世界的新鲜地方特产……

世界变得如此透明和紧密，这全有赖于互联网的功劳。

物联网 (IoT) 也是如此。物联网是基于互联网的一门技术，但又与互联网明显不同。物联网打破了人与物的界限，使得万物之间，包括人与物之间，相互连接在了一起。这是从未有过的事情。

在现实世界中，物联网不仅是扩展了互联网的边界，更重要的，是催生出了数字化的世界。我们今天所描绘的数字化的前景，皆因为有了物联网的支持。

网络使物流和供应链变得如此重要，以至于人们在研究未来世界的变化时，已经习惯于将物流放在最重要的位置加以考虑。如果说 Internet 和 IoT 是基于信息的世界（虚拟的和实际的）的话，在电子商务领域，正是物流连接了信息世界和实物世界，使两者实现了完美的结合。

PI（Physical Internet）概念，可以理解为物流和供应链专有的，也可以理解为物流与供应链之外的。它是一种关于实体世界的互联网络。

PI 借鉴 Internet 的工作原理、协议形式，把物理世界不同地域、不同企业、不同类型的物流节点和物流网络无缝地连接起来，从而实现一个全局的、开放的和互联互通的关于物流与供应链的网络。

很显然，以我们今天的眼光去理解 PI，会有一定的局限性。完全从 Internet 的理念出发，去定义和理解 PI，亦会有生搬硬套的嫌疑。

以物流系统为例，物流的节点和网络，显然不同于 Internet 的节点和网络，物流的路由也完全不同于 Internet 的路由，这是虚与实、软与硬的差异，其实是不可以简单类比的。但人们可以借助互联网的概念，去形象地理解 PI。

如何给 PI 定一个准确的中文名字，看起来就不是一件容易的事，"物流网络"可能是比较接近的一个。Internet 网络看上去是虚拟的（其实是由软件和硬件两部分构成的，软件部分是看不见的、虚的，而硬件部分是由实物构成的），传送的是数据包，主要是解决信息的互联互通，也即数据包的路由问题；PI 则是关于实体的网络（其实也包括软件和硬件两部分，只是人们更看重硬件设施而已），传送的是实际的包裹，主要解决的是包裹的路由问题，主要是路径优化、时效性、安全性、成本与可靠性等问题。

PI 的实体架构与 Internet 无关，只是借用了 Internet 的架构形式和原理，却离不开 Internet 的支持。

有一点是可以预期的，即 PI 所定义的物理网络世界的形成，将使人们摆脱目前的相对固化的业务模式，使未来的物流资源得到更大程度的共享，从而得以充分利用，这恐怕是其核心价值所在。

从互联网的定义可以看出，要实现最大范围的共享，其底层的协议非常重要，由此可见，定义统一的物流网的 TCP/IP 协议，是一项重要的基础性工作。假使全国乃至全球的物流节点和物流资源都遵从统一的标准，则物流资源的共享也即物流网的形成将会成为现实。否则，所有的憧憬都将只是空中楼阁。

事实上，软件定义物流的思想，在 PI 中得以具体体现——PI 中的"物"，不仅指现实的物流节点和网络，而且最大的价值在于，这些"节点"和"网络"，未来是通过软件（所谓"协议栈"）来定义的。

按照软件定义物流的思想，物流系统中各种硬件设施与设备，典型的物流设施如物流仓库、车站码头、机场等，物流设备如货架、托盘、叉车、堆垛机、输送机、分拣机、穿梭车、AGV、机器人、码垛机、包装机、无人机以及汽车、轮船、飞机、火车等，以及网络、计算机、服务器、交换机、IoT 等，这些不同门类的设施设备，均有其不同形态、性能和应用场合，共同完成物流过程中的各种工作。

随着物流系统的进化，尤其是人工智能的应用，越来越出现硬件系统的数字化、虚拟化和标准化倾向，这为软件定义提供了基础。无论是物流基础设施，还是物流设备，其基本功能主要由软件来定义。物流建筑是用作存储，还是用作分拣作业，或者是交叉作业场所，都将由软件来定义；物流设备，如 AGV，可以用作搬运设备，也可以用作存储设备或分拣设备，还可以用作集货设备或其他设备等，也将由软件来定义。此外，物流的流程，乃至物流过程也将由软件定义。这就要求硬件本身，一方面要多样化和虚拟化，另一方面则要求数字化和可编程。而软件本身，将有更大的灵活性和创造性。

软件将赋予物流系统新的功能、新的能力，软件将大幅度提升物流系统的效率。决定物流系统性能的是其软件，而不是硬件。软件在物流系统中扮演的角色将越来越重要。

此外，关于单元化物流，可以认为是软件定义物流的一个典型应用，"单元"本身则是 PI 的一个典型的底层协议。存储和作业单元的虚拟化、标准化、数字化，是软件定义物流的基础。

无论什么单元，它的表现都是通过数字化的手段来完成。在整个流转过程中，单元始终保持其物理形态和内容的稳定，上层软件对其流转进行有效管控，使其在装卸、储存、搬运、运输、配送等过程中，保持高效。

未来的物流，我们会看到，整个物流系统作业的效率，主要是由软件决定的，硬件只是扮演了执行者的作用。

PI 给人们描述了一个未来的物流场景。这个场景中，物流设施设备是标准化的，也是虚拟化的，他们的功能由软件来定义。物流设施设备形成了物流网络中的一个个节点，既具有独立性，节点与节点之间，又通过网络实现互联互通。当一项物流活动发起时，网络中的节点会按照 AI 的指引，给出一个既经济又可靠的路由，从而实现最大限度的效率提升。

PI 视角解构物流企业的数智进化路径

文 / 罗浩
"逗号科技"董事长

在中国物流科技企业中，"逗号科技"是最早接触并研究 PI 理念的团队之一。

早在 2010 年前后，"逗号科技"的几位创始合伙人还在香港大学工业工程系，师从黄国全教授攻读硕士和博士，首次从国际学术会议上，了解到欧洲和美国几所高校教授提出的 PI 初步理念。当时，黄教授以其敏锐的行业洞察力，判断 PI 将是未来引领供应链行业发展的重要方向，率先在香港大学成立了 HKU PI-Lab，在 PI 领域投入了大量研究，发表了一系列科研成果。

时至今日，黄教授带来的团队，仍是亚太地区 PI 研究最为活跃的团队。

当年的 HKU PI-Lab 第一批核心骨干，从港大博士毕业后，在黄教授的支持下，带着"科研成果落地、技术服务行业"的初心，来到深圳创办了"逗号科技"。经过近 7 年的发展，从学术背景深厚的团队，开始下沉物流一线，了解学习行业的实际运作、分析研究行业的底层逻辑，逐步将研究理论和技术应用结合，初步完成了从概念验证，到产品化落地，再到构建技术壁垒的过程。

其间，"逗号科技"创始团队从未间断对国际 PI 发展动向的跟踪 (曾在 2020 年主办第七届 PI 国际会议)，并将长期形成的对 PI 核心理念的认知，运用于行业运作逻辑的理解和产品设计思路的把握。

近年来，"逗号科技"服务了超过 100 家不同规模、不同行业领域的物流企业，为其提供了系统开发、决策算法、运作咨询等服务。

在此，我将从以物流科技赋能方的视角，基于 PI 的理念，来尝试解构中国物流企业的数智进化路径。

1.PI 视角看物流运作：如何把一票物流服务拆成"零配件"

目前，大量三方物流企业，都倾向于更名为"供应链管理公司"，但很少有企业能够真正以供应链的视角，去理解三方物流的"产品"到底是什么？又如何管理这些产品的"加工""装配"和"交付"？

"逗号科技"尝试用"智能制造 4.0"的理念，来类比和解构"智慧物流 4.0"：

在生产制造系统中，实体产品的生产涉及大量零配件，需要通过 BOM(bill of material) 去管理数量、成本、供应商等；数据采集端，使用了大量的工业传感器，去采集各项生产数据；系统层面，"ERP+MES"系统在生产制造领域已发展数年，趋于成熟。这套模式，上游承接

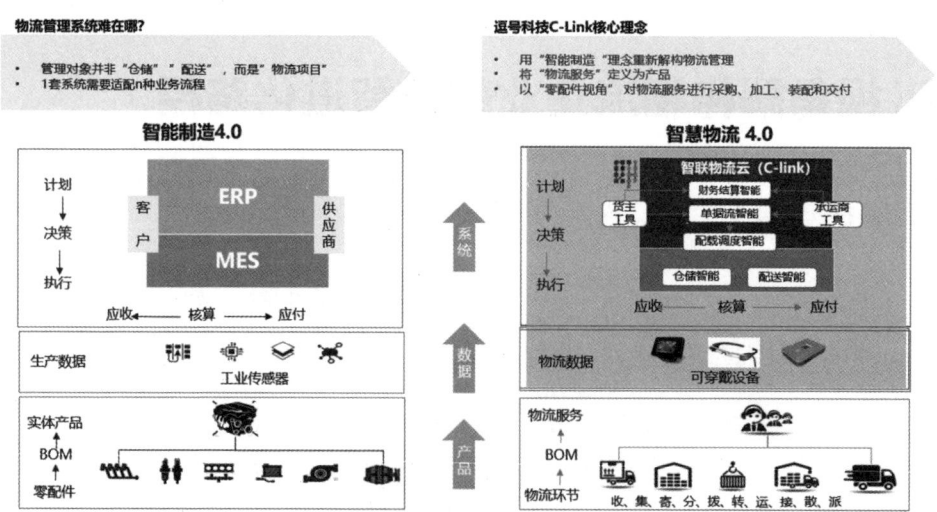

客户，下游对接供应商，贯穿从计划到决策再到执行的整个流程。

反观物流场景，物流企业的产品是"一票物流服务"，业务管理的最大痛点，在于如何及时准确地分摊计算收入和成本，实现"把账算清楚"。我们尝试用 PI 理念，将物流企业的产品"实物化"，将物流服务拆成收、集、寄、分、拨、转、运、接、散、派等多个"零配件"。同样，在系统层面，传统的 OMS、TMS、WMS、BMS 模块彼此割裂，以数据孤岛的形式存在。在进行系统架构时，借"ERP+MES"的思路——从计划到决策再到执行的所有环节，进行纵向串联，从项目的角度出发，通过物流数字运营平台，把原本独立的订单、运输、仓储、结算管理系统串联起来，以实现全流程的整合。最终的目标，就是通过拆零配件的思维，快速准确地"把账算清楚"，最终实现"业财一体化"。

2. PI 视角看物流系统：50 万和 500 万的信息系统差别在哪儿

一方面目前，国内第三方物流 (合同物流) 行业体量巨大且市场碎片化特征明显：排名前 20 的合同物流企业，销售额的总和不足市场总体份额的 10%；营业额在 1~10 亿之间的，企业数量高达数千家。另一方面，行业竞争日趋激烈，合同物流企业普遍反映，连年价格战使得招投标价格已逼近成本，再无降价空间，并且竞争对手之间产品同质化严重。据调研统计，91% 的合同物流企业寄希望通过数字化转型提升竞争力，对企业信息系统的建设需求迫切。

随着"逗号科技"产品覆盖面不断扩大，我们接触到了不同规模和体量的物流企业，发现了企业规模、业务管理模式、系统运作模式，以及信息化投入预算之间的一些规律。

抽象来看，三方物流的业务形态，可以归纳为"提—干—配"的组合，同时根据路由情况，可能设置中转；三方物流的系统流程，可以归纳为"接单—路由—配载—调度—回单—结算"几个标准环节。

小微型三方 (营收规模小于 1 个亿)，通常迫于市场拓展压力，对于业务类型不太挑剔，客户构成多且杂，业务复杂度相对较低；路由和运输资源，基本上在项目开始前，就已经通过规划方式完全固定，既无网络效应又无规模效应。小微三方的系统运作，往往是典型的横向模式，由一个操作人员负责一个客户项目，从开单到结算，从头跟到尾。在这种模式下，随着新业务的导入，需要同比例增加操作人员。通常采用标准化系统，信息系统建设预算在 100 万元以内。

专业型三方 (营收规模 1~10 个亿)，在服务品类上，形成了较为明确的聚集效应，客户的运作要求相对统一；路由和运输资源方面，仍然采用固定规则模式，不同客户之间的路线和运力资源，尚未形成网络。专业三方的系统管理，形成了"接力式"的纵向管理模式：由一组系统操作人员完成多客户的同一业务环节，再传递到下一环节进行处理。这种运作模式下，系统的操作成本，不会随着业务的增加而增长，但每个行业细分领域均有自己的运作特色。通常采用专业化系统，信息系统建设投入在 100 万~500 万元之间。

网络型三方 (营收规模 10 个亿以上)，客户群体已形成明显的行业聚集效应，运输线路、中转节点、运力资源,已形成网络和规模效应,为客户提供服务的方案,可以随网络资源的实时变化实现动态调整。网络型三方的智慧化物流管理系统,将深度依靠算法引擎,在路由和配载环节进行决策支持,随着客户数量的增加,在算法加持下,网络协同和优化的效益会更加明显,体现出系统性降本增效的空间。这类企业,通常会在智慧化系统上进行较高的建设投入 (500w+)。

从 PI 视角来看,以算法引擎为核心,具备智慧化物流系统建设能力的网络型三方,具备了 PI 模式运作的基本要素。从物流的行业细分来看,网络型快递、快运,已经完成了相关基础设施的构建,但在 2B 市场和合同物流领域,仍然有巨大的空间。

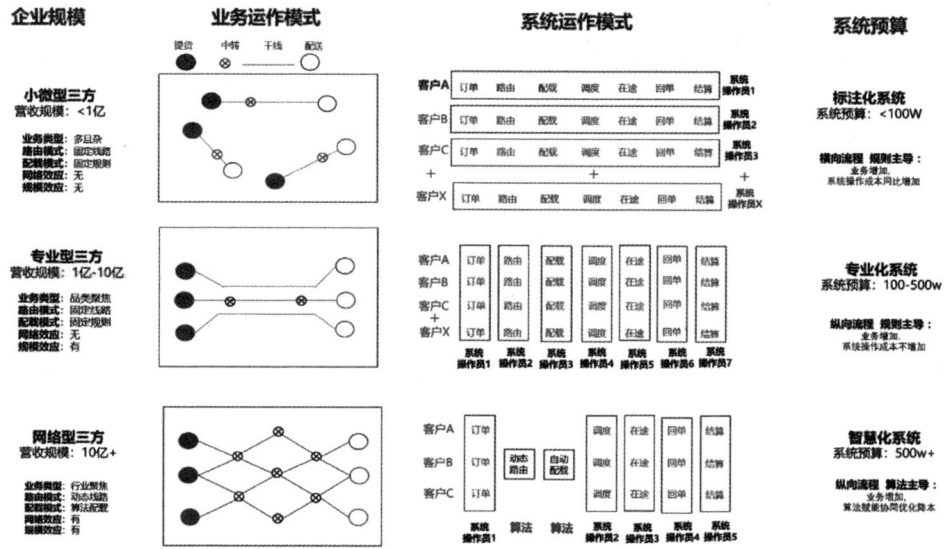

3. PI 视角看物流场景:最容易落地的 PI 应用在什么场景

PI 作为物流行业变革的终极目标,在理论界和学术界均得到了充分的认识和严谨的论证。但当 PI 走向现实落地时,全局性的同一、协同和标准化,仍然是一个过于宏大的叙事,行业底层逻辑的颠覆不是一蹴而就的。

拥有多年将理论落地实操经验的"逗号科技",认为 PI 可以在某些微观和闭环场景下,实现理念的阶段性落地。这种落地,需要两个要素:(1) 行业内部出现明确的模式变革驱动力;(2) 需要合理的商业逻辑和技术作为支撑。

寻找可以闭环落地的 PI 场景,也是"逗号科技"近年来在推动物流数智化赋能的同时,积极思考的问题。通过对行业认识的逐渐构建和对趋势的分析,我们认为:城市配送是符合以上要素的理想场景。

从宏观层面来看，相对于干线整车市场，城配有着巨大市场空间和运作优化空间。干线整车8万亿市场规模，在车辆满载和路线相对固定的情况下，通过运作模式改变，提升的空间已经不大。而城配场景，市场规模2万亿左右，具有高度复杂的运力资源时空协同需求，目前城配行业面临车辆的满载率低、利润率低的双重压力，整合优化的巨大空间在逐渐显现。

城配的PI业务模式落地，还需要从细分领域来拆解。首先排除以美团、货拉拉为代表的2C领域的即时配送，聚焦占城市配送市场份额80%以上(约1.2万亿)的2B领域的计划性配送，在这个板块中，"计划性用车、一车多单、串点配送"的模式，使得调度配载成为能否盈利的关键要素。城配调度和配载，恰好正是典型的算法驱动场景。在2B的计划性城配中，还需要进一步细分领域，从业务成长性和规模化趋势两个维度，可重点关注"商圈配送"和"医药配送"两个细分领域——

近年来，"商圈"已成为电商大潮席卷下为数不多的线下流量增量场景。商圈的"餐饮""体验""社交"属性，是无法被线上化替代的要素。近年来商圈业态，出现品牌数量大幅增加、品牌更替节奏加快、消费品类层出不穷的特点；对应商圈的配送物流企业，却出现业务量缩减、合同周期缩短、服务模式增加等明显变化，曾经的依托于1~2个主要品牌，便能支撑起一家城配物流公司的时光不再。这个领域已出现"行业内部出现明确的模式变革驱动力"。在商业模式和技术支撑方面，利用"PI理念+智能算法"的加持赋能，打造"城市商圈配送智慧化交付平台"，是未来的发展方向。

医药领域的城市配送，其运作模式和业务现状，与商圈配送有着高度相似性，均属于计划串点配送。医药领域的三方企业，主要服务于医院和药店的配送，同样具有较高的算法和技术加持赋能降本的特点。然而，该领域的"内部变革驱动力"，更多地来源于政策面。随着一系列医疗改革制度的推进，"两票制""带量采购""医院零加成"，以及"处方外流"等模式的推进，医院就诊和药品采购的分离，将成为不可逆转的大趋势。在政策推动下，医院将不再有意愿或动力承担药品采购和销售，普及的C端药品配送将成为未来巨大的增量市场。

"逗号科技"团队将坚持"数智化赋能"和"科技+运营场景落地"的并行的战略，在城配领域积极探索闭环可落地的PI应用。

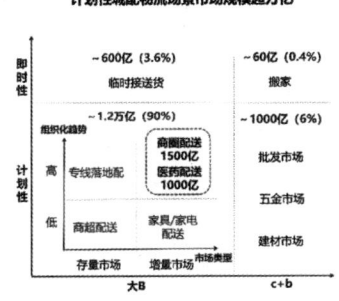

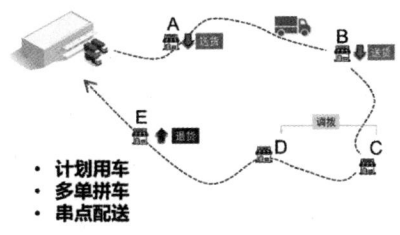

"城配赚不赚钱，关键看调度。"

开启 Physical Internet 美丽新世界

文 / 刘波

"九耶供应链" CTO

作为一名技术创业者，对 Physical Internet（实物互联网），特别是其在欧洲、美国的应用，将对物流行业带来的改变，感到无比兴奋。用伟大的互联网，构思未来由物流织成的一张智网，这是非常超前的见识。

在讨论下一代物流供应链技术 Physical Internet 之前，我们先看一下当前的行业技术目标：智慧物流——通过大数据、云计算、人工智能、智能硬件等技术手段，提高物流系统思维、感知、学习、分析决策和执行的能力，从而提高物流系统的整体效率。

"智慧物流"具备两大特点：一是互联互通、数据驱动，即所有物流要素互联互通并且数据化，以数据驱动一切洞察、决策和行动；二是深度协同、高效执行，即由深度智能算法进行全局优化和协同，实现跨集团、跨企业、跨组织、跨用户的全面协作。

"智慧物流"将从工具和决策两个维度，掀起深层次的革命，继而颠覆物流行业赖以生存的"简单工具+经验决策"的旧模式。工具革命，会大幅提高生产效率；决策革命，则通过人工智能等手段，优化决策的准确性、及时性、科学性。两者叠加，从底层工具到全局算法优化，双管齐下，实现真正的"下一代智慧"。

智慧物流的目标是：实现自动化、数据化、智能化、共享化。

很多大物流企业，在科技研发和应用上已十分先进，比如"九耶供应链"，我们花了8年时间，数轮融资，在研发上投入了巨大资金和人力，用于提升生鲜冷链的作业效率。其本身的运作效率已经非常高，能应付生鲜冷链行业的复杂作业和高并发作业（"双11"）。然而，从整个社会、整个物流产业的维度去看，很多物流运作依然是低效的。由于物流资源分散在众多竞争系统中，各种"专用""私有"的物流体系之间，资源和能力不能共享，诸侯割据状态——各个商业平台安全对接限制（卡脖子），各种商家系统凌乱复杂，于是在整体上，效率受到严重制约，资源浪费难以避免。即便是"智慧物流体系"，也只能从点上或者局部上，解决和优化供应链的问题，难以应对复杂性网状供应链变革。

Physical Internet 为解决严峻的现实难题，提出了创造性思维。Physical Internet（实物互联网）的中文定义：一个建立在通用的物理、数字和操作互联互通基础上，通过标准的封装、协议和接口，来实现的开放的、全球性的、多模式的物流系统。它借鉴了 Internet 的工作原理、协议，把物理世界不同地域、不同企业、不同类型的物流节点和物流网络，无缝连接起来，从而实现一个全局的、开放的、互联互通的物流网络。在实物互联网中，不同大小的货物，按照一定规则，封装到不同规格的标准容器里，运输过程中，处理的对象是标准容器，每个容器都使用信息化协议标记，以便在通过网络时能够识别、路由和跟踪，并通过共同信赖的实物互联网完成服务。

Physical Internet 跟 Internet 确实非常相似：干线、支线、末端和转运中心，实体中都可以找到与 Internet 对应的设备及元素。Internet 是以字节为单元的信息流，实体物流是以包裹为单元的货物流。可并不严谨地举例——互联网数据传输：发送用户系终端组织报文(TCP/IP 数据包) —> 经过本地路由器 —> 交换机 —> 骨干网络 —> 接收方交换机 —> 接受方路由器 —> 目标用户终端接受。物流包裹的传输 (发送用户寄送报告)：本地公司揽胜包裹 (物体，收货人信息) —> 省级中转 —> 干线运输 —> 目标区域中转站 —> 城市区域配送 —> 目标用户签收。

现阶段物流，存在局域性问题和接驳性机制问题。传送的包裹，并不精准，效率和服务远低于 Internet。但 Physical Internet 是基于当今飞速发展的互联网技术，借鉴其组织架构，以及互通互联的概念，将其运用到实际生产和物流之中，使全球物流系统基于统一的封装、模块化、接口以及协议，将系统中的设备、设施、服务数据化，参考互联网的协议标准体系，使得开放、互联、共享、协作成为可能。

Physical Internet 如何解决问题？想必应该是以标准化为前提和基础。

在这个全新的基础设施环境里，会孕育出新的物种，形成全新的群智能、自组织的数字生态系统，让现有的物流网络，从集中模式转变为开放、灵活、可扩展的下一代基础设施。实物互联网理论，通过几方面思维，解决行业问题。

1. 标准化容器协议。 实物互联网将物理对象，封装在物理数据包或容器 (姑且称之为 "π 容器") 中。这些 "π 容器" 是标准、智能、绿色和模块化的，尺寸、功能和固定装置等，在全球范围内都是模块化和标准化的。集装箱、火车轨、托盘，等等，都是实物互联网的单元化体现。物流包裹的标准化，是其基础工作。

2. 标准化互联协议。 实物互联网的节点，同时是网络的路由、聚集站点和设施，以及与外部实体连接的网关。利用世界标准协议，使得寻求高性能的物流中心、系统和搬运工，通过模式和路径，可以轻松、快速、可靠地互联 "π 容器"。

3. 利用嵌入智能对象的智能网络容器。 实物互联网理论还特别强调，作为一个开放共享体系，所带来的是整体物流效率的提升和无效物流的大幅降低。实物互联网尽可能充分利用连接到数字互联网的智能 "π 容器"，以及其嵌入式智能对象的功能，提高客户感知的性能和实物互联网的整体性能。

4. 标准的多层概念框架。 无论涉及的网络规模如何，实物互联网都将基于相同的概念框架，嵌入更广泛的网络中——每个网络，都根据实物互联网协议和标准运行；所有的物流公司、物流单元，都可以按照规则，纳入运行体系。

5. 标准化安全体系。 实物互联网带来的标准化、可追溯性和自动化，将使得运输中断、物流转移等操作，变得更流畅，更安全，成本更低。

6. 标准化共享。 实物互联网能够从私人供应网络，转向开放的全球供应网络，实现"中心—配送中心—仓库—枢纽—中转中心"的网络全球开放。分销商和零售商在多个地理位置分散的中心，可以动态部署其"π容器"嵌入式产品，快速生产、移动和存储产品，高效可靠地响应对其产品、服务和/或解决方案的分布式随机需求。这对企业具有巨大的潜在积极影响，比如供应生产率、响应能力、适应性和恢复力等。

7. 标准性能监控和能力认证。 实物互联网对所有参与者和实体真正实现的性能，进行实时公开监控，重点关注关键性能指标，如速度、服务水平、可靠性、安全性基准。一个实物互联网端口，将公开发布其实时和历史性能。

8. 标准的网络路由协议。 实物互联网旨在通过其固有的性质、协议和结构，以可靠和弹性的方式，传送物流包（"π容器"）。它不仅将信息和实物，从网络中的任何一点传输到任何其他点，还致力于确保信息和实物的一致性，避免外部因素对信息和实物的破坏。

Physical Internet 描述了未来的物流场景。Physical Internet 是基于全球化的视角，是基于对开放、共享、高效、减少资源消耗的美好愿景，它要将物理世界不同地域、不同类型、不同大小、独立和封闭的物流节点和物流网络，无缝连接起来，实现更大、更开放、更透明的互联互通的物流网络。建立统一的通信语言标准，规范整个行业的标准化能力，整个物流基础设施成为共享的资源，物流效益将由此得到巨大提升，行业的商业模式也将发生变化。Physical Interne 实现了实物世界与数字世界的融合，通过数据和算法，为用户提供个性化的供应链全局优化：从单一环节单一节点的规模最优解，走向更精准、更高效、更快捷和更低成本的全链最优解；通过数字孪生虚拟数字化模型，进行仿真测试和验证，以提升整个供应链中产品的可靠性和可用性。

对于现有物流体系，Physical Internet 提出了新的要求：1. 设施升级。对现有物流集散中心，进行智能化升级，对货物交接中心，进行无障碍互换，减少货物滞留时间；2. 设备升级。简单来说，就是标准化、智能化规格的设备和容器，使得内外部服务商，能够标准化操作；3. 作业系统。打破原有的系统壁垒，运用统一的协议，进行规范和管理，使得供应商、承运商、客户，在一个完整的闭环当中，实施数据共享；4. 数据共享。提供安全且丰富数据接口，适合通用 PI 协议，满足上下游无缝对接和数据指标分析；5. 思维模型升级。从局部优化和改进，到全局模式的思考，直到开放互联到产业体系。

Physical Internet 是一个突破性愿景，为未来世界范围内物理对象的运输、处理、存储、供应、实现和使用，提供了一个全新的视角。Physical Internet 是技术的优化与迭代，是思维的升级与突破，具有强大的内在逻辑力量，具有产业发展的广阔前景和强大的现实生命力。

Physical Internet 是一个复杂性愿景，就像区块链技术带来产业的优化一样，它既有巨大的规模，也有巨大的范围，更有巨大的挑战。通过多方组织开放互联共建，Physical Internet 也许正是未来物流的新范式。对于每一个颠覆性创新形成规模之前，各种质疑和困惑接踵而至。当年的云计算，也被当作"新瓶装旧酒"，区块链技术尚未真正开始商业实践之前，亦有诸多质疑和诘难。

让我们敞开心扉，抛弃固有思维的傲慢和偏见，直面问题，并解决问题，共同开启 Physical Internet 美丽新世界。

未来新世界：PI x IP

文 / 常欣然
"宇宏物流"联合合伙人 / 总经理

疫情肆虐之时，《人类简史》的作者给出断言："风暴终将过去，但人类还将继续存在，我们大多数人仍将活着，但将生活在另一个世界里……"

我理解的"另一个世界"，不是把之前的"另存为"，而是经过"宏"处理的新生世界。至于未来，我一直认为它还有另外一种解释：在我们未知的时候，它已然来了。

近几年，"变革"这个词的出镜率很高，引发"变"与"不变"的哲学乃至玄学讨论也很激烈。从传统意义上讲，"新"大多来自"变革"——只是身处其中的我们，或主动或被动地参与和接受罢了。

猝不及防，疫情为我们打开了新世界的一扇门。在疫情肆虐的几年中，我们的生活数度"死机"——无光亮、无色彩、无画面。在若干平台全线停摆之时，在每天各种抢而不得的焦虑之中，"团长"随需而生。

"死机"后"重启"，大多数内容都还在。看似短暂的恢复过程，后台经历的大量演算、合并、处理的过程，则是我们不能也不该忽视的。我想说：重启的新生，即是"变革"。而这场变革中，有两个重要元素不容忽视，甚至会对未来的新世界产生深远影响，这就是 PI 和 IP。

因为疫情，"团长"们来了，"S2b2c"的现实版来了，叫嚷了多年但始终摸不准脉的"新零售"来了，我们曾经认为还很遥远的"新世界"也来了……

团长：随需而生且生生不息的 IP

按照字面的意义：IP 是 Internet Protocol 的缩写，直译指"网络间的互联协议"。它既是直观的网络地址，又可从字面上视为 PI 的地址节点。随着现状下的演绎，它代表个人知识或其他某类"产权"；更在疫情期间，被"团长"们赋予了特殊场景下"领袖"和"主导者"的意思。

疫情下产生的团长们，从初期解决基本民生的米面粮油，到中期的咖啡、甜品，再到后期的防晒霜、美容仪；从初期的下单不退，到后期的内容营销；从初期的贩卖商品，到后期的贩卖情绪；从初期的"蔬菜团""包子团"，到后期出现了名为"坚决不发国难财"的团长（该团长也确实凭借良心菜价，获得了一小时内过千的订单量，其下方留言区则是几乎众口一词的赞誉："感谢你用一己之力拉低小区菜价，我们顶你……"）。

在情绪促成订单的激情退去之后，团长不会在未来"灭亡"的前提，是必须有可以与之配套的、以单个或多个社区为单位形成的、集数据分析、渠道管理、系统、分拨、配送等相关职能为一体的一种组织、一套规则……

物理互联网：急迫的未来新世界的 PI

按照字面的意义：PI 是 Physical Internet 的缩写，直译是"物理互联网"。就是借助网络技术手段，通过组织架构升级，结合互联互通概念，将其运用至诸多场景中的一种算法及思维方式。现实生活中，我们更多地愿意把它理解为"平台""基底"。

我曾问我的合伙人："你如何看待 PI 在未来新世界中的应用及作用？"他略作思索后，指给我看他背后书架上的魔方组合，说："独立为点，组合为面，多面协同"——行业的下沉，已不再仅限于对用户需求的细分，回归日常烟火气的"团长"们，正在呼唤着一个有标准、讲规则、能协同的大平台。

在这个平台上，"新零售"精准获取最终用户；"新物流"贴身跟进，小网格大功能，更便利也更具柔性……

一屉包子引发的 PI 思考

以我所在的上海某小区为例，12000+ 的人口，156 栋楼。一屉热包子如何从 1 号楼送至 156 号楼，不用再回锅加热？

封控时期可以放低标准，包子送到即可。现在，人们已接受疫情常态化，购买者的要求也随之提高，团长们开始面对各种问题：下班后再送行不行？在家不上班的说"不行"；1 号楼说：你先送我的行不行？156 号楼说"不行"；我家冰箱放不下了，团长帮我代管行不行？团长说"不行"——我家冰箱也放不下了，再说电费和保管费算谁的……

这些问题还没解决，小区里卖包子的突然多起来了，拍照、包装、文案、营销、客服、

售后问题接踵而来。A 团长拿货价高居不下，无钱可赚；货源渠道恰是 B 团长的擅长；38℃高温下，C 团长面对等着卸车的冰淇淋，急得头晕；D 团长手下 5 个靠送货抽成的小伙子，却闲得在冷藏车边打游戏……

需与求之间互不相识，互不关联——团长们说"太麻烦，不干了"；与此同时，小区居民也"不干了"——因为有人给选品、压价、送到楼下，还负责售后的日子突然没有了……

为了解决"包子"问题，小区团长们就在小区菜市场二楼，众筹开业了一个小酒馆——一个集供应商洽谈、商品拍照、团购信息发布、订单配送、货品暂存、退换货、税务发票、法律法规援助等诸多功能的平台。从供应链角度,它是前置仓；从信息角度，

它是发布平台；从渠道角度，它是集合地。它有分配机制，也有各种规则；它帮团长们规范上下游，获取忠实用户，也帮购买者提供个性化服务，规避购买风险。

大股东是曾经的香烟团长，以其影响力，汇聚了更多的 IP，并以酒馆作为 PI 实体平台的"节点"，连接通路，链接终端。团购不会消亡，团长也必然存在，一个与团长们形成"命运共同体"的网络，需要尽快搭建并开始履行使命。

PI x IP = 多面协同的未来新世界

这是一个离不开"连接"与"协同"的时代，未来新世界更是如此。

疫情期间，"自趋力"驱动下的团长们，用灵活高效、富有弹性、及时响应的"小快灵"原生态方式野蛮生长。未来世界，"蚂蚁雄兵"的社区团长，借助"分布式商业"和"格网状柔性供应链"的力量，将在共建的 PI 大平台上各展其长，真正实现数据连接、智能协同，卷起"新商业风暴"。

或许，这才是我们面对"VUCA"世界的生存之道。"VUCA"（Volatile 不稳定，Uncertain 不确定，Complex 复杂，Ambiguous 模糊），或许正是未来新世界的重要标签。在这些特性下的未来生活，更需要个性与标准的协调统一，更需要柔性 / 灵活，同时也是高效 / 清晰的协同逻辑与规则。

PIxIP，正是未来新世界的重要商业模式之一。不同于"加法"的"乘法"，则代表各个自变量存在不同的作用，无法比较，也无主次之分。只有这样的协同组合，才不会让其中的任何一方成为阿喀琉斯之踵。

马克思曾说过这样的话："我们知道个人是微弱的，但我们也知道整体就是力量"。

PI：重构物流体系

文 / 相峰
物流信息互通共享技术与应用国家工程实验室主任 / "圆通速递"副总裁

中国是世界供应链大国，也是物流大国，有着丰富的产业发展实践。长期以来，实践快于理论。中国物流，在基础理论方面尚比较薄弱，与信息技术的结合远远不够，难以指导快递物流产业的更高质量发展。

Physical Internet 这一创新物流术语，提出于 2006 年。目前尚无标准中文译名，我且愿把它称为"货联网"，以区别于以比特为载体的信息网。

Physical Internet 的模块化、单元化、标准化、智能化等创新物流理念，为解决现阶段电子商务时代面临的关键问题——如何在物流中心和终端消费者之间建立智能、高效、可持续的物流网络，降低物流成本，提升物流配送效率，提高物流利润等——提供了可能性。

Physical Internet 致力于将互联网协议原理应用于实体物流，为效率和可持续性发展带来指数级的提高。通过简化货物的装卸、储存、移动、组装、供应和使用方式，使全球的物流系统，基于标准化的封装、模块化、接口以及协议，实现在开放物流网络中，物体像数据包一样地自主流通和物流服务共享，让不同的物流服务和资产，可以在一个超链接、去中心化的网络中使用和共享。目前，欧盟、美国等已经提出了 Physical Internet 的相关概念和实施路径。

物流科技的核心是网络科技，包括信息互联网络、运输网络、实物寄递网络与物流组织间协同所必须依赖的信用网络。Physical Internet 的提出，重新结构了物流体系，为物流基础理论提供了新思路。

作为新一代物流理论，Physical Internet 所强调的标准容器、操作协议、信息互联、多方协同等要素，在中国，以圆通、中通、韵达为代表的采用加盟商业模式的快递网络中，其实已经有了大规模的实践。可以说，我们已经建成了若干"局域网"，为更大"广域网"的建成具备了中国基础。"圆通速递"这几年间，还承担了国家重点科技研发计划"物流快递末端资源共享"的任务，在推进不同快递网络在乡村与城市末端实现共同分拣、共同配送等方面，有了理论与应用方面的探索，也取得一批学术成果及应用案例。

未来，物流信息互通共享国家工程实验室将积极地把信息技术、物联网技术与寄递网络相结合，组织国内高校、研究机构、国际前沿网络科学家，与各具探索精神的企业开展合作，研究发展具有中国特色的物流理论，并结合中国这一世界最大快递包裹市场的业务，开展工程化实践，力争在 Physical Internet 中国实践方面有更大突破。

PI：如何实现内容物的标准化

文 / 牟屹东
"韵达冷链"总经理 / 中物联冷链委专家委员会主任

我理解的 Physical Internet，是用设计互联网的思路来跑实体物流，在此基础（骨干架构）上，叠加生发出更多的新应用、新场景。

基于这个理解，我更愿意将 PI 称为"实物互联网"，它是区别于 IoT(Internet of things，物联网）的一个概念。PI 强调的还是物流的架构与组织形式，IoT 则是指将各种实物连入互联网，通过信息交互使实物更好地发挥效能，强调的还是信息采集、交互与控制，是更广域的概念。

按照上面的理解，抽象出 PI 的底层思路就是：1.将物流容器单元化、小型化；2.路由规划，以最小单元为单位，多路径、分布化、动态化设定；3.信息交互协议统一化，并为所有物流参与者所接受。如此看来，海运集装箱系统就可以当作一个演示版的 PI 系统，无非就是容器过大了一点儿；铁路系统的货车编组，也有类似之处。

再做进一步推想：如果把标准物流单元，设定为邮政 1 号纸箱（530*290*370 mm），把它作为 PI 上的一个实体包，通过条码或其他手段，为其赋值路由信息，然后将它扔入一个高速管道网络中去，它就会在每个网络节点上，被自动拨到合适的下一节通路中，并最终按时到达目的地——这好像就是快递现在在干的活呀。

中国是电商发展最快、规模最大的国家，为电商服务的物流系统，是最接近 PI 理想的系统。因为商品的体积和重量有限，容器可以做小（虽然我们的容器标准化还有很多的工作可做），而且内容物是成品不用再组装，所以可以根据情况，设置多路由可能性。但其总的通路还是基本一致的，不可能太绕远，因为实物运动所消耗的资源成本较大，耗时较长，很难想象为了平衡负载，让西双版纳发出的包裹先去拉萨再到西宁，最后经呼和浩特到北京，金钱成本和时间成本，都很难让这种操作成为常态。

是否会出现一个类似国家电网的机构，把全国网络统一管控起来，给出统一价格，而不去区分包裹的实际运行里程呢？这个机构还真有，它叫"中国邮政"。

我认为，PI 的理念用来设计某类特定物品的物流系统时可以参考，用来设计广域全品类物流系统时很难应用。究其原因有以下几点：

其一，Internet(信息互联网) 与 Physical Internet(实物互联网) 的搭建与运转成本，完全无法比较。信息互联网的建设与维护，虽也耗资甚巨，但与实物互联网所需要的资源比起来，那是几个数量级的差距。耗费天文数字建设起来的实物互联网，如果没有天文数字级的"标准包"在上面运转，成本是低不下来的。

其二，更重要的，是信息互联网的在途时间，基本上可以忽略不计，不同数据包怎么跑，也不会有多大时差，可是实物物流跑不同的路由，时间差就很大了，难以实现分进合击。

其三，最核心的，信息文件有一个标准化的组成单元叫"字节"，大量的字节根据规则连缀起来就是文件，所以海量的、内含一定字节的标准数据包到达目的地后，可以迅速组成完整的大数据文件，成为传递的有效标的物。而实物包里的零配件，是不可能在目的地迅速拼接出大型成品来的。

信息互联网不光实现了单元包的标准化，也实现了内容物的标准化，这才是它能成长起来的根本。而实物互联网只能实现单元包的标准化，无法实现内容物的标准化。对于大多数需要物流的物品来说，只要其体积或重量超过了单元容器的限制，就不能进入这个网络了，要放大容器以容纳大多数的物品，那就又成集装箱了。一个在经济性上无法促进实物的价值实现，无法让货主方节约供应链成本的系统，很难有所发展。

中国托盘：能否弯道超车

文 / 宋伟
"派链托盘"创始人

记得那是在 1997 年，通用汽车在上海登陆。在近百位国外通用汽车各路资深专家的共同建设下，一个全球领先的现代化车厂诞生在上海金桥。现代化物流、3PL 概念，第一次呈现在国人面前。

标准化的物流容器系列，在实现 JIT、JIS 同时，本身也形成了循环共用系统，这样的模式，当时在全球都是领先的。我和老板李忠明先生，一年中带客户参观通用超过 20 次，大力把通用物流容器系列，符合国际标准的 1210 标准托盘和 600×400mm 模数的塑料周转箱推向市场，成为当时市场的主流物流容器，我们也因此赚了不少。

今天回头来看，主要因素是在 1997 年之前，国内没有像样的成体系的产品，当时广东洛民的蓝色自由市场，用的那些大大小小的塑料箱，已经算是最好的物流容器了。

一晃 25 年过去了，中国的物流产业得到了长足的发展，进入快速发展的阶段，产业发展、技术变革、资本加持的三重红利，使得中国的物流充满机遇，高歌猛进。董中浪先生预测，中国一定会出现世界最大的物流企业、物流技术装备企业、最先进的企业物流。这些企业成长的道路，一定会具有中国特色。

我们要看到中国物流规模宏大、快递物流世界领先、物流技术装备业迅速向世界一流靠近，等等。我们还要看到，作为物流最基本要素的物流容器（吴清一老师更正定义为"单元化载具"）包裹、周转箱、托盘、集装箱，标准化程度不高，比之发达国家有很大差距，特别是周转箱和托盘，差距更大。

以托盘为例，欧美平均每人 4~5 片，日本每人 7 片，中国每人 1 片；发达国家的标准单元化载具，共享比例接近和超过了 50%，中国只有不足 2%。随着中国物流管理水平的提高，物流管理的颗粒度终于触碰到了单元化载具的环节，汽车行业已初步形成了上下游单元化载具的循环共用生态，新能源、家电等产业也已开始试水。

但是，在进一步深入发展中，依然碰到标准化的"雷"，大家碰得"外焦里嫩"。汽车行业最通用的物流容器围板箱、塑料周转箱，乱了套了，很难数得清楚到底有多少规格，怎么循环共用？

6 年前，在吴清一老师的倡导下，商务部终于定义了中国的托盘标准，1210 作为首选标准。4 年前，在吴清一老师的引导和董中浪先生的支持下，我成立了"派链托盘"，以托盘的社会化共享为公司愿景，践行托盘的标准化共享事业。首次做到了高性价比的吸塑托盘的使用成本低于木托盘。吴清一老师很郑重地叮嘱：托盘标准化涉及国家利益，你记住了，坚持下去！

"派链托盘"坚持做性价比好的共享托盘，坚决推动 1210 的国家标准，可现实很骨感。木托盘就不说了，就 1210 塑料托盘来讲，说起来都是国标托盘，中国就有几百种：不同的托盘尺寸公差(包括托盘的面板厚度尺寸、高度尺寸、叉孔尺寸、川字脚的宽度尺寸,等等)、不同的托盘材料、承重、寿命,等等,还有托盘和现在、未来的物流自动化的匹配要求五花八门,公婆都有理。

前文说到,中国物流管理的颗粒度,刚刚触碰到单元化载具。很多企业终于发现:天哪,自己企业内部竟然用了七八种托盘,都有不少的量。究其原因,有的是图便宜随便买来的、有的是供应商送来的、有的是自动库厂商要求的、有的是特殊工艺要求的、有的是新上的 AGV 要求的、有的是托盘公司为了卖进来特地和别人不一样的。这咋整?没有一次物流的系统性再造、不动供应链管理的大手术,无从下手啊!追根溯源,物流技术装备的标准就五花八门,物流技术装备总是有话语权,大多数不着调的要求,就是出自他们之手。而很多物流技术装备的朋友们又说:客户说必须把他们很多很多的老托盘用起来啊……

在国内,要想找出一款主流的 1210 塑料托盘,还真不好下手。"派链托盘"定义出来的标准托盘,经常因为腿粗、个子不够高等因素,进不了客户的殿堂。行业的塑料托盘领头羊们,都以他们有三五百套托盘的模具而自豪。托盘标准是推荐性标准,不是强制性标准,马增荣先生曾多次组织讨论:是不是可以变成强制性标准。国际上对于托盘的标准管理也滞后于产业现状,基于历史的原因,欧标、美标、日标、澳标同时存在于物流行业。中国后发优势,定义出一个优先选用标准 1210,目前亟须进一步地定义标准的具体细节。

随着 IoT 的应用、物流自动化技术的发展和迭代,智能搬运机器人将成为物料搬运的主角势不可当,对于需要搬运的智能单元化载具的要求高了起来。吴清一老师倡导的单元化物流的愿景,和 Physical Internet 的愿景是一样的。我们期待未来的地球物料搬运,在云计算的指挥下,把物流的单元化载具,作为优化供应链管理颗粒度的工具。

托盘数字化,大家已经努力了很多年了。托盘数字化智能盒子的研究团队,一批又一批,芯片功耗的问题、电池寿命的问题正在进步中,距离托盘数据大量上云的技术条件愈来愈近了。托盘的数据如何上云,进入数据仓库?是通过智能搬运机器人还是智能物流基础设施?

千里之行,始于足下,做好物流智能单元化,还是要从核心单元化载具——托盘开始。集保、路凯、普洛斯、京东云箱、乐橘、小蚁、优乐赛、携贷、箱箱共用……哦,还有"派链托盘",哈哈,这个局面也有了一点儿雨后春笋的景象了。

需求大、基础差、IoT 兴起、Physical Internet 热议……这是否意味着我们能够也只能弯道超车,像电商物流一样创造中国领先世界的模式?在中国,在这个领域,世界一流公司的通用模式似乎并不灵验。专注于托盘和单元化载具的"派链托盘",不断尝试和探索物流智能单元化的企业供应链服务模式,逐步形成了清晰的逻辑思路。

什么时候,中国的标准化、大批量、可复制的、社会化共享的单元化载具占比,也能超过 50%?大数据显示:中国托盘 1210 的标准化占比,有逐年上升趋势,已经超过 20%。

一石击起千层浪,百家争说"物π网",知道朝着这个远大目标奋勇努力的人越来越多,感到很欣慰。来,喊一声走起!大家朝着 Physical Internet 这个方向,使劲儿地推呀推!

PI 并非只是理想国

文 / 曹文洁
"新通联包装"董事长兼 CEO

  Physical Internet 描绘了未来物流智能、开放、灵活、需求驱动、互联互通的场景，为人们提供了可以触摸的想象。理论来源于社会实践，也必将超越实践，推动社会向未来前进。

  随着社会消费、交通、信息技术的发展，现代物流正日新月异地进步。在 PI 理论系统认知之前，遍及世界各地的"物网"已悄悄展开，现在我们可以享受快捷的国际、国内购物，就是隐身其后的"物网"的成果。

  我不认为 PI 只是理想国，它的理论基于过去实践，预示未来发展，为决策者提供了行动路线。

  PI 行动三个重要内容：容器标准化、节点标准化、流通网络协议，是行业普遍认同的物流发展关键。2014 年中国商务部推出"物流标准化行动"正是从这三方面内容着手的。其中首当其冲的，就是推动运载单元托盘标准化，通过运载单元的标准化，带动载具、装卸、仓储的标准化，进而推进物流节点、流通网络的标准化和智能、共享。这些正是 PI 在政策和市场中的实践。

  PI 的理想令人向往，其比照的互联网思维也呈现了巨大成功，但 PI 的进步却有巨大的实际难题。

  首先是作为基础的容器标准化问题。托盘作为物流容器，是运输的基本单元，目前世界各地物流体系中，托盘就有诸多不同标准，应用较多的有：欧标（尺寸为 0.8m×1.2m）、美标 40 英寸×48 英寸（尺寸为 1m×1.2m）、44 英寸×48 英寸（尺寸为 1.1m×1.1m）、英标（尺寸为 1.14m×1.14m）。我国的托盘标准是：1m×1.2m 和 1.1m×1.1m。这些不同标准的托盘，在各自流通领域都有着巨大保有量。在长期的发展中，这些不同标准的托盘，又与其流通领域的载具、货架、装卸等设施形成了协同。跨地区、领域统一标准，或扩大某一标准的应用，成本都非常高昂，利益难以协调。

  另外，容器的应用也与商品的属性密切相关，并非所有商品都适合少数的标准。市场上商品种类繁多，形态各异，大多数商品，尤其是长途运输的商品，因空间成本相对高，其装载首要考虑的并不是利于周转、联运的标准化，而是单位成本的最优化。即使在同一个供应链系统内，因上下游商品形态不同，每个环节也是追求本环节成本最优，形成托盘、载具的多样化。

  这些是 PI 进程中的困难，同样也是实现价值的机会。随着国际贸易的发展，物流标准的融合、应用此消彼涨，一定是趋势。但肯定是个很长的过程，因为只有商品流通本身，才会促进标准的应用。

在供应链物流成本优化过程中，追求单个环节最优化是有极致的，当单个成本降到极致，就再难进步了。未来，供应链物流一定会从关注单一环节最优化，转向整个系统的优化，只有在系统中充分考虑容器的循环共用，各个环节标准作业，才能在整体效率和成本中获得机会（PI 的核心思想）。

"新通联包装"升级版的一站式服务，正是将关注点从单一物流环节，转向供应链整体系统，通过整合供应链物流各环节包装方案，将不同环节不同形态的商品整合到标准托盘上，实现供应链中带板运输、标准化作业和托盘共用。而具有更广泛用途的标准托盘，在完成特定供应链物流使命后，还可进入社会化回收再应用市场。

PI 不是物流极致发展的世界终极状态，我更愿认同，在不同地区、一定领域或特定供应链，可实现 PI 的理想。行业与地区的利益不同，全球化的标准统一，仍充满困难，但在特定的区域内 Physical Internet 或将给人们带来惊喜，这是值得努力和期待的。

未来这些拥有共同基因的缩小版"PI"互联融合，最终将改变整个世界。

大象无形，大音希声

文 / 陆玥
"壹沓科技"副总裁

最近一段时间，在航运物流圈里，明显感觉到一个词：数字化焦虑。

随着新冠疫情影响的逐渐弱化，曾经因为运价暴涨和一箱难求而意外赚得盆满钵满的航运物流企业，普遍开始担忧自己在后疫情时代的收入来源，并积极探求业绩增长的第二曲线。

信息化 — 数字化 — 数智化

正如马云所说，"在今天所有巨大的不确定当中，有一件事是确定无疑的，那就是数字化的趋势没有改变。数字化以前只是让一些企业活得更好，而今天是企业活下去的关键"。众说纷纭数字化，每个人有每个人的理解。很多人还是分不清它和信息化的区别，或者以为企业只要加大对 IT 技术的投入，或者上一个或几个新系统，就算数字化了。

首先我们先看看什么是信息化。信息化有一个前提是流程的标准化，如果没有流程的标准化，则必然实现不了信息化。简单地理解，信息化就是从人工到系统 / 软件，是人主动利用信息化的系统，累积数据，管理数据；系统之间高度功能化、高度分离，只通过少数接口联通。目前大部分企业已经实现了至少部分的信息化,如上了 ERP 系统、OA 系统等。但在企业的信息化系统中,存在大量的沉默数据,或者叫暗数据,这些数据的价值没有被充分利用。

数字化,简单地理解,就是数据的结构化。从流程角度来看,就是从系统/软件再回到人。在这个过程中,数字机器人、人工智能、大数据、云计算、区块链、物联网等技术,逐渐得到推广使用。那些规则明确、简单重复、复杂程度低、不需要逻辑判断和创造性的工作,会逐步由数字机器人来完成,从而为企业实现提质增效,提高系统录入的及时性、准确性、完整性、有效性。人的作用是关注那些异常环节,或者去做那些需要复杂逻辑判断的工作。

数字化强调的,是数字技术对商业的重塑。技术能力,不再只是单纯解决企业的降本增效问题,而应该成为赋能企业商业模式创新和突破的核心力量。数字化转型的本质,就是技术推动企业的业务、运营和管理模式创新。没有业务重组、组织重构、流程再造、队伍重塑,所谓的"数字化"依然还是信息化。从某种程度而言,信息化提高的是企业内部效率,数字化提高的是产业链效率,并将诞生服务新产品。

在整合信息化的基础上,数字化提升了企业对数据的处理能力,从而进一步地增加企业的效能。企业在实施数字化转型之前,必须对自己的战略目标,有一个清晰的认识和规划,然后给予相应的资源匹配(包括人才储备、组织架构调整、流程再造、软硬件投入等)。数字化是典型的"一把手工程",但在转型过程中,必须全员参与,在企业内部形成自上而下的共识,同时打破部门墙,快速响应客户需求,提高决策效率。

我们说,数字化只是过程不是目的,不能为了数字化而数字化。更长远的目标应该是智能化,或者叫数智化。所谓智能化,就是从系统/软件到系统/软件,也即信息系统的智能化。系统将抽取、记录、模仿人的行动与判断方式,以软件复现——在这个阶段,系统将取代人的大部分工作内容。

未来,随着各类技术的逐步成熟和落地,供应链和物流将从"整体分离、阻隔、滞后、不连续、非实时的数据驱动",向"整体协同、畅通、即时,基于数字孪生的分析与预测"变革。

Internet — 物联网 — Physical Internet

进入 VUCA 时代,越来越多的新概念层出不穷:元宇宙、DAO、WEB3.0、Physical Internet……这也是前述航运物流企业感到数字化焦虑的另一原因——大家不断追逐新概念,最终将无所适从。

然而,大象无形,大音希声,透过现象看本质,我们会发现到了高度智能化阶段,所有上述概念其实将殊途同归,高度重合。

以 Physical Internet(PI)为例,Physical Internet 这个名词 2006 年 6 月第一次在英国《经济学人》杂志封面出现,直到 2019 年才被引入中国。Physical Internet 与我们相对比较熟悉的"物联网"有本质的区别,其模块化、单元化、标准化、智能化等创新物流理念,为构建未来智能、高效、可持续的物流网络,降低物流成本,提升物流效率等现阶段面临的关键和严峻问题，提供了可能性。

物联网（IoT，Internet of Things）即"万物相连的互联网"，是互联网基础上的延伸和扩展，其将各种信息传感设备与互联网结合起来而形成一个巨大的网络，实现"人、机、物"在任何时间、任何地点的互联互通。

物联网是新一代信息技术的重要组成部分，又叫泛互联，意指物物相连，万物万联。由此，"物联网就是物物相连的互联网"。这有两层意思：第一，物联网的核心和基础仍然是互联网，是在互联网基础上的延伸和扩展的网络；第二，其用户端延伸和扩展到了任何物品与物品之间，进行信息（不是实物）交换和通信。因此，"物联网"的定义，是通过射频识别、红外感应器、全球定位系统、激光扫描器等信息传感设备，按约定的协议，把任何物品与互联网相连接，进行信息（不是实物）交换和通信，以实现对物品的智能化识别、定位、跟踪、监控和管理的一种网络。

Physical Internet 是从顶层思考和设计的未来物流体系，针对的是实物在物理世界、在特定空间和时间的网络传输。其实际的业务场景，就是物流和供应链。Physical Internet 是借鉴和参照 Internet 的思想、工作原理、协议、节点和技术等，把物理世界不同地域、不同类型、不同公司、不同大小、独立和封闭的物流节点和物流网络，无缝地连接和结合起来，实现一个更大的、开放和互联互通的物流网络。

Physical Internet 的核心，就是一套基于开放式物流网络互联互通模型（Open Logistics Interconnection Model）的协议，类似 TCP/IP 协议。技术上，可以通过对物理世界实体对象和数字世界数据进行标准封装和镜像，构建数字孪生，提供实体对象和数据标准接口等方式，实现物理层面、数字层面和操作层面一致和完整的超链接。Physical Internet，可以构建和部署在一个去中心的分布式信息物理系统（Cyber Physical System）或者物算系统里运行。

回顾国际海运和全球化的发展史，"集装箱"这个伟大创新，正是通过集约化，消除了对单个货物的重复处理，有效缩短了三种运输方式（海运、铁路和卡车）的装卸和运输时间，提高了运输的可靠性，减少了货物盗窃并降低了库存成本，最终显著降低了整个物流过程的成本，让"世界是平的"成为可能。

"中国 Physical Internet 第一人"田民先生，提出了容器、节点、协议栈"PI 三要素"——以我粗浅的理解，PI 的核心是 π 容器，即标准载具（类似于集装箱），其他诸如全球唯一标识符、加密 RFID 芯片、各种传感器等，都是附着于标准载具之上的；容器（载具）的规格尺寸、材质、承载重量、装卸工具、存储/循环系统设计、海关申报等一系列细节，都需要标准化并获得国际认可，目前还没有看到这方面的进展。之前也有航运物流业者和行业专家做过类似的努力，例如托盘的标准化，目前也没有达成全球范围内的共识。

换一种思路：通过全球唯一标识符（加密二维码）结合高频 RFID 芯片，实现货物（pc level 或 SKU level）、包装、载具（例如托盘）、库位、车辆、集装箱、运输工具（船舶、飞机）、人员等要素的一一对应，容器这个瓶颈，也许不再是个问题。"壹沓科技"及其合作伙伴，正在做着这方面的尝试。

PI：是数字化的一部分，还是智能化的下一阶段

记得田民博士在参加 IPIC2020 会议时提出：他所创建的"物界科技"，"聚焦的方向是'物算系统'——它将数字世界与物理世界，连成一个感知、认知、决策、控制的紧密闭环，将系统与系统连接起来，构建出一个分布式物算网络体系，连接各个小物流网，去构建出一个更大、更透明和更开放的协同物流网络"。

通过"物联网 + 区块链"形式，短期内是否就可以直接实现这个目的？这既是未来元宇宙和 WEB3.0 的基础，也是我们"壹沓科技"正在努力的方向。

不管怎样，PI 要想获得更大范围的认可，需要打造出几个标杆客户或场景，然后在这个基础上再去推广，接受度会高很多。

●

"蚂蚁"如何"雄兵"

文 / 褚方鸿
"运联智库"创始人 / "上和科技"发起人

几乎每个行业在科技上的发展都会经历四个阶段——机械化、自动化、数据化和最后的智能化。物流行业发展历程，也应该是这样。

物流是一个系统，不仅包括运输、仓储、配送，还包括装卸、包装和流通加工。在互联网的下半场——产业互联网的 2B 时代，物流要素通过物联网化，可以被有效地识别、采集、存储和感知，这在技术上已经可以实现。但是，物流主体极其分散和弱小，要实现物流要素广泛的可调用、可协同，还有很长的路要走。这就对物流的组织形态，提出了新的要求。通过组织变革实现集约化是当下物流业整合的主要任务，因为只有通过组织化，才能实现规模化，有了规模化，才有可能用技术驱动。

理想在天上，物流在路上。

产业互联网的 2B 时代

物流的本质是服务，为制造业和商贸业服务。

过去的 10 年，消费互联网兴起，我们称之为 2C 时代。消费互联网催生了电商的蓬勃发展，电商的蓬勃发展又造就了快递企业的整合，现已有 7 家快递公司上市。未来 10 年，产业互联网引领产业发展，我们称之为 2B 时代。那么，2B 时代又会造就什么样的物流企业呢？

学者黄奇帆曾给"产业互联网"下过这样的定义：所谓产业互联网，就是利用数字技术把产业各要素、各环节全部数字化、网络化，推动业务流程生产方式重组变革，进而形成新的产业协作、资源配置和价值创造体系。

在这个定义里，"新"字是核心——新的产业协作、新的资源配置、新的价值创造体系。为什么"新"？因为新的技术——数字技术。由新的数字技术带来新的业务流程、新的生产方式，最后实现新的价值创造体系。

那么，与此相对应的"新物流"是什么样的呢？

新物流的特点与 PI 三要素

产业重构，物流也会重构，"新物流"呼之欲出。"数智化平台型的物流企业"或将成为新物种，它由"蚂蚁雄兵"在统一的制度协议和规则要求下，链接协同而成的 S2b2c 的小组织大平台。

"上下同步"：一方面是"由上而下"，通过技术突破、技术赋能，去整合众多的"小、散、弱、差"；另一方面，"由下而上"，通过组织变革、集约合并，构建起蚂蚁雄兵的"大平台"；中间的业务链接，则是由统一技术标准的单元化产品——托盘、周转箱、集装箱等来做标准化运营。

以"上和科技"的仓配网络服务平台为例，它就是由三个部分组成的：1. 分布式下沉的共享仓；2. 单元化运营的小组织；3. 去中心化的协作平台。这与由美国 Benoit Montreuil 教授提出的、中国的田民先生正在大力倡导的 Physical Internet(π 网，实物互联网) 的概念不谋而合。

实现 π 网需要有三个核心要素：1. 开放协议 (PI Protocol，πProtocol)；2. 标准化容器 (PI Container，πContainer)；3. 开放高效的节点 PI Node，πNode)。"上和科技"的三个组成部分——"去中心化协作平台""单元化经营的小组织""分布式下沉的共享仓"，正对应着 PI 的"协议""节点"和"标准化容器"三要素。"上和科技"的组织化变革的探索与 PI 理论不谋而合。

"蚂蚁"如何"雄兵"？

生物界有三种组织形式，一是细菌型组织，二是大象型组织，还有一种就是蚂蚁型组织。成群结队共同生存的蚂蚁型组织，利益一致分工协作——蚁后负责繁衍，工蚁负责养家；每个个体保持独立决策和行动能力——每只蚂蚁的感知和行动，都可能影响整窝蚂蚁的决策，一只蚂蚁发现了饼干，全窝蚂蚁都会随它而行，这就让蚂蚁型组织有了更灵活的感知和应对环境变化的能力；同时，用气味构建身份认同，建立组织凝聚力——每只蚂蚁成员释放部分气味，混合周边食物、土壤气味，就调配出每个蚁窝独一无二的气味，这个气味并不固定，但长期浸泡在各自气味里的蚁窝家族成员彼此熟悉，路上遇到别家成员，知道不是自己人，就不会随它而去。蚂蚁的"气味"就如同组织的企业文化。在信息时代，蚂蚁型的组织是特别值得我们学习和借鉴的组织形式。

运联传媒（现在更名运联智库）成立 10 年，一直在致力于物流业整体提升和共同繁荣，营造物流企业你追我赶、多种业态有序竞争的态势，用全球视野、本土智慧，走集约化整合之路。

这 10 年，我们与中国物流业中的有识之士们一起不遗余力地改变行业"小、散、弱、差"的状态。2013 年，运联第一本行业研究报告出版，对物流行业做出了四个预测，其中第一个预测就是："未来 10 年是中国物流整合的黄金十年。"非常明确地表达，是"物流整合的黄金十年"，而不是"物流的黄金十年"。换句话说，这不是物流市场红利期，而是一个组织红利期。

物流市场的主要矛盾是供大于求，而优质的供给又很稀缺。也就是"蚂蚁"很多，但"雄兵"并不多。深入市场一线、灵活敏捷的"蚂蚁"小组织，无疑是最富弹性最具柔性的力量，如何打造"蚂蚁型组织"使之成为"雄兵"？如何到了关键时刻，让"蚂蚁雄兵"能瞬间卷起"沙尘暴"？

集约化和互联网化，无疑是其两大动力。

技术驱动带来的集约化，是一场空前的组织变革。将原来分散的、各自为政的小组织聚合起来，共同拥有一个中台，既保留小组织的独立性、灵活性，又建立了"合并同类项"的大平台，如同联邦制运营组织。

用"气味相投"也就是共同的使命价值观来凝聚团队成员，这一招，蚂蚁们已经用了一亿年。凝心聚力、共建共享，正是这种"大平台小组织"的底层逻辑。这种方式虽然比直投直营方式难度更大，但是已经有了成功的案例，并且持续的探索者一直在路上。

凝心聚力共建共享的前提是寻找到志同道合者，是筛选蚂蚁中的"雄兵"。

2014 年，运联传媒（现已更名为运联智库）用了整一年的时间，寻找全国物流市场的区域零担"小霸王"；2015—2017 年，又用了整整 3 年时间，走访了 25 个城市 200 多个物流园区，遴选出 386 家"中国好专线"企业。用脚丈量市场，在默默地做着优质企业的筛选工作。

凝心聚力共建快递网，通达系的快递网络均已上市。

凝心聚力共建零担网，实践者如安能和壹米滴答。

凝心聚力共建大通道，聚盟、德坤、三志正在进行。

凝心聚力共建仓配网，"上和科技"正在探索……

蚂蚁变雄兵的三大步骤

过去 3 年，"上和科技"则一直在"是做物流企业的平台，还是做平台型物流企业"两种模式中思考、纠结、探索——其实，这也正是如何理解 2c 与 2b 的关键点。消费互联网平台，是无限的互联，日活越多越好，是流量的生意；产业互联网平台，是有限的互联，深入产业，提升分工协作，是效率的生意。这是两回事。物流是效率生意，不是流量生意。我们终于有了结论：未来的新物流，应该是由蚂蚁雄兵组织起来的数智化平台型物流企业。物流是一个规模化、网络化、分工深化效应都十分明显的行业。针对 2B 市场，既要实现规模化和网络化，降低成本提高效率，又要满足客户个性化服务和供应链的柔性化，这种联邦制的大平台小组织是最适配的组织形态。

"小组织"追求的是利润最大化，"点效率"最大化；而"大平台"追求的是总体效率最大化，"间效率"最大化。这是矛盾的对立统一体：深化分工可以提高交易效率，但是深化分工会带来交易环节的增加；交易环节多了，各个环节的交易成本也会随之提高。所以，需要有"三个制度"建设——信任机制、利益机制、协调机制。

"三大机制"的建立，需要洞悉人性，也需要谙熟物流业务流程。这涉及很多制度安排和流程设计：既要顺应人性，又要制约人性；既要对业务有深刻理解，又要对技术有前沿洞察。其中，有以下三大关键步骤：

一是"聚合"：选择蚂蚁中的雄兵组织化——

把小组织整合在一个平台的目的，也是要降低成本。一级平台做链接，输出标准，做运营支持，如品牌赋能、资源赋能、技术赋能、管理赋能等——未来真正要发力的方向，是降低非生产性成本，即管理成本；二级平台承接职能，做标准落地，做运营管理，以利他心态，给工具给方法，具体支持成员企业，让一个个蚂蚁变成雄兵——每只蚂蚁都能举起比自己重的东西。

蚂蚁更神奇的能力，是协同爆发的能量。"小组织"成员企业，他们是蚂蚁中的战斗机，是蚂蚁中的雄兵，其特点是：1.积极向上不屈现状；2.有一定的业务体量和基础；3.愿意分享共享；4.愿意遵守统一的协议规则和制度。

二是"链接"：用组织、用技术、用业务链接，最终的表现形式是数字连接。

聚合的目的是，让物流要素实现全链路全场景的整合。物流要素包括人、货、场、车、系统、金融。物流要素的大范围集成，需要依托全场景、全链路的链接与重构，需要将共性的物流要素结构出来进行共享，满足不同物流模式的需求。把100个农民聚合在一起仍然是农民，怎么样把100个农民合起来变成产业工人，需要做专业分工，育种的专业育种，施肥的专业施肥，收割的专业收割，运粮的专业运粮。

三是"协同"：通过分工实现协同，最终结果是网络协同。

分是合的前提，合是分的结果。分得清楚，才能合得高效。单元化工具和标准化技术是其中的核心。

要实现物流要素的可调用、可协同，就要对物流的组织形态的开放性、动态适应性提出要求。数字化打破物流组织边界，从过去的封闭式到开放式、从刚性到柔性、从中心化到中心化与去中心化并存，小组织的分工与链接、协同需要一个大平台。

物流效率的大幅提升，是建立在商业互联互通和广泛协作的基础之上的。只有实现产业链上下游的不同组织，在数据、业务和流程上的全面联动，才能驱动物流从价值链分工走向价值网协同，提升端到端的流转效率。

数字化，是企业进入未来的门票

每一个时代都有每一个时代的使命，每一个时代都有每一个时代的任务。

德鲁克说过："个体无所不能，又百无一能。"无所不能，就是指个体与优秀的组织相结合，有了更多连接后，就什么都可以做。因为有整个组织平台里其他伙伴为其赋能，个体就可以变得非常强大。但如果一个个体，不与任何人连接，不与优秀的平台组合，他其实什么都做不了。

在2019年的"运联峰会"上，我提出三个视角看当下：站在历史的长河来看我们这个时代的物流，站在宏观经济的角度来看物流产业的变革，站在未来的角度以终为始来看当下的选择。基于此，我提出了两个倡议：打破边界，在更大的范围内寻找解决成本和效率的最优途径；从竞争到竞合，参与到更纵深的专业分工、更广泛的协同合作中来。

链接协同，共创升维。这就是我们未来的新物流。

技术、模式、组织和物流的行业本质

文 / 徐水波
"天地汇集团"董事长兼CEO

Physical Internet，本质上是借鉴Internet的在线逻辑，针对物流做的一个以节点为基础的物流平台。

逻辑上倒还成立，但在实践中，多节点、多主体、多种服务的高度统一协同，还是有很多问题要解决。另外，就其根本而言，这种大一统的节点交换的枢纽体系，必定带有排他性的特征，在社会管理上也会存在障碍，尤其在中国。

大手笔？依然还是"旧瓶装新酒"

PI这手笔，大了去了。看看京东物流、菜鸟和顺丰，可能会怎么做？中国现有物流，特别是主体货量的公路物流，依托节点运输的货量不到15%(含快递)。积极的一面，是整合空间大；消极的一面，是整合非常琐碎。

2012年至今的这一波产业互联网，一开始都有平台想法，坚持到现在的，勉强只有"满帮"（干线）、"货拉拉"（市内）和我们"天地汇"，我们更像是节点化运输，因为只有我们是以运营调度为核心的。

但是，太难了……

货量整合、节点运营和在线链接机理，个人以为是关键。在目前的资本环境下，京东物流、菜鸟、顺丰，三家可能性更大；满帮、货拉拉、天地汇，我们三家勉为其难；其他的，就慢慢说吧。至少在快运的运营能力上，包括顺丰德邦和安能都很勉强，低毛利产业整合，太需要资源和耐心了。

从这个意义上说，我个人认为，PI还是"旧瓶装新酒"，能够说清楚，但没有什么新意，只是说法上有个更性感的名词和参照系而已。至于在特定场景下的实践，有严重的理想主义情节。实体世界的物流，最终的解决方案，一定是基于网络拓扑的高效节点化服务，一定不是纯粹技术上的。

颠覆性重构：成本优化

在低毛利行业，纯粹的技术思路是不可能走出来的。

流程管理和控制、链接效率和成本，以及网络的拓扑管理、对利益相关者群体的取信，等等，其根本是价值创造（满足已有的各种需求或者新需求）和成本大幅优化，这才为必要的技术投入，创造足够的经营空间。

成本的大幅优化，一定是运营模式的颠覆性重构。主成本在哪里，就得砍下来。不是所谓规模化后的成本优化，而是标准服务的成本优化。

市场是现实的，物流企业的估值普遍都不高。百亿资金投入，在以后的一段时间里，也都不可能了。突破口的选择，一定要在标准服务的成本结构上，在保障质量和需求满足的基础上，颠覆性重构。这个时候，需要技术就投入技术，需要合作就进行合作，需要资本就投入资本。

组织变革其实不难，难的是整合模式的选择，既要可信，又要成本可控。本质上还是生意，投入产出比应该有模型可以模拟。组织为战略服务，模式创新到位，才能有重组整合的机会，才能选择必要的队形开战，队形就是组织体系。物流存在的合理逻辑，就是用合适的成本和组织服务，去满足客户的需求。

用性感的技术术语，解决长链条、多主体、多设备、多节点的服务，实操的可能性太小。投资人不太会深入细节，更关注逻辑，臆想可能的收益。真正干活的人就不一样了，那是要分解到每车每环节实实在在的成本投入和收益的。一个不太交税、漏交社保，还经常用手工半手工、只有三五点毛利，还要被上游压账龄两三个月的行业，只玩概念、只强调技术，不能解决根本问题。

技术只是手段，链接才是关键

为什么京东比顺丰容易大开大合？因为链接上游，有协同效应，上游赚大钱，可以贴补物流端，物流在京东只是成本结构之一。顺丰就累了，要在纯物流链条内做运营优化，价格又说了不算，市场寡头后，市场才有标准。

对于整合，重要的是上下游特别是上游的深入链接，以创造价值空间和成本空间，供应链自身各环节的主成本，要能结构性优化。这个时候，什么 PI、技术、物联网、等等，都是工具和手段。

为什么说安能、德邦勉强呢？因为他们还是线路管理的逻辑，远未到整个网络和各节点拓扑的科学性运营。顺丰是我认为做大物流有机会的少数玩家之一，但它不纯粹，做快运的目的是什么？平衡成本还是拓展服务？和快递如何有机协同？网络和库区怎么协同？这次德邦并入京东，是个了不起的事情，等于把自己的儿子改姓别人家的了，我估计老崔的胸怀很大，他看到独立性发展不如京东这样链接上游的空间，融入才有更多的机会，做更科学更大的事情。如是，真的是了不起，是做大事情的格局！

PI、IoT，等等，都不过是手段，降本才是根本。谁成本低，加上服务需求高效地满足，谁就是王。

物流服务的本质是什么？

物流存在的本质是什么，这个永远不可以忘却，不能把手段当目的，把投资人当成了市场，把融资看作成功，这些都是不长久和不根本的。

没有技术，别扯创新和颠覆，但技术也不是目的，物流整体转型和突围，不只是技术能解决的。

有了资金，有了人才，有了技术，组合在一起的目的是干啥？做好物流服务啊！有一点可以肯定，物流服务的本质，还是线下物流服务的位移质量和效率的游戏。至于未来的"元宇宙"之类纯粹的线上虚拟世界，以纯粹的虚拟信息流为特征的虚拟物流服务，是比较可能的存在。

基于我对物流的观察，往上下游更加深入地链接、协同和共生，在合理的成本、效率和质量的前提下，进行包括海陆空、产业端和供应链端，以及供应链各环节的协同，才是实实在在的大趋势。

但就我个人而言，就不去凑"元宇宙"这个热闹了，把一件事做好就不错了，做好也就差不多退休了。

PI：重构我们的做事方法

文 / 钱钰
"集保亚洲"总裁

好几年前，第一次听到 Physical Internet 这个概念的时候，我很花了些时间，认真学习了解了一番，此后便一直在持续关注。我对这个新事物的兴趣，来自对物流行业现状的理解，以及我对互联网这个人类最伟大发明之一的信仰。

从20世纪90年代第一次发邮件，第一次用 Netscape 浏览器查询全世界各种内容信息，我的视野瞬间扩大，沟通的速度和联络范围迅速提升。我个人的成长，同样获得快速的发展。我身边所有的人，甚至是中国和全球乃至整个人类文明的发展，也进入了加速度的轨道。

现有物流的结构化瓶颈

互联网现在是人类生活和工作的重要一部分,从互联网那里,我们体验并认识到了去中心化、开放、共享资源、共守标准和规则,等等,能给社会和经济活动带来的惊人推动力。相信这样的推动力,顺理成章地,也能通过 Physical Internet,在物流领域里展现。

我们可以推理,如果把供应链中每个移动的物体,想象成为一个数据包,通过全世界所有的网络(运输)和节点(仓库和转运中心),按照一定的标准与规则,通过智能算法进行自动调度、协同与运作,效率肯定能获得大幅度的提升。

对物流行业熟悉的同人都有一个共同的认识:物流现有的结构和模式存在明显的瓶颈,阻碍着物流行业产生革命性的进步。

1. 当前物流都以公司为单位建构,以单个经济体为中心,从内向外发展。外部协同方式,以传统一对一商业协议为主,协议标准和执行,都是以有限的关联公司所需的物流环节作为出发点,进行定制化设计、约定和执行。

2. 各个国家各个行业,针对物流各细分板块,有着各种标准、要求和规定,都独立成局,只有局部概念,没有全局概念。

3. 各个公司的物流系统以孤岛形式存在,鲜有互通共享。可能有的公司在着急于某一项资源短缺的时候,另外有一家公司却拥有大量的这一类冗余资源。

4. 从原材料到成品,从生产到销售,供应链是个庞大的协同体系,但基于单个经济体以自身为中心的现状,效率低下,浪费巨大。

我在美国和中国物流行业工作了 20 多年,深入过国际空海运、合同物流、公路快运,以及物流载具等多个细分行业,目睹装备、道路、运输工具、信息技术等方面的进步,给物流行业带来了长足发展,也深切地感受到上述症结,在物流领域依然普遍存在。

重构我们的做事方式

Physical Internet 带来的去中心化、共享协议与标准、开放共享的理念,无疑是最让人憧憬的未来。它是建筑在现有无数个体物流体系之上的一个更大的架构。它不是提升我们现有做事方式的效率,而是将重构我们做事的方式。在 Physical Internet 下,大家用统一的标准、统一的语言、统一的行事规则、统一的合作协议,开放共享体系内所有的资源,平抑浪费,拉直供需,减少沟通和协同成本,快速达成交易交互,并能随时交叉校验,即时纠错。

Physical Internet 能做成吗? 我只能说应该能做成,但道路注定不会平坦。

互联网能成功,主要基于几个重要的底层因素:免费,开放,传输的内容本身就是数字化的,用户容易接纳这种新方式,试错成本低;互联网的发展,是创造新通道(线上),而不是改造老通道(线下);是政府推动,而不是商业机构推动;更重要的是,互联网发展初期,数据价值不高,用户不担心损失过大,等等。总而言之,即便失败,投入不大,损失很小。

这些对应到物流行业，情况会非常不一样。首先，供应链所有流程中的每一个动作、物品、设备，都需要先完成数字化。之后，这些数据要进入一个大家都认可的协议网络中，而且这个协议网络必须是低进入门槛，还必须能保护个体商业机密，又能共享开放资源带来的收益。前期的流程改造和数字化成本会很高，信任、数据与货物安全也会是比较大的挑战。同时，每件货物本身就是钱，潜在风险比较大。因此，如何为 Physical Internet 建立一个低试错成本的进入路径是非常关键的，需要大量的探索。基于以上分析，我认为 Physical Internet 的推动，将比当年互联网的推动更难，耗时更长。

未来可期

欧盟已经发布了 2015—2045 年 Physical Internet 的路线图，让我们可以看到一个有着明确时间表的路线图。衷心盼望我们中国，从政府到企业，也能启动全面的讨论和设计。

Physical Internet 的实现，不仅能带来人类近代经济活动和文明又一次飞跃，对于绿色物流和双碳目标的实现，也能提供整体的底层解决方案，这是值得我们共同追求的梦想。

三个成语，话说 PI 的"落地之路"

文 / 张玉晶
"聚盟共建"董事长兼总裁

PI 是一个很不错的理念，我想从以下三个方面来谈谈个人的观点：

第一，美好的理想，发展的方向。

从字面直译，PI 可以理解为物理国际互联网或实物国际互联网，它所描述的全球物流一体化的场景，无疑是具有非常大的吸引力，是一个非常好的理想。

从组织方式来看，物流和互联网具有很多相似的性质，至少"网"这个概念是相通的。因此，业内很早就有了"天网""地网"等理念和实践。现在 PI 要实现的，是如何让"地网"能像"天网"一样，做到广域的互联互通，最大限度实现资源的集约化和运营的高效率，这从整个行业的发展逻辑来看，应当说是一种非常自然的趋势和方向。

第二，现实的困难，落地的障碍。

网上有句话"理想很丰满，现实很骨感"，我觉得很适用于 PI。要从理念变为现实，PI 要走的路还很长。我想可以用三个成语来概括 PI 落地，可能遇到的困难和障碍——

一是"难分难解"。

从微观层面而言，传输对象不同的性质，从根本上决定了信息和实物在网络中的不同处理方式。任何信息都可拆解成二进制编码进行高速传输，完成传输后再组码重新成为信息。这是计算机最底层的数理结构决定的，给互联网的建立，打造了最坚实的基础。反观物流，在物理上，单件货已是最小不可拆解的单位，货物非同质化或均质化的关系，这就给 PI 描绘的互联互通在微观上造成了难以逾越的障碍。

同时，信息的传输本质上就是复制，即便发生错误，被传输的出问题的数据包多数情况下也不会对原始信息造成影响，大不了重新传一遍。而货物如果一旦出问题，就会存在损毁灭失风险。实际上，互联网出现以来，在高速传输信息的同时，就一直伴随着大量错误，这对于实物的网络世界，是难以承受的。

二是"削足适履"。

从中观层面而言，运营模式成立的前提，一定是基于规则的构建，PI 场景中，标准容器的设计和使用，就是这样的规则体系。标准容器的要求和非标准货物的现实之间不匹配，面临的是整个生产链条需要改造，需要削货物这个"足"，去适应容器这个"履"，上游生产端特别是 B 端的接受度不高。

上一点说到货物单元化"分"的困难，在实践中，采用"合"的办法，较为容易实现容器标准化。在"合"的方面，海运标准柜是一个比较成功的应用，但海运路线是单纯的线性结构，在网状结构的场景下，这套规则就无法一以贯之了。

三是"各自为营"。

从宏观层面而言，整个市场竞争的格局，形成了众多市场细分领域和进入壁垒，这也是企业的核心竞争力所在。自身的生存发展，是每个企业作为市场竞争主体的第一要务。而资源共享意味着要放弃一定的利益，激烈的市场竞争关系，使得资源难以在互为竞争对手的企业间实现充分共享。虽说有舍才有得，但在宏观上，实现起来有极大的难度，也不能指望全行业会同时具备这个自觉。

PI 场景也会造成企业安全责任的重构。在互联网领域，数据安全是一个永恒的话题，那么货物安全在 PI 场景下，将颠覆以往责权划分的界限。企业作为市场主体，所承担的风险应当是具有确定性的依据，而 PI 场景恰恰是具有高度的不确定性。因此从收益和风险两方面出发，多数企业可能对 PI 更倾向于保守主义。

以上这三点，分别对应着作业对象单元化、存贮容器标准化、网络资源一体化，都有相应的困难需要解决，要想有实质性的突破，并非一朝一夕之事。

第三，可行的路径，聚盟的实践。

事实上，正如互联网诞生发展以来，曾经历过的从局域网到广域网，再到国际互联网的演进历程，PI 同样会复刻这一路径。

在演进路径上，欧盟是一个极为成功的案例。欧盟的前身欧洲共同体，就是从市场领域的欧洲煤钢共同体开始，到欧洲原子能共同体和欧洲经济共同体，通过条约、协议，逐步建立起囊括整个欧洲的共同市场，进而实现了国家政体之间的联盟，成为全球重要的一极。

当前的网货平台、专线联盟、共同配送等社会资源整合形式，都可以看成是 PI 形成演进历程中的"局域网"实践。我们"聚盟共建"的诞生和发展，实际上也顺应了这一路径。"聚盟共建"基于整合线下零散的园区、专线、门店，形成了"点—线—面"三位一体的网络结构，结合线上的信息平台，增强上下游链条中合作伙伴的黏性，进而形成"体"——利益共同体。以协议为基础，规则为纽带，专营与共享相结合，兼顾成员企业间的个体利益和整个体系的共同利益，从而实现融合，产生聚变，培育共建品牌，应对市场挑战。

相信"聚盟共建"的实践，会为 PI 的演进提供一些有益的经验。

我的"铁皮箱"之梦

文 / 陈磊
原"商桥供应链"创始人、总裁

如果说《世界是平的》这本书，着重揭示了全球化和新技术对世界的影响及其未来趋势，那么《集装箱改变世界》这本书，则是一个姗姗来迟的追溯，依然以全球化的视角，把被人们所忽视的看似平淡的伟大贡献，深刻地揭示了出来。

"铁皮箱子"如何改变了世界

"没有引擎，没有轮子，也没有帆，不能吸引那些着迷于轮船、火车、飞机或者水手和飞行员的研究者。它没有光环，无法吸引那些研究科技创新的人的视线"，但就是这么一只貌不惊人、构造简单的"冷冰冰的铝制或钢制的大箱子"，却实实在在地改变了世界。实在是很奇妙的事儿——这只小小的"箱子"，却可以装下整个世界。透过这个看似简单的发明，我们可以看到其对人类社会的深远影响——从码头、港口、货船、卡车、火车，到发货人的操作模式，整个完整体系被彻底打破和重新集成，整个供应链和价值链条被彻底颠覆和重新优化，而其中关键的载体，就是这一个看似简单的标准"铁皮箱子"。

发明集装箱的人，叫麦克莱恩，是个美国人，人们叫他"集装箱之父"。其实他的贡献，绝不是"发明"了集装箱。

航运业的根本业务，是运货而不是通航。想要降低货运成本，仅仅只是靠"发明"了一只标准的"铁皮箱子",当然远远不够,需要配套一整套打破原有货物处理模式的新方法新系统,包括港口、货船、起重机、卡车,还有发货人的业已习惯了的操作方式,等等。不仅是已经习以为常的固化"旧系统",还有与旧有体系配套的制度"旧秩序",以及原有的利益平衡格局和某种长年积淀的文化"旧传统",等等。这些,都要发生相应的改变乃至"革命"。

经过了长达数十年的不懈努力,麦克莱恩的集装箱,终于改变了货运行业的整个操作模式,从工人装货、港口自动化装卸、船运拼箱到内陆卡车运输换箱、铁路、海运、公路联运,运营效率都获得了大幅度提升,也使自动化在这个领域里率先得到应用。"集装箱"就如推土机一样,"推平"着世界,"改变了整个世界的运转方式",让众多"井底之蛙"拥有了"全球视野"。

公路运输是否也可用"铁皮箱子"破局?

基于对"集装箱"的认识和理解,基于对麦克莱恩的敬意,更基于对当时中国物流"散、乱、杂"现状破局突围的迫切需求,几年前,我开始认真思考:中国的公路运输,是否可以借鉴海运模式?其实这两者之间,有太多相似之处。内陆的核心节点,能否采用海运港口一样的运作模式?是否可以有几种标准化、小型化的集装箱(一如现在流行的"单元化器具",或者Physical Internet 所说的"标准化容器"),可以在 16 米 5 挂车、13 米 5 挂车、9 米 6 车、7 米 6 车、4 米 2 车,甚至是火车上,进行自由切换?这样,从城市分拣,到干线,到支线,再到配送,就可以自由上下进出、无缝对接——有的货物诸如冷藏食品,可以一通到底全程不必开箱,以确保全程冷链没有"断链"。

就像"集装箱"最后把整个全球的业务链接起来,改变了整个物流货运行业的运作模式。我们认定:随着人工成本、场地成本、干线运输成本、配送运输成本等的逐年增高,中国公路运输这个领域,到了从根本上彻底改变的时候了。是否可以从运输工具这个角度出发?是否可以有一个标准的"铁皮箱子",在公路运输领域,链接省际、城际、同城之间,在不同的车体上,进行自由切换,并最终形成海运、空运、铁路、公路的多式联运?能否把自动化、无人驾驶、无人叉车、智能化分拣等自动化技术,通过这一个"铁皮箱子"串联起来呢?

我们看到:无论是国内还是国外,这些年都已经有人进行探索实践,日本在这方面尤其走在世界前列。与其幻想空谈,不如躬身入局,通过我自己一手创办的"商桥供应链",我们开始了艰苦的实践探索。

"铁皮箱子"实践给我的感悟

虽然"商桥供应链"的"铁皮箱子",一度受到了颇多关注,公司也因此吸引了几轮投资,但最终还是半途而废。总结经验教训,个人认为:想要建立一个公共的系统,需要切实面对以下几个难点。

首先是标准,需要找到这个"铁皮箱子"的标准。谁来带头执行这个标准?这绝非靠某个企业或者某个个人,"一拍脑袋"凭"一己之力"就能够推动的,需要大量的实践研究,需要大量的数据模型,切实找到这个合适的"标准"——这就需要大量的"试错性"投资,这属于改变行业的、民生性的基础设施建设。另外，包装的标准、托盘的标准，能否在这个"铁皮箱子"里面，获得装载率最大化？货车与车厢分离后，这个标准的"铁皮箱子"，是否可以装载在不同的车体上？这也需要一系列的标准，也会碰到与那位"海运贸易史上最伟大的变革者"麦克莱恩60多年前同样碰到的、并非技术性的问题。

其次，需要一个标准的系统接口。这个系统的接口应该是开源的、去中心化的、分布式的存储，而且不可篡改。如此，不同的企业都可以去维护，最终形成社会化的大分工，从而彻底解决信用问题，从前端下单、箱体扭转、单据的链接、货款、运费，等等，都形成一个透明的机制。好消息是：这些年来，区块链技术的蓬勃兴起、日益成熟，并越来越为大多数人所熟悉，相信不远的将来，这方面应该会有所突破。

再次，箱子和车体的智能化调度，以及路由的设计、节点的设计，怎样才能效率最大化？这需要智能化算法的研究，需要大量的科研人员参与其中。

未来的物流供应链体系，是一个去中心化的网络体系。这一网络体系，将呈现模块化、单元化、标准化、智能化、自动化等特性。每个模块、单元，都应是标准的、智能化的，每个节点都可以相互交换，每次交换的数据都可以分布式存储，并且数据不可篡改、可查询、透明，可以彻底解决信用危机带来的一系列问题，也可以彻底优化中心化信息孤岛引起的效率低下问题。

这张供应链大网是开源的，是通过整个社会化大分工，共同建设这张大网，共享这张大网资源，社会效率会由此大幅度提升！我始终坚信：只要能够想到，只要坚持不懈，就一定可以实现。我曾经实践过，也曾拿到了国内知名资本的投资，也许当时天时、地利、人和尚不适宜，也许这个宏伟蓝图的实现，还是需要政府的大力推动，我的"铁皮箱"之梦并未如愿。

现在，国家层面提出了"统一大市场"的概念，也许天时、地利、人和已经具备，我期待着梦想的那一天，能够尽快到来。"嫦娥"可以奔月，相信这个简单又不简单的"铁皮箱子"，一定可以再次改变世界。

理想很丰满 落地不容易

文/饶国荣
"壹米滴答"总裁

Physical Internet 是一项值得研究和探讨的"理论"，对于集约社会成本、提高物流效率，以及相应社会、环境等问题的改善等，不失为一个思考方向。

从落地的角度，构建和部署如此庞大的、开放共享的、去中心的分布式物流系统并稳定运行，已不仅是商业合作层面的共识所能推动。第一，这要求全国、全球的物流企业跨组织、跨地域执行一致认同的协议和标准，解决政治、人文、经济、技术、法律的差异，包括利益重新分配、国家安全战略约束等，以及如何消除壁垒、共享资源，明确政府和企业所参与的角色，这并非短期能解决的问题；第二，Physical Internet 是用全新的组织业态和协同方式重塑供应链，很大程度上影响生产、流通、销售生态，如何协同，让商流向下接受物流的改变，包括一些个性化习惯或需求的满足，这也是一个先决条件；第三，我们借鉴 Internet 来畅想 Physical Internet，有一个基础因素是因为数字信息互联互通的速度快、效率高，用户基本不用关注和监督过程，但物流运输过程中的交通、天气，以及人、场、车等诸多因素、环节影响，如果达不到用户预期的体验，甚至全程的可靠性、稳定性难以把控，那也就不具备基于 Internet 的基础认知了。这就不仅是规则层面的约束和保障了，更需要有服务兜底的角色来参与。

当然，新技术、新理念、新生态的出现或许能推动变革，突破瓶颈，亦或是在局部能取得探索进展、以点带面构建雏形。当前日本、欧盟、美国在进行 Physical Internet 实践，我们应当去观察、思考和借鉴，从一国向全球复制成功经验未尝不是一种路径。其实，Internet 就是"网间网"，而目前 Physical Internet 直接从全球链接做起的条件并不成熟，那不妨畅想一下，如果 1.0 阶段能先在各个国家落地，那 2.0 就是打通国与国的连接，3.0 阶段实现城市与城市的跨境直连……

回到行业当前的实践，国内中小物流群体对运力"拼车"，集约降本，抑括一些物流企业在末端偏远地区采取"共配"，都是在单个节点的资源共享，基于公允的信用规则及合理的利益分配来落地。特别是随着物联网技术的不断成熟，围绕仓、运、配等各节点的集约共享场景也越来越多。但企业间要做到真正的互联互通，打造社会化的公共平台，需要解决的问题有很多。对于国内的头部快递、快运企业来说，都组建了自己的物流网络，每一家企业基于自身运作规则、线上平台，全国点与点之间能通过密集的转运节点、路由规划，实现物流实体网络的通达。站在末端的物流网点角度，这就是平台提供的"Physical Internet"，而要想从社会面去协同，关键在于融合企业各自的经验和特点，平衡整体的利益，才有可能打破相互的壁垒。

还有一点，物理（货品）流动去匹配信息流动的速度，永远是滞后的。通过社会化分工的深化和供应链升级，基于大数据分析，可以做到前置布局，让货品位移提前预判和发生，用最集约的方式解决前端分配，最优化中转和库存成本，并在末端瞬时响应，用最短距离交付。这当然不仅限于一两家企业设了多少个前置仓，而是整个物流行业针对不同产业都能匹配更高效、更智能的供应链解决方案。

商业模式的理想大多很丰满，而现实中一步一个脚印的实践者，更值得赞赏。每一名企业家尝试去探索、去突破，正是在为行业开辟新的道路。

要模仿 先理解

文 / 刘雪飞
"敏思达信息" CEO

　　Physical Internet(物流互联网)，把全社会组织成一个类似互联网一样的物流大网，让所有的货物都能够跨组织、跨平台地流通起来，实现类似互联网一样的互联互通，这是一个理想，一个理论上的模型。它的积极意义在于：让我们用更广阔的视野，去思考和推动整个社会物流组织方式的变革和效率提升，进一步促进数字化运营的创新。这一点，是值得肯定的。

一、要模仿先理解

　　谈到互联网，大家可能有个误区，认为所有的东西都是即需即得的，想要啥马上就有。其实不是。互联网真正标准的只是底层的协议框架，不同的应用还要开发不同的软件工具和考虑数据和文件的存储，以及读取效率和安全性，等等。

　　例如你要看新闻等信息，那么就要开发网站和浏览器；你要发邮件就要开发和部署邮件系统，而且不同的邮箱之间数据也是不共享的；你要社交，就要开发博客、微信、Facebook；你要玩短视频，就要开发抖音等。

　　更大意义上，互联网是构建了一个基于网络协议的新生态。

　　要模仿互联网做物流互联，不能简单地理解为：一个标准化的货物包装，通过数据驱动与识别和跨企业的流转，就达到了某个"终极目标"，就实现了资源效率的最大化。

二、两个观点

　　以上是我的一点思考。我再谈两个观点。

1. 业务运营型的平台企业，是物流互联网的一种初级模式

　　目前的物流创新中，已经出现类似互联网这样的组织形态的案例，只不过是局部的业务，或者是封闭的网络平台。

　　我们看顺丰这样的快递网络，它就是用分布式的组织，服务分布式的客户，它的组织架构像不像一个物流互联网？你想要的互联网的要素它都有，标准化、共识机制、共享、分享与协同、安全机制等，只不过它是通过统一的信息管理平台来协同管理。

　　咱们展望一下，按顺丰现在这样多场景、多业务拓展，数字化管理加持，这样持续发展下去，只要能够满足这种网络化平台化运营的产品化业务，基本上可以做到"一家通吃"。

所以一家做得足够大，可以发展成平台型企业，控制体系内所有的物流入口和数据入口，在体系内持续优化成本与打造数字化驱动的运营体系，形成"数字防火墙"支撑下的生态型企业，会不会最终发展成一种互联生态呢？

当然啦，京东也可以这样做。这还不是普遍意义上的开放互联，可以说是部分地实现了内部体系的生态互联。

还有我们目前关注到的加速成长的城配外包业务，大量平台化企业把末端派送任务外包给新能源车队，快速形成庞大的资源型组织，通过一体化平台操作实现订单推送与状态反馈，初步实现了平台下众多企业的一体化协同运营。这算不算是又一种初级的物流互联呢？

我认为，业务运营型的平台企业是物流互联网的一种初级模式，虽然是局部的和有限开放的。

2. PI 物流互联网的理论模型非常适合于顶层设计

从来源看，物流互联网更像是一种技术方法论，希望通过参考虚拟互联网结构和体系模型，对照构建基于实体物流的互联互通模型。虚实之间，物流和信息流也许存在巨大的属性鸿沟，挑战很大，这需要物流的规划和管理精英们共同努力，去发现、去探索、去解决。

宏观层面，平台型企业甚至国家物流战略规划，都可以采用自上而下的设计方法论，PI 物流互联网的很多理念和模型，对于体系化的设计都是非常值得借鉴的；微观方面，物流企业在落地的创新实践中，建议采用自下而上的方法论，"接地气""重实操"，快速迭代，小步快跑。国家战略自上而下，企业创新自下而上，这样 5~10 年后也许大家就能在中间会合了。

三、一个难题：人性

物流全面互联的终极目标是积极的，但是，社会化的物流企业，不能彻底解决商业竞争的排他性，根本来看是人性。逆人性而为的难度太大了。

就像现在的互联网，某些网站是访问不了的；你想为卖家开发点系统去访问某些电商平台，数据接口是不开放的，等等。

人性不变，商业竞争逻辑不变，互联合作就只能是有限的。

四、结语

当然，这只是管中窥豹之见。站在现在看过去都是方法，站在现在看将来都是困难。创新都是小步快跑式的，经过一段时间的迭代，蓦然回首，很多问题和困难都已经解决了。

一起畅想未来！一起加油！

"PI思维"助力抗疫保供

文 / 李国杰
"聚坤供应链"联合创始人兼董事长

我赞成"道裕物流"创始人陆小建陆总的观点:所谓Physical Internet,就是"实物体(P)遇到了互联网(I)",就是"物流的物理性(P)和网络性(I)的有机结合"。这场"革命",实际已经在我们经销商领域悄然展开。

"聚坤供应链"的出现,就被认为是"中国经销商行业的一场自我突破和自我革命"。这是中国第一家由快消品经销商组建的物流联盟公司,以"聚合(新商业)、织网(新商机)、共生(新物流)、裂变(新生态)"为价值理念,旨在以各地经销商现有的物流体系为基础,组建一个触达城镇乡村末端零售门店的全国最大的快消品经销商物流"毛细血管"网络。"聚坤供应链"希望通过5~10年的努力,以物流链接全国100座城市的合伙人,从中挑选出1000个品牌做赋能服务,完成对100万家b小店的配送服务,通过帮助其从(2b)店老板向(2C)团长身份的进阶转化,改变1亿个家庭的生活方式。

按照我的理解:Physical Internet 实际就是一种物理状态的物流新生态(P),就是"大平台,小组织"的新型"共生组织"——既能确保"小组织"的灵活性,又具备了"大平台"的协同性;Physical Internet 实际又是一张物流供应链的神经网络(I)——物流信息流融为一体,"数据链接,网络协同"。至于各种软件技术与硬件设备,等等,都不过是在持续支持和完善"P + I"的"PI(π)"生态"而已。

从"我有什么"的"推",到"你需要什么"的"拼"

发起"聚坤供应链"的最初构想,正是缘于2020年春的"武汉抗疫",需要打破种种"割据",建立种种"柔性"。2022年的这次"抗疫保供"行动,又让"聚坤供应链"的生态企业对"PI思维理念",有了更为深切的感悟。

河北唐山,疫情期间由于大卖场全部关闭,保供点社区小店成了主战场。这些社区小店的商品来源,主要就是靠聚坤(唐山)保障配送的。这个时候,"聚坤供应链"的"大平台"发挥了巨大威力——客户可以第一时间,向平台提交订货需求,虽然每日订单数量和笔数激增,金额都是平时的数倍,但得益于强大的数字化"大平台"支持,订单导入下发、仓库拣货复检、调度派车、司机装车送货,以及结算等,一气呵成;按照"从经营产品(B2C)到经营人(c2b)"的理念,我们打破了原有以自我为中心的线性供应链,变成以客户为出发点的网状需求链,细分送货片区,缩小单车配送范围,依赖小程序订货,保证送货的及时性;医院、学校、大型企业等团体的保供物资需求,往往是突发、大量、急迫的,"大平台"在"数字链接"下的"网络协同",就更显现出其威力了……

随着时间的推移和封控的深入，各社区便利店也不能正常运营，"聚坤供应链"的"大平台"，发挥出迅速聚集颗粒度"小组织"的作用——迅速组织和建立起社区团长体系，组织社区开团和分发货物，送货上门提供保障。社区团购需要锁定库存、在线支付、高效配送、完善客服，这些都是新的考验。同样居家的聚坤（唐山）电商团队，发布了火线入团的团长招募公告，报名者众多，仅一天时间，就建立起"快团团"社群营销模式，发展出数百位团长，覆盖全市310个社区。小范围集聚，群接龙操作，社交关系基础，或"自救"或"互助"，聚坤"网状柔性供应链"支持的"分布式商业"，通过与骤然涌现并各显神通的团长"蚂蚁雄兵"的合伙共生，基于群，基于LBS，从基于"我有什么"的"推"，到"你需要什么"的"拼"，实现了灵活销售，印证着"合伙制生存"的新商业逻辑。

从属地化"点的深耕"，到全局化"网的协同"

如果说聚坤（唐山）还只是属地化网络的"点的深耕"，聚坤（武汉）的上海保供，则是全局化区域的"网的协同"了。其中的关键，依然在于"大平台"的信息传递和处理的"神经枢纽"功能——各式各样客户或"小组织"灵活多样的需求，组成信息流汇总到"大平台"进行分析，协同优化出各物流资源和配送路线，以实现高效和智能化物流。

聚坤（武汉）在其总经理——"聚坤供应链集团"联合创始人涂丽琼的率领下，多方面与上海政府保供组织、团体和供应链取得接洽和业务对接，进行产品组合方案的设计和确认，对接上游厂家货源调集和组织到达，按需求进行产品二次分包装车……在数量大，时间紧，分拣包装难度大的情况下，先后组织了50000份金锣火腿肠、40000份伊利牛奶、52000份雨润红肠、50600份好想你红枣、52000份金日麦片等供应，充分感受到"大平台，小组织"和"数据链接，网络协同"的力量。

面对突如其来的疫情，光靠几个"大个子"企业，显然"孤掌难鸣"，根本"撑不住天"，需要发动人民群众的力量。身处一线、灵活敏捷、及时响应、富有弹性的"蚂蚁雄兵"，似乎能更有效地应付"VUCA(Volatile 不稳定/Uncertain 不确定/Complex 复杂/Ambiguous 模糊)时代"的"黑天鹅"。

如何在关键时刻，能让"蚂蚁雄兵"们"拉得出，顶得上，打得赢"，瞬间圈起"沙尘暴"？在这次"抗疫保供"过程中，唐山、武汉、合肥等"聚坤供应链"的属地化生态企业，做出了有益的探索——基于"大平台，小组织"架构模式，充分发挥以信息化为核心竞争力的全国供应链服务平台的职能，广泛连接甚至帮助组建"蚂蚁雄兵"，全方位赋能，全环节管控，以满足需求端的突发化、碎片化、多样化、特殊化的"新四化要求"，为各地的保供工作做出了巨大贡献。

我不知道 Physical Internet 的终极"范式"，到底会是个什么样子。我想它应该是由千千万万"大平台，小组织"构建起来的，一个开放连接、协同共生、互能依存、规则共识的大生态。我想，不管将来如何，这种"PI思维"对于我们今天的现实工作，就有很好的指导意义。

抢菜、通行证与PI的局部实践

文 / 潘炜
"启橙中国"创始人兼 CEO

假如 PI 真的建成了,在疫情期间,我们绝不会再为"抢菜""真假通行证",以及"如何保供"这些事情而发愁了——PI 会将"蔬菜和水果"这些"奢侈品",在我们规定的时间,以规定的方式,送到家门口……所以,PI 是一个物流和供应链的理论模型和进化方向,从政府层面来说,更是一个宏观规划,PI 也是人类"共产主义"实现的基础设施,对提升全社会物流效率,实现帕累托最优,具有理论和现实意义。

疫情期间,我们看到了冷链物流领域实现 PI 的挑战和机会,理想还是很大。回到当下,我们还是先把抢菜的问题解决。

就标准化容器而言,我们目前托盘还不能够全国统一,车辆不能全国统一,如何奢谈 PI?商品相对数据,中短期内,也是无法标准化的(看来只有 3D 打印,可以彻底改变制造方式和流通方式),生鲜市场尤其如此,蔬菜的多样性、季节性、消费高频、低价值、短保质期、高损耗、单位购买量少等特点,导致商品本身标准化程度低。

再从需求端来看,诉求极其简单和清晰,一次配齐,每顿有菜、肉、饭。满足上述需求的流通环节的容器标准化和包装的标准化是难题:对于 B 端而言,托盘和周转箱首先需要标准化;对于 C 端而言,在双碳目标下,可回收重复利用的标准化保温箱更是挑战。疫情期间,假定用保温箱,消杀问题又如何标准化?用塑料袋?这些都是我们需要加快思考和实践的。

从开放高效的节点来看:PI 相应的 ISP 是物流网络企业,各物流网络企业在自己的网络(局域网)内,PI 可以实现,即局部帕累托最优,但对于各物流网络企业来说,比如顺丰、京东、菜鸟这些全网型骨干网络,节点交换的网络体系,本质上是企业的竞争壁垒,必定存在排他性,是专用和封闭的,资源和能力不能社会共享。对于冷链物流而言,由于冷链的重资产属性,开放、高效、共享、标准化的冷链设施,首先可以满足流通环节的各项功能性需求(存储、分拣、包装、配送等),实现质量可控和交付的标准化,同时,开放/共享的冷链物流设施,可以提升冷链资产的使用效率,降低全社会整体的物流成本。疫情之下,建设分布式的冷链物流节点,通过标准化的网络协议,实现互联互通,对于提高交付的可靠性,具有现实可行性。封闭企业专属的冷链物流节点,可以通过全社会其他节点的功能,替代实现链条的完整性,提升在疫情这种应急情况下的韧性,菜在哪里仓储和分拣就不是问题,不必担心个别冷库被封的问题。只要有开放共享的冷链物流节点,全社会就是一盘棋。

从网络协议来看:就组织方式来说,互联网是以社会化方式来组织的,实体物流则还是以企业为主体来组织的,网络协议涉及企业商业机密,是企业的私有产权,只有开放带来的可实现的收益远高于成本和风险,才会实现互联互通,所以,PI 就全社会层面而言,是需要国家推动和引导的。当然,类似"中国邮政"这样的国家基础设施,在局部和末端是可以共享的,这是例外,它体现了"公共产品"和"非竞争性",但其效率低下也是众所周知的。就疫情防控而言,全国范围内的互联互通,恐怕不是一张"老式"通行证能够解决的吧?至少也可以搞个带有"活体检测"功能的人车实名认证吧——和核酸检测联动,线上发放,全国联网。如是,效率高、成本低、不容易被伪造,买菜车辆全国联网查询,"菜查查"一出来,会极大减轻大家的焦虑,还特别应景。

就冷链物流而言,PI并非革命性的概念,而是整个冷链物流行业当下正在进行的实践:容器如何加快实现标准化?冷链物流设施如何实现通用、开放和共享?如何实现标准化的接入……如何不断提升物流效率,不断通过局部优化,实现全链条和整个系统的优化?

首先在特定区域、特定范围和特定链条内,实现PI理想,这是值得我们现在共同努力的。相信冷链物流实现PI后,经济价值会非常高,这也是所有冷链人的梦想。

在冷链物流这个领域,"启橙中国"所提供的冷链基础设施,就是冷链物流的关键节点,具有通用、开放、共享的特点,满足生鲜供应链"三高一低"的目标:高可靠性(合规、安全、温度、质量可控)、高效率(服务生鲜的高流量和高周转)、高柔性(温区和面积可变,服务变化的需求)、低成本(标准化、通用性、全社会资源共享,实现全生命周期和全链条综合成本最低)。满足不同生鲜场景的"启橙中国",就是支持实现冷链PI的关键点,同时将数字化赋能客户,为客户的作业标准化、信息化、智能化,提供可靠的共享基础设施,实现全链条协同。"启橙中国"从核心城市的冷库布局开始,将最终实现全国冷链设施联网,从而搭建冷链设施的全国性PI网络。

最后从政府层面,提三点建议:一是各政府和行业协会,需要制订"十四五"PI发展规划,以此为抓手,实质加速推动和落实全行业标准化工作;二是建立全社会PI参与者的利益分配机制,做好前期研究,进行小范围的实验和仿真,为全社会推行PI打开一条探索之路,以提升全社会的物流效率,降低物流成本;三是考虑实现全球性PI与各国家安全之间的矛盾,抓紧制定相应的对外投资标准化工作,结合"一路一带"倡议,避免对外投资中的重复建设,实现真正意义上的互联互通。

3·14,不过是一个平常的日子

文/尚尔斌
中国信息协会智能物流分会副会长兼秘书长/"智瑞云供应链"总经理

除了传统东西方节日,新新人类也创造了很多新节日,如圆周率日(3月14日,又称π日、

π节、PI Day），就是其中一个特殊的存在。3月14日，是一年一度庆祝数学常数π的日子，一般是全球各地的一些大学数学系，举办派对这类小型活动来庆祝。圆周率π是个无理数，是一个在数学、物理学中普遍存在的数学常数，在航空航天等领域研究中有着重要意义。

PI Day，本来可能就是个和程序猿节（俗称码农节、1024 Programmers Day）等类似的一个小众节日，却因为PI可以看作或者理解为Physical Internet（有物理互联网、实物互联网、智联互联网等不同的中文翻译）的缩写，而Physical Internet又提出了模块化、单元化、标准化、智能化这个所谓面向未来的新概念，便有观点认为π节是一场确确实实的终局"范式革命"，甚至可能这就是当初我们无法预见无法说清、现在已经扑面而来的"新物流"！

虽然自己在物联网科技领域也有几年耕耘，小有体会，却只能算个初入门者，20多年实体物流与商业领域的磨炼，让我这个技术小白宁愿也只能换个视角，从社会与产业商业逻辑层面，谈一下个人拙见。

首先，π日或PI Day所谓的PI，与Physical Internet所谓的PI是两个截然不同的概念，逻辑上、理论上、实践上都没有任何必然联系。尽管圆周率π和Physical Internet对应的PI，有读音的相近甚至可以说是相同，但它们各自在人类对未来、未知的探索中，会发挥什么样重要的作用，也许现在还不能真正洞察，就如同我们人类今天对宇宙、对未来的认知，还有太多未知一样，但可以肯定地说，他们没有必然的联系或共同点。

其次，Physical Internet所谓的PI，和互联网(Internet)、物联网(IoT, Internet of Things)、人工智能(AI, Artificial Intelligence)、区块链(Blockchain)、元宇宙(Metaverse)等新技术新方法类似，都应该是人类社会发展和对世界探索的一项突破或进步，给我们带来的影响，绝不会仅仅局限在物流的终局"范式革命"这么狭窄、这么具象。真正可能带来物流终局"范式革命"的，也绝不会仅仅是某一项单一的技术突破或进步。

过去20多年，互联网、物联网等技术进步和普及，确实给整个世界、给我们的商业社会和人类生活，带来了颠覆性的翻天覆地的变化与变革，但都不可能是单一技术或概念突破带来的。况且，就模块化、单元化、标准化、智能化这个所谓面向未来的新概念而言，已经是

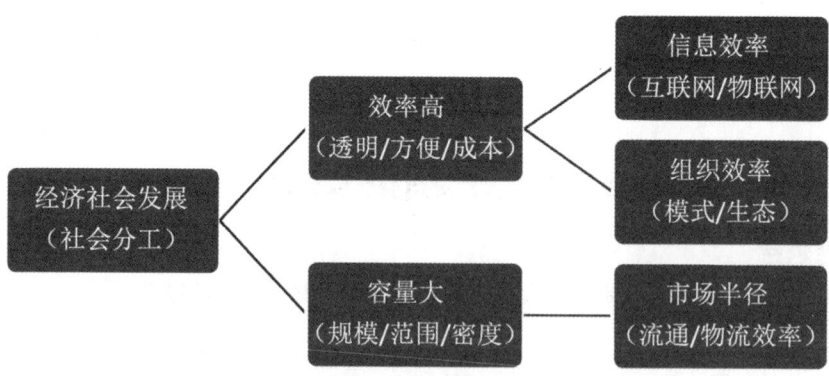

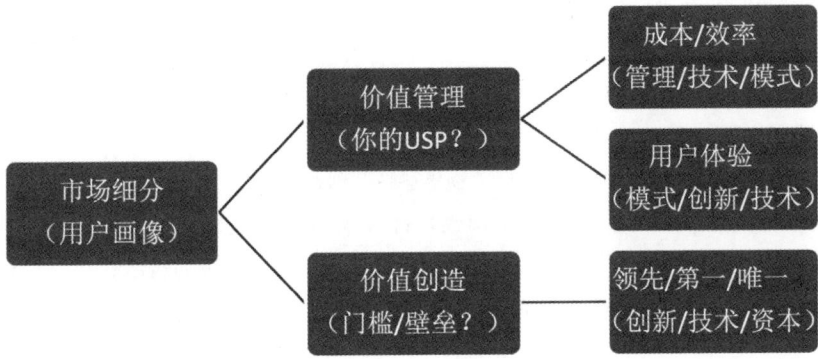

在过去几十年的物流进步实践中，被广泛认知并在逐步普及使用的方法与技术手段，在设计与生产领域也有很多普及应用，带来了广泛的效率提升改善，谈不上是什么新概念，根本上也就是"新瓶装旧酒"。

从经济社会与产业发展的逻辑上看，整个经济社会的发展进化史，同时也是社会分工深化的进化史，其中人类文明与科学技术进步是最根本的推动力。

从产业、行业企业的发展逻辑上看，也是在科学技术、商业创新驱动下，效率不断上升、成本不断优化，从而带动产业升级甚至更新迭代的结果，物流与电子商务产业企业过去20年的发展更迭与升级中，有太多这样的案例，如亚马逊、UPS、DHL、京东、顺丰，等等。

从上述发展逻辑以及大量鲜活的案例中，我们还可以看到，驱动经济社会与产业变革到来的，科学技术与创新一直是最关键、最重要的力量，是那个时代各种技术与创新力量的集合。

PI：统一大市场的基石

文 / 高小美
虹桥海外华商会进博及贸易促进中心 秘书长

百年未有之大变局叠加全球疫情的影响，给全球产业链供应链带来巨大冲击，物流体系的脆弱与紊乱，需求与供给的受阻甚至中断，导致全球供应链乱象丛生，波及各国各地各个方面。

围绕构建"统一、高效、稳定"的物流体系，确保发生"自然灾害、公共卫生事件、地缘政治冲突"时，物流供应链保持"安全、敏捷、有序"的运转，引起世界各国的高度重视。

这便是 Physical Internet（实物互联网，简称"PI"）提出的初衷。因为全球疫情，以"建立一个开放统一、互联互通的全球物流网络"为目标的"PI"，在欧盟、美国和日本等地如火如荼地展开，相继成为其国家战略：已制定出明确的战略目标、路线图和实施时间表。

上海疫情期间，"中国 PI 第一人"、"物界科技"创始人田民由虹桥发出一篇文章，一石激起千层浪，引发物流界相关人士的百家争鸣：探讨如何通过一整套统一的规范协议和智能接口，发送和接收标准化"容器"承载的实体商品，有效提升物流供应链的运作效率，实现物流一体化持续发展——也就是推动 PI 如何在中国落地。

天时：国家有期待，市场有需求

积极参与全球"PI"的标准制定与实践，将其作为重大战略，系统地进行顶层设计，形成中国"PI"的时间表、线路图，时机兼具，条件成熟。

一是国家有期待。在全球"物流革命"和"产业链重塑"的进程中，积极参与国际标准制定，提升在全球物流供应链中的话语权，已成为国与国竞争的"未来战略竞争的核心"。习近平总书记在第四届"进博会"主旨演讲中，明确提出"中国将坚定不移同世界共享市场机遇"，"中国将推进内外贸一体化，加快建设国际消费中心城市"，"构建现代物流体系，提升跨境物流能力"；而为应对 2022 年春的新一轮疫情，李克强总理专程到交通运输部考察，强调"交通是发展的先行官。要坚持适度超前，加强交通基础设施和现代物流体系建设"，要"建设统一开放的交通货运市场体系，降低全社会物流成本"。

前不久，中共中央、国务院正式发布《关于加快建设全国统一大市场的意见》，从全局和战略高度明确提出：要实现"持续推动国内市场高效畅通和规模拓展"，"进一步降低市场交易成本"，"促进科技创新和产业升级"，"培育参与国际竞争合作新优势"等"五大目标"，为构建新发展格局的基础支撑，确保我国在复杂严峻的国际形势中，实现"以国内大循环和统一大市场为支撑，有效利用全球要素和市场资源，使国内市场与国际市场更好联通。推动制度型开放，增强在全球产业链供应链创新链中的影响力，提升在国际经济治理中的话语权"……

二是市场有需求。贸易的通畅，需要有物流供应链"基础设施"做支持。就虹桥国际中央商务区而言，围绕"PI 核心三要素"（标准化"容器"、开放连接的"节点"、共识规则的"协议栈"），以物流基础设施一体化，推进长三角产业链供应链一体化，进而推动构建"内外贸一体化"，培育参与全球竞争新优势——这是虹桥承载着国家战略责任与使命的重要内容，也是加快建设全国统一大市场赋予虹桥先行先试的重要任务。

在全国统一大市场背景下，"持续推动国内市场高效畅通和规模拓展"，以及"破除妨碍各种生产要素市场化配置和商品服务流通的体制机制障碍，降低制度性交易成本"，都需要"强化市场基础制度规则统一"，需要有一套高效的运行规则，废除妨碍统一市场和公平竞争的各种规定做法，破除各种封闭小市场、自我小循环。

在全球疫情的大背景下，应对国际国内复杂严峻的形势，推动"内外贸一体化"建设，增强在全球产业链供应链创新链中的影响力，提升在国际经济治理中的话语权，就要求我们必须打通国内国际双循环的节点；增强"供应链"的韧性，保障民生不受"黑天鹅"影响，破除产业链供应链的"痛点"和"堵点"，就要求必须推动各节点的高效连接，构建一体化市场的基础。

地利：虹桥有优势，目标已清晰

一是虹桥有优势。参与全球"PI"的标准体系设计研究和落地示范建设，加快建设全国统一大市场，在虹桥国际中央商务区加强物流基础设施建设，推动内外贸一体化发展，具有得天独厚的优势。

就定位而言，虹桥作为中国经济强劲活跃增长极"极中极"和联通国际国内的"彩虹桥"，是"长江三角洲区域一体化发展国家战略重要承载地""虹桥国际开放枢纽建设总体方案核心承载区"。作为服务占全国国内生产总值的25%、全国物流体量40%的长三角一体化发展国家战略的排头兵，虹桥承载着"打造国际开放枢纽，形成全球高端资源要素配置新高地、形成开放型经济新体制、加快形成以国内大循环为主体、国内国际双循环相互促进的新发展格局"的战略任务。

就产业而言，虹桥作为国际会展之都的重要承载区、富有特色的现代服务业集聚区、总部经济集聚升级新高地，吸引了大批的民营企业总部、跨国公司地区总部的集聚发展。同时，虹桥拥有集航空、高铁、长途客运、轨交、公交等各种交通设施于一体的综合交通体系，云集了占中国物流"半壁江山"的物流企业总部、物流信息互通共享技术及应用国家工程实验室等研究机构，承载着"打造联动长三角、服务全国、辐射亚太的要素出入境集散地，促进物流、信息流、资金流等更加高效便捷流动，全面提升全球资源配置能力"的战略任务。

二是目标已清晰。以推进区域统一大市场试点、推进市场设施高标准联通、建设现代流通网络为目标，参照欧盟、美国和日本等国家和地区实施PI战略的时间表和线路图，计划第一步通过3年(2022~2025年)时间，在虹桥国际中央商务区先行先试，以"PI思维"构建"PI生态"基础设施，从而推动优化商贸流通基础设施布局，加快数字化建设，推动线上线下融合发展，形成更多商贸流通新平台新业态新模式，以长三角区域市场一体化建设促进内外贸一体化发展。

形成产业集群的"PI生态"

构建第三方物流整合平台。以"培育一批有全球影响力的数字化平台企业和供应链企业，促进全社会物流降本增效"为目标，按照"PI三要素"维度——标准化容器(PI/πContainer)、高效的节点(PI/πNode)、开放的协议栈(PI/π Protocol)——在虹桥建立基于"标准、连接、规则、共识、共享"的 PI(实物互联网)数字化第三方物流整合交付平台，为整合长三角乃至全国的产业链供应链资源,在新一轮数字化浪潮中占据制高点。这一为构建区域统一大市场打造的基础设施,将为畅通国际国内双循环、促进内外贸易一体化奠定基础。

打造标准化的示范枢纽。以"推动国家物流枢纽网络建设,大力发展多式联运,推广标准化托盘带板运输模式"(加快建设全国统一大市场)为目标,以"抓紧规划建设一批集仓储、分拣、加工、包装等功能于一体的城郊大仓基地"(上海市加快经济恢复和重振行动方案)为契机,充分发挥虹桥快递网络公司"四通一达",快运网络公司德邦、安能、壹米滴答,以及众多物流供应链公司总部集聚,货量和运营场景充足等优势,打造一个具有直观、标准化、高效运作的"PI 示范枢纽",为国家物流枢纽网络的建设及平台化运行,探索形成标准化、可复制的枢纽建设、运营规范。

形成具有全球影响力产业生态。以"推动第三方物流产业科技和商业模式创新,培育一批有全球影响力的数字化平台企业和供应链企业,促进全社会物流降本增效"为目标,推动由物界科技、逗号科技、先达集团、德马科技集团、富勒科技、冰魔方科技等 15 家影响力企业和机构为发起人,围绕"PI 三要素"(容器、节点、协议栈)及相关研究、服务和投资机构,集聚全国上百家相关细分领域领先企业的"虹桥 PI 联盟"进一步协同发展,在虹桥形成产业集群的"PI 生态",形成中国参与国际竞争合作的新优势。

新供应链思维已然到来

文 / 詹斯敦
佐治亚理工学院亚太区地区国际事务主任 / 执行总裁
美国 SOLE 国际物流协会亚太区执行总裁

后疫情时代,供应链需要新的思维

1. 合作共赢是基础

在整个世界格局上,必须从单打独斗的时代,转变到团体合作共享的时代。

举例来说,就是成为一群在海里的鱼,要有共同觅食的目标,共同躲避危险。企业只是这个鱼群里的一条鱼,企业不认识其他的鱼。但是,鱼群在面对同一目标的时候,其中的"鱼"必须寻求一个机制,大家一起合作,产生最大效益。

我相信大家也能认可,整个供应链企业都需要有合作伙伴。今天,不管企业大与小,就算是超级大鳄的亚马逊也需要伙伴。现在的供应链思维,是先不管你在供应链上负责哪一端,无论是海运、空运、报关、仓储、运输,还是软件商、电商企业、工厂、传统零售、平台商,大家都还是需要在这社会里,玩一个资源整合的游戏,所以,整合变得非常重要。

当大家都在同一个阵线的时候,要认定什么叫作价值,价值的体现能否帮助公司成长,帮助公司增加收入和降低成本。在这个价值环当中,体现在供应链物流相关的解决方案是什么,比如说运输的成本,那运输成本是不是可以通过科技及共享来降低,真正达成创造价值。

我们必须不断优化资产的利用率以及单项功能,关键在于人才的价值体现跟市场价值要能匹配。对于每一位供应链管理人员来说,自己能产生什么样的价值,必须可以量化,且要扎扎实实清楚了解。

我以20年的经验累积,继续努力推动的,就是这件事情。

2. 后疫情时代,共享和循环理念深入人心

后疫情时代,整个人口结构都在变化,城镇化后,城镇人民对生活的需求更高,更能接受共享经济和循环经济的思维。例如,各种外卖平台和共享平台的诞生,证明了新生代对于共享经济的认可。此外,对于可循环和环保的呼声也越来越高,我认为这背后其实是个性化产品跟服务需求的体现。

目前,消费者都已开始习惯于全渠道的购物和社交网络,以及电子商务。就国内而言,这不仅是年轻人的市场,中老年人将会是最大的消费群体,中老年人不喜欢出门,对这种个性化产品跟服务的依赖会更高,期待也更高。当全年龄层的人都依赖这种新零售模式时,供应链物流的思维就彻底改变了。

国际供应链濒临失控,重新布局挑战何在

由于疫情造成封城封境,加上生产延滞、货物出不去、码头效率不高等综合因素,造成集装箱与航运紧张,国际供应链濒临失控。

正因如此,美国东海岸40尺集装箱的海运运费,单个集装箱从3000~4000美元,涨到1.7~1.9万美元;当海运费涨到如此高的程度,加上运输时间延滞,造成全球供应链大乱。这就让我们不得不思考供应链,如何从全球转变为区域供应的问题,也引发了下一代供应链跟物流的全球挑战。而我们如何看待天灾人祸所造成供应链的失控,又要如何重新布局呢?

这要从以下两个层面来谈。

1. 经济面:从全域走向区域

第一个是经济面,共享经济与循环经济以及全渠道营销,让商业模式彻底改变。现在已经到工厂直接零售的阶段了,特别在跨境电商的部分,工厂通过跨境电商平台直接将商品销售至海外市场;工厂跨境成立仓库直接销售;中心工厂直接布局海外销售地,在销售地重新建立供应体系,从全球供应链转变为区域供应链。

2. 环保面:要求更为细分

第二个是环保面,现在必须去思考温室效应、废气污染和交通拥挤等问题,如何平衡交

付时间与油耗成本。绿色环保仓库的太阳能供电、电动卡车与共同配送、托盘、容器的循环使用、减少电商包裹纸箱等，必须减少碳排放。

在交通拥挤方面，这就牵扯到配送的"最后一公里"，城市物流如何有效规划，包括人车分流，以及更妥善地利用城市资源。例如，截至2020年底，上海甲级办公楼市场的规模已达1400余万平方米，这些办公楼的地下停车场，是一个非常值得去做城市物流的中转场地，当然，这需要从政府跟企业以及环境的角度来评估效益。

如何构建全新的国际供应链

在这样的时局之下，该如何架构一个全新的国际供应链？

1. 发挥平台力量，降低决策成本

就我个人看来，如果想要去中国大陆以外的市场发展，发挥平台的力量，显得格外突出重要。比如作为IC制造商，计划要去越南发展，企业须考虑要花费多长时间，才有办法找到越南的三个仓库，而且是符合标准、当地法规与最佳效益。在以前，起码要好几个月吧！企业若想要架构一个最佳的供应链物流，以最有效益的模式设置仓库据点，经营者就必须亲自前往当地考察，分析计算出最佳方式。现在，我们靠着互联网搜寻，设定好条件，几分钟内就能找出所想要的仓库基地，但是否符合所需条件，这就需要将设定的条件更细分化，问题是提供仓库信息的人，是否愿意上传细分化资料呢？

2."物理互联网"概念诞生

下一代的物流，整个系统就好比互联网，互联网是看不到摸不到的云端网络世界，我们把下一代的实体物流看作互联网规划时，工厂是节点，仓库是节点，运输是Wi-Fi，终端是门店或个人，我们将它称为"物理互联网"，其概念就是一个超链接的全球物流系统，实现无缝接轨、开放的资产共享。

所以，前面所述越南的三个仓库，它们有可能是半开放或者开放的节点，大家都能共享利用。举例来说，我们可以随时通过旅游App，去预订某个城市的酒店，可以设定位置、价位、入住日期等，就知道各个酒店的详细情况，然后选择预订。如果越南的仓库也同样将信息共享化，越南仓库空间有多大，有多少人，有什么设备，用什么软件，如何收费，等等，那么想前往越南发展的企业很容易就能够选择。当然，这要有一个"仓库共享平台"，仓库企业也要自愿上传资料，接受付费。这就是我们要探讨的机制，就像有海量数据库的google，海量资料如何来，都是靠大家上传。

就像Airbnb（爱彼迎）有那么多的饭店、民宿资料，大家都是为了做更多生意，自愿上传，这就是机制。资产跟资源的共享流程，是一个很重要的机制，通过标准化的封装、模块化协定跟界面协定，用户才能把图片、文字、声音、影像放在平台上。今后的物流供应链，都应有同样的协定跟界面，大家把信息放上去共享，来满足社会物流需求的效率和可持续性。

再回到物流需求，有两个层次，一个是超连结，要有组建者和参与者，组建者可能是资本公司、物流地产商、大运输商等，参与者是客户、工厂、零售、贸易商、海空运公司等，彼此要紧密地互动，才能万物相联。这种超链接，就是另一个层次的互联层，要把数字、物理、运营、业务、法律和个人连接在一起。

物理互联网首先要做的是资料化，然后就是区块链，其中智慧合约很重要，往往合约才是最难的，彼此有各种原因反反复复变更合约，合约都要被资料化，由区块链来做。区块链提供一个技术，去解决法律的问题。

全球下一代物流系统：PI（Physical Internet）物理互联网：

·超链接：组件和参与者在多层上紧密互连，最终万物相连。

·互联层：数字、物理、运营、业务、法律和个人。

3. 达成资源共享共识，减少重复性工作与浪费

大家形成共识，这是能够完成实现高效的、可视化、智慧化、敏感性、可适应、可扩张、有弹性的超链接供应链的必要条件。而且，物流服务业必须经过认证，成为一个包括各种协同企业、第四方物流企业等都能够加入的、开放型的网络。

此外，要有以大数据与智能化的分析优化及模拟为基础的机制，其中涵盖了物流决策与交易平台等不同环节，例如监控系统要有开放的认证，物流企业也要有开放认证的物流设备和方式，托盘要有共同标准的协议，处理信息和处理货物方式都要有基本的协议，也就是共同协议标准化。

举例而言，通常工厂都各自处理自己的物流，各零部件工厂各自送货到组装厂，组装厂完成成品后交货给各代理商，各代理商有不同的渠道商，再交给不同的物流商，通过不同的运输商中转，再交给各自的零售商等，这里面有太多不合理的重复性工作与浪费。

其实，这样做的目的就是生产与销售，中间的环节就是所有权转换。我们将中间环节拿出来做资源共享，做智慧化配送与智慧化存取，然后送给对的客户。以物理互联网的模型来看这件事情，我们可以动态访问好几千或几万个物流中心、配送车辆、中转场，然后选取最具效益的模式，或者是在需求点上，讨论如何部署货物的存储和配送。

若独立看待城市物流，每一个城市都已经拥堵到了极点，大家都到临界点了，我跟很多电商朋友都在推动，规划新社区或新住宅时，要把物流跟社区做结合，要先规划好社区的中转储存空间，要具备收货、取货、拣货、配货、退货等完整的机制和功能，才能既解决环境问题又提高物流效益。

如今，科技更加智慧，软硬件更具性价比，共享成为习惯，信息数字化将人、货、场形成万物联网。因此，现在对于"物理互联网"如何变成平台，将物流形成一个共享资源，让供应链更具效益的思考，将是重点课题。

PI：物流竞争的新武器、新方法、新战场

文 / 罗辉林
"中通物流研究院"副院长 /《物流智联网》《共享思维》作者

1. 什么是 PI（Physical Internet）

Physical Internet 一词，最早出现在 2006 年 6 月 17 日的英国《经济学人》杂志 *The physical internet: a survey of logistics*。全文以联邦快递的业务为背景，提出全球供应链面临的挑战和风险。文章分析"当前"物流运作方式的若干"不可持续"现象，提出"Physical Internet"（简称 PI）的愿景构想：建议物流操作借鉴互联网的规范原则和运作体系——全球形成统一的协议规范和接口，信息数据可在庞大的互联网中，高效地无缝传输——建立互联互通的全球物流网络，使用一组开放协议和标准化的智能接口，发送和接收被标准化承载工具承载的实体商品。文章最后展望：期待未来有不同的机构组织、不同的专业人才，共同推动 PI 在全球的发展和应用。

受这篇文章和这一词条启发，Benoit Montreuil(班旺·蒙特勒伊) 教授于 2011 年 3 月提出 PI 理论：*Towards a Physical Internet: Meeting the Global Logistics Sustainability Grand Challenge*。理论上证明，PI 确实是一种可以实现全球物流持续发展的新路径，这一开放共享的物流体系，可有效提升物流运作效率、节能减排、提高资源利用率，带来更多附加价值。PI 理论一经提出，即受各方高度关注：班旺·蒙特勒伊创建的 Physical Internet 研究中心，获得美国国家科学基金会 (NSF) 资助；从 2014 年开始，年度 IPIC(International Physical Internet Conference) 国际会议，每年在全球不同的城市召开……

2020 年，第七届年度 IPIC 会议在中国深圳召开。就在这届 IPIC 会议上，Physical Internet 被翻译为"智联物流网"，而本人于 2010 年成稿、2011 年正式出版的第一本书的书名，正是《物流智联网》。本人于 2011 年 1 月 30 日，就已将其核心内容提交了专利申请，并在 2016 年获得中国的发明专利批准——该内容，几乎与 Physical Internet 构想完全一致，都是致力于将互联网的 TCP/IP 的数据传输协议体系，借鉴到物流的业务运作中，以推动建立开放、统一、类似互联网、可以进行资源热插拔的物流业务运作体系。"物流智联网"的提出，和班旺·蒙特勒伊创建的 PI 理论在时间上完全平行。可惜直到 2019 年，第七届 IPIC 会议在中国筹备召开，我才通过朋友了解到 PI 理论。

2. 为什么物流运作可以借鉴互联网

书本上介绍 Internet 网络数据传输原理时，常以货物配送（尤其是邮政系统的信件配送）做类比说明。也许当初 DARPA(美国国防部高级研究计划局) 设计 ARPA 网 (阿帕网) 的时候，就参考了邮政的运作体系。经历了半个世纪，Internet 网络已有了突飞猛进的发展，其路由体

系结构，已从核心路由体系结构，演变成对等骨干路由体系结构。但物流配送体系，基本没有大变化。为什么物流配送体系，不能反过来借鉴 Internet 对 IP 包的传输原理，结合互联网和信息技术，构造一个全新、开放、可扩展的智能物流运作体系，实现全球物流配送的快速发展，实现物流的规模化与成本最优？

（1）IP 包数据传输原理

TCP/IP 协议 (Transfer Control Protocol/Internet Protocol, 传输控制 / 网际协议，又称网络通信协议)，是 Internet 基本通信协议，是其网路数据传输的基础，基本传输单位是 IP 包 (IP packet)。TCP 协议负责把数据分成若干个数据包，IP 协议在每个包头上加上接收端主机地址，这样，数据就可以此找到自己要去的地方 (IP 数据包报文格式如表 1)。IP 协议保证数据的传输，TCP 协议保证数据的传输质量。

【表1：IP 数据报格式及首部中的各字段】

4 位版本	4 位首部长度	8 位服务类型（TOS）	16 位总长度（字节数）	
16 位标识			3 位标志	13 位偏移
8 位生存时间（TTL）		8 位协议	16 位首部检验	
32 位源 IP 地址				
32 位目的 IP 地址				
可选（如果有）				
数据				

路由是 IP 的一项重要功能，主要用来确定到目标主机的最佳路径。在 Internet 网络中，每台连入网络的设备，都有自己的 IP 地址。这样，就使得数据包的目的地址和网络设备地址之间，形成一一对应关系。路由器就是通过这些唯一确定目的地的 IP 地址，进行寻径和转发。

寻径，即判定到达目的地的最佳路径，由路由选择算法来实现。路由选择算法将收集到的不同信息，填入包含路由信息的路由表中，根据路由表将目的网络与下一站（next hop）的关系告诉路由器；路由器间互通信息进行路由更新，使之正确反映网络的拓扑变化，并由路由器根据度量来决定最佳路径。

转发，即沿着已寻找好的最佳路径，传送信息分组。路由器首先在路由表中查找，判明是否知道如何将分组发送到下一个站点（路由器或主机），如果目的网络直接与路由器相连，路由器就把分组直接送到相应的端口上。

典型的路由选择协议有两种：静态路由和动态路由。静态路由是在路由器中设置固定的路由表；动态路由是网络中的路由器之间相互通信，传递路由信息，实时适应网络结构的变化；如果路由更新信息发生了变化，路由选择软件会重新计算路由，发出新的路由更新信息，这些信息通过各个网络，引发各路由器重新启动其路由算法，更新各自的路由表以动态地反映网络拓扑变化。

路由算法在路由协议中起着至关重要的作用，采用何种算法，往往决定了最终的寻径结果。路由算法使用了多种不同的度量标准（通常有：路径长度、可靠性、时延、带宽、负载、通信成本等），去决定最佳路径。

（2）物流配送

物流配送，一般是指将货物通过物流配送节点送达收货人。其过程是：将正确的货物从正确的地点取出，在客户要求的时间送到客户要求的地点，交到正确的客户手中。我们从中可以看出，发起物流配送需要具备以下条件：

· 地址，包括起始发货地址（源地址）和终到收货地址（目的地址）；
· 取货，送货时间；
· 相关的联系人员；
· 货物的基本属性，如重量、体积、相关物理和化学性质等。

我们可以用一张类似于IP数据报文格式的表，将这些信息列出（如表2所示）：

【表2：货物配送指令基本信息表】

起始地址		目的地址	
要求发运时间		要求送达时间	
发货人		收货人	
货物本身的属性项：			
重量	体积	形状	易碎
易腐蚀	有毒	……	
其他信息			

作为物流配送的承担方，需要结合以上信息，按照成本最省的原则，选择合适的方式完成物流配送作业。

（3）二者的相似性

根据以上对Internet IP数据包的传输原理介绍，以及对物流配送的分析，我们可以发现二者之间有着高度的相似性。

1. 都是位置的转移，无论是数据还是货物：IP 包数据，是从网络的一个节点，转移到另外一个节点；实际的货物，是从一个具体空间位置，转移到另外一个具体空间位置。二者都要求能够准确无误地到达目标位置。

2. 都面临传输路线的选择：IP 包数据传输方式选择，是由路由器根据线路情况来完成；实际货物则是由物流配送公司根据货物的要求，以及运输方式和路线来做出判断。

3. 都是进行"接收—转发"工作：路由器是对 IP 包进行"接收—转发"，物流配送是对货物进行"接收—转发"。

类比 IP 数据传输，我们可以对物流配送进行相应地抽象。

1. 将货物或包裹，抽象为 IP 数据包；将发货地址，抽象为源地址；将收货地址，抽象为目的地址。

2. 将物流配送网络，抽象为 Internet 网络；将节点间的运输路线，抽象为 Internet 网络中的物理连接介质。

3. 将货物传输路线，抽象为路由链路——无论是货物还是 IP 包，都是建立一条从发货人到收货人、从源地址到目的地址的可联通路径。

根据上述二者的相似性，完全可以参照 Internet 的 IP 数据传输方式，进行物流配送——将各物流网点进行串联，形成物流配送网络，货物即可选择优化路径进行配送。当前的快递物流体系，基本上就是类似模样。

3. 当前的快递网络就很类似于早期互联网

也许是早期互联网设计，参考了邮政物流体系的运作，尤其是需要结网的物流运营体系（比如快递网络），怎么看都类似于互联网架构。这种覆盖全国甚至全球的网络结构，在其运营周转过程中，必然要通过"集""转""分""派"基础动作环节的接力，才能完成每票货的高效流转。

在"集"的环节，必然存在同向的多票业务包裹，要通过"集包袋"或"笼车"等标准化承载设备，进行打包合并，类似于数据包的组装；在"转"的环节，无论是基于公路货车、还是铁路火车，或是海运航运等，都类似于数据在光纤、铜缆上的传输；"分"的环节，就是在分拨枢纽或物流站点，进行拆包分拣，或者进行再次打包合并，再次转运；末端"派"的环节，是最终将包裹交付给收货方，类似于数据的末端转发与接收。

另外，无论快递面单是纸质的还是电子化的，面单上少不了发货方、收货方的明晰地址及联系信息，配合快递物流公司的网络路由路径，就形成了每个包裹的操作环节。类似于数据的源地址和目的地址确定了，就可在网络上通过静态路由路径，完成数据的转发。当前的快递物流，采用的基本都是"点对点"静态路由模式，由各自总部定义和设计，类似于早期的互联网由工程师定义的固定路由结构。

随着接入设备的增多，以及网络工程师的聪慧设计，Internet 网络后来诞生出多种网络结构体系及多种协议规范。1973 年，罗伯特·卡恩和文顿·瑟夫，开发出 TCP/IP 协议族中最核心的两个协议：TCP 协议和 IP 协议；1983 年，美国国防部高级研究计划局决定淘汰以前的 NCP 协议，以 TCP/IP 取而代之，TCP/IP 正式成为因特网共同遵守的网络规则，以前各种企业局域网、政府网、教育学术网，也从此开始具备数据交互联通的能力，慢慢形成更为广域的网际互联；1989 年，蒂姆·伯纳斯·李在 TCP/IP 协议之上，开发出 HTTP 协议和 URL/HTML 技术，敲开了万维网的大门，人类开始走向万物互联时代。

现在的快递就很类似于早期的局域网。无论自营或是加盟，各企业的操作逻辑基本相似，但各自又都基于自身不同的运营协议，在建构和完善自己的网络体系，基本上无法实现跨企业的业务操作。这就像早期的 NCP 协议，一旦跨操作系统，就无法实现数据的互通互联。

能否构建快递物流的 TCP/IP 协议体系，实现各快递公司甚至众多社会物流资源，在一套协议下互联互通，实现彼此资源共享和操作协同？如是，莫说是"末端共配"了，公路干线、铁路网络、水运航运等都可以互济互补，整个物流运营和资源利用，就可在更大规模上协同调配了。自然，这个算法和路由不可能再是静态，而应是基于超大业务规模体系的动态互联，类似于 TCP/IP 协议中的动态路由表，以实现对货物运作的即时管控和调整。

4. PI 理论须待完善的一个问题

无论是"PI"还是"物流智联网"，初始之时，都回避了一个重要问题：如果未来能构建出一个开放共享的物流应用体系，这个体系的所有权、经营权及分红权，该如何定义和归属？众多物流资源汇聚在一起，产生的溢价该如何分配？

在经营操作上，可根据运单承担的工作，基于"运费"进行合理分配。但当把众多物流业务和资源聚在一起，产生资本溢价，该如何合理公平地分配给各个参与贡献的公司？而且，在不同承运商和操作服务节点之间，运费如何定义？是相互对等，还是上游对下游的委派……如果传统的"零和博弈"问题，在 PI 理论中得不到解决，PI 最终就只能是理想化的构想。

我们可以参考旨在创建持久且分布式存储与共享文件的网络传输系统——IPFS(InterPlanetary File System) 星际文件系统：IPFS 是构建一个"多对多"共享、分布式的网络存储结构，将各个可以提供存储设备资源的 IDC，接入在一个共享网络结构中，以供全球存储用户使用和数据访问，目标甚至是替代 HTTP。

显然，相对于一个企业建立自己的"云存储"体系给全球用户使用，IPFS 的野心更大。但要实现这样的野心，技术之外，现实中还面临两个问题：一是全球支付货币的结算问题；二是体系溢价增值的价值激励。因此，IPFS 定义了它的价值贡献通证：FileCoin——提供计算算力和存储资源的储存节点"矿工"，可以按照存储和分发的数据，获得 FileCoin——即根据用户所提供所使用的存储资源，进行通证分配；用户需要存储或访问资源，需要用

FileCoin购买。

如此一来,在数据存储领域,就能形成一个面向全球的"多对多"存储与访问的网络体系,其中的共同资源可以敞开,由全球用户共同付费使用。如此一来,只要互联网持续存在,蓝光的阿凡达影片,理论上全球只需要3个拷贝,就能确保数据永不丢失;全球的数字图书馆,也只需要存储少数几份共同拷贝,就能实现永久保存和全球用户的搜索、浏览与学习。这样将大大降低全球存储资源的浪费,而不像现在,同一个数字文件,每个图书馆都有自己的存储备份。

这就完美地解决了全球不同货币在同一个业务单元体系中的结算问题,将所有存储资源的价值兑换和交易,统一到一个协议通证FileCoin。用户规模越大,FileCoin的价值就越大,交易上就能体现FileCoin的价格成长。这就解决了全球不同国度用户对于IPFS资源的供应和需求使用,也为参与者带来价值增长溢价,使其获得公平合理的贡献分配。如此,就可吸引更多的资源和存储能力,以及更多的用户参与贡献和使用。

是否可以模拟IPFS的技术原理和逻辑,构建一个面向全球"多对多"的物流基础设施网络:全球物流资源,无论是储存还是配送服务,只要持有者愿意,均可作为"资源节点",热插拔到一个网络结构当中,按业务使用收费;相应的其他业务资源贡献(如客户、业务订单的导入等),均可进行相应合理的价值分配——各种用户和角色,为这个基础网络和业务体系所做的任何价值贡献,均会同步即时记录分配。如此,就能基于当前物流资源,构建一个相关各方愿意参与的公共物流基础网络(结构图如下)。

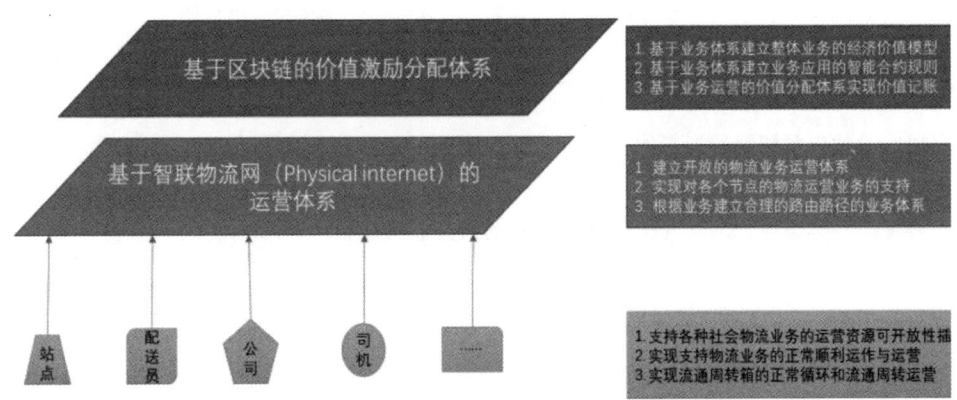

理论上可以参照IPFS,设计一套系统体系内的流转通证:将每个环节、每个节点、每个用户、每个角色、每个行为对体系的价值贡献,用通证进行计价分配——使用这些物流节点资源时,用通证进行交易支付。与IPFS不同的,是物流网络系统的资源价值度量和行为价值贡献更为复杂。Physical Internet网络中的实物,在操作、搬运和储存上的多样性和复杂度，要远大于 Internet 网络中的比特流。这套网络结构的智能合约的设计，相当困难和复杂。

面对中国现实，这个新的网络结构，亦无法直接定义自身可流通和交易的通证。变通方法：将把这部分价值贡献，通过数字化方式，锚定到承载企业的数字股权上；全球用户的货币结算，依然按照现实世界的货币体系。这样就能同时解决"全球的货币结算"和"生态的资本溢价分配"问题，实现网络体系价值贡献与生态繁荣昌盛的统一。如果这个网络结构局限在一国一隅之内，内部结算问题也就简化了。

5. 为什么需要研究 PI 理论

以上课题似乎非常庞大，无从下手，如果站在现实运营和现实企业所有权的角度来看，以上构想似乎完全不具可行性。其实，组织科学与自然科学一样，也需要通过理论研究和落地实践，来完成制度创新、组织创新。

从闪雷放电、摩擦起电开始，人类不断探究，直到发现电磁效应进而开发利用电能，实现人类的第二次工业革命。直到现在，人类依然还在对电能进行孜孜不倦的探究，以期实现更高效率的能源利用。对于供应链组织管理，从基本的供需对接开始，理论界已经发展出 JIT、QR 快速反应补货、VMI 供应商管理库存、SCOR 模型，以及 CPFR 等理论体系。那么，对于物流的组织管理呢？能否对 Milk-Run、交叉运输等组织模式，再进行深度创新？显然，这是必须的。由实践总结出理论，再以理论指导实践，再迭代理论……这不正是人类认知世界、改造世界的基本循环过程吗？

未来的物流，究竟是叫 Physical Internet，还是"物流智联网"，抑或是其他理论体系结构，其实并不重要。不得不承认：在科学研究方面，近现代以来，西方一直比我们做得好、比我们做得仔细深入；在具体业务方面，中国的快递物流则已实践超越理论，业务规模、运营体系和业务能力均已是全球最大体量。必须清醒地看到：我们并非全球最强，这固然有发展时间短的原因。但是，"一条经验用几十年"无以面对未来，需要不断累积实践中的经验与教训，需要积极谋求理论上的突破与创新，为构建下一代物流网络体系，打下坚实的基础。

田民
"物界科技"创始人 / "中国 PI 第一人"

"实物互联网"（Physical Internet，简称 PI）和"物联网"（Internet of Things，简称 IoT）是两个完全不同的概念，许多人会先入为主地把他们混淆起来，但此"物"（Physical）非那"物"（Thing）。实物互联网 (Physical Internet) 是传输经过标准化封装的"实物包"(Smart Physical Packets) 的网络，数字互联网 (Digital Internet) 是传输经过标准化封装的"数据包"(Digital Information Packets) 的网络。物联网（The Internet of Things）是一个基于数字互联网 (Digital Internet)，让所有能够被独立寻址的普通物理对象实现互联互通，从而提供智能服务的网络。物联网（The Internet of things）即"万物相连的互联网"，是数字互联网 (Digital Internet) 基础上的延伸和扩展的网络，将各种信息传感设备与数字互联网 (Digital Internet) 结合起来而形成的一个巨大网络，实现在任何时间、任何地点，人、机、物的互联互通。

实物互联网 (Physical Internet) 是物流网络的网络（Network of Logistics Networks），与数字互联网 (Digital Internet) 和物联网（The Internet of things）相互交织在一起，构建成为一个物流网络的数字孪生（Digital Twin）系统和信息物理系统（Cyber Physical System）。"物"与"数"、"实"与"虚"的紧密融合是实物互联网 (Physical Internet) 的一个重要特征。

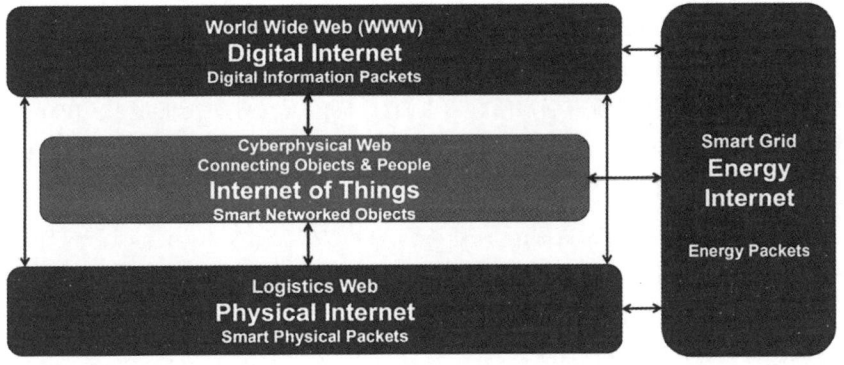

PI 对话……

"罗马对话"：技术进步与组织创新

罗辉林（中通物流研究院） ✕ 马宏（棋盘资本）

罗辉林：

元宇宙、Physical Internet、区块链、DAO，都是当下很火的概念。但这些概念的内涵和外延，似乎并没有完全定义清楚，至少暂且尚未形成概念共识。

就说"元宇宙"吧，如果元宇宙就是扎克伯格描述的在虚拟空间里"几乎可以做任何你想象的事情"，这和库克所说的"AR"有什么差异？是不是升级版的 VR Meeting Room？如果元宇宙就是 Roblox 跑来跑去的方块和圆柱小人，只是虚拟空间里的虚拟建筑和道具，那么和俄罗斯方块或坦克大战有何差异？只是多了一个 NFT？如果元宇宙是现实中人戴上一副 AR 眼镜，在 VR 游戏世界中穿梭，这和拿着鼠标操控《仙剑》中的李逍遥有什么差异……其实绝大部分人，依然窘困、躺平在"现实宇宙"之中。

广义"元宇宙"没有什么大不了。每个人基于其思想认知，构想创建出来的故事（包括书、电影、画作等）或者企业之类，都是每个人自己的元宇宙。关键是：您所构建的元宇宙空间，会有多少人参与进来与您共建、共创？您写作一本书，希望获得更多读者；您拍摄一部电影，希望拥有更多影迷；您创办一家企业，希望拥有更多客户，而且基业常青……广义"元宇宙"和《人类简史》所说的"虚构故事"无异，只不过在故事里叠加了展望的交互技术而已。

透过元宇宙，我们可以看到其背后暗含着人们对财富价值公平分配的追求。JPM 的研究指出：元宇宙中一条重要特征，就是允许在其中进行社会化活动和经济创造。如果不能实现价值财富的公平分配，要这"元宇宙"何用？！

再说"区块链"。区块链（Blockchain）并非新词，IT 数据存储技术中，一个个文件信息的存储区域，即为区块（Block）。如果存储文件较大，需要存于多个区块，每个区块的头尾都要记录上一区块和下一区块的地址，就形成了一个链状结构，这就是最早的区块链。现在，区块链概念被延伸了，已经超越最早的 IT 数据存储概念，也已不仅是比特币中账簿信息的数据结构。区块链被赋予若干特性能力，无论这些特性是否由区块链完成的，表达上都由它聚合代表了。这些特性包括：公开透明、不可篡改和不可伪造、去中心和去中介化、超级加密，以及"挖矿奖励"，等等。

区块链并非万能，却能把曾经说过的话、做出的承诺进行结构固化，万年不变！区块链亦非灵丹妙药，却能通过技术支持的制度保障，确保信任不再缺失。区块链不单是企业的"徙木立信"，它建立起更为公信的信用体系，是对人类生产关系的底层颠覆——从此以后，只要讲好了利益分配模式，就别想出尔反尔调整"规则"了！

马宏：

2003年SARS之后，淘宝、京东风生水起，顺丰、德邦黑马奔腾。简单地认定这不过是在疫情之"危"中，抓住了时代发展之"机"，未免太过"鸡汤"。这些异军突起的传奇故事背后，折射着我们这个被商业主宰的世界，底层逻辑发生了根本变化。

制造流行的"热门经济学""大时代"，商业基础恰恰是"稀缺"——SKU尚不琳琅满目，只需面向大众提供满足功能需求的标准化产品；没有足够的空间展示所有的商品，甚至尚未从夫妻店/小超市进化到KA卖场/Shopping Mall；对应的是"二八法则"，是强势的"军事化管理"，是标准化工业化生产的"规模经济"……

彰显差异的"粉丝经济学""小时代"，商业土壤实际是"富饶"——商品极大丰富，必须细分人群提供融入个性情感的风格化产品；渠道日益多元，互联网彻底打破了商品陈列的物理空间限制；遵循的是"长尾理论"，是"让听到炮声的人呼唤炮火"的灵活"小组织"，是碎片化"专精特新"柔性生产的"范围经济"……

可以简单"脸谱"、易受强势营销摆布的乌合大C，碎片为需要精准"画像"、拥有细分化价值主张的独立小c，"品牌霸权"不得不让位于"消费者主权"："以物为中心"视为盈利工具的"我如何把产品卖给你"，演变为"以人为核心"作为沟通手段的"如何让你成为我的粉丝"；"请消费者注意"的"客户满意度"之"果"，回归"请注意消费者"的"客户驱动"之"因"；以品牌商为"链主""经营产品"（B2C）的线性供应链，裂变为以客户为出发点"经营人"（c2b）的网状需求链……

2020年开始的新冠疫情，需求端突发碎片化巨量，更倒逼供应链和供给端——大C既已碎片成细分化小c，大B不得不解构为多元化小b——光靠几个"大个子"，根本应付不了VUCA时代出其不意的"黑天鹅"，需要发动人民群众的力量：基于LBS的社交关系基础，基于从"我有什么"的"推"到"你需要什么"的"拼"之群接龙操作，或"自救"或"互助"，身处一线、灵活敏捷、各显神通、及时响应的"蚂蚁雄兵"小组织，已然证明了"分布式商业"和"网状柔性供应链"的力量……

小b逆袭！碎片化新商业时代，呼唤着"合伙制生存"的新商业逻辑！

罗辉林：

人类社会离不开协作。无论是农耕时代，还是工业时代，抑或是商业资本时代，都需要将"人"组织起来，实现更高效的协作生产。

农耕时代，家族协作使族群得以昌盛，王朝世家/商贾财阀不断更替；海洋冒险时代，股份制开启了人类商业文明，全球贸易于是跨越海洋穿越国度；工业革命时代，有限责任、合伙制等制度的演化完善，包括土地、机器、人力、技术等各种要素，开始更广泛维度的深入协作；金融资本时代，商业被推向更为庞大复杂的规模体系和组织结构：卡特尔、辛迪加、托拉斯、康采恩……

协作需要组织，组织存在边界。受制于"邓巴数字(150)"和"有效管理幅度(8~15人)"，规模达到一定体量，通常就会采取"金字塔形"组织管理模式。我们通常所说的"公司"，就是这种结构的典型。现今世界，80%以上人口服务于"公司"，绝大多数财富通过"公司"创造。这种中心化管理模式积淀出来的社会意识形态已根深蒂固，相应各种社会制度(包括金融、工商、财税、法律等)已有近400年历史。

现实世界(宇宙)中，规则制定、财富分配，以及资本要素等关键权力和稀缺资源，都被雄踞"金子塔尖"的权贵世家、资本大鳄等瓜分掌控。在互联网技术支持下，更为庞大的商业组织被构建起来，形成更强大的商业垄断！互联网平台控制着信息、数据和用户，形成"流量黑洞"，同样吞噬着参与者的血汗，控制着参与者所创造财富的分配权。和传统大公司一样，互联网平台形成垄断之后，也成为剥削的工具。这种垄断，让普罗大众感到桎梏和绝望，只能在"金子塔底""划水、摸鱼、躺平"。政府也不得不出手，祭起"反垄断"的大旗……

通过虚实结合的"元宇宙"和基础设施Physical Internet，"邓巴数字"和"管理幅度"难题被逐步破解，人们可以在更大范围内，同时调动千万甚至数亿"蚂蚁雄兵"，进行交流沟通、价值互换和社会协作，社会组织结构正在发生深刻的革命。不单是平台的发起方、投资方，不单是平台的管理者、供应商、服务商，甚至成千上万的平台基层员工乃至平台用户等等，所有平台的参与者，都是平台的价值创造者。

互联网可以化解信息不对称，共享模式可将任务分解众包，"互联网共享模式"解决了信息共享和业务分解，并未真正解决价值共享和财富分配问题。能否通过区块链构建"对等协作模型"，将财富分配更多建立在"智慧和劳动创造"之上，而非权力和资源的垄断之上？能否建立合理的价值分配规则，根据生态发展进行动态分配？

马宏：

20世纪初，大规模机器生产开始替代小作坊手工劳动，"工业化"带来与之相伴的"官僚制"。1911年，泰勒提出"以提高劳动生产率为核心"的科学管理理论——以卡秒表方式，"科学地"精确计算并"标准化"整个生产过程的每个步骤，以及每个工人的每个动作，把整个车间乃至整个公司，变成了"精密的科学机器"；1913年，福特开发出"以提高劳动生产率为核心"的生产流水线，将每辆汽车的组装时间，由12小时28分钟缩短至90分钟，在机械化自动化基础上开始规模化生产。

区别于个人崇拜组织，"组织理论之父"马克斯·韦伯把"金字塔形"科学管理体系，定义为"科层制"组织:内部分工、分科设层、权分等级、各司其职。实际上，这是一种"知""行"

分离的状态——塔中的绝大多数（包括所有员工和大多数管理者）不需要思想，无须了解组织目标和组织战略，只须按部就班地"把事情做对"；唯塔尖的一小部分甚至只是一两个灵魂人物，方须综合信息思考决策"做对的事情"……

这种高效管理模式迅速膨胀渗透，各类组织乃至整个社会都变成了一条条环环相扣、程序贯穿、机械冰冷的流水线：每个部门机构都成了流程化、制度化、被KPI考核的"标准"环节，每个"人"也都成为庞大、精密、高效机器上的"刻板"零件，"一切听x指挥"、"x叫干啥就干啥"，甚至滋生"平庸之恶"……

塔底层层上传信息——塔尖综合判断决策——塔尖层层下达指令——塔底遵照落实执行，这套信息流程和决策机制一遇"黑天鹅"，自然就暴露出呆板僵化、迟钝低效的"制度刚性"，更何况当组织体系过于庞大，因为主客观种种动机，信息传递过程中难免会层层夹杂进各种明哲保身、局部利益……

未来已来。工业文明时代，价值传导机制是环环紧扣层层传递的"链式结构"——上游产品是下游的原材料，终端产品是消费者手中的商品；数字文明时代，价值传导机制数据链接为"多对多"信息共享的"网状结构"——所有参与各方同步在同一平台上直接对话。"不确定性"成了"确定性"，"唯一不变的就是变化"，不确定、不可控、准备不充分成为常态，"规划未来"不得不转向"适应未来"，"追求效率"不得不转向"强调敏捷"，"封闭体系"的"线性管控"不得不走向"开放系统"的"网络协同"……

"低（零）代码配置"、模块化"技术魔方"，生产工具、技术支持等等生产要素，颗粒度越来越小，甚至资本也可切分"股份"进行"众筹"，依赖规模化机器设备，依赖大资本投入的时代渐行渐远，劳动力的颗粒度也越来越小。

强个体时代来临！工业时代已"异化"为维持机器正常运转的工具的"人"，逐渐被"解放"，开始"回归"。

上世纪的"礼物"：工业化生产革命……

1911年，泰勒提出了以提高劳动生产率为核心的科学管理理论，试图把公司变成"精密的科学机器"！1913年，亨利·福特开发出世界上第一条生产流水线。之前，汽车工业完全是手工作坊型的，每装配一辆需要728个工时；之后，每辆组装时间由原来的12小时28分钟，缩短至90分钟，生产效率提高了8倍！"科学管理"使知行断裂——绝大多数员工，甚至绝大多数管理者，不需要思考，不需要了解组织战略，只要按部就班地行动"把事情做对"；只有塔尖上小部分灵魂人物才需要思想决定"做对的事情"……

"金字塔"组织结构

棋盘资本：中国企业的资本向导

罗辉林：

元宇宙和 Physical Internet 等新技术新思想体系，正在打破已经板结的现实宇宙，重构社会的协作模式和商业环境。通过大规模协作下价值共享的 DAO(Decentralized Autonomous Organization，去中心化自治组织) 模式，让更多的人、更多的资源，以更高效、更可信的方式进行社会大协作，并创建属于年轻人自己的价值空间。

未来的商业世界，规则公开透明，"代码即法律"。如果觉得"合约"规则不尽合理，你自可不予理会，只选择参与拥有"共同价值观"的元宇宙；如果一个元宇宙板结了，你自可零成本地迁徙——现实世界中，"良禽择木而栖"的挪窝成本则非常昂贵。未来各"宙"，将为规则的公平合理展开竞争，以尽可能留住更多参与建设的贡献者——"真正的平等，是规则意义上的平等，而不是结果意义上的平等"（罗翔语）。

另一方面，任何涉及大众民生的基础产品，最终都可能演变成社会的公共基础设施，如水、电、煤、燃气，以及现代互联网通信和信息数据服务等，这既是基于公共安全和大众福祉的需要，也是基于国家发展战略和规模成本效应的考量。

比如物流，仅中国快递 2021 年的业务量就已超过千亿件，其业务覆盖的广度和深度已远超传统的邮政网络，支持站点遍布大街小巷，驿站、物流智能柜随处可见。但这些"基础设施"分属互不相通的多个快递公司，成为一个个"独立的业务烟囱"。如果把分属不同企业的城市配送站、分拣分拨中心、支干线物流运力等独占资源体系，进行某种方式"公共化"——例如在所有权不变的前提下共享，其他使用方须在共识机制下，合理计价使用这些设备设施资源（包含人力资源）——必将提升社会整体物流效率，降低社会整体建设成本投入，还将因规模增加引起运作模式的种种"质变"。这正是 Physical Internet 希望达成的愿景。

现实中的一线快递配送员，其实已经通过"自然选择"，悄然将部分末端基础设施"公共化"了。这是自由竞争的市场环境下，朴素的"成本最小化、利益最大化"原则给出的最符合各自利益的模式选择。"烟囱"底层最终必将被打破，基础设施必将公共化，形成更高维度的规模聚合效应，提升社会资源的整体利用效率。

物流基础设施的公共化以后，如何驱动这些"基础设施"保持不断优化改进的持续发展动力？这是个难题！

马宏：

"上帝"死了，"诸神"崛起。步调一致的"统一思想"，"碎片"出大量"志同道合"价值多元的小组织，聚聚散散。矛盾伴随而至：笨拙大 B 化解为灵动小 b，柔性应对细分小 c 的个性服务问题解决了，规模化的工业效率如何体现？没有了"全局意识"约束，眼里只有小团体的局部利益，注定成为"无主题变奏"的一盘散沙——封堵截留、相互拆台、恶意竞争、肆意寻租，等等，自会表现得淋漓尽致。

如何能在需要调配全社会资源的关键时刻，"拉得出，顶得上，打得赢"，让"蚂蚁雄兵"能瞬间圈起"沙尘暴"？这不也正是"统一大市场"期许的场景吗？

波特的价值链分析，把企业内外价值增加的活动，分为基本活动和支持性活动：企业利润来源于价值链上某些"战略环节"——那些真正创造价值的企业经营特定的"基本活动"。能否换个角度，来个"合并同类项"——把别人的"支持性活动"，做成我的"基本活动"？这就具备了"产业价值链重构"视角——变横向"规模化竞争"的"扩张垄断思维"，为纵向"共建大平台"的"赋能共生思维"；从B2C的决战终端/争夺客户，到S2b2c的赋能次终端/服务服务者；从单打独斗争抢"市场红利"，走向连接协同共享"组织红利"……

于是就有了"大平台小组织"结构：价值链前端（更准确地说是需求链起始端），sales小b"升维"成service小b，成为"自带流量、服务于流量"的"特色前台"，我称之为"猎手007"，服务越来越细致入微、越来越灵活多样；价值链后端（更准确地说是价值链响应端），products小b"进化"为support小b，成为"细分模块、柔性生产"的"专业后台"，我称之为"工匠farmer"，制造越来越快速响应、越来越需求定制；两端的"小组织"之间，是数据连接、技术穿透、网络协同的"集约化中台"，我称之为"弹药库"，自是信息"中转站"、操作"控制塔"。

"阿里"的总参谋长曾鸣，视之为"S2b2c"模式核心——Supply chain platform；"盛景"的合伙人颜艳春，视之为"产业互联网"理论关键——"产业路由器"。通过大平台"S"，连接、赋能细分化了的经销商、制造商小b，共同服务需求碎片化了的小c。狭义Physical Internet，就是通过标准化"容器"+相互连接的"节点"+达成共识的"协议栈"三要素构建起来的物流网络"基础底盘"；在这片"肥沃大地"上茂密生长的，是专注于各自独特竞争优势的"生态物种"——"PI(π)企业"；两者相辅相成，共同构建起精彩纷呈的广义Physical Internet"大森林"——"PI(π)生态"。这个"命运共同体"，应该就是北大教授陈春花所谓的"共生组织"吧。

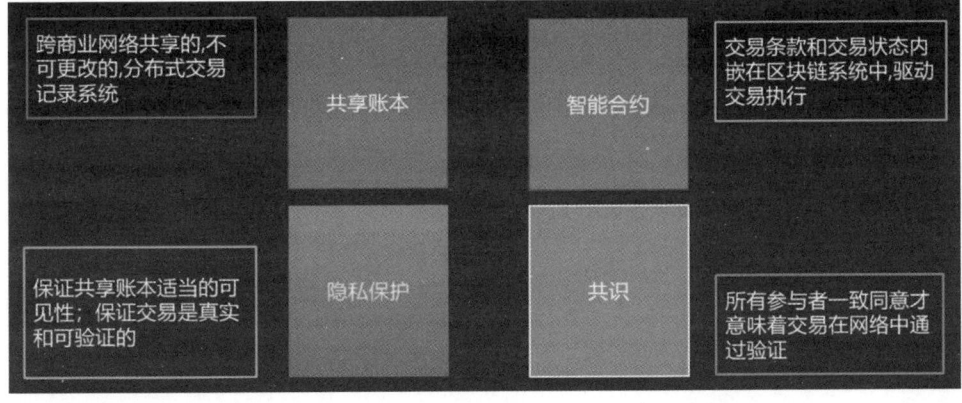

罗辉林：

我特别想强调的，是利益分配机制的改变。

传统形态的"企业"是一个协作组织，也是一个利益共同体。无可回避，必须面对利益分配机制问题。协作组织创造的财富如何分配？是相应归属参与价值创造的"所有人"（所有参与建设的价值创造者），还是其中绝大部分财富归于少数企业的"所有者"（企业股东）？分配权力应由谁掌控？除经营所获产业利润外，企业在资本市场上的大笔"资本利得"，也只是少数公司股东的"禁脔"？

现代 VC 理念，破除了只有货币资本才能作为"股东"的陈规，尊重知识和人的价值，便有了人力资本"股权激励"的安排。通常做法，是以公司股份融投 VC/PE 投资，购买企业所需成长要素（包括员工、客户、供应商、渠道、合作伙伴等），投入企业发展后进行下一轮融资，再购买新的成长要素……几个循环下来，具备一定规模条件后公募上市，VC、PE 从资本市场退出，早期创始人和部分获得股权激励的高管赚得盆满钵满，实际参与企业建设的大多数成长要素，与此并无太大关系。

我们倡导的"公平"，并非结果公平，而是过程公平。能否借鉴区块链的"挖矿"概念？"挖矿"本义，是将地下金、银、煤、铁等矿藏资源挖掘出来，冶炼形成社会财富。基于"算力运算解题"获得比特币分配，这在区块链领域也被形象地称为"挖矿"；IPFS(InterPlanetary File System,分布式存储和共享文件的网络传输系统)——参与者提供"存储资源"供用户存储，并由此获得 FileCoin(文件币) 的过程，亦可称为"挖矿"。

推而广之，大众参与某体系业务，创造财富并获得相应分配的过程，都可以称为"挖矿"，我称之为"基于业务贡献挖矿"——平台记录下所有"挖矿"者的"业务贡献"，计算并及时分配因此产生的产业利润和资本溢价的相应数额比例。平台未来的整体发展战略，价值贡献的分配规则定义，等等，这些不再由少数人决定，而是由所有持有贡献凭证的贡献者，按照贡献凭证份额进行投票表决……

这就需要构建一套完整的模式方法和工具体系，关键就是"基于业务贡献挖矿"：通过合理的方式方法（"智能合约"），记录每位贡献者参与创造的价值，用不可篡改和不可剥夺的技术进行存储（"挖矿"）；每位参与者依据自己价值贡献获得的"矿产"（"数字股权"），参与整个生态体系的管理和决策投票，从而以更公平的价值维度，让人们在更大范围实现社会价值的共建共享（"社区自治"）。

除数字加密、信息安全等技术外，区块链还有三项可以颠覆传统商业关系的关键技术：一是"共享账簿"——每项交易数据发生，每位参与者均可记录下该项数据内容，并确保其不可篡改；二是 POW(Prof of work，工作量证明)，原理也很简单——干活拿钱，干多少拿多少；三是"基于共识的智能合约"，简单地说就是事先约定各种业务规则，"智能机器人"根据事先定义的合约，对各参与方进行奖励。

这样，区块链技术体系，可以帮助我们组建起更为公平高效的社会大协作结构体系，这就是 DAO——基于区块链的"利益共同体"(或称"共生组织"):基于贡献获得"话语权",共同决定所持生态体系的发展方向和价值规则,直接用合理的数字化、可量化方式,以公司股权(所谓"矿产")吸引和寻找企业成长要素,共同推动企业的发展壮大,实现"共同致富"。

假如这一切能够实现,所有按照传统逻辑建立的公司,就都有可能会被迭代和改造。一种新型的社会大协作组织模式,就可能建立起来。

马宏:

商业模式的本质,是"利益相关者的交易结构"。企业股权架构的"顶层设计",实质上就是"利益相关方的结构化设计",这里有以下两个一直被忽视的关键所在:

一曰"无知之幕"。我们可以借用《正义论》作者约翰·罗尔斯发明的概念——站在纯粹假设的平等、理性、无差别的原初状态幕后,制定选择正义的原则。简洁明了,就是"规则制定在游戏之前":"无知之幕"开启之前,首先要明确"游戏"的关键要素,比方说股权结构设计的"五大要素角色"(资源方、技术方、整合者、资金方、经营团队);其次,须确定"要素贡献"及其所占权重,比方说营业额、净利润、网点数、流量等所谓 KPI,还要明确这些指标的获取流程;第三,明确修改规则的规则……

一曰"动态股权"。股权结构并非一经确定就一成不变,应是动态的开放结构,配以公平保障调整机制——以发展的眼光,化解对未来的"测不准",以在企业发展过程中的实际贡献,动态调整公司话语权(权益)的比重。"动态股权"的变动依据,就是您所谓的"参与建设的业务贡献",包括货币资金之"金融资本",包括技术入股或资源入股之"智力资本"或"社会资本",还包括因经营管理业绩取得的"人力资本";从外部股权融资到内部股权激励,从联合区域资源的城市合伙人,到打通整个产业链的产业合伙人,乃至"消费者即生产者"消费资本主义的"币权"……

"无知之幕"和"动态股权",共同构建起未来的"大平台小组织"的支撑结构。无论是阿里的"中台战略",还是京东的"积木型组织",乃至腾讯的"生物型组织",都预示着面对"失控"的新世界,重建具有自组织活力和弹性的生态型组织的"必然"——"在巨大的原始森林里,没有人植树,也没有人饲养动物,但林林总总的动植物都在那里旺盛地生长和繁育",KK 大叔描述的"复杂系统进化过程中必须的生物多样性"场景,为哈耶克的"自发秩序"理论,提供了一个很好的例证。

在这一片"大森林"里,需要有"标准",需要讲"规则",需要能"连接",需要达成"共识",需要实现"共享"——这恰恰正是"中国 PI 第一人"、"物界科技"创始人田民所谓的"PI 思维十字诀"。您提出的"基于业务贡献挖矿"的思维和方法,也正可以为这种新型的动态"共生组织",提供切实可靠的落地操作的技术思路。

罗辉林：

充分竞争的市场环境下，通过优胜劣汰，最终必然形成超大规模的垄断企业。垄断又势必带来组织内耗，形成高昂的社会组织成本、资源沉没成本和对外服务成本；规模化后的市场门槛，也将阻止新玩家的进入。打破规模垄断对于市场自由配置的抑制，有两种力量：一是行政手段——这是国家正在做的事情；二是技术突破——借助新技术手段，产生新商品或新组织模式，打破传统商业模式的垄断。

以往普遍意识中，"公共基础设施"基本上等同于"国家行政权力垄断产业"，代表着"服务差、成本高、效率低下"——既然可以直接通过调整价格获得超额收入利润，那还需要追求什么"点滴"精益求精的优化改进？由各类要素共同参与建设和维护的"公共基础设施"Physical Internet，从根本的机制设计上，解决了这个根本问题。

Physical Internet 为物流的开放共享，提供了理论基础和实现原型，也为物流基础设施的公共化接入，提供了相关指导和理论逻辑上的陈述说明。Physical Internet 正是致力于将已然开放共享的 Internet 互联网的原则应用于物流，通过使用一组协作协议和标准化的智能接口，发送和接收被标准模块承载工具承载的实体商品，以此建立一个全球开放、互联互通的物流网络。

PI 将为全球带来一个开放共享的物流体系，使得运输中物流转移操作，成本更低，更流畅，更安全，为现代物流企业带来更大价值。自 2014 年始，欧美学术界每年都会举办"国际 PI 大会"，致力于推广 PI 理念及其应用。但 PI 也只是为构建开发物流体系，提供了可资借鉴的思路方法，最终实现还得基于信息的共享操作。

实际构建 PI 的应用体系，还应该叠加区块链的价值分配思想和体系，实现参与者共建、共享，才有可能实现物流基础设施的公共基础化。

马宏：

《人类简史》的作者尤瓦尔·赫拉利，那位认定智人之所以能统治世界就因为"会讲故事"的历史学家，曾给至今仍在肆虐的新冠疫情下过断言："风暴终将过去，人类还将继续存在，我们大多数人仍将活着，但将生活在另一个世界里……"

元宇宙、Physical Internet、区块链、DAO，汹涌而来的新技术，正引领着我们向着"数字化新大陆""大迁徙"。现实商业世界，已展示出一条清晰的"升维"之路：从零维产品/商品生产销售"客户到底在买什么，企业到底在卖什么"之"点"，拓展到一维供应链/价值链"利益相关者的交易结构"之"线"，进而跃迁至二维基础底盘/赋能平台"善用人者为之下"之"面"，再进化为三维"生态物种"赖以自由生长的"茂密森林"之"体"，最后走向更高维度的"跨时间价值交换"之"旋"和"虚实结合"的元宇宙之"叠"……

一如 Internet，Physical Internet 正是未来商业世界最基本的"基础设施"。

"褚马对话"：联盟、联邦与"重新连接"

褚建新（盒马物流中心） ✕ **马宏（棋盘资本）**

褚建新：

2021—2022年注定是特殊年份，对中国乃至世界物流供应链的未来发展影响深远，标志性事件接二连三：极兔狂奔，满帮、安能上市，京东收购德邦……《"十四五"现代流通体系建设规划》出台，《中共中央、国务院关于加快建设全国统一大市场的意见》发布……"消费互联网"流量见顶，"产业互联网"声浪日盛；电子商务增速减缓，WEB3.0/DAO概念时兴；疫情"黑天鹅"频爆，物流供应链几度断链，社区团购忽而遇冷撤城忽又异军突起，Physical Internet受到关注……

缩短人与人之间信息交互的空间和时间距离，Internet深刻并继续改变着世界。通过"消费互联网"，交易场所、交易方式、支付交付等环节完成重构升级，带动流量经济交易效率的大幅提升。电子商务狂飙突进，带来快递业的突飞猛进；"O2O"线上信息与线下交易深度融合的"新零售"，带动即时物流的萌生和发展……

侧重需求侧数字化改造的"消费互联网"流量见顶，Internet对于交易环节的渗透暂趋饱和——没有"产业互联网"支持的"消费互联网"已是"空中楼阁"，互联网开始向生产环节渗透——侧重供给侧数字化改造的"产业互联网"顺势接棒，Internet开始了对产业供应链的渗透改造，以提升生产效率和网络协同。

除了SaaS、PaaS、低代码/零代码配置等技术之外，产业互联网更重要的"使命"，就是应用互联网技术、理念和手段，提升产业供应链的效率，以至有"产业互联网的竞争，就是供应链效率的竞争"之说。面对消费者个性化需求的日益增强和需求变化的日益快速，"按需定产"的产业互联网，要求配套以高效柔性的供应链和灵活弹性的物流体系——既能规模生产降低成本，又能少量定制满足个性，还能有收放自如的运输仓储支持。物流供应链须在技术、组织、理念等各方面进行脱胎重构，实现"大规模"与"小定制"的融合与协同。

马宏：

毫无疑问，我们正在经历一场革命。

催生和推动这场革命的关键力量，就是数字化。数字化改变了原有的生产与消费、生产与生产、企业与企业、企业与人，甚至人与人之间的关系，将工业文明时代以"物"相连的线性关系，变成了数据文明时代"数据"链接的立体结构。

通过数字化和互联网手段，消费互联网把消费链条上的各个环节，铺展到共享平台之上，催生诸多需求侧创新的"新物种"，顺应"细分化价值主张"按需定制的百花齐放；通过数字化和互联网的手段，产业互联网希望把产业链条上的各个环节，铺展到共生平台之上，催生供给侧改革的"新模式",实现"模块化快速响应"柔性生产的万千气象。消费互联网通过"渠道扁平",解决信息不对称问题,以压缩中间成本;产业互联网希望通过"信息共享",解决"牛鞭效应"难题,以减少冗余成本。

通过"数据包、路由器/交换机、TCP/IP协议",Internet实现了全球信息即时传递的互联互通。通过"标准化容器、高效的节点、开发的协议栈",Physical Internet试图实现全球货物通畅运输的互联互通。PI期望彻底改变传统的物流"范式",而非只是以数字化手段,变革和提升原来的物流行业/产业。如果说产业互联网更侧重于线上的信息化改造,PI则希望进一步落地完成线下物流供应链的"基础设施"改造。

什么是"范式革命"?按照"范式(Paradigm)"概念的提出者、美国科学哲学家托马斯·库恩(Thomas Kuhn)给出的定义:"范式就是一种公认的模型或模式……在科学实际活动中某些被公认的范例——包括定律、理论、应用,以及仪器设备等在内的范例——为某种科学研究传统的出现,提供了模型。"据此,"范式"就是一些基本前提——普遍认可的假说、理论、准则和方法之类,就是一些"共识"。

未来已来,原先的某些"前提"已经变化,某些"共识"已被打破。流水作业的"线性串联传导模式",变成供需同步的"多边并联聚合模式",资源配置和要素组织的前提条件及底层逻辑已彻底改变。凯文·凯利在《必然》里称之为"重混(Remixing)",我则更愿意接受海德格尔的"解构(Deconstruction)"之说——按简单的字面理解,就是对原本习以为常的认知"结构",进行"拆解"和"重构":谁说建筑物必然要能够入住?谁说服装设计一定要围绕人体展开?一些曾被认为是天经地义的信条,开始受到质疑。

《道德经》有言"道可道,非恒道;名可名,非恒名"——你认定的"物流",你认为的"供应链",还是原本的"物流",还是原来的"供应链"吗?

图片来自网络

褚建新：

经济学企业理论告诉我们，生产有两种组织形式：市场和企业。人们可以通过市场交换进行分工生产，也可以在企业内部展开分工生产。例如货运，需要叉车装卸，有的货运公司使用市场里专门的个体叉车来完成作业，按叉计费，这便是采用市场形式；也有的货运公司自己买叉车雇司机操作，支付工资，这便是采用企业形式；需要卡车运输，有的货运公司使用个体车辆或大车队，按趟计费，这就是市场形式；也有的货运公司自己买车雇司机来跑，按劳付酬，这就是企业形式。

按照科斯、张五常的交易费用理论，采用市场形式组织生产，买卖的是产品（包括实物产品和服务产品）——参与交换的每一市场主体都是独立法人，都是利润中心，都有能动性和自驱力，都可灵活决策、提供个性化服务。但由于市场总在变动，加之各市场主体追求各自利益最大化的根本动机，所以每次交易都须博弈，都有较强的不确定性，较高的履约和监督成本。就如在货运市场上找回程车，回程车肯定便宜，但并不是就在你需要的时候，正好能找到符合你要求的回程车。

采用企业形式组织生产，买卖的是人力资源——用薪水购买员工明确的工作时间和工作内容，生产的确定性强。但由于只有企业主是利润中心，员工都是成本中心，员工的能动性和自驱力往往不足，按部就班照章办事，很难提供柔性服务，组织成本较高，管理效率较低。例如公司的司机，在爱惜车辆、省油降耗、多拉快跑、服务态度等方面，肯定不如个体司机。

针对具体业务，应该选择市场形式还是企业形式？这取决于对产品服务与人力资源之交易效率的对比判断。交易效率＝交易收益÷交易成本——交易收益主要包括规模效应、网络效应、分工深化效应等；交易成本则包括信息成本、度量成本、讨价还价成本、履约成本、监督成本、机会成本、风险成本、售后成本，等等（交易的不确定性、员工的管理激励等，亦都属于交易成本）。当产品服务的交易效率高于人力资源的交易效率，企业主自然就会选择直接交易产品；反之，自然就会选择企业化生产。

物流是规模效应、网络效应和分工深化效应都十分明显的行业。规模效应包括实体资产和无形资产的规模效应——实体资产规模效应，主要指规模采购价格降低、固定资产分摊降低和供应链规模运营成本降低；无形资产规模效应，主要指商业信誉、信息系统、解决方案等知识类资产，随着用户规模增加而成本几乎不增加，具备边际规模收益。网络效应，是指任一网点的加入，与其他网点相互协同配合，能增加其他网点的能力和收益。分工深化效应，是指随着规模增加，可以有更多专业化岗位分工和专业化设施设备应用，带来生产效率的大幅增加，例如一定体量的快递企业开始应用自动分拣设备。

物流业又属于服务型行业。物流产品的生产过程，既是消费过程也是交易过程，时间长、距离远、个性需求多、影响因素多。产业物联网又提出"按需定产"的新要求——对比前期快递/快运的单一化服务产品，与产业互联网配套的一体化供应链服务，更强调对客户的个性化服务。

探索一种兼具市场和企业优点的组织形式——既具备自营网络的规模优势、运营确定性和服务质量的稳定性，又能保持市场主体的自我激励、运营效率和服务柔性——这是物流企业家们不得不面对的课题。

马宏：

个人并不赞同市场形式和企业形式的说法，容易造成歧义——企业形式最终无须市场检验了？企业内部又何尝没有市场机制——"阿米巴"不是明证？单从经济学视角来看，选择"市场"还是"企业"，主要取决于交易成本。就拿您所列举的货运叉车决策来说：如果这一资产专用性不强，或使用频次不高，自然适合市场形式；如果专用性很强，或使用频次颇高，理应采取企业形式。市场形式向外，就得接受"看不见的手"的波动；企业形式对内，必须面对"看得见的手"的节制。

市场的"细分化价值主张"，带来"碎片化需求"，浪花朵朵；技术的"模块化专业深耕"，引发"颗粒度分工"，聚散依依；SaaS/S2b2c、赋能次终端 / 服务服务者、共生 / 共享……无论是商业理念还是技术手段，都在不断创新突破，外部市场的"分工协作"成本，已然接近甚至大大低于企业内部"面面俱到"的相应成本。专业分工、市场协作，乃至全球化趋势，已经不可阻挡。

您发问：是否可以有一种兼具"企业"计划性和"市场"灵活性的组织形式，既能深入市场一线，灵活柔性地及时应对"黑天鹅""灰犀牛"，又不失企业管控能力，关键时刻可以让"蚂蚁雄兵"瞬间卷起"沙尘暴"？我以为：这第三种"中间性组织"，正是网络协同"大平台"+市场一线"小组织"。我甚至认定：所谓"统一大市场"，所谓"Physical Internet"，探讨的正是这同一课题，只不过更为宏观而已。

"一放就乱，一乱就收，一收就死，一死再放"，似已恶性循环。究其深层原因，就是认知观念问题——"大平台"与"小组织"之间，到底是"分权"博弈关系，还是"赋能"协同关系？到底依然工业时代"金字塔"管理结构，还是已然数字时代"平台型"连接方式？关键所在，是"大平台"与"小组织"的各自定位——"大平台"是要打造"小组织"赖以生存的"基础设施"，还是要越俎代庖替代"小组织"经营？"小组织"是要变成缩小版的"大平台"，还是要成为特色优势鲜明的"生态物种"？如果各区域"诸侯"都只是无差别面面俱到的"小麻雀"，同质化的恶性资源争夺就不可避免；只有形成各具千秋的差异化竞争格局，专业化的"小组织"才会迫切需要通过"大平台"进行更高效率的市场交换。

"大平台"的"大"，并非权力之"大"，而是责任之重大——"肥沃土壤"建设、"病虫灾害"抵御、"阳光雨露"梳理；"小组织"的"小"，亦非区域之"小"，而是聚焦领域之差别——"百花齐放，各自芬芳""千娇百媚，独具风采"。这才是真正健康的生态。相互之间，不是权力博弈的拉扯，而是相互赋能的连接。

在"组织理论之父"马克斯·韦伯眼里,"行""知"对应着两种理性:一曰"工具理性"——理性做事,精确计算成本收益,优化路径流程;一曰"价值理性"——理性决策,综合思考各种因素,明确目标战略。工业化时代的"金字塔"组织,便是知行各司其职的典型。

且不说这"知行分离"结构,难免上下通达时的信息递减和应变刚性,也不说塔尖的不受制约,难免"理性自负"甚至"权威的疯狂",单就这由KPI贯穿、机械流水线"编制"的组织乃至社会系统而言,个体已然"异化"为庞大、精密、高效机器上的一个个零件,难免按部就班地不断演绎着"平庸之恶"等问题……

"当代黑格尔"尤尔根·哈贝马斯,于是提出第三种理性——存在于人与人之间平等沟通的"交往理性"。"知识的恐怖主义者"让·鲍德里亚更是宣称:"后现代"社会,人与人之间的关系,不再是为满足基本生存需求的生产关系,而是表现为消费社会的兴趣关系。"大平台,小组织"应是这第三种理性的体现——线性"连接"的"管控"权力,让位于网络化"连接"的"去中心化"影响力。连接,从"不得不"变成"我喜欢";原本上下君臣、上令下达的金字塔"父子式结构"被打破,取而代之的,是平行运营、自由选择的平台型"兄弟式连接"。

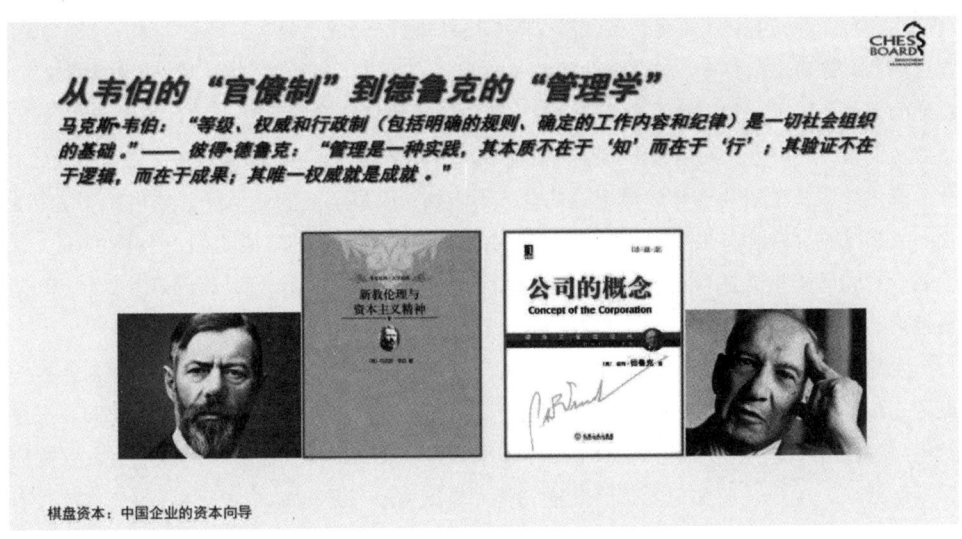

棋盘资本:中国企业的资本向导

褚建新:

既要规模又要柔性,通常是以下两种思路:

一、先规模、再柔性——通过自营,扩大网络,做大规模,提升服务质量和稳定性,再寻求运营和服务的柔性化个性化,例如顺丰、京东。自营网络需要巨大的资本投入和优秀的管理能力,运营成本居高不下。

二、先柔性、再规模——通过业务委托与全国同行合作,各物流企业先行解决客户在各区域的个性化服务需求，再通过资源整合，扩大网络，实现规模效应，例如传统合同物流。由于物流业务的复杂性和委托代理中存在的机会主义风险，单纯的业务委托，实难实现深度协同做大规模。

提到"资源整合"，普遍首先想到的就是"联盟"——"志同道合"拥有共同需求的属地化"小老板"，签署联盟协议，共聚资源力量，形成一个物流服务网络，共同应标，协同操作，提升服务能力。例如落地配的COD联盟、专线货运的中中联盟等。

联盟只是企业的松散联合，各成员企业依然独立经营。虽承诺有业务需求时互帮互助，但各成员企业的实际运营互不透明，运作水平参差不齐，成本报价各不相同，业务需要大量反复沟通，协同效率很低，尤其普遍存在"搭便车"等机会主义动机，"有福同享，有难不同当"，其中一方自觉利益受损，即难协调约束，导致联盟解体。为制约联盟成员的机会主义行为，有些联盟干脆重组为一家公司，走上企业化经营之路，例如德坤、壹米滴答等。实际这个时候，联盟已不复存在。

众多物流联盟的利弊显然："利"的一面，大家均有抱团需求和愿望，都有情怀，愿意顾念大局"合"在一起，"抱团"具有可行性；"弊"的一面，对所取之"暖"到底是什么、如何产生和持续保持等认识不足，虽"抱"却并未生"暖"——成员为实，是强主体，总部为虚，弱总部。就规模效应而言，成员企业的业务规模或有提升，却并未实际产生全网规模效应，总部的商誉、技术、知识等无形资产，没有形成体系和机制应用，更谈不上规模优势。就网络效应而言，成员企业间运营不标准、信息不共享、服务不确定，协同效应无法发挥。至于分工深化效应，联盟总部与成员企业的分工不明确，成员企业的业务经营结构并未发生变化——100家个体户加起来依然还是个体户，并未成为分工协作的规模工厂；更重要的是，联盟缺少对成员企业机会主义行为的约束机制，部分成员企业只顾自己，违约者占便宜，联盟自必逐步瓦解。

物流联盟的实践显示，行业整合须面对三大难题：一是技术。各自的业务如何连接？需要有统一的数字化系统和操作流程规范，成员企业才能有服务标准和业务协同。二是组织。连接在一起的网络如何运作？总部和成员企业间如何分工明确？总部如何发挥规模和网络效应，成员企业如何发挥经营能动性和自驱力。三是机制。除了共同价值观、共有的意愿和情怀外，总部与成员企业之间、成员企业与成员企业之间，如何通过"人质效应"制约机会主义行为？

马宏：

是通过企业内部组织生产，还是进行外部市场交易买卖？两种形式的背后，是精致的"效益"算计——某项产品服务的取得，哪种方式更经济更高效？"效益"还可以通过降低产品服务的单位成本获得，这就有了横向"拓宽服务界面"的"规模化"布局和纵向"合并同类项"的"集约化"操作，这就有了到底是"做加法""抱团取暖"，还是"做乘法""抱团打天下"的问题。

正如您所言：如果只是简单"做加法"，100个农民加在一起依然还是农民，不过是"把一堆小散沙，变成了一坨大散沙"而已。如何让100个农民变身为30个产业工人，人人工资待遇翻倍，整体效率还能翻番？"做加法"不过是"做大规模"，"做乘法"才是"范式革命"。革命性的"乘法因子"正是"数字化"——因为数字化，外部市场交易的成本急剧下降，诸多资源要素极易获得；因为数字化，个体选择开始多元，企业组织的颗粒度正在变小。

工业化时代，重要的生产资料是机器，价值链依靠机器连接，规模庞大的机器生产需要巨额资本投入，人严重依赖机器，于是机器绑架了人，人因而"异化"。数字化时代，重要的生产资料变成了数据，价值链靠数据连接，虽依然免不了大资本的助力，但低(零)代码配置的出现，已使平凡人亦可轻松操作"业务贡献挖矿"的"矿机"而成为"数字化员工"，人不再那么受困于工具，人开始"回归"。

记得20多年前，曾和一家早期物联网企业讨论公司使命和价值理念，讨论中诞生了一句当时被看作简直就是在骂人的slogan——让人做人的事。实际想表达的，正是让人回归人的本质——机器为人服务，而非人为机器服务。如果机器是主要的连接者，人不过是机器的维护工具，人自然就变成了机器的奴隶，员工自然就只能是被单纯消耗的"劳动力成本"，而非创造增量价值的"人力资本"。

世界开始"重新连接"，"通用语言"便是数据，数字化将成为企业进入未来世界的门票。数字化改造，本质上是组织改造——集中式组织集中式决策，瓦解为分布式组织分布式决策。新的连接方式，就是未来的组织架构——我们需要在各种新型连接中，重新确定自己的位置。从"强企业时代"到"强个体时代"，没有了(金字塔组织的)"家长"，(平台型组织的)"兄弟们"如何相处——这是"重新连接"的难点，也是组织再造的核心问题。

在"社群主义"代表迈克尔·沃尔泽眼里："个人主义"并非人与生俱来的"因"，恰恰是高度流动性的"后社会状况"之"果"——连接不稳定，关系容易改变，必然导致"自愿联合"出诸多"自愿型共同体"；《自我的来源》作者查尔斯·泰勒更强调：个体不能完全脱离连接而存在，价值无法凭空"自我赋予"——生命需要有背景框架，意义存在于"共同生活"之中……中心化的金字塔结构，仰仗的是组织赋予的权威；去中性化的群体互助性"共生组织"，依赖的是共识的"共享价值观"。

"去中心化"提法其实不准确，实为"多中心化"，是多层次的多中心化，是专业化的全面中心化——每一层级每一区域、每项服务每个专业，都有自己的中心，不再"麻雀虽小五脏俱全"，无须"十八般武艺样样精通"，分散为某属地区域、某擅长专业的各个小中心，全面中心化。提出"合弄制"（Holacracy，即"全体共治"）概念的布莱恩·罗伯森专门写过一本书，书名就叫作《重新定义管理：合弄制改变世界》。

连接"大平台"与"小组织"，除了"价值观共享"，还必须有基本"共识"，有共同遵守的"游戏规则"。在狭义PI"基础底盘"（"大平台"）之上，"自由连接"起纷繁茂密的PI企业"生态物种"("小组织"),构筑起勃勃生机的广义 PI 生态,这是 Physical Internet 理想,想必也是未来普遍的组织形式。其中关键,应是"中国 PI 第一人"、"物界科技"创始人田民的"PI 思维十字诀":标准,规则,连接,共识,共享。就如同千差万别的各种公司,行业不同、业务各异、规模悬殊、区域分散,如想进入资本市场,首先必须建立可与外部世界"连接"对话、符合"共识"的"标准"话语体系,即进行"建立健全现代企业制度"的"股份制改制";倘要进一步公募上市"共享"企业收益,还须遵循交易所已经达成"共识"的种种上市"规则"……

褚建新:

以"通达系"为代表的"联邦制"模式,天才地解决了物流行业的整合难题。伴随电商成长,"通达系"需要对接海量淘宝店家和天猫商户,因此成为最早应用系统联网的快递企业。通过集中的信息系统和统一的操作流程,实现了各地成员企业的操作标准化和运营协同:一地把包裹交给网络,就已清楚知道其到达各地的履约服务水平,无须对每个包裹进行反复的沟通跟进。

"通达系"创立了"面单费"制度,建立了总部和成员企业双层主体结构:总部作为市场品牌主体,集中管理系统和面单,负责制定标准、规范流程、网络规划、信息技术、质量管理等沟通协同职能;各成员企业作为市场运营主体,按照总部的制度、流程、标准,负责本地的取派、分拣、运输等业务具体经营活动,向总部支付"面单费",独立承担经营结果。其中最为天才的创新,就是"派费互免"制度——通过派费互免,建立起"通达系"网络的"人质机制":

1)成员企业免费为兄弟成员派送,此派费成为这家成员企业在"通达系"网络里的沉没成本,和兄弟成员的派费互为"人质",派送得越多,沉没成本就越高,相当于这家成员企业押在网络的"人质"就越多;

2)成员企业为把自己免费给兄弟成员配送的成本收回来,就需要拼命做销售,拿到更多货物,让其他兄弟成员免费为自己派送。只要出货量大于进货量,自己在派费互免中便更有利。大家都追求对自己有利,于是都会拼命做销售;

3)其他兄弟成员为这家成员企业提供免费派送,相当于降低了这家成员企业本地销售的成本报价,于是提升了这家成员企业本地"场"的竞争力;

4)因为派费互免,成员企业就会把尽可能多的业务拉入总部系统,以让兄弟免费派送,大大减少了成员飞单——把肥肉自己单独做,骨头抛给网络。

"通达系"之"联邦制"物流网络组织,实在是中国企业对组织创新的重要贡献。按照杨小凯的"间接定价理论":市场买卖产品,企业买卖人力资源——买卖人力资源的交易效率高,采用企业形式组织生产;买卖产品的交易效率高,利用市场交易组织生产。但由于企业家才能、知识、技术、商誉等知识类无形资产很难定价,交易效率很低,一般采用"企业剩余权制度"间接买卖——并不直接进行市场买卖,而是将支付员工成本后的企业剩余,作为企业家才能等知识类无形资产的间接市场价格。

"联邦制"物流网络，通过双层主体的组织创新，通过"面单费"和"地盘经营权证券化"等机制创新，实现了无形资产使用的定价和交易，提升了无形资产的交易效率，获得组织红利。对于"联邦制"物流网络来说，最核心的就是总部和成员企业之间双层主体的知识分工和知识交易：总部重点发挥知识、技术等无形资产的规模效应，成员企业通过标准化运营发挥网络效应，通过"面单费"实现才能、知识、技术、商誉等无形资产使用权的定价和交易。总部并不拥有成员企业的所有权，成员企业是独立经营主体；成员企业持有总部股份，让渡部分运营权力给总部统一运营。

通过双层主体的网络规模效应，深化总部和成员企业之间、成员与成员之间，以及总部内部和成员企业内部的分工水平，例如专业的分拨中心、专业的运输车队、专业的末端取派、专业的解决方案、专业的网络规划，等等。通过"合约"，规定资产专用性、地域限制、沉没成本、商誉效应等"人质机制"，以及通过地盘经营权的证券化机制，鼓励和吸引社会化资金的投入，建立并完善网络准入和退出机制，制约成员的机会主义行为风险。

马宏：

"通达系"商业模式，确实是难得的由中国人创造的商业模式，我称其为"类交易所模式"。何出此言？只须对比一下证券交易所和"通达系"的收入结构：证券交易所第一大利润来源，叫作红马甲席位费，相当于"通达系"的区域加盟费——"通达系"的区域加盟权益还可以转让；证券交易所第二大利润来源，当属买卖佣金（交易手续费），相当于"通达系"的面单费——可以算算这面单费与整票快递业务的收入占比；证券交易所第三大利润来源，则是证券信息、股票托管、证券分析软件等相关收入，这相当于快递的车辆、保险、油卡甚至罚款等相关收入……"通达系"真的只是做"快递"的吗？

"通达系"实际构建了一个独特的生态系统：真正那些穿梭跑腿做快递的，不过是"全网无盲区"无孔不入的"小组织"里的成员；"通达系"总部，则正是一个数据链接网络协同的"大平台"。正如您的剖析："通达系"的"联邦制"体系，包含总部和成员企业双层主体——总部作为市场品牌主体，集中管理系统和面单，为成员企业赋能；各成员企业作为市场运营主体，按照总部的标准要求，负责属地的具体业务经营。总部类似"联邦政府"，维护已经达成的"共识"；成员企业相当于各区域"州政府"，实施"各州自治"。

"联盟"基于条约，骨子里是"合纵连横"的策略选择，想要延展扩张霸权的"我"；"联邦"基于宪法，是双轨制法律体系，本质上是"分工协作"的制度安排，希望相互成就特色的"你"。哈耶克在他那本著名的《通往奴役之路》的书里宣称："联邦原则是使各个民族能够联合起来，建立一个国际秩序并对他们合理的独立愿望并不加以非分遏止的唯一形式"。我们从中可以读到两个关键词:("大平台"的)"秩序"和("小组织"的)"独立"，一如"全球供应链公司"SYSCO名字中的 system 和 service。

区别于依靠外部指令的"他组织",联邦模式构建起"远离平衡态的非线性开放系统",依赖满溢持续自驱力(极其宝贵的"创业精神")"独立""小组织"的"自组织",得以克服难免"系统熵增"的"大公司病"。

"大平台"的"秩序"如何产生?18世纪的法国启蒙思想家让·雅克·卢梭,旗帜鲜明地宣扬《社会契约论》:人与人之间缔结一个契约,每个人让渡自己的部分权力,集中分配和管理,社会秩序由此产生;20世纪的美国政治哲学家约翰·罗尔斯,则在他的"新契约理论"中,设计出一道"无知之幕":平等、理性、无差别的人们在大幕拉开("游戏"正式开始)之前,先行明确选择正义的原则("游戏规则"),以期建立一种程序性的分配正义……

世界如此,国家如此,公司组织亦如此。

作为评判商业模式优劣的尺度,"α(转化率)=价值产出/资源投入"透露着诸多信息——消费互联网开启"新零售",丰富了分子项的"价值产出";产业互联网催生"新物流",集约着分母项的"资源投入";"大平台,小组织"则开启分子分母重构,以期调整"利益相关方"关系——所谓"商业模式",原本就是企业与企业之间、企业各部门之间、乃至企业与客户之间、与渠道之间,各种交易关系和连接方式;商业模式的本质,就是"利益相关者的交易结构"。

褚建新:

"联邦制"建立了双层主体结构:一方面,总部建立统一的系统、标准和流程等全网运营规则,成员企业可按"积木块"作业,以实现整个组织的标准化和规模化,发挥"大平台"的规模效应;另一方面,成员作为独立经营的市场主体,可以充分发挥"小组织"自驱激励和

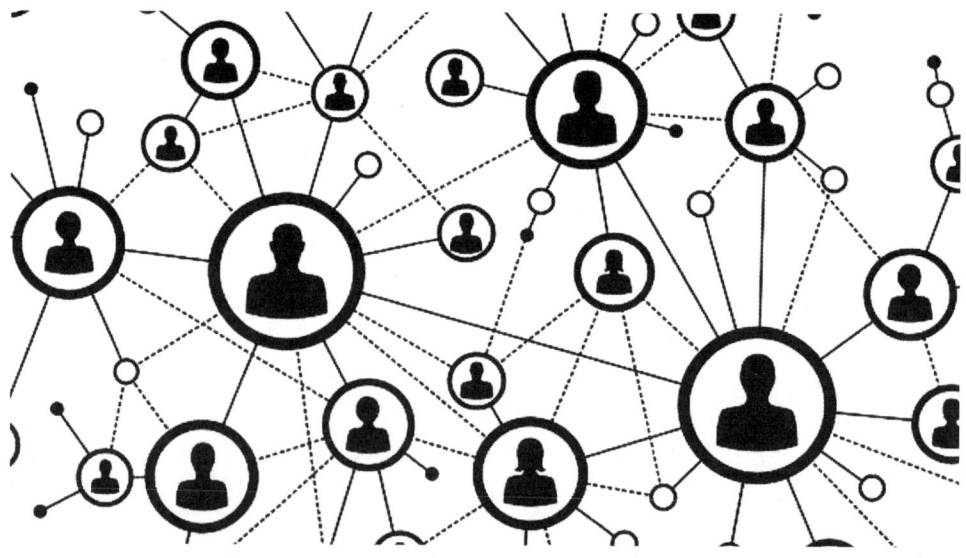

灵活决策作用，满足客户的个性化需求。成员企业虽是一个个独立的标准化"积木块"，但在总部的统一规则下，各成员均可主动与其他成员协同，进行分布式决策，随时"合弄""魔方"出千变万化的"积木型组织结构"，为各类客户的"按需定产"，提供定制化、柔性化的物流供应链解决方案。

更深层次，"联邦制"物流网络组织，不仅实现了总部与成员之间的"知识分工"和"知识交易"，而且通过网络成员企业的分布式决策，实现了网络内"分散性知识"的有效利用，正是企业家才能在"知识发现"过程中发挥重要作用的典型案例，是对现代企业理论和管理理论的突破和发展。"联邦制"物流网络组织在决策中，融入了"知识发现"和"知识分工"要素，使得组织经营决策，成为一个动态过程。

面对 VUCA 时代，面对越来越多的"黑天鹅"，通过"知识发现"与"不确定性"的互相动态协调，"联邦制"物流网络组织，一定能获得更为坚实的发展基础。

马宏：

尼采说"上帝死了"。

但即便独立直播带货，组织"颗粒度"似乎也不可能细小到完全的"原子化个人"，现代人总还是需要一些"故事"，与社会产生各种连接。正如大哲学家萨特所言：只有在"存在"的"虚无"皮囊里，填充人生意义的"故事"，人才能获得自己的本质。虽然"知识员工"已越来越独立，但人终须"讲故事"获得生命意义，社群终须"讲故事"获得存在理由，企业也终须"讲故事"赋予法人以灵魂——所谓使命（公司存在的理由）、愿景（到底想要做什么）、价值观（工作的意义）。

客观地讲，"同一个世界"很难拥有"同一个梦想"。既然你也是在兜售包装完美的"万一实现了呢"的梦想，我为什么一定要听从你的"故事"跟随你的"梦想"？既然你我的"连接"不过是商业的"供需关系"，既然个人的"成长"不过是提升"商品价值"的别称，为什么不能"世界很大我想去看看"？为什么不能在"市场流动"中实现自我增值？"

60后问：什么是离职；70后问，为什么要离职；80后说，收入不高我就离职；90后说，领导骂我我就离职；95后称，感觉不爽我就离职；00后称，领导不听我的我就离职"，这是网上的段子，折射着个体"自我觉醒"后组织管理的难题。

说到底，我们总在讴歌的"英雄文化"，实质上是（依赖强人的）"弱势文化"——绝大多数个体无须独立思考，依赖的只是他人，是组织，是"遥远的救世主"；"强个体时代"呼唤的"规则文化"，才是真正（多中心化的）"强势文化"——"从来就没有什么救世主，也不靠神仙皇帝！要创造人类的幸福，全靠我们自己！"……

跨越强人时代，走向规则时代，这是企业和社会演进的必然。

寻找PI企业

一直就有两种不同的战略(资本)思路(思维):一种叫作"故事派",一种叫做"赛马派"——

"故事派"属于天马行空的"天派",使命愿景拉动型:先思考行业终局"未来的世界是什么样的",再确定未来那个世界降临时"还有什么未被满足的需求(甚至是"睡美人的需求")",然后是"站在未来布局今天","相信相信的力量","把不可能变成可能"……

"赛马派"属于踏踏实实的"地派",核心能力推动型:先审视自己有什么样的资源、禀赋、能力,然后是基于客观现实,通过"赛马机制"发现客户需求,不断试错演化推进,"立足今天面对未来",问我五年十年的战略,不知道,"相信自己的无知","摸着石头过河"……

"故事派"胸有蓝图高举高打,难点是"胚胎孕育的痛苦"——你辛辛苦苦自以为是地在高层布局,以其"降维打击",结果市场跑去的是另一个方向——当然,"故事派"的关键,还少不了"战略落地";

"赛马派"立足当下不断迭代,难点是"持续发展的挑战"——你昨天的成功,很可能就是你今天的包袱,"拿着旧地图根本找不到新大陆"—— 显然,"赛马派"的关键,是需要不断地"自我革命"……

PI 原生科技创新公司——"物界科技"

文 / 田民
"物界科技"创始人

"物界科技"是一家 PI 原生的科技创新公司，创业梦想和初衷就是探索和推动下一代物流 Physical Internet 在中国的落地和推广，帮助传统物流企业数字化转型，实现高质量和可持续性发展。"物界科技"的定位，就是 PI 核心技术的贡献者、PI 共识的倡导者和 PI 生态联盟的发起者，在创业初期就获得了几家知名投资机构的风险投资。

"物界科技"目前在上海、深圳和南通分别设立了研发中心和实验基地。核心成员来自多个学科背景，涵盖了数学、信息论、计算机、工业工程、运筹学、经济学等，是中国最早接触和参与 Physical Internet 相关理论研究和技术研发的团队之一。"物界科技"与 Physical Internet 理论创始人 Benoit Montreuil 教授有着非常深的渊源，多年以来一直保持密切的交流与合作。

Physical Internet 是一个"超链接"的物流"网络的网络"（Network of Logistics Networks），"虚实融合、数实共生"。

从"物"的视角来看，是一个由无数个开放和共享的物流节点链接在一起的实体物流网络，实体的货物以单元化、模块化、标准化和智能化的方式，在这个网络里自主和高效地流转。

从"数"的视角来看，是一个数字孪生 (Digital Twin) 系统，每一个物理实体对象都有对应的数字孪生体——以数字化的形式，在虚拟空间中构建了与物理网络世界一致的高保真模型，通过与物理网络世界不间断的闭环信息交互反馈与数据融合，模拟实体对象在物理网络世界中的行为，监控物理网络世界的变化，反映物理网络世界的运行状况，评估物理网络世界的状态，诊断发生的问题，预测未来趋势，乃至优化和改变物理网络世界。

Physical Internet 是一个开放、协同和共生的物流网络，是一个数字生态系统，Physical Internet 的推进依赖多方参与者达成的共识机制和跨领域的技术创新。

"物界科技"专注于实现 PI "超链接"的数字技术，主要包括以下几点：

1. 基于数字孪生 (Digital Twin) 和信息物理系统 (Cyber Physical System) 的"物算机"和智能操作系统 (PI OS)：将 Physical Internet 上不同类型的节点 (PI Node)，抽象为类似计算机或路由器的"物算计"，通过感知、认知、预测、决策、控制的算法和技术，将节点的"物"理实体对象和"数"字对象进行抽象和精确映射，实现状态感知、实时分析、自主决策、精准执行、学习提升的完整闭环，并且支持跨接口、跨协议、跨平台的互联互通。

2. 基于 Physical Internet 开放模型 (Open Logistics Model) 的协议栈 (PI Protocol) 的技术实现：PI 协议栈是构建开放式分布式物流网络的核心要素之一，分为应用层 (Logistics

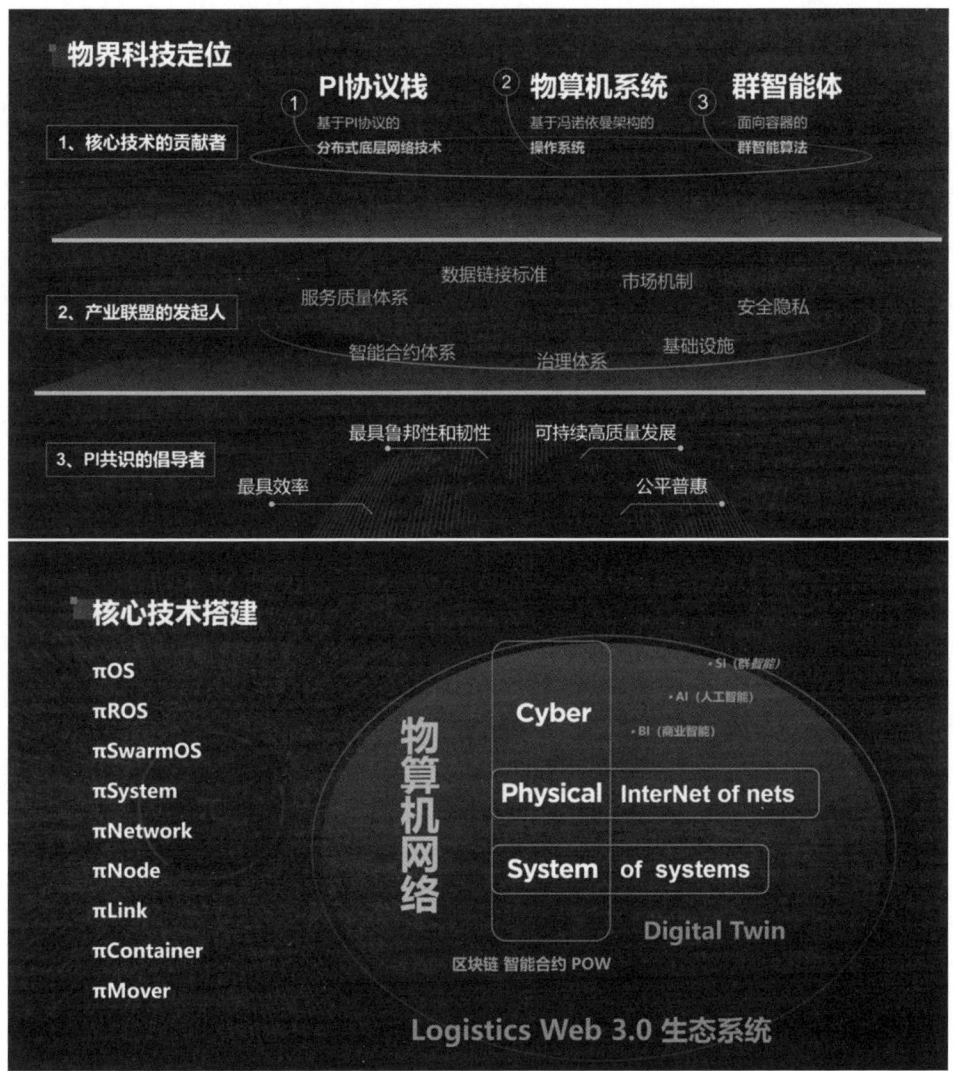

2020 年，"物界科技"获得 International Physical Internet Conference（IPIC）优秀建设者奖和中国物流科技创新企业奖

Web Layer）、封装层（Encapsulation Layer）、网络层（Network Layer）、路由层（Routing Layer）、链路层（Link Layer）和物理层（Physical Layer）。

3. 基于集群智能算法和技术的可自适应的智能体（PI Mover）：实现多场景下无人操作或人机协同的低成本即插即用。

4. 基于区块链技术的 PI 共识和激励机制：实现参与方自愿和积极参与价值创造和价值分享。

PI基础的一环——物料搬运

文 / 刘世宏
"欧链咨询"创始人

谈及 Physical Internet，就不得不提及其中重要的一环——物料搬运。

大家希望实体物质也能够像电力、信息、资金等一样，可以在线上实现无差别的流动。新的人工智能、导航技术、数字孪生技术、5G 和 6G 通信、可再生的新能源等技术的发展，让传统的叉车等物料搬运设备，上升到一个新的智能化无人化的阶段。无人叉车和搬运机器人，将智能化和信息化，融合进传统的物料搬运设备，实现了与 WMS、MES 等系统的对接，为智能制造和智慧物流的发展提供了载体和传送硬件设施。

获得德国弗劳恩霍夫物流研究院技术支持的中国无人叉车企业——苏州罗伯特木牛流马物流技术有限公司，正在用"机器人盒子"的概念，诠释着这一未来趋势。搬运机器人和无人叉车，不再是各式各样的个性化的工程类产品，而更多的是可以解决问题的一个魔方盒子组合。这些组合了不同设备和功能的搬运魔方盒子，在整个 PI 体系内，实现物料搬运的功能，实现组织内部制造端和运输端各个节点之间的输送和传递。

这些"魔方盒子"，可以看作是线路中的管接头和发射器，进行着上下游的物质搬运和传递。这种搬运和传递，又承载着各种信息的交换和传输，最后形成整个 PI 的物质流动。由于无人叉车和搬运机器人更多地具有连续性自主作业的特性，还将在未来的黑灯工厂和延绵不息的作业中发挥其作用。

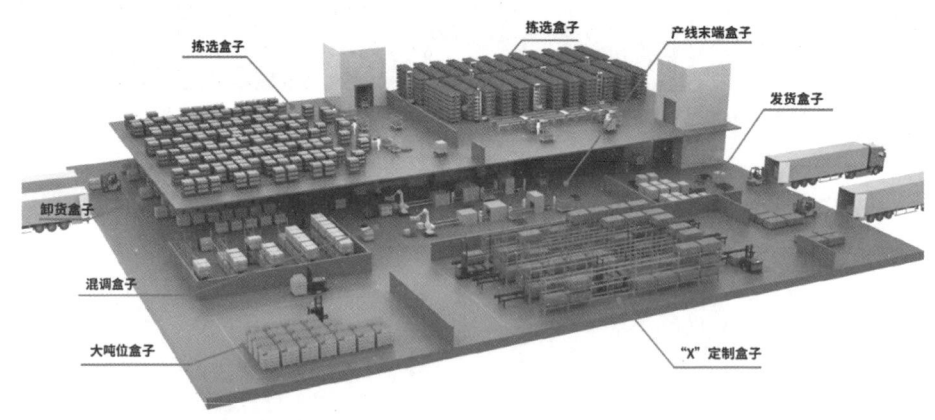

"木牛流马"描绘的机器人"魔方盒子"概念

部署在浙江某服装电商企业的 880 台分拣机器人集群

在未来搬运机器人的大规模集群化场景中，我们可以看到各式各样的搬运机器人，可以看到上千架无人飞机在空中表演……这种无延时的精确数据传输系统和交通调度系统，将在未来全球化的 PI 系统中，承担着承上启下的重要功能。

在搬运机器人领域，中国本土已经涌现出大批优秀企业。获得全球创新机器人 50 强、拥有国际知名度的分拣机器人创新企业——中国浙江立镖机器人公司便是其中的一家，用一款"小黄人"的分拣机器人，实现了高速物品分拣。

最近，"立镖机器人"在浙江一家服装电商企业中部署了 880 台分拣机器人，是目前单一运行体系中最大的搬运机器人集群。这些机器人集群实现自我适应、自我学习、自我规划等能力，这一能力为未来无人叉车和搬运机器人的集中调度，形成模板。

这里，借用法国数字化和社会媒体教授 Jean-Baptiste Lefevre 用以讲述 Hyperloop 对交通的作用的一张图。我要用这张图来展现 PI 的未来——整个地球就像是一张地铁图，每个节点都可以关联，都可以互通……

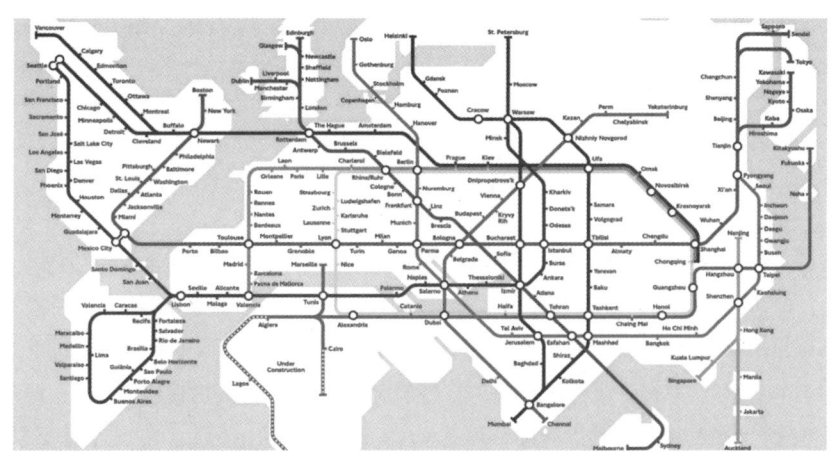

PI 的未来，全球就像一张地铁图

标准化封装难题——BSIM搭建PI元宇宙

文 / 陈星浩
"中物汇智" CEO

PI 的发展，首先将面对标准化封装困局。

实物互联网 PI，是传统物流网络标准化的最终形态。参考互联网发展历程，如何从军网发展成广域网？核心就在标准化封装，本质上是对于能力预期的标准化与稳定化封装。PI 网络中，不论"π 容器"中的货物如何，都需要具备可预期/可量化的处理、存储/运输的方式统一，如 PI "路由器"、PI "网线"等。在以物流为目的的"实物互联网"中，核心要素的标准封装有以下三个难题：

系统能力封装。不论生产、仓储、运输中的各类场站、装备等，都面临着五花八门的厂家、设备、系统等。其中最难的点，就在于对于系统存储、分发能力的预期：一旦参与各方无法预期网络能力，PI 网络的运行成本和时间延迟，必然会极大增加，势必降低各方投入 PI 网络的动力。各种自建物流层出不穷，原因也在于此——具备完整物权和管理权的自有网络，第二天的运行能力尚且不知，又何谈加入一个并不信任的 PI 网路呢？

人员能力封装。和物流的自动化/智能化系统不同，目前 PI 的发展，最困难的还是人员能力的标准化封装：如何准确地预期个人/团队的能力？如何准确评估人机协同条件下，特别是当代多智能元素（如 AI+ 时代）下，混合协同作业的人机整体效能和稳定性评估？最不可控的，就是人的能力数字化和稳定性评估，其影响极大。

决策价值封装。建设 PI 的先决条件，是提前的"网络测速"是否能够起到降本增效的效果？在采购建设物流装备与系统之前，在仓配运等数方建立网络合作契约之前，都需要看到对于整体网络，特别是作为网络中主体的价值收益。这就要求在装备采购、人员招聘、咨询采购、战略合作之前，对于协同能力能有提前的预知和预感。

如何破解？通过多年实践和案例积累，"中物汇智"在思考如何参与构建 PI 的过程中，针对人员能力、系统能力、决策价值封装，构建了"创、仿、联、析"BSIM（数字孪生物流设计平台）体系，力图打造 PI 标准化能力封装与协同测试平台，通过利用 UGC（用户生成内容）人人创造 PI 元宇宙的新模式，解决痛点问题。

作为一家前沿科技创新驱动的高科技公司，"中物汇智"利用虚拟现实 DT 技术、PI 技术等，打造"元宇宙"级的教学、工作、培训场景——公司通过物流仿真与虚拟环境（Simulation），构建系统能力评估与测试平台；通过融合业务数据下的装备协同能力测试、系统协同仿真测试、环境与系统适配测试、人机协同测试等一系列仿真模拟工作，构建 PI 网络关键要素能力值的快速评估；通过 DT 技术，实现低成本快速仿真，降低评估成本，建立评估测试大数据，以进一步提升 PI 网络的强度。

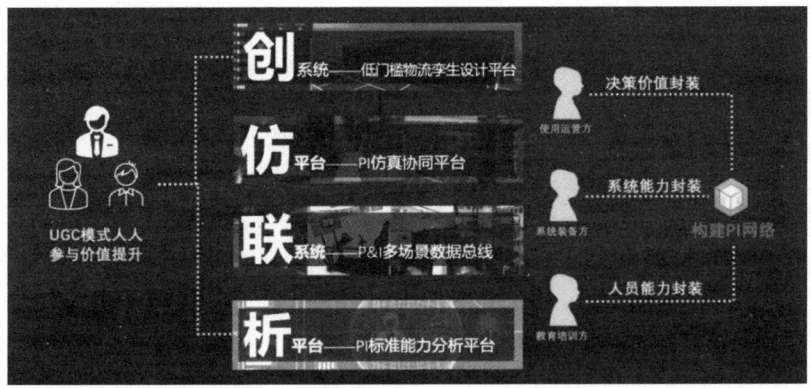

"中物汇智"的"虚拟预案演练环境"产品，能够通过 3D/VR 方式，将系统所需要的从管理到实操的人员都拉入 PI 网络之中，可以全方位地进行人员能力评估，找出系统的黑天鹅与灰犀牛，并通过智慧培训的方式，采用实操方式进行人员训练，先后服务了包括"中通云仓"大赛、北京水务集团，以及多个国防联勤保障项目等关键领域项目。"中物汇智"通过 Irt 数据总线，打通了"P"与"I"之间的数据关系，建立数字孪生的映射孪生体，通过孪生体可复制、低成本推演的能力，不间断地进行组网测试，进行新系统测试，构建 PI 局域网与广域网的最优方案。利用 Irt 数据总线，用户可混合对接 ERP、PLC 等不同业务数据，实现孪生体之间的共智。

利用新 211 模式（2 个小时 1 个人 1 个物流模拟场景构建）的 B 系统，"中物汇智"得以快速构建打通物流规划设计、售前演示评审、运营的全环节孪生资产，让人员招聘决策、部门组建决策、系统设计决策、战略合作决策等，都有可预测可预感的仿真体支撑。

"中物汇智"的愿景是：最终形成以构建 PI 为目标的物流网络元宇宙，并通过这一生态，打通决策、协同、教育培训环节，推动 PI 的建设进度。

PI 底层协议和 IP 地址基础——"容器编码"

文 / 刘亮

"辰达物联"联合创始人

Physical Internet 幻想与否，实际是阶段的认知不同。

构建网络体系的新物流世界，首先一定是理想的状态，其次不是不可实现，实现的难点也不是技术问题，而是行业标准和一致性问题。目前的 Physical Internet 设想，确实是理想，但是方向，是"趋势＋可实现"，趋势一定会朝这个方向走。这场革命，要打破的就是认知，要解决的就是利益的重新分配。所以，一定会有个过程，一定是分阶段实现的，一定要有时间沉淀，一定是先局部开花。

"一花一世界，一叶一菩提"。以小窥大，PI 看似遥远，但身边已经在发生的一些案例，正在对应 PI 大世界影踪。

先举个与物流血脉相通的"新零售"行业案例。"新零售"的本质就是"新物流"。新零售的出现，将物流效率再次提升，"3 公里 30 分钟送达"的极致，很是具备了未来物流形态的雏形。就以新零售的代表"盒马鲜生"为例，在我们与他们共创和优化过程中，看看它如何在这方面体现得淋漓尽致：

消费者下单，通过平台将订单分解至最优的拣选人员；拣选人员不需要主观意识判断，只要与 PDA 关联，系统订单便直接下发至 PDA，PDA 告诉你去哪里拣、去拣什么，同时计算你的绩效；拣选人员收到订单后，去拿一级容器，一级容器是双编码，既有条码，又有 RFID，适用于不同场景，拣选人员通过 PDA 扫描容器条码，将容器与订单关联，每拣一件商品，都会通过扫描确认，确保订单正确率；拣选完成后，容器开始进入分拣线。

在订单管理上，为了保证高效，一个订单会被拆分成 N 个子订单，这个阶段，容器就要开始做订单合流，分拣线通过读取容器内置的 RFID 芯片，自动分拣容器订单到打包台；打包台通过扫描二级容器，进行订单合流，二级容器中，里面其实涵盖多个完整订单，这个大订单是根据路线和商品属性优化得出的结果，所含子订单处于最佳配送线路和方案，二级容器完成订单打包后，输送给配送员。

配送队伍分成三种：一常规军，二临时军，三雇佣军。在整个过程中，消费者端能清晰定位自己订单所处地理位置；当配送人员到达消费者端处，开始再行分拆订单，将二级容器中的订单商品，分拆出个体消费者所属订单，进行再次打包和容器装裹；交付完成后，子订单关闭，消费者评价和客诉进入售后环节；当配送人员依次完成二级容器中所有订单时，该大订单履约完成。

从"盒马鲜生"这个案例中可以看到：无论商品本身的属性如何，都可以通过对容器的二次编码方式，进行统一化管理。为确保高效和高准确性，动作与信息采集须保持一致。整个内部流转过程，体现了人机协同——既有人工处理又有自动化，这里的人工处理亦有所不同，是将工具与人绑定，通过工具下达准确的指令，进行绩效纪录，不再强调人的主观能动性——人与工具的转换，加上人机协同，成为最具生命力和性价比的方案。

在订单流转的过程中，多级容器的设定，更能适应不同的场景和节点需求：

在订单打包环节，强调的是路线和商品属性，路径优化省的是时间和物流成本，商品属性能确保路径的多维度考量，只考虑路径而不考虑装载，是无法兑现最优方案效果的；在配送环节，面向的是自建物流和社会化体系的协同，消费者并不关心是谁履约完成了订单，他更关心的是结果和订单所处阶段/方位,以及履约时间,在这个协同体系里,平台统一派单和结果输出。

作为开放共享的物流体系,PI要把各个链路连接上来,做到信息与资源共享,首先底层协议要有一致性,"容器编码"就具备了作为底层协议和IP地址的特性,要具备联网的能力,就必须实现IP地址的唯一性和行业标准化。

参照食品行业,我们可以看出统一的底层协议标准,对效率提升的显著效果:物品编码中心结合GS1国际标准,制定统一的编码规则,为每项商品赋予了编码含义,极速提升了商品流通效率,但缺陷是商品编码是批次码,只对应商品大类,无法具象到商品个体。

在零售企业实操过程中,为了更有效打通供应链节点,体现商品个体信息价值,自营商品端就需要做更进一步的编码。以"辰达物联"为罗森便利店做的信息化举例:针对主营门店内的加热食品,罗森便利店做了自主编码,这套编码系统让商品具备了唯一化属性,并把商品属性也涵盖了进来(如商品的效期等),在商品经历的各个链路节点,都通过PDA和扫码设备进行节点和关键数据采集。由于具备了唯一化和属性化的编码规则,罗森便利店实现了自营和加盟网络的商品全程可溯,以及商品的降损耗和精细化管理。

罗森便利店案例,是个微观世界(局域网)高效运行的典型,局域网高效跑通获得印证,再放大到整个Physical Internet宏观世界上,将充满无限想象。

零售供应链版图,与新物流极其相似,多元和协同,把环节浓缩下,大致是三段,品牌商—经销商—商家。在商品转移的过程中,经销商承载着最大的桥梁作用,而经销商往往又有专业性和区域性特征,如何能遇水搭桥、见山铺路,这里面最核心的就是一张协同网络。这张协同网络,通过系统将关键点位网格进来,这个系统就是微观的PI,加以具象,就是平台化的ERP和WMS、TMS、OMS,这也是目前辰达物联在重新诠释的协同化经销商平台系统。

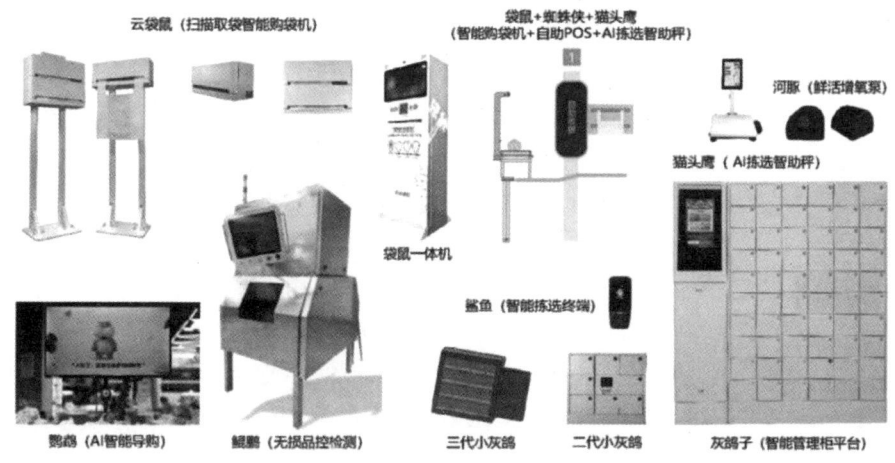

从零售供应链经销商的视角来看，PI 是新意识形态，是模式和技术的迭代，无须跳出三界外，根基还是在现有物理世界，只是立足点和格局更高更远，平台化和协同化思维是其核心点。PI 新物流网络世界，将使运输货物的转移操作成本更低、更流畅、更安全，以提高资源利用率和附加值，它是一种进阶形态。实现的难点不是技术问题，是行业标准和共识问题。容器作为流通的载体，其唯一属性和物流属性，首先需要定义和设定标准。

PI 是一种共享机制，需要大家认同而不是打破规则，是认同共享体系下集约和高效的理念。这种过程，需要阶段和时间沉淀，部分联盟体的尝试，将会引发行业星星之火的燎原。从各种践行的局域网案例来看，已有企业具备了 PI 的雏形，正在朝着标准化、网格化、协同化方向迈进。

当百花齐放的"局域网"，最后连接成一张网的时刻，这种叠加，就不再是"1+1=2"那么简单，将爆发出无穷大的变化和想象。让我们拭目以待。

致力基于位置的场景化解决方案——"万位数字"

文 / 王长军
"万位数字"创始人

Physical Internet 产生的背景，缘于应对全球地缘经济带来的供应链挑战，以及不确定性经济环境中，对供应链潜在风险的思考与提前布局。正如当前对供应链低碳与数字化转型的驱动发展一样，其目的就是——希望减少商品流通中的各种"阻碍"，降低物流过程中资源的传导损耗，提高物流节点的效能；希望商品包在市场流动过程中，像数据包一样，是标准化的、统一化的，从而形成的商品在开放的、统一的物流通道中无缝对接，实现商品流的高效与便捷。

就现实场景而言，PI 中商品的标准化，是一项过程漫长且极具挑战的工作。但正如自动驾驶 V2X，从早期的普遍遭人嗤之以鼻到现在的普遍受人信赖追捧一样，技术的沿革总会让很多不可能变成现实，车联网企业的爆发式增长，可以很好地说明这一问题。

当然，并非所有的商品都能实现标准化，但在发达的产品市场中，常规商品实现标准化则并非难事。真正难的是，个性化商品基于特殊原因而无法进入标准化体系，这使得非标商品的并行供应链仍将长期伴行，相应的物流运力则完全依照"物流网"的最优调配来进行运送，从而实现物流成本的最经济化。

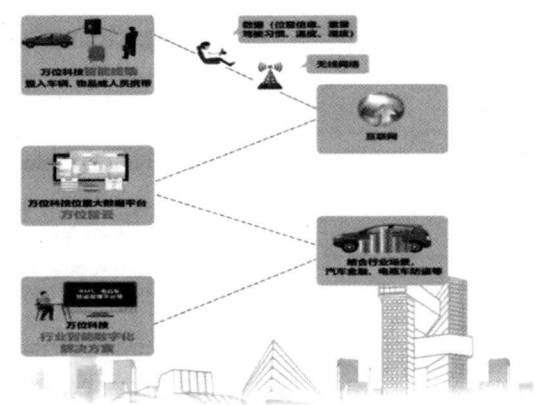

从"物流网"的演进来看,智能物流网是 PI 理论实现的重要基础。但正如互联网发展过程一样,物流网势必也需要经历迭代、升级的过程。这个过程的背后,是商品标准化、运力资源配置能力建设、区块链技术在物流节点中的应用、监管制度的配套,等等,不断补充、完善与进化。同时,商品流转过程的参与各方的无缝对接程度,也将影响着作为 Physical Internet 基础的智能物流网的发展。但有一点是明确的,即商品的物流并非静态不变,而是随着物流资源的变化而变化的,这是一个动态过程。

"万位数字"以智能硬件 + 软件 +SaaS 服务三位一体,为海内外企业、政府、个人构建车辆、物品、人员的"位联网",提供位置服务、运营管理、智能风控等一站式物联网综合解决方案。作为一家高科技企业,深耕"车联网"领域 10 余年,为乘用车和商用车提供基于位置的场景化解决方案——车联网硬件 + 软件 + 落地服务,车载终端安装规模已达 1000+ 万辆。在大宗商品物流领域,重点发力流向管控解决方案,确保商品准确、高效地运送至目标地。

秉承"一切皆有位置,位置链接价值"理念的"万位数字",正是抓住了"位置"这一关键核心,以"创造位联网 (以位置为核心的物联网) 时代"为使命,致力于"P(位置)、S (传感器)、A(算法)、S(方案)"四方面核心能力的打造,愿景成为"全球领先的位联网数字服务商"。Physical Internet 的"三大要素"——标准化容器、开放的节点和共识的协议栈,在"万位数字"的"位联网"场景中,可以得到很好的融合。正如 Internet 中的数据传输,"万位数字"的"位联网"数据实时传输,很符合 PI 物流的应用场景。

"万位数字"现致力于大宗商品在流转过程中的安全监管问题,目的是帮助货主在物流途中的资产保全。"万位数字"希望解决的,就是"货物 + 运单"流向管控的核心痛点,以补齐大宗商品中"监管流"这一短板,力争为大宗商品的物流赋能。借助提供"物联传感 +AI 核心算法 – 数字平台 – 大数据运营"的整体解决方案,"万位数字"可以帮助货主实现货物在物流途中,可能出现的换货、串货行为的预防,并在国内的煤炭、水泥行业,获得了广泛应用。

细分领域的 PI 实践者——冷链"冰魔方"

文 / 詹博瀚
"冰魔方"创始人

  Physical Internet 理论重被提及，"一石激起千层浪，百家争说物 π 网"。新的产业理论被广泛讨论，往往是因为行业遇到天花板，内卷严重，集体迷茫。我想物流行业可能正处于这样一个阶段，大家需要一个新的聚集地、支撑点。

  这些年，各种技术和概念层出不穷，从物联网、数字孪生，到近期炙手可热的元宇宙等。个人认为：PI 也是一样，是一种理念，是一种产业发展趋势。如果没有 PI 概念，可能还会有另一种概念形式呈现，产业依旧会沿着这个方向，向着更高级的数字形态演进。就像 Internet 催生了众多新企业、重塑了很多老行业一样，相信 Physical Internet 也将造就成千上万的新企业，他们在产业各个细分维度、垂直领域精耕细作，又相互链接和支撑，共同完善、丰富、拓展、支撑着一个共同繁荣、共同富裕的产业"生命共同体"新生态。

  "冰魔方"就是在"冷链物流"细分领域的一个 PI 实践者。几年前,我和团队创建"冰魔方"时，瞄准的就是中国大物流行业中冷链细分市场的产业数字化升级机会。从 PI 演化过程来讲，冷链市场有以下几个比较明确的趋势：

  其一，自动化和数字化技术的应用，是冷链 PI 演进的基础。只有通过自动化技术，才能最大限度地降低人为干扰，便于标准化执行；只有通过数字化技术，才能将所有冷链物流要素，互联互通并且数据化，实现以数据驱动洞察、决策和行动。未来的"物流标准协议"，最终也是要通过数据标准来落地的，类似于 Internet 的 TCP/IP 协议。

  其二，冷库"节点"，将是冷链 PI 标准先行的关键。冷库是冷链行业"信息流、货物流、

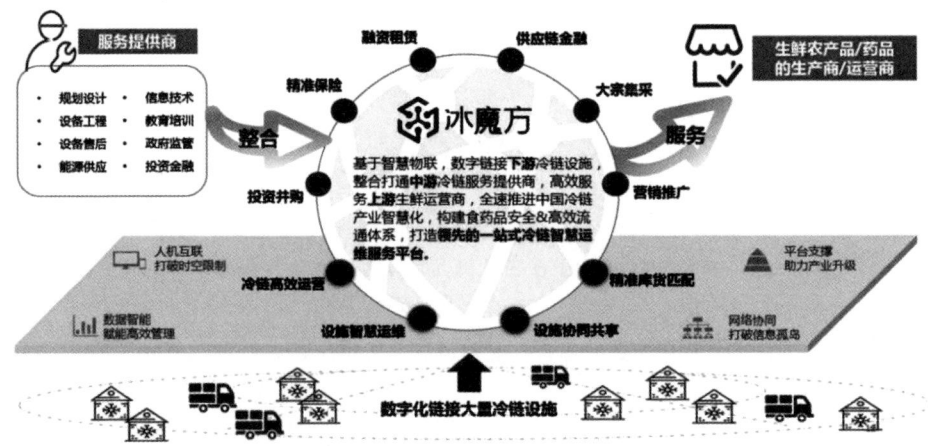

资金流"的汇集节点,其作用类似Internet上的交换机、路由器等。冷链产业链上,不同功能、不同规模的冷库,数量众多、分布广泛,包括生产中心、集散中心、配送中心、港口码头等各类冷库,构建安全可控、低成本、高效率、开放共享的冷库仓网体系,将是高效冷链基础设施关键,也是实施冷链 PI 的核心关键所在。

"冰魔方"正是怀着"智慧冷链成就品质生活"使命,从冷链核心"节点"冷库场景切入,致力于"依托物联网数字化技术,打造数据贯穿、网络协同、算法赋能的冷链智慧运维体系"。

随着未来五到十年国内冷库建设的持续快速推进,一方面,由于冷库专业管理人才缺乏、管理手段和模式落后、冷库后市场服务体系缺失,将导致大部分冷库内部的安全问题频发、能耗成本高、温度品质低,冷库的"重建设弱管理"问题,将进一步暴露。"冰魔方"提供的冷库数字化高效运维服务,将切实有力地帮助冷库运营商,实现内部"控险、降本、增效"。

另一方面,冷链物流行业高度分散,冷库节点的数字化程度普遍低下,信息孤岛严重,仓货匹配效率低下。"冰魔方"基于数字化冷库节点构建的"数据贯穿、网络协同"的智能冷库仓网平台,将进一步帮助客户提高冷库经营效率,通过库、车、货柔性匹配能力,带来更多增量市场。

怀着对 Physical Internet 美好未来的憧憬,"冰魔方"一直深耕冷链垂直市场,并以冷库数字化作为切入点,紧紧围绕冷库客户"降本增效"和"做大市场"需求,提供冷链"全生命周期"服务。

或许在不远的未来,立足"冰魔方"开放共享的数字化技术和平台,联合更多行业生态伙伴,我们也能一起看到冷链 PI 的梦想成真……

理想的 PI 应用实验场景——高速公路网络

文 / 杨立

"派天下"创始人

实在很巧!3月14日,是 Physical Internet "PI(π)节"。而"π",正是"派天下"的公司LOGO,3月14日也正是"派天下"公司的生日。

在激动与惊喜中,想发表一点儿自己的见解。

Physical Internet(我把它译作"物流智联网")是一个很不错的理念,象征着物流将迈向一个新的历史阶段。"π"是个神秘的符号，无限延续，没有没有止境，其本质上，就代表着物质的流通（这也正是"派天下"选择"π"为公司LOGO的原因）。现在，在这个万物互联的时代，"π"又被赋予了"数据连接、科技穿透、网络协同"的元素。

PI实现起来并不难，但为什么迟迟不能落地？个人认为：是缺乏一定的应用场景。想要做到万物互联，就要实现"地网"和"天网"的融合、互联互通，最大限度地实现资源的集约化和运营的高效率，以降低成本。说白了，就是要优化整个物流环节，让物流运输真正实现降本增效。

如果把整个社会比作是一个人体，血管就是运输通道，血液是流通的物品，大脑是调度中心，心脏是生产基地，各毛细血管是终端消费者——终端实时提出需求，传输到大脑，由大脑发出指令，心脏和各血管做好前期准备工作，产品从心脏进入流通环节，按照每个终端要求，在各主动脉、主静脉运行，血管分叉口就是仓储转运中心，没有任何中间环节，点对点到达。

PI的标准化、去中心化、开放共享的理念，重构着我们做事的方法——大家用统一的标准，开放共享所有的资源，减少沟通和协同成本，快速达成交易交互，这需要物流基础设施、设备、车路协同技术等必备要素的支撑。

作为"派天下"的创始人，我长期一直致力于高速公路网络这一相对封闭的网络场景（也许是无人驾驶货车可以最先实施的场景）的物流应用的探索。"派天下"的初衷和模式设计，与PI理念和愿景极其相似，只是把聚焦点放在了高速公路这个"局域"而已。中国的高速公路有16万公里，每隔50公里就有一个服务区，每个城市都有几个出口，这是一张天然的物流基础网！"派天下"就是以高速公路这张网，作为公路运输的核心命脉。

在快递/快运不断创造新的运营模式（"通达系"在共同配送/运力共享方面，正逐步取消各自壁垒）的今天，作为中国公路货运中最碎片化的部分，也是物流产业链的末端环节，大量的零担运输，还是通过最零散的专线加以实施。专线公司路线熟、经验丰富，因此效率高、

费用省,但零担专线公司之间,业务壁垒明显,缺乏运力共享/集拼货物的空间,无法进一步提高运输效率。

"派天下"正是基于云计算、大数据、移动互联网和人工智能等技术开发的物流网络,依托高速公路网络的天然优势,致力打造高速公路大票零担的车货集拼货平台,将高速公路服务区改造升级为"节点"分拨中心,以形成全国最大的为第三方中小微企业和专线公司服务的平台。

假设高速公路网就是人体的血管,"派天下"的愿景就是以服务区(智慧公路港)为单点,沿高速公路布局、成线、结网,延伸出融合共享、强强连接的全国性公路零担物流网络服务体系,实现产品化、标准化、信息化、集约化高度融合,形成能覆盖全国每个县级城市的、稳定、高效、经济的"门到门"全直达运输体系。

只要方向正确加之不懈努力,理想终会成为现实!

物流工业互联网(物 π 网)实践——"共生物流"

文 / 卢立新

"共生物流"董事长 / 中国物流学会副会长

我的理解,Physical Internet 应区别于万物互联的物联网。PI 应该是指把各种物流设施、设备、器具,进行跨公司的连接形成网络,以实现更好的资源共享与协同。从这个角度看,它与物流工业互联网的概念更为接近。

其实叫什么不重要,重要的是如何实现。技术,我认为问题不大。大数据、物联网、数字孪生、区块链,等等,发展很快,只要有合适的场景,完全可以很快就嫁接进来。我想通过"共生物流平台"多年的实践,重点从组织、机制和模式等方面,介绍我们这些年来在物流工业互联网(物 π 网)方面的实践。

一、六年的物流产业互联网实践,深刻认识到共赢才是根本

过去我们试图靠物流企业的做大做强,实现人、设施、设备、器具等能更好地协同和共享,并以此来提高效率。我本人做过两家大物流公司的负责人,但依然是"理想很丰满、现实很骨感",结果发现:物流企业做得越大,利润率却越低,因为管理成本很高、代理成本很高。

创立伊始,"共生物流"就决心做物流产业互联网平台,以"平台+中小微"模式,实现更好的共享协同，降低物流交易成本和物流管理成本，提高物流运营效率和物流服务质量。取名"共生"，使命很明确，就是要最终走向共赢生态圈。

六年实践，取得了一些成效，过程则非常艰辛，亦看到关键所在。共赢才能共享，共享才能共生。理念大家都很认同，如何实现？如何让理念真正落地？20多年前，我已隐约认识到共赢对物流产业的重要性，但直到最近三五年，才找到一些方法：以数字技术为支撑，逐步实现 14 个"化"，才能实现共赢。

二、大力推动物流工业互联网，数据价值挖掘是重点

产业互联网是把产业链上的企业，以及企业的相关人员连接起来；工业互联网是在产业互联网的基础上，把产业链上的设施、设备等也连上来。

物流的产业互联网，一开始就已经通过 GPS、北斗等，把车辆这个物流最重要的设备连接上来了，它是最具备工业互联网特征的产业互联网之一。

"共生物流"在原有物流产业互联网建设的基础上，于 2020 年着手进行全面的物流工业互联网的规划和推进，以"1 个中台 +10 个模块"搭建起以物流设施、设备、器具甚至货物连接为基础的物流工业互联网。

其中有几个模块，与物 π 网相关度较大。

1. 垂直行业供应链服务平台

针对细分行业，联通产、供、销的产业互联网平台，需要充分结合细分行业产业链供应链的特性，以技术和数据为基础，重构供应链，以实现产业链、供应链、价值链、创新链"四链融合"，提升当地产业链供应链现代化水平。

每个细分行业的供应链都有其特性和不同的需求，以"共生物流与供应链研究院"为牵

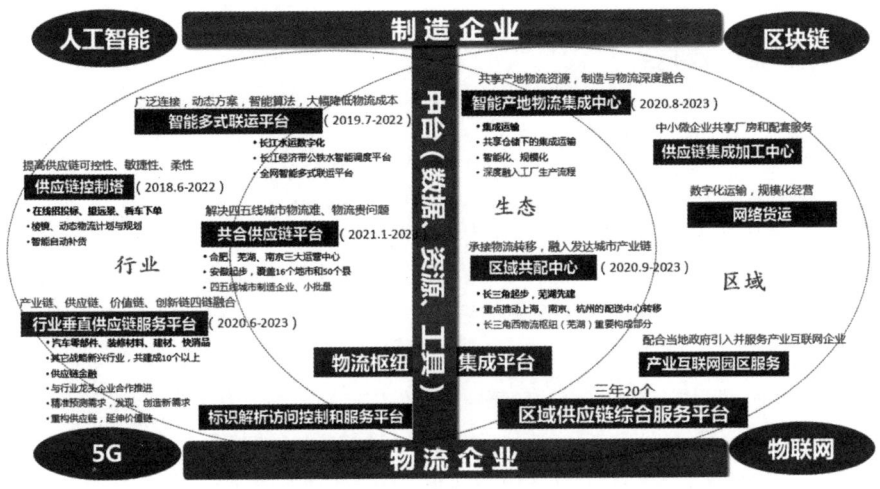

头单位，联合细分行业龙头企业共同研发、共同落地。在垂直行业供应链平台基础上，导入供应链金融，将是目前的供应链金融的颠覆性创新，实现资金闭环，提高风控能力，从降低流动资金需求和提高融资能力两个方面，帮助中小企业解决融资难和融资贵的问题。综合利用各种延伸价值链策略，来重构价值链，是垂直行业供应链综合服务平台的重要功能。

2. 智能产地物流集成中心

深入融合制造企业产、供、销流程，实现物流与生产的紧密实时互动，提高产能、物流设施设备的利用率。建立产地物流中心，对产业群内企业的仓储中心进行相应整合，在仓库、设备、运力和人力等方面，进行资源共享，将极大减少物流的不规范操作，以及各家企业的重复投入。中心使用先进的人工智能技术和设备，以提升作业效率；利用产地物流中心，连接到各入驻企业的工厂、原材料供应商等，针对生产环节，利用MilkRun算法实现循环取货、容器回收等，将极大降低供应链环节中各家企业的库存，增加周转率，实现全链企业共赢。

产地物流集成中心对降低小批量零担运输成本作用巨大，在不出仓库的情况下就能实现运输集成，小批量变成大批量运输，有利于优化运输方案，降低装卸成本和运输成本。

3. 智能多式联运平台

随着"长三角一体化"上升为国家战略，加之长江经济带国家战略，区域发展迎来重大发展机遇，筹划搭建多式联运智能平台，充分利用5G技术和物联网技术，逐步实现瞬间连接，及时掌握各种运输资源闲忙程度，智能形成各种运输方案，实现"全网智能调度，动态运营组合"。

同时，平台结合货主需求实现不同运输方式、不同转驳地点、不同运输主体之间的业务匹配、方案优化、运输管理、运输交易，以及基于基本运输业务衍生的金融服务、大数据服务、运输监管服务等增值服务，提升换装效率，降低换装成本，综合提高运输效率，提高经济收益。

4. 物流枢纽集成平台

由智能产地物流集成中心、区域共配中心、智能多式联运平台、共合供应链平台连接而成。先建设子平台，再连接集成。

对物流工业互联网的推进，"共生物流"采取了以下几种策略：

一是持续推行技术服务与技术支撑并行策略。不断提升研究、研发和开发能力，提高技术能力，对各类物流工业互联网服务提供强大的技术支撑，同时也直接对制造企业、物流企业单独提供技术服务，分摊研发成本，扩大合作对象。

二是"行业＋区域"双线推进。以垂直行业供应链服务平台为抓手，落实平台＋行业的工业互联网应用场景；以区域供应链综合服务平台为抓手，落实"平台＋区域"的工业互联网应用场景。最终通过中台打通，打造更高维度的物流工业互联网。

三是联合行业龙头企业研发、建设、落地。在垂直行业供应链服务平台、产地物流集成中心等项目上积极寻求与细分行业的龙头企业合作，更广泛地整合资源，加快研发、建设、落地速度。

四是加强联盟、整合发展。建立数字化服务联盟；技术上，与强手为伍，生态合作，联合推广，共同研发；业务上，加大力度与当地有实力有影响力的公司合资经营，实现优势叠加，信用累加。

五是数据驱动创新。平台将更充分挖掘数据价值来提升平台价值，最大限度地帮助用户利用好数据资源，平台的产品创新迭代更加注重数据应用和数据产出。

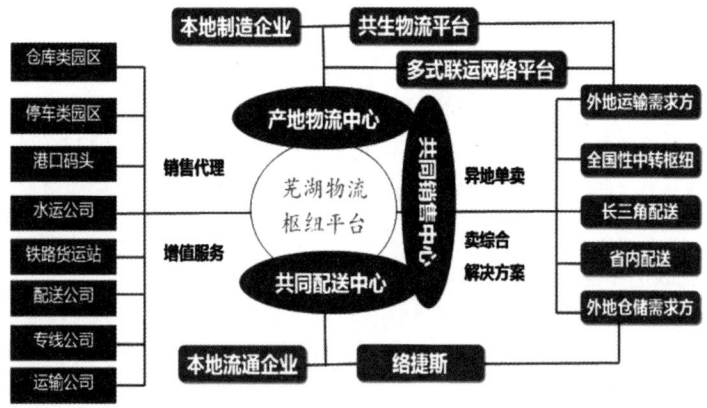

物流枢纽集成平台是平台城市不可或缺的构成部分，以共生芜湖物流枢纽集成平台为例，计划嵌入芜湖的城市建设中，助力芜湖的省域副中心城市和长三角西物流枢纽城市定位的推进

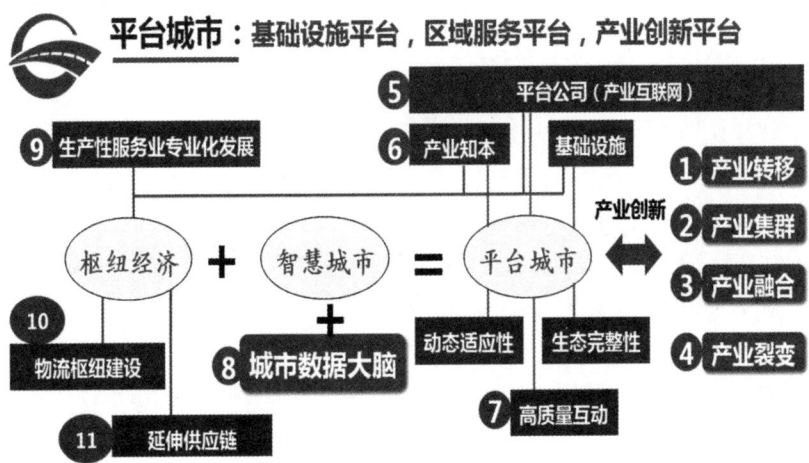

六是"资源+服务局部"切入。直接推广平台和技术，会有比较大的难度，客户、用户付费意愿也比较低。可行的策略是，以已经积累的技术和资源优势融合到具体的服务，以局部的服务合作切入，再推广系统性的物流工业互联网服务。

七是线上线下结合。既注重数据网络平台建设，又要积极推进实体园区建设。线上线下结合，才能是数据价值和资产价值相互促进，实现利益最大化，更容易建立起共享共赢机制，实现共生。平台与资产结合，也能获得更广泛的信任，对平台推广有重要作用。

致力打造全流程物流运营的共享云服务平台

文 / 迟勇
"货运中国网"董事长

Physical Internet 的理念，在现实物流商业模式中已有印证，相信未来会有更多创新模式。标准制定和运营模式，是 PI 的两个关键点。以快递模式为例，之所以得到高速发展，就因为很好地解决了产品标准化的问题，并以中心化的模式，进行高效运营。

标准包括：货物分类标准、编码标准、重量标准、体积标准、形状标准、包装标准、装卸标准、堆放标准、储存标准、定价标准、支付标准、结算标准、异常处理标准、等等。制定这些标准并得到行业普遍认可和应用,是极其重要而又极其困难的,是 PI 应用的核心难点。

网络的运营模式:中心化运营模式,即一家运营商主导整个网络的运营,好处是可控性高／服务稳定,坏处是涉嫌垄断／达成难度大;去中心化运营,类似加盟网络,好处是门槛低／规模扩张容易,坏处是服务不稳定／衔接协同难。

未来 Physical Internet 的发展,可能会在细分行业／细分领域内,形成不同的解决方案。"货运中国"在一定程度上,正符合 PI 网络的发展理念。

"货运中国"致力打造全流程物流运营的共享云服务平台——不但帮助物流企业连接卡车运力、业务伙伴、货主客户,还为其提供从运力寻源、运力管理,到运输监控、结算支付等全流程服务。区别于传统的车货匹配平台,"货运中国"服务的核心,不是一次性的运力交易,而是直接向客户提供"运力管理工具 + 海量运力资源",物流企业可以利用我们的 SaaS 工具,构建自己专属的私域运力池,并从我们提供的"百万公域卡车运力池"里,搜索导入合适的运力资源,建立自己的运力运营管理标准,直接采购、调度、管理社会运力资源,满足长期运力、短期运力、临时运力等不同计划性层级的运输需求,替代传统的层层分包的运力解决方案,有效提高直接掌控运力能力和运力调度运营水平,降低总体运输成本。

在提供"运力管理工具 + 公域运力资源"服务组合的同时,我们也在尝试建立整车运输的标准体系和统一的产品标准,方便不同行业、不同区域、不同规模的物流企业参考应用,如货物分类编码标准、重量标准、体积标准,不同车型、不同线路、不同季节的运输成本参考基准,油价影响运价的关联调整公式、支付、结算、票据标准 , 等等。随着这些数据基准的不断完善,将有助于平台上的物流企业进一步互联互通,提高协同效率和运营质量。

我们通过向客户提供公域运力资源和私域运力工具,满足各类物流企业对运力调度的需求

- 全流程物流运营数字化平台,帮助物流企业连接运力、客户和伙伴
- 提供"SaaS运力管理工具"+"海量运力资源"的服务组合,而不是一次性运力交易
- 用户可以从公域运力池引流所需的运力资源,并按自己的运营标准管理运力
- 同时满足用户长期运力、短期运力、临时运力等不同计划性层级的运输需求
- 替代传统的"层层分包"和"临时交易",显著提高运力掌控能力,降低整体运力成本

是技术是网络，更是思维是生态环境

文 / 徐明亮
"德坤供应链"董事长

人的认知思维，基本上有两种发展走向：一是从实体向虚拟演化，其代表，就是必然诞生的"元宇宙"；一是从虚拟向实体发展，Physical Internet(PI)，就是从哲学思想的"虚"走向现实架构的"实"，想来也是必然的，但并不唯一。

反观今天的物流行业，业务形态、细分领域、组织形式、商业模式和技术创新，等等，已经把行业红利和竞争空间，挤压得十分狭窄。诸侯割据，各自为政，雷同劣质，价格竞争……行业格局？一片内卷和滞涨，一片混沌和茫然……

国家宏观层面，物流供应链已被纳入顶层设计，进入发挥指导功效的战略层面，也亟须明确一套行之有效的思想体系，引领物流产业的进一步发展与创新。PI 理论，可能就会是其中一个。无论如何，PI 概念被重新提出并引发讨论，事件本身，就足以证明物流行业已到瓶颈，需要有新的理论思想体系。中国物流人的视角，已经从企业的局部创新应用，开始转向行业 / 产业甚至是全球化，这也应该算是物流人普识认知的升华。

Physical Internet 这一理论思想体系，能否适应中国物流行业，作为其指导思想，还需要经过大量的讨论和研究。个人以为：PI 概念，并非一定要在互联网的组成元素中，寻找到相对应的映射物。物流有场、站、货、网、线、软件、硬件、数据等，以及以点成网、以线组网、点点直达、区域网络等多模式多联式。或许目前的物流网络，就是一个去中心化的、动态寻找最优路径的网络，毕竟现实的影响因素很多，最大的因素是人而非机器，除非有革命性的技术创新，可以降低对人的依赖甚至替换。

PI 思想浪潮，应该引起我们的重视：物流行业的变化，从未像今天这样迅猛和急迫。几年前，我们还在讨论"行业的寒冬"，关注"抱团取暖""群殴竞争"，或者最新"技术武器"；跨界协同作战，也只是喊喊口号，或偶尔为之昙花一现。我们从未像今天这样，正在遇见一场行业颠覆性的革命。

说"德坤供应链"就在实践"PI 理论"，也许你会认为是无稽之谈。关键就要看你如何来理解 Physical Internet(PI)：PI 是一项技术、一个网络、一种商业模式，还是一种理念、一种思维、一种生态环境。

PI 思维的核心，就是要打造讲求"规则"和"共识"的互联互通的网络环境。从探索"联手共建""天网""好友汇"，到以"大平台、小组织"模式组建"地网""德坤供应链"，我们一直致力于创建一个开放互联的物流网络路由——使用信息单元的标准化协议、序列化的智能接口，以输出和接收被标准模块工具承载的标准化运作指令，即在建立空间物理网络的同时，以标准化和序列化，使得网络公共化接入成为可能。

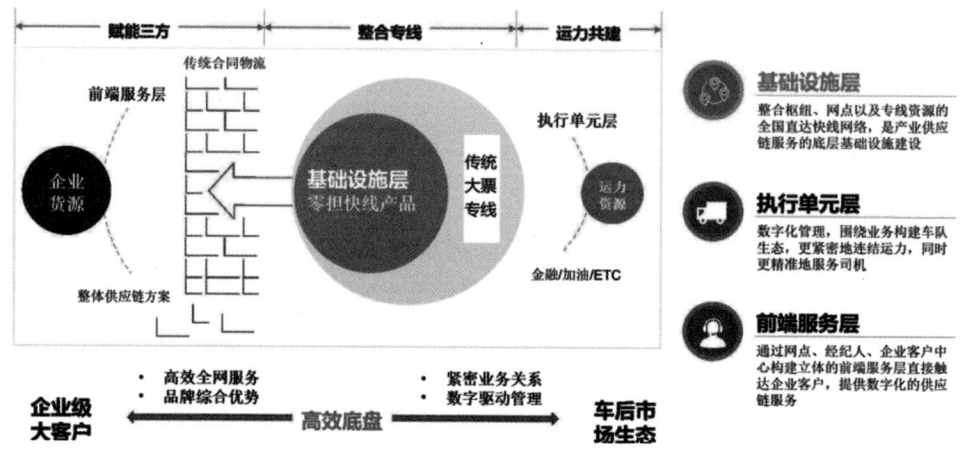

数以千万计的专线小老板,是中国零担物流的现实生态。抱团整合,也是危机四伏的"小老板"们的现实需求。但是,客观现实是:原来公司再小,也是"小老板"们自己说了算,如今整合在一起,没有了"大家长","兄弟"们如何相处?

小公司靠"家长",大企业靠"规则"。整合前的"无知之幕",是一套规则;整合后的"动态股权",也是一套规则;"大平台"与"小组织"之间、"小组织"与"小组织"之间,还是一整套规则。PI的本质,就是一整套"标准"和"规则"的"连接"。PI核心的"容器""节点"和"协议栈",不都是"标准"和"规则"吗?所谓"协议",正是成为"共识"的"规则"的书面表现形式。

于是,我们试图将"德坤供应链"里各种业态的服务内容,打造成一个有序运营的生态体系:各大业务模块的运营是统一的、标准化的,可以在"德坤供应链"这一开放互联的物流网络体系里,畅通无阻;满货云、供应链、加盟网、省内网、运力池,等等,均可看作是网络的有机组成部分,"以点及面,以面助点;点点直达,面面相互",寻求最优运行路径和全面服务支持,并通过可视化展示呈现,形成可触视窗系统。

"德坤供应链"实践 PI 理论,其"切入点"就是"整合组网",以提高运能和效能,"为中国增效";其"发展路径"就是"由内而外":通过将内外部资源的标准化编译,使其能在网络中自由运行,并随着网络不断外延扩大,逐渐从封闭的"自给服务平台",走向开放的"产业赋能平台"。

这是最好的时代。身逢行业激烈变革的时代,是幸运的;能够亲身参与,更是个人的荣幸。面对这场"正在遇见的革命",企业应该思考的,是如何构建拥抱行业变化的能力,如何能在这个千载难逢的机遇中脱颖而出。物流行业正需要有创新思维,去打开我们思维想象的空间,引领我们探索未知的领域。

无论思想如何演进、时代如何变迁,身在其中,最为迫切的,是要打造适应时代变化的企业基础适应力和企业核心竞争力。毕竟"唯一的不变就是变化",PI 理念,是行业的思想洗礼,也是行业的变革号角。

PI"生命体"及其"神经系统"

文 / 徐赛花
"金润数科"董事长兼 CEO

Physical Internet，是一个舶来词。不管如何翻译，从英文原意来看，包含 P（实物）和 I（互联网），所以，将其译为"实物互联网"，可能更符合英文原意。PI 专注的，不是天上的云，而是地上的物，是用 Internet 的思维，将分散在不同地方的实物，通过标准化的节点互通互联，是天上数字网络与地上实物网络有机融合的共生体。这也是所谓智慧物流、现代化物流、数智化物流的另一种演绎方式，但 PI 概念更容易理解，更加具象化。

如果把 PI 体系类比为"人体"，那么，"节点"（诸如工厂、仓库、物流站点等）就是人体"器官"和"关节"，海陆空等运输线路就是人体"血管"，川流不息奔跑忙碌的车流船流，就是人体内流淌着的"血液"，其装载着的各种货物，自然就是这个"生命体"生存所必需的各种"养分"了……

还缺什么? 对了! 还需要有让这个"生命体"肌体各有机组织高效协同的神经系统! 正是这一"神经系统"，主导和调节着人体的各个生理功能活动，负责传递、储存和加工信息，产生各种心理活动，支配与控制人体的全部行为。

所谓的"PI 生态"，应该包含三大部分的内容：其一，由各种进行实物交换的物理"节点"构建的"基础底盘"；其二，天地万物得以互联互通的统一"标准"，即将实物进行"封装"的各种标准；其三，万物互联互通的神经指挥系统。

其中"其二"的"封装"标准包括以下内容：

1. 货物标准化：需要把不同的货物分门别类（如冷链、危化品、普货、大件等），然后按照货物类别，分别制定出可流转的拆分标准，这些标准应被广泛认可和使用，可被用于物流定价——就是首先要把物流中的"物"标准化。

2. 物流节点（货仓）标准化：货物流转过程中，各个节点（货仓）有全球统一的仓储标准。

3. 货物运输过程标准化：就是运力标准化及运输过程的标准化，不同类型的货物，采用全球标准化的运输工具、标准化的运输保护，以及标准化的运输时效，类似互联网的 TCP/IP 等普适性的协议公约，也类似银行间的 SWIFT 组织，资金在全球范围内流动，有一个公认的清结算标准和系统——如果物流要实现全球互联，就必须建立一个类似 SWIFT 的国际公认的实物互联网的标准和系统。

PI 生态体得以健康生存，需要有众多的企业，扮演着各种"器官""骨架""血液"，以及"神经系统"等不同角色。"金润数科"就应该是 PI 生态中，"神经系统"的一个信息加工和使用组织。

从物流行业现状来看，物流数据的采集不可谓不充分，只是这些数据，依然散落在各个环节的不同部委 / 企业之中，还没有一个组织能站在全行业高度，通过商业化运营，把这些

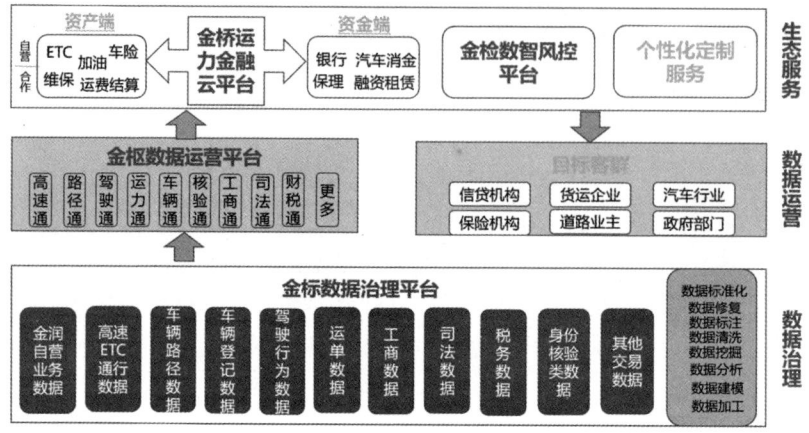

散落的"珍珠"（数据）进行"打磨"（加工、分析）、"串联"（整合、运用），形成美丽的"项链"——将加工后的数据，反哺运用到行业运营中去，使行业运行更加透明和标准化，使网络协同效率更高。

"金润数科"的前身"金润二当家"，在超过 8 年的自营业务中，已累计为超过 1 万家物流企业、40 多万辆货车提供了近 400 亿元的物流供应链金融服务，积累了丰富的行业经验。将"金润二当家"更名为"金润数科"，旨在将"金润二当家"过往积累的数智化物流供应链金融经验，通过数据科技服务的模式，赋能物流、交通和金融行业。"金润数科"抓住与交通部路网中心联合运营高速通行 ETC 数据为契机，将全国 16 万公里的高速公路、近 3 亿车辆的通行数据进行数据加工、分析、建模，形成了车辆通行行为的基本画像；进而结合通行主体的工商、司法、税务等主体信息、车辆北斗 GPS 轨迹信息、货物监控和仓储等相关数据，通过商业化运营，将散在不同空间的各种孤立的数据信息建立链接，让其互通互联地生动"活"起来……

集数据治理、数据运营、生态服务于一体，运用区块链、AI 算法等技术，充分描绘和分析出各个组织在整个 PI 生态体系中不同时间、空间的数据表现，在生态闭环中描绘出最真实的画像，构建一个人、车、路、卡等多维数据，并融合服务于 PI 生态的数据服务体系，形成主体信用、交易信用和实物信用三大信用体系有机融合的"立体信用体系"。

信用体系，应该是整个 PI 生态的灵魂，直接影响着整个 PI 生态的健康运行，能够更好地监督和规范生态内各个组织遵守各种"标准""共识"，更容易获得各种资源并帮助其扮演好各自的角色，促进整个生态的共生共存。

PI 是物流的行业理想，也是逐步的实现过程。大家熟悉的"四方物流"模式，已经在局部践行这个理念——在限定的货物、局部的区域内，建立了信息、数据和物流资源的共享平台。如果要实现全球范围内的实物互联网，个人认为：需要国家出面，指定一个责任单位，负责与其他国家的相关责任单位，一起来共同制定一个"PI 公约"，然后在各自的国家中实施推广。

个人认为，让全球供应链中心的国家牵头，推进 PI 是最有可能成功的。中国是全球供应链中心，也许国家队"中国物流集团"可以担当这个使命吧。

赋能新一波 PI 大众创业的"π 商"

文 / 夏浩飞
"云运智科"创始人

Physical Internet 这个词，由 Physical 和 Internet 组成。Physical 的意思，是物质的、物理的，也有根据自然规律、符合自然法则的意思；Internet 互联网，又称国际网络，指的是网络与网络串联成的庞大体系，所有网络以一组通用的协议相连，形成逻辑上的单一巨大国际网络。

物流也有广义狭义之分。狭义内涵：指为满足客户需要，以最低成本，通过运输、保管、配送等方式，实现原材料、半成品、成品及相关信息，由商品产地到商品消费地，所进行的计划、实施、管理的全过程。广义内涵：泛指物质实体及其载体，场所或位置的转移和时间占用，即指物质实体的物理流动过程，它是生产、消费在时空分离且日益扩大的形势下，为有机衔接供、需，保证社会生产顺利进行并取得良好的经济效益，发展起来的一门科学。所以，我更倾向把 Physical Internet 翻译成"物流互联网"。

说到当下跨境物流的行业现状，一是头部企业均在尝试国际端到端物流服务，但一次性端到端服务，需要陆运、海空运、关务、港务、系统等同时高效协作，单个企业的自营成本极高，也仅能服务局部；二是全球国际物流行业CR6不到9%，剩下数百万企业瓜分9成以上市场份额，市场集中度极低；三是国际物流行业，执行标准无统一性，并且流程复杂，形式多样；四是当下国际物流行业，弱网络效应凸显，核心定价及控制权，过于区域化和垂直化；五是信息传输标准无法统一，技术开发平台多样；六是产品高度同质化，头部企业跨区域扩张难，市场开拓及执行沟通，过于依赖业务人员，一人一标准现象明显。凡此种种，导致统一的单点长链下的国际端到端标准，几乎没有落地的可能。

我理解的Physical Internet，具备下述特征：一是和物质流动相关，主要是记录时间和空间位置的变化，有固定线路和变化线路的定义；二是和信息流动相关，不仅考虑了数据传输的准确性、真实性、不可篡改性及归属性，还考虑了数据传输和存储的成本等因素；三是有底层的规则，主要是时、地、人、物、法、利六个方面；四是使用成本低，着重服务物流行业的中基层人员(PI发展前期，主要需要考虑使用者习惯的平移，降低中基层执行人员的使用难度)；五是规则国际通用，打破PI属于某企业、某国家、某组织的思想禁锢。

就说这次的"黑天鹅"冠状病毒，给应急供应链带来了严苛的考验(如疫情初期的口罩和额温枪，有人屯了数万货源，消费者却苦等20天仍拿不到货)，低效的应急供应链和不稳定的物流服务，不仅扰乱了市场的需求满足，而且滋生出许多依托关系链的"倒爷"……如果有PI，有已经达成共识的"协议栈"，信息甚至货物割裂现象就不复存在，自然就可以多点短链、充分交互、各取所需。

以终为始。"简宜运"致力以数字化科技手段，解决传统航运服务业阻碍国际航运和国际贸易高效发展的痛点，以信息畅通、数据链接、网络协同理念，构建跨境物流基础平台，帮助小组织提高决策速度、灵活机动、加速外贸运转。"简宜运"从聚焦跨境信息领域入手，用自研系统管理着庞大的海空港信息，赋能跨境贸易企业，努力完成上下游的高效协同。

现在都在谈"产业互联网"，这是后流量时代消费互联网的必然延伸，将持续推动劳动、技术、资本、市场等要素的互联互通，形成多条产业链上游资源、中间商、服务企业、核心生产企业、终端消费者等多环节多节点的信息打通。这是个信息流分散的过程，而数据的整合与使用，正是各类传统产业互联网化的发展基础，只有基本完成"虚实融合"的企业数字化转型，才能实现产业互联网广泛连接的实在价值。产业互联网的数据整合对象，既包括线下业务历史沉淀的相关数据与知识经验，也包括线上业务发生时产生的结构化/非结构化数据及中间环节信息。

对于信息标准化，我认为最重要的是六要素：一是时间；二是地点；三是角色；四是物品；五是行规；六是利益。如果PI是底层标准，其应用场景上应有：截点，两点一线，多点多线一面，多线多面一网。"简宜运"为用户提供三维图像中两点一线的最优解，让局部的供应商，也能拥有高效获客和盈利手段。

正如Internet带来了一大波大众创业的"网商"一样，相信随着PI的汹涌而来，也会诞生一大波大众创业的"π商"。"简宜运"正在致力于降低专业门槛，让全民都有机会参与外贸服务行业，以期以"蚂蚁雄兵"的"柔性化"，来应对未来的"黑天鹅"。

给您一台"矿机"，让您成为"数字化员工"

文 / 姚杰

"有信运"CEO/华为云MVP/华东大数据平台物流专委会专家委员/2021年度数字经济风云人物

物流的诞生和发展，已经超过100年。在几代人的努力下，通过各种科技手段创新，形成了当下"线上采购、线下物流"的社会形态。

现在，一种全新的物流理念，逐渐被更多精英阶层人士提及和重视——借鉴和参照了Internet的思想、工作原理、协议、节点和技术等，把物理世界不同地域、不同类型、不同公司、不同大小、独立和封闭的物流节点和物流网络，无缝地连接和结合起来，实现一个更大、更开放和互联互通的物流网络——这就是Physical Internet。

Physical Internet就像Packet Switching（分组交换）的Internet，具有Internet网络传输的显著优点。现在的物流体系，已经形成各独立节点的大数据中心或大数据平台，如：航运数据、货运数据、贸易数据、生产溯源，等等。未来的大数据中心，将在所有企业的生产过程中，快速、准确地调用平台数据，为企业的业务发展提供支持和帮助，形成一组组全新的节点数据，并通过分布式的方式，存储在PI链上，打通从业务源头到最终消费者的所有信息壁垒，实现信息流、商流、物流、资金流的"四流合一"。让在链上流动的物，具备虚拟价值，利用元宇宙及NFT的科技手段，让交易本身发生质的变化，让物流全程可视，从而实现整个PI的全新协作模式。

这是一个由实入虚（1.0）、虚实融合（2.0）、以虚控实（3.0）、虚实共生（4.0）的发展过程。IoT的发展，基于1.0；"有信运"现在做的是2.0的普及工作——未来的PI网络，离不开所有人的共同参与，怎么让中小微企业一起参与进来，是我们努力的方向；3.0，需要数字孪生发展到一定程度，方可实现；到了4.0，就是"元宇宙"了。

对于我们应用层来说，第一步是基于底层技术，去结合实物流和信息流。物流是实物的地理位置发生的位移，目前的技术无法对实物本身的物理性质发生改变，也就是实物本身无法数字化。但我们可以通过技术手段，把实物的信息数字化，也可以通过数字孪生，在数字环境中做一个数字镜像，实现虚拟数字化。这些信息，可以通过IoT设备或者虚拟环境，和

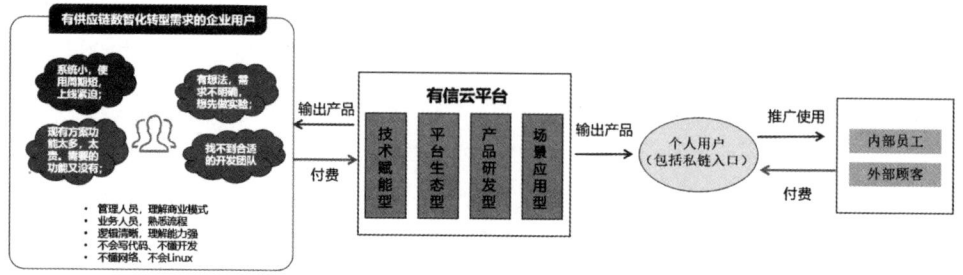

其他系统做对接,实现信息共享和传输,通过 PI 优化整个体系。例如航运的排期,靠港计划不再是到港前,而是启运前的计划整体打通;集装箱信息,不再是港到港,而是门到门;货物跟踪,从容器跟踪到个体跟踪。这些,都是可以基于 PI 来做优化提高效率的。

"有信运"就是一家为企业供应链数智化转型提供服务的企业。它将广泛分布于全国乃至全球的合作企业(包括 3PL)集成到云供应链中,大力发展由可信赖的仓库及配送中心组成的物流网络,不仅可以为客户提供"弹性仓库"与"柔性物流",还可与客户共享网络数据,分享实时运营、库存数量、周转次数、SKU 等细节,使客户能够及时获得灵活、高效、高标准的服务。

Internet 发展得好,是因为全民参与,现在已经没人可以离开 Internet。PI 则不同,它是垂直领域的产物,太过抽象,如果产业全员参与,那也会发展很快。回到现实,不是所有企业都普及数字化了,很多企业连个订单系统都没有,大多数企业采集的数据,也并不是完全够所有维度的。所以,不管我们做的底层构架有多么宏大,必须先解决从 0~1 的过程,需要先帮助企业实现数字化,才能谈后面的虚实融合。

"有信运"所做的,就是让企业可以快速开发所需要的系统。通过提供"零代码配置"这一数据时代的"必备武器",让业务骨干无须自己码代码,就可以快速成为"数字员工",并通过 IoT(硬件设备)和软件(数据采集及运用)的综合,实现基于 PI(基础网络)的所有虚实数据运用。

这么说吧,如果 PI 是安卓,那光有手机没有 App 不行。"有信运"做的就是 App。真正让人觉得好用的,不是手机本身,而是手机里的 App。适配每个人的需求,才是最好用的。"有信运"就是要让客户低成本、低门槛地做自己好用的 App。通过构建为客户提供软件设计支持的"云软件","有信运"还可以将客户系统扩展为分布式"云供应链"——数字连接客户"云"中的物流轨迹,规范并实时报告仓库/运输管理系统及三方物流、商业平台的数据流,降低供应链成本及碳足迹和碳排放,缩短交付周期并提高需求突化时的敏捷反应速度,增强客户体验——减少客户的 IT 维护和生命周期管理,完善供应链数据、提高供应链质量和可靠性。

为数据智能"强个体时代"的"007 们",构建囊括"十八般武艺"所需各类各种便捷实用"兵器"的"弹药库",这是我们"有信运"的使命愿景,也是我们"有信运"的核心竞争力。至于未来,通过 PI 网络,是不是就可以实现点到点的物质分解和重组,实现空间位移?让我们拭目以待。

他山之石：三家经典的 PI 企业

文 / 王俊杰
"中铁信科"软件部产品总监

"Internet 正在演变成一个 Super Internet of Things(万物互联的超大网络)。受其启发，一种'协作共享'的新'范式经济'模式正在上演，可能会使社会经济边际成本趋近于零"，这是《零边际成本社会》和《第三次工业革命》两本全球畅销书的作者杰里米·里夫金 (Jeremy Rifkin) 的断言。里夫金提及的新"范式经济"，就是灵感来自 Internet(数字互联网) 的 Physical Internet(实物互联网)，"货物随着物流网络数据交换而不间断传输，将改变整个供应链中货物的处理、存储、包装和运输方式"(Carolina Ciprés & M. Teresa de la Cruz, 2019)。

Physical Internet 现已在欧盟、美国、日本等地，如火如荼地展开。

得益于由诸多国家联合而成的超国家组织 (内部高度整合的经济联合体)，欧盟率先实施了国际 Physical Internet 项目。旨在推进欧洲物流供应链管理创新和市场部署、降低社会物流边际成本的 ALICE(Alliance for Logistics Innovation through Collaboration，物流创新合作联盟)，是支持和协助欧盟实施"地平线 2020"（Horizon 2020）和"地平线欧洲"（Horizon Europe）两大战略计划的技术平台，已为欧盟制定了明确的 Physical Internet 战略，将从五个方面实现 PI 物流供应链新体系：一是建立可持续、安全和可靠的供应链体系；二是保障供应链通道、枢纽的同步性；三是完成物流信息系统互联互通；四是推动全球供应链网络协同；五是服务城镇化物流。基于对物流供应链规划和控制的总体认知，ALICE 推动各方利益相关者紧密合作，努力达成托运人和物流服务提供商之间的"高度协同"和"开放共享"，打造"欧洲走廊"高效率、低排放物流供应链。

大西洋走廊
地中海走廊
北海 – 波罗的海
北海 – 地中海走廊
莱茵河 – 多瑙河走廊
莱茵河 – 阿尔卑斯走廊
波罗的海亚得里亚海走廊
斯堪的纳维亚 – 地中海走廊
东方（中国、日本）/ 东地中海走廊

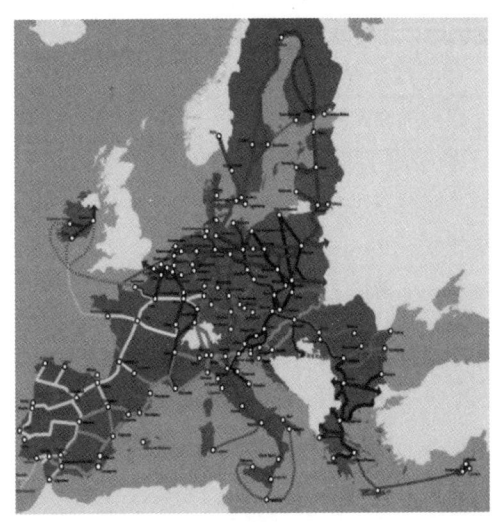

图片来源：https://transport.ec.europa.eu

"欧洲走廊"以"海上高速公路"（MoS）和"欧洲铁路运输管理系统"（ERTMS）为支撑，通过欧盟区域内的 9 条运输线路，连接和构建全欧洲铁路、公路、内陆水道、海运路线、站台、机场和港口的物流网络，力图通过创新技术和数字解决方案，打破技术壁垒，发掘新商业模式、减少环节摩擦，降低环境影响，增强欧盟各国间政治和经济的凝聚力。

在欧洲，实验模拟和 Carrefour、Casino 等 106 家企业的实际经营数据表明：PI 协同物流供应链的实施，可减少 30% 的物流总成本和 60% 的温室气体排放。比如 P&G，通过与合作伙伴 Tupperware 达成 PI 协同战略，使用 Control Tower(控制塔)协调平台指挥车辆调度，卡车平均装载率从 55% 提升到 85%，并避免了 15 万公里的空车运输，减少了 200 多吨二氧化碳的排放……

在美国，国立巴黎高等矿业学院科学管理中心教授 Éric Ballot、佐治亚理工学院教授 Benoit Montreuil 和美国阿肯色大学教授 Russell Meller 领导的团队，2009 年最先发起实物互联网的课题研究，为实物互联网的概念定义、设施设计以及项目落地做出了贡献。ES3LLC(美国第三方物流配送公司，自动化立库物流模式的代表)在约克地区拥有最大的自动化共享配送中心，依靠 PI 模式为众多制造和零售客户提供交叉对接和存储货物……

在日本，PI 研究会成员包括日本货运铁路、日本邮政、大福、丰田工业、大和运输等 16 家日本顶级企业，以及经济、贸易、工业、土地、基础设施、运输、旅游、农业、林业、渔业等多个内阁部门，已经成功举办三届"Physical Internet 系列研讨会"，来自工业、政府和学术界的 1300 多名代表与会……

按班旺·蒙特勒伊对 PI 的定义，"使用统一的协作协议、模块化容器和智能接口，实现物流网络的互连,提高物流效率和可持续性"，构建"PI 生态"有三大关键要素——标准化的封装"容器"、广泛分布的开放式"节点"，以及从物理层到应用层共七层结构的"协议栈"。我们据此介绍三家经典"PI 企业"。

Stord：北美最大的云供应链仓库平台

2015 年成立于美国亚特兰大的 Stord，正是从"PI 三要素"之一的"节点"入手，通过自主研发的仓库网络管理系统，将碎片化的仓储资源连接在一起，构建数字化"弹性仓库"和分销网络，建立可视化的云供应链。

传统三方物流，需要通过电话、电子邮件、传真，甚至面对面沟通等手段，解决库存业务需求。Stord 跨越各种交付方式，将其组合到一个通信链的软件程序之中——不再是东拼西凑的 3PL 解决方案，以及与物流网络割裂的软件，而是推出全面可见、容量弹性和实时更新、不断优化的智能供应链"云平台"，赋权上下游，提高透明度，让客户专注于自身业务而不必担心物流问题。

数百家 B2B 和 B2C 企业选择了 Stord，以实现"速度、灵活和易用"的云供应链。2018 年，Stord 与全美超过 9000 家仓库（约 6000 家本地夫妻经营的仓库，约 3000 家普罗斯(Prologis)等大公司拥有的仓库）合作；到了 2020 年，Stord 已经在美国 48 个州中的 47 个州设有仓库，

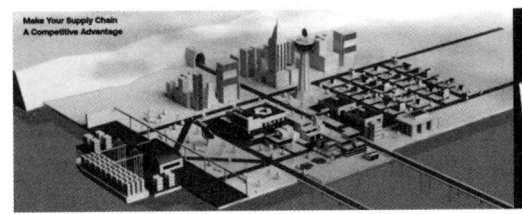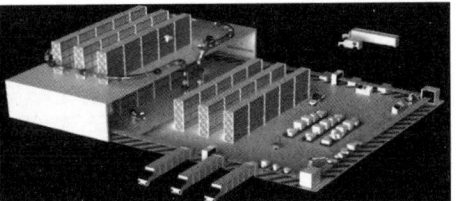

图片来源：https://www.stord.com

构建起北美最大的仓配网络。

弹性仓库和弹性物流 Stord 在全美各地建立了由可信赖的仓库和配送中心组成的物流网络，客户只须通过 Stord 网络启用自己的一个仓库，即可融入 Stord 云供应链——将产品转至 Stord 仓库体系，将现有的 3PL 集成进 Stord 云供应链。客户亦可启用 Stord 网络中的其他仓库，在共享最佳位置、运营管理、现有库存、周转次数、SKU 等细节数据后，获得 Stord 专家的仓库推荐和服务报价。

Stord 云供应链 大公司自建物流，通常公司就是其唯一用户。Stord 则将供应链端到端所需所有物流服务和技术工具，封装在一个预集成的云供应链平台上，客户可任意访问和选择已集成的垂直解决方案。充满柔性的 Stord 云供应链，可按客户需求扩大或减小业务容量，需求突变时，可在 24~48 小时内予以满足。

为中小企业赋能 Stord 的 B2B 仓库、B2C 履行中心和强大的运输服务网络，连接着北美 500 多个仓库、30 多个履行中心和 20000 多家运营商，预订货运、启动新仓库、测试新的分销模型，均来自同一个云平台。客户只须将业务需求提交给 Stord 云平台，新方案几天内即可启动(过去通常是几周甚至几月)，无须通过整合、ERP 和合同谈判、制定时间表等烦琐程序。所有操作基于 Stord 云平台进行，客户可随时获取云平台自动收集的所有发货、库存、损坏率、运费等数据，保证其与各个销售渠道 / 新兴市场无缝对接。

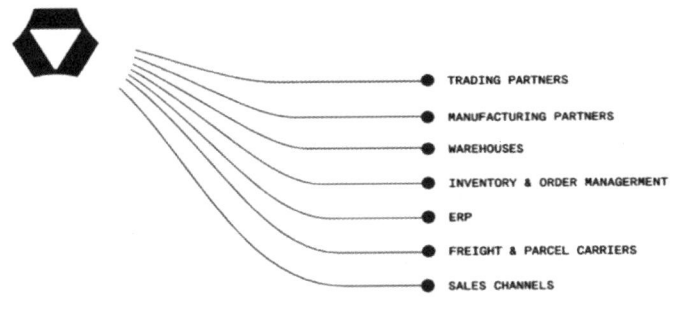

图片来源：https://www.stord.com

Stord 云供应链平台为客户提供的价值	
根据实际需求迅速扩大/减少业务规模	云供应链是一个自我修复网络，在出现突发性需求（如新冠疫情）时，品牌可以迅速扩大规模，在24-48小时内满足这一需求；一旦激增过去，则会根据市场变化快速减少业务规模
无资本支出	通过供应链服务和云平台，让各种规模的品牌客户，均可使用世界一流的物流和软件服务，无须投资于仓储或数据中心的物理基础设施
无须重复集成	供应链云与扩展的物流网络预先集成，因此客户只须集成一次到云平台，即可连接到整个物流网络。不再需要为多个集成，寻找一对一的解决方案，缩短了实施时间

资料来源：https://www.stord.com

2022年3月，Stord宣布与Enveyo达成战略合作。Enveyo以其基于"云包裹"运输分析解决方案，为Stord提供增强供应链可见性、报告和计费管理等服务。Stord则通过庞大的承运商网络和内部业务系统，为客户提供实时的全面包裹运输数据（包括承运人在途时间、运输异常、服务费及附加费用、从订购到交货的时间、包裹状态以及其他服务等）的Enveyo Insights产品服务，并保证客户可以从运营商公布的定价中，获得3PL市场最优的折扣费率。

截至2021年9月，Stord已完成来自Susa Ventures、D1 Capital Partners、Kleiner Perkins等24家投资机构的5轮融资，总融资金额2.05亿美元，国际投资界对Stord在PI"节点"领域的资源整合表现出极大的兴趣。

CHEP：全球最早最大的共享物流器具商

1945年创立的CHEP，关注的正是"PI三要素"之一的"容器"，是全球最大的托盘和物流周转箱共用租赁服务提供商。总部位于美国的奥兰多，以蓝色四分之一托盘而闻名，每年对外租赁超过4亿个蓝色托盘和装载机。

CHEP四分之一托盘非常适合在商店中展示商品，通过简化补货和最低化产品损坏率来降低成本，最大限度地提高整个零售空间利用率。另外它还具备以下优点：

稳定紧凑的结构 独特的"肋结构"，最佳的强度重量比，为处理贵重货物提供了额外的强度和稳定性。整个结构中没有钉子及锋利边缘，避免了零件松动的风险，提高了货物在供应链运输中的安全性。

易清洁 托盘具有防水性，可以直接清洗或蒸汽清洗；质地光滑，不容易聚集水分、灰尘和液体。

兼容性强 可与所有传统的物料搬运设备一起移动，非常适合整个供应链的交叉对接；还可以从四个侧面打开进行堆叠和嵌套，节约了59%的空间占用。

Stord 同其他交付方式的能力比较				
产品	Stord	本地 3PL	按需应变仓库	企业 3PL
覆盖范围	全国（全美）	特定地区	有限覆盖全国（全美）	全国（全美）
部署周期	天为计算单位	周为计算单位	天为计算单位	季为计算单位
占用资源	经营地+领先的仓网	1~5 个当地物流设施	3PL 市场	大范围的网络合同
B2B 分销	强	弱	弱	强
B2C 履约	强	强	强	强
自动化	强	无	有限的	成本高
打包	强	强	强	强
配套和逆向物流	强	弱	弱	强
定制包装	强	无	无	强
技术集成（现有）	强	无	弱	若
仓库集成（现有）	强	无	无	无
网络优化	免费网络优化	无	有限的	成本高

资料来源：https://www.stord.com

低碳环保 使用的展示包装材料，可以在使用寿命到期时轻松拆卸，重复使用或完全回收。

始终如一的质量 每个托盘的生产过程都经过精心控制，尺寸高度一致且精确，使用商在自动化生产过程中，可以最大限度地减少产品损坏和停机时间。

（图片来源：https://www.chep.com）

20 世纪 40 年代，托盘给物资管理带来的效率和收益，已受全世界广泛认可。随着二战后美国物流业的发展，托盘更被广泛应用于各行各业供应链的所有环节之中，托盘标准化，渐成影响供应链效率的重要因素。由于不同行业使用托盘的规格各不相同，甚至同一行业在

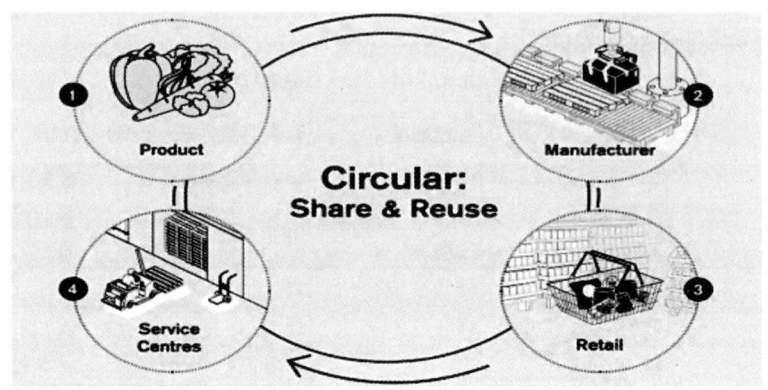

图片来源：https://news.iresearch.cn

不同国家和地区的托盘规格也差别很大，这对当今全球化经济的发展形成制约因素。这次"新冠疫情"，更凸显各地托盘规格不统一导致供应链效率低下的种种问题，引发了业内人士的更多思考。

是否可在统一规则下，根据不同行业特点，制定出托盘乃至"PI 容器"的规格标准，提高社会各产业的供应链物流效率？其实"标准"不难，近 80 年历史的 CHEP 标准化托盘，已经做出了很多贡献，难的是利益格局的重新划分。这也许也正是构建 PI 的最大难点吧。

Flexe：亚马逊最大的全渠道灵活物流服务提供商

Flexe 成立于 2013 年，总部位于美国西雅图，通过集成技术、开放物流网络和弹性经济模型，为众多世界 500 强企业尤其是大型零售商和品牌商，提供快速、大规模、高精确性的物流服务，解决其最为头痛的全渠道物流问题。

电子商务的持续增长，消费者的期望值也伴随持续增长。想要提高企业竞争力，必须让商品更靠近消费者，降低最后一英里的运输成本，提高物流速度。传统物流的目标，是在特定时间将货物运送到特定地点。因为需求与实体零售店周围的人口密度成正比，这使得预测较为简单。但电子商务分散了需求，订单必须送到购物者的家门口，货物去向不是杂货店或百货商店等预先确定的地点，这就从根本上改变了供应链的运作方式。

固定物流 亚马逊很早就发现：电子商务最终的发展，取决于物流效率的匹配。于是花费数年时间，投资数十亿美元，建设了大量的基础设施和庞大物流网络，用于缩短购物者的交付时间。这种通过大量物流基础设施及资金投入形成的体系，即为资产密集型的固定物流模式，这种模式需要长期投资，适合需要自动化和定制化的大批量、复杂操作的货物管理。

灵活物流 电子商务的暴增，新零售已是所有零售商和品牌商必须面对的课题。Flexe 通过灵活物流——即通过四方物流软件技术支持，将现有碎片化的社会物流资源，进行统一配

CHEP 六大服务	优 点
托盘/KLT 料箱动态流转租赁（高质量标准载具解决方案）	以租代购，节省一次性载具购置成本；淡旺季灵活承租，降低载具使用成本；质量保证专业维护，节省载具维保成本；载具化运作，减少人工依赖；标准统一，降低货损，提高运作稳定性；循环共享，创造可持续发展价值；专业的客户、运营、质量服务以及在线管理，让租赁更省心高效。
托盘/KLT 料箱动态流转租赁（上下游企业间"无缝化、高效率、低成本"的物流衔接）	异地退租：无须自己运输返回生产地，降低成本；资金使用合理：以租代买，淡旺季灵活支配资金，使用无后顾之忧；运输资源/仓储整合：优化车型，减少装卸时间，共同提高车辆周转率、道口装卸率和仓储利用率；码板/线路优化：新包装、新体验、新线路，商家入库体验良好，减少商品破损；订单优化整合：订单批次操作，省时省力，绿色通道，商家货架有货率得以保证；ASN 提前到货通知：实现订单信息流集中式交互，提高送货准时率和门店订单满足率；托盘芯片追踪：商品品质保证，客户购物满意度高，物流绑定商流。
国际循环租赁解决方案（货物到国外，收货客户和目的地 CHEP 进行载具回收）	无须在目的地倒板，可无缝进入目的地供应体系；在目的地获取符合目的地国家标准的高质量载具；无须采购载具，无须提前库存；成本更优，绿色减碳。
包装共享动态租赁解决方案	供应商通过 myCHEP 系统下订单，将状态良好的包装从服务中心送达客户处，客户在 CHEP 包装中装载零件后，送至其下游制造商，客户无须自己运输，CHEP 将空包装送至就近服务中心做清洁保养，准备下次发送。
安全环保的标准化包装设计	专业的包装团队，提供标准循环的包装/内衬方案和工程支持，提升包装容积率，增加运输和仓储效率，缓冲避震防护贵重零件，降低包装、运输及损耗等成本。适用外饰件、内饰件、电器件、发动机件、功能件、底盘件等。
标准循环包装运包一体	主机厂内建 CMC，减少短驳成本；包装共享，干线返空，降低成本；租赁模式，减少初始资本投入和冗余风险。

CHEP 实际案例分析	
客户企业	Goliard，成立于 1991 年，波兰最早以传统方式生产鸡蛋面食的公司之一。如今，它销售不同类型的意大利面和酱汁。
客户危机	Goliard 公司业务稳步发展，产品已出口德国、乌克兰、美国等地。过去使用的白色交换托盘系统，不可靠性影响了公司的发展。 2015 年，该公司决定寻找一种更好、更便捷的货物运输方式。
解决方案	通过 CHEP Pooling，Goliard 可以租用到高性价比托盘，并且不必再购买、维护、存储和跟踪它们，提高了其供应链的性能、可持续性和安全性，极大地降低了隐形成本。

置——帮助客户快速满足其物流需求。灵活物流模式是轻资产型的，通常没有确切地点、时间期限、固定面积等限制，最适合电商网络的大覆盖、快速零售补充，以及应对供应链中断和市场动态变化。

"灵活 + 固定" Flexe 还提出"固定"与"灵活"相结合的物流形式，以灵活的全渠道补充固定网络物流的不足。实现这一切，则是基于一个"极大的、开放的、灵活的"物流网络。众多电商客户，选择使用 Flexe 提供的"技术驱动全渠道物流解决方案"。

固定物流和灵活物流的模式比较		
	固定物流模式	灵活物流模式
所有权管理	外包给第三方物流供应商 (3PL)	通过灵活物流供应商提供支持
理想预测	稳定的产品线 具有较大的数量和操作复杂性	不同数量或季节性的产品线 基于客户需求
投资类型	最低运营费用和每月固定成本	无长时间的运营费用
开设成本	比较高	非常低
合同类型	固定长期合同	通常没有定期协议
地点	固定	灵活
容量	预先确定的面积	受供应商网络规模的限制
软件	自行开发或购买，包括仓储管理系统 (WMS)，运输管理系统 (TMS)，库存管理系统 (IMS)，船厂管理系统 (YMS) 等	灵活物流供应商的免费系统
一体化	需要集成企业资源计划系统 (ERP)，购物车系统，实物电商平台等等	接入集成网络即可
硬件设备	采购和维修，按成本计算	包括在成本累计中
自动化	定制以支持独特的业务操作	通常不提供
可扩展性	复杂，扩张缓慢而昂贵： 基于某些市场的可用容量和能力 但受制于有限占地面积和自有设施能力	简单，扩张速度快，成本低： 基于某些市场的可用容量和能力
增值服务	有限，根据可用性提供	根据可用性提供
问题解决	有限，根据成本提供	无额外费用即可提供
用工	大量，根据成本提供	根据成本提供
所需时间	12 个月以上	2 周
主要优势	组织管理简单，允许完全控制和自定义操作，以支持大容量操作、独特的产品特性或自动化	实施速度快，企业能够快速应对供应链中断或调整业务，以弹性的供应链服务满足动态的市场需求
主要限制	实施和维护成本高昂； 对于快速响应变化并不理想	组织管理困难，对于需要为独特产品特性定制、需要大量自动化或非常复杂的操作来说，并非理想选择
最终成果	稳定而可预测，适合产品具有稳定和可预测性的企业，适用于复杂、非标准或需要自动化的大批量操作	扩张计划和优化最后一英里交货；开发更快，产品更接近客户需求；有利于减少不可预测事件带来的冲击

　　Flexe 认为，固定物流模式和灵活物流模式各有特点，不是非此即彼，可根据实际业务需求，进行固定和灵活的优势互补，寻求更合理的解决方案。我们可以 Sell Goods 公司为例，比较一下使用三方物流供应商与使用灵活物流供应商的结果差异。

案例客户公司：Sell Goods Co.		
客户目标：将全国地面交货时间从 3 天较少至 1 天		
物流基础设施：在印第安纳波利斯的三方物流 ABC 物流公司五年固定租赁的第二年		
美国境内交货情况：11% 的订单 1 天内交货，47% 的订单 2 天内交货，42% 的订单 3 天内交货		
	固定物流解决方案	灵活物流解决方案
物流服务供应商	ABC Logistics Co.	123 Logistics Co
与 Sell Goods 关联	提供服务的第三方物流公司	无关联
物流模型	固定物流模式	动态模型（补充现有固定物流网络）
可用基础设施数量	3	无限制
优化最后一英里配送的建议地点	New York; NY Los Angeles; CA Reno, NV	Albany; NY Dallas-Fort Worth; TX Des Moines; IA Fort Wayne; IN Fresno; CA Greenville; SC Harrisburg; PA Jacksonville; FL Memphis; TN Phoenix, AZ Portland, OR
1 天货物交付达成率	40%	91%
地面包裹运输费	1.003 亿美元	6350 万美元
最大容量	固定的；6 万平方米	灵活的；12 万平方米
租期	每个额外仓库需要 5 年租约	无
支出结构	固定月租费	基于存储加上入站和出站处理的交易费用
支出费用	启动费用；固定设施成本；库存持有成本	货物运输成本
人力投入	以固定最低劳动力为基础计算	基于业务量计算
客户保障服务	24 小时/7 天，$15/小时	24 小时/7 天，免费
一体化	集成到第三方物流	单一的集成要求
产品设计时间	16 周	8 周

企业自有物流
企业物流
制造商自建物流基础设施

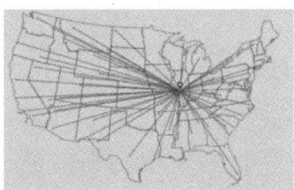

自有物流 + 固定物流
物流企业
第三方物流基础设施建设

固定物流 + 灵活物流
四方物流
整合协调社会基础设施资源

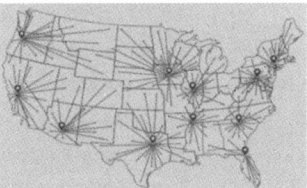

图片来源：https://www.flexe.com

打造开放式物流网络，优化全球货物配送，以灵活物流补充固定物流网络，动态地为企业供应链注入更多的选择性和弹性，使客户能够更简单、更快捷、更有效地应对供应链中断和市场不确定性，以及新商业的挑战，更容易地在当今实体和数字零售环境中，获得成功。这种"灵活＋固定"的物流网络，具有很强的兼容性，可以让更多的企业方、服务方、资源方、技术方等，主动地"补充"进 Flexe 搭建的"生态"中来，构建出区域范围内实物互联网 (PI) 的雏形。

Flexe 已在不知不觉中走在了时代前列，"封存"了一系列"规则"契约。那么，由谁来制定 PI 物流网络的规则？如何进行社会资源的统一部署？答案很简单：大家——也就是"共识"。正如"中国 PI 第一人"田民所言："PI 具有 Universe(统一体系下的大团结、大联合) 的性质，它不是 Single(由某个企业或组织来领导)，而是由所有参与其中的企业达成'共识'形成'规则'，由一个中立的'物算系统'对当前社会总资源进行统一调配"。

Stord、CHEP、Flexe 三家国际"PI 企业"，已经初现 Physical Internet 的巨大魅力，依靠降低物流边际成本，带来可观的经济和社会效益。通过类似 Internet 的 TCP/IP 协议，将"PI 三要素"融为一体，全面构建 PI 协作共享的新"范式经济"，也许并非我们以为得那么遥远……

参考文献：
1. 2020 Alice workshop PI Roadmap.
2. Analogies between Internet Network and Logistics Service Networks：Challenges involved in the Interconnection.
3. CHEP 集保多样化业务模式及创新服务，持续为客户解锁更多供应链价值。
https://news.iresearch.cn/yx/2022/05/430928.shtml
4. Driving Sustainability through Horizontal Supply Chain Collaboration.
http://www.co3-project.eu/wo3/wp-content/uploads/2011/12/CO3-conference-Koen-PG-BIC-20140528.pdf.
5. Physical Internet and interconnected logistics services：research and Applications.
https://www.tandfonline.com/doi/full/10.1080/00207543.2017.1302620
6. Roadmap to The Physical Internet.
https://www.pi.events/IPIC2019/sites/default/files/190705_Alice%20workshop%2010%20July%20PI%20Roadmap%20background%20document.pdf
7. The Guide to Fixed and Flexible Logistics.
https://d1n9pjnquucpl9.cloudfront.net/pdfs/Flexe_The-Guide-to-Fixed-and-Flexible-Logistics_20210414.pdf？mtime=20220324163349&focal=none
8. The Physical Internet from Shippers Perspective.
https://link.springer.com/chapter/10.1007/978-3-319-99756-8_14
9. The Physical Internet：The Network of Logistics Networks.
https://books.google.de/books/about/The_Physical_Internet.html？id=iX2ZAQAACAAJ&redir_esc=y
10. Why Collaborate in a Physical Internet Network？—Motives and Success Factors.
https://onlinelibrary.wiley.com/doi/full/10.1111/jbl.12260

班旺·蒙特勒伊（Benoit Montreuil）
美国乔治亚理工大学教授 /Physical Internet 理论创始人

Physical Internet 概念在日本起步较晚，但 2019 年一经倡议，很快就被日本各界证明，是非常有效和有驱动力的。日本现已成为全球第一个政府推动建设 Physical Internet 的国家。日本计划在 2040 年以前，完成 Physical Internet 的实施和社会接纳。

由 Tadashi Mizutani 先生发起组织，大和集团研究所高级执行董事 Tsutomu Araki 教授领导的日本代表团，最近拜访了 Eric Ballot 教授，达成了有关 Physical Internet 谅解备忘录。在 Tsutomu Araki 教授领导下，日本 Physical Internet 研究学会正式成立，包括日本著名的大福库、日本货运铁路公司、日本邮政、丰田工业公司和大和运输公司等 16 家日本顶级工业领导企业，以及经济、贸易和工业部、土地和基础设施、运输和旅游部、农业、林业和渔业部等加入了协会。他们已经发起了日本"Physical Internet 系列研讨会"，第三届研讨会于 2022 年 3 月 18 日在线直播，来自日本工业界、政界和学术界的 1300 名代表参与其中。

他们希望通过 Physical Internet 实现四个目标：1. 效率提升（包括资源、碳中和、零浪费、本地生产扩张等）；2. 柔性供应链（包括生产基地、运输方式、路线和储存选择多样化、及时进行信息采集与共享等）；3. 确保高质量工人（为物流工人提供适当的工作条件、在物流设备和服务方面创造新的行业和就业机会、中小型企业享有规模经济福利、商业模式的国际扩张等）；4. 增值服务（包括开放中立的数据平台、帮助弱势购物者、解决地区差异问题等）。

2022 年 3 月，日本政府制定了全面实施和采用 PI 的四个阶段战略进程：预备阶段（2021—2025），起飞阶段（2025—2030），加速阶段（2031—2035），完工阶段（2036—2040）。发展道路将围绕六大主轴：1. 物流中心；2. 运输设备；3. 横向合作；4. 纵向一体化；5. 治理；6. 贸易和运输平台。

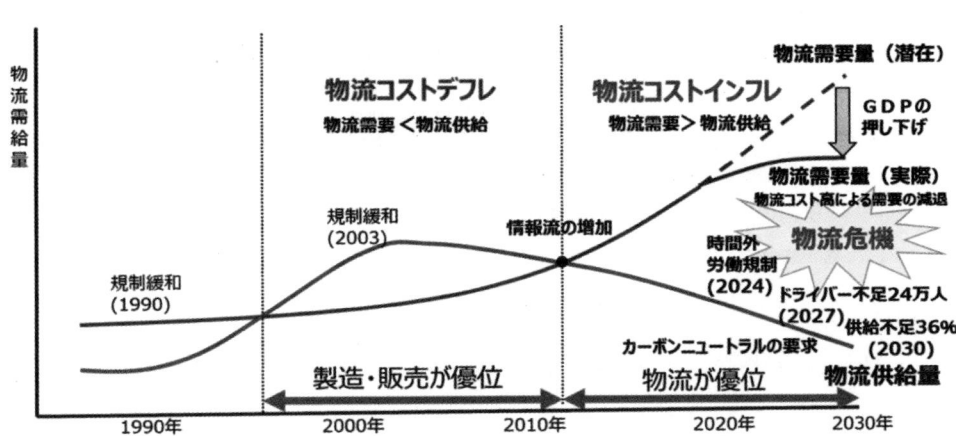

PI 最前沿……

实物互联网容器：高效运行的智能模块化容器

Nidhima Grover, Benoit Montreuil

  实物互联网是超链接的，覆盖全球的物流系统，能够促进资源快捷共享和物流无缝整合，并通过标准化的封装，模块，协议和接口来提升产能、效率、稳定性和可持续性，以更好地满足人们的物质需要 [1]。其中，标准的、智能的实物互联网容器在实物互联网中发挥着关键作用，它们不仅减轻了运输、处理和包装的巨大成本负担，还提供了很多运营操作上的便利。在本章我们提出了实物互联网容器应具备的特征和功能。目前实物互联网容器还处于概念化的阶段，但是这些要求并不是遥不可及的；在示例中我们举出一些已经能满足部分功能的商业化的容器并探讨未来的可能性。

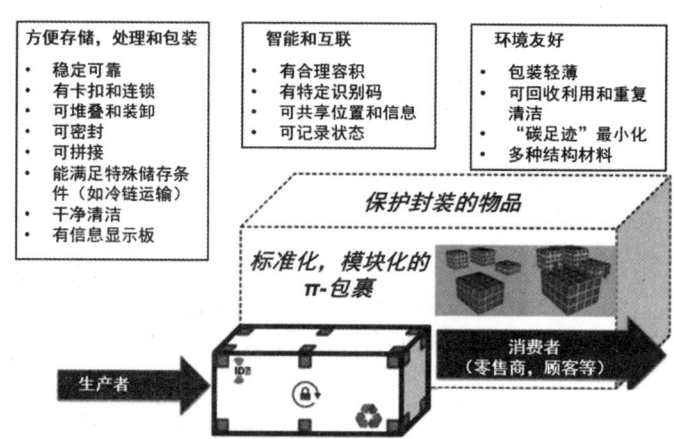

图 1: 智能模块化容器具有多种功能

1. 简介

  在数字互联网中，我们将信息封装，以数据包的形式传输；数字互联网并不需要处理数据包内信息。受此启发，在基于实物互联网的物流系统中，人们可以将快递包裹封装在模块化的实物互联网容器中。这些模块化的容器具有统一的标准尺寸，所以它们可以像乐高积木或俄罗斯方块一样整齐堆叠在一起，一方面便于操作，另一方面省却了处理内容的时间。根据尺寸从大到小，这些容器可以分为运输级、处理级和包装级，小号的容器可以装在大号的容器中，如图2。处理级的容器也可以做成模块化的小箱子，如图3，从而可以放在移动货架上便于搬运。

马尔科姆-麦克林的天才发明——航运集装箱，自1958年起彻底改变了航运业，拉高了世界的经济，也拉近了世界的距离。在航运系统更便宜、内在连接更紧密的影响下，全球经济发生了转变。[5] 同样为了提高运输效率而发明的运输级、处理级和包装级实物互联网容器也会改变世界物流业，使其成为一个更加超互联的网络。

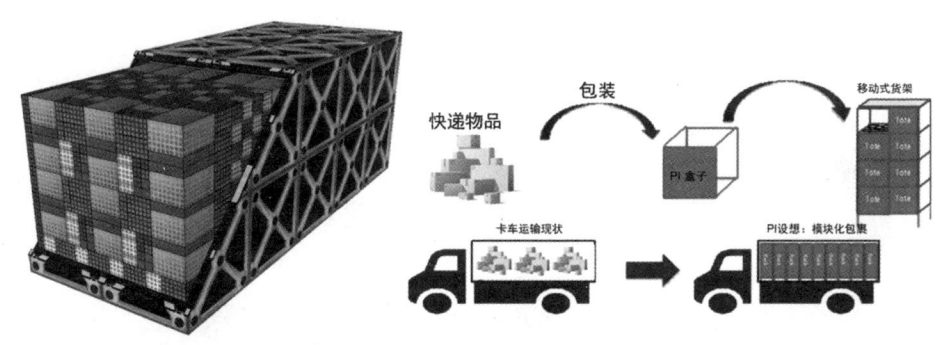

图2: 处理级容器封装在运输级容器内　　　图3: 模块化容器在移动货架上

2. 实物互联网容器的特点与优势

设计时，我们设想模块化容器具有组合在一起装载更多货物的能力，并可以在需要时轻易拆解。为了实现这些设想，模块化容器采用卡扣式联锁设计，比如图4，坚固可靠，能够保障安全的运输和处理，将对货物的损坏降到最小。这些功能使装货和卸货更容易、更快捷。

这些智能容器贴有射频识别标签和基于物联网的通信功能，从而能够更好地与其他容器协调联动。它们具有追踪记录货物的温度、湿度等信息的功能，从而可以保障货物安全。同时，由于这些容器可以重复回收使用，所以很环保。而且它们又轻又薄，可以最大限度降低运输负担，还具有不同的结构强度来适应不同的目的和需求，比如有些情况下纸箱容器就可以，有些时候可能要可降解塑料或者金属盒子。

这些实物互联网容器可以很好地整合运输路径相同的货物。这将简化操作，减少物流站的处理工作量。这就减少了在中转站消耗的时间，从而使货物在高度集成的网络中运输，简化了物流网络。比如在图4中，颜色代表不同的容器箱。灵活便捷的卡扣联锁设计使得组合和拆解变得迅速安全，模块化和标准化的容器箱也使组合和拆解变得迅速，能够提高车厢中的空间利用率。

235

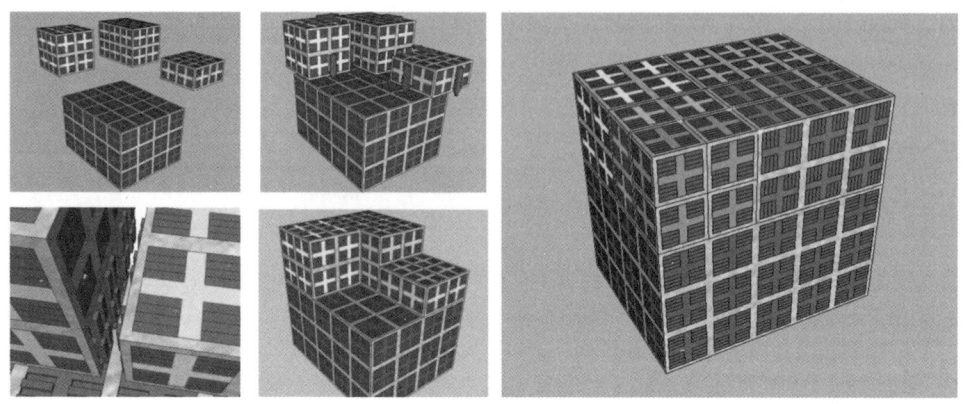

图 4：模块化容器采用卡扣式联锁设计，可实现组合和拆解，从而简化运输和处理操作 [1].

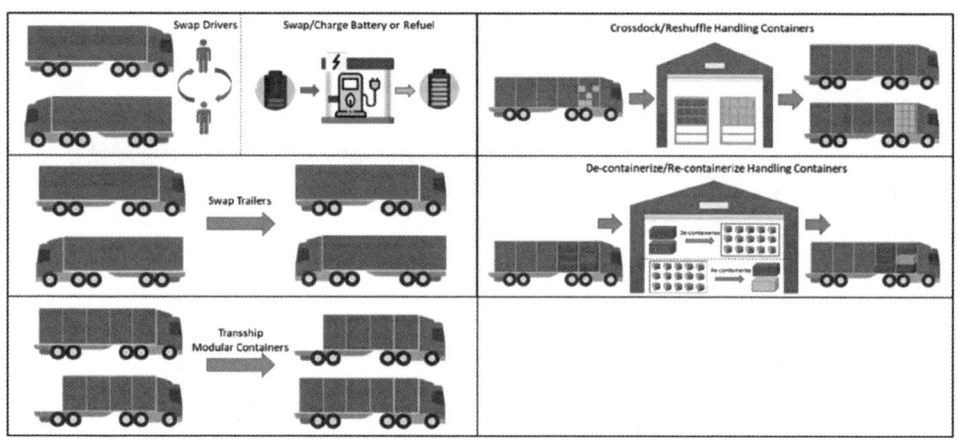

图 5：多种利用模块化运输、容器处理简化物流站操作的实例 [5]
颜色区分物品的目的地；图片从上至下，从左至右分别为互换司机，互换拖车，装卸部分货架，分解重组货架与分解重组包裹

3. 实物互联网容器中的动态整合封装

在基于实物互联网的超互联物流中，容器通过物流枢纽的多层网状网络进行运输，文献证实其比传统网络更高效、更可持续、更有弹性。分散的包裹被整合封装在模块化的实物互联网容器中，因此它们在多枢纽的旅程中很长一段时间内都是一起运输的，这就减少了在中转站的处理时间，并使运输车利用率提高。实物互联网研究人员综合考虑每个容器在路径中的中转站序列、到达时间、目标出发时间和尺寸，专注于动态优化容器在中转站的整合封装。卡布德万和蒙特勒伊的研究（2021）[8]、格罗弗和蒙特勒伊的研究（2021）[9] 以及谢赫等人（2021）的研究 [10] 开发了优化模型和处理流程，使处理成本最小，利用率最大，并同时确保尽可能满足交付时间、整合目标和其他运营限制。

如图 5 所示，模块化容器的使用促进了中转站处理流程的革新。有了模块化的运输容器，司机在交接时可以直接交换模块化的运输容器或直接交换整个车辆。他们可以给车辆加油，或者给电车充电、更换电池。有了包含在运输级容器内的处理级容器，人们可以将它们轻松转运到不同的拖车上 [5]。处理级容器可以进一步通过整合，例如用货架整合，形成更大的复合容器，从而可以作为整体交叉对接，或将复合容器重新整体安排，使同一复合容器内的所有容器一起运输。对于封装在处理级容器内的包装级容器，可能需要在中转站重新装箱，使得处理级容器内的所有容器合并，从而使它们在中转站之间的很长一段旅程中保持同步运输。这使得容器可以在中转站统一交叉停靠或转运，而不是被送入分拣，从而可以减少容器在中转站的停留时间。

4. 实物互联网中的工业进步

智能运输容器：爱乐（Aeler）科技创业公司 (https://www.aeler.com/) 开发了下一代智能运输容器，从而提高效率、保护货物，并使得供应链更智能且具有可持续性。

模块化处理容器：波内拉集团（Ponera group）(https://www.poneragroup.com/) 在可重复使用的模块化工业包装方面进行了创新，发明了不同尺寸的模块，这些模块可以在任何方向相互连接，从而满足所需的表面积，并且易于组装和拆卸。如图 6 所示，亚马逊物流中心正在使用托盘上的模块化手提容器。欧盟亚马逊的配送站还应用了可以装入移动推车的模块化袋子（或货架）。

模块化包装容器：例如米泰克（MiTek）这样的公司 (https://www.mii.com/)，正在对整合制造进行创新，希望将物品有效地包装在模块化容器中，从而减少对容器填充物的需求。

5. 进一步创新思路

模块化容器的设计有很大的创新空间，通过利用物联网技术可以使它们变得智能，从而实现容器内温度和湿度的跟踪与调节。这些功能的实现需要应用智能标签，通信技术在这方

图 6：亚马逊中转站的包裹处理（图片来源：网络）

图 7：装卸机器人（图片来源：网络）

面有很大创新空间。这些采用卡扣联锁设计的容器需要经过设计便于制造和组装。容器的设计还需要考虑可持续性，以确保它们可以重复回收和利用。

搬运这些容器的机器人技术也有创新空间，在这个领域已有一些初创公司出现。如图 7 所示，可以使用机器人来简化复合容器的装卸操作。使用机器人在车间转移容器、在机架间搬运模块化手提容器，也将使转运站的运营更加高效。

参考文献

[1]Montreuil B., E. Ballot, W. Tremblay (2016). Modular Design of Physical Internet Transport, Handling and Packaging Containers, Progress in Material Handling Research Vol. 13, Ed. J. Smith et al., MHI, Charlotte, NC, USA.

[2]Sallez Y., S. Pan, B. Montreuil, T. Berger & E. Ballot (2016). On the Activeness of Intelligent Physical Internet Containers, Computers in Industry, v81, 96-104.

[3]Gazzard N. & B. Montreuil (2015). A Functional Design for Physical Internet Modular Handling Containers, 2nd International Physical Internet Conference, Paris, France, 2015/07/06-08, 19 p.

[4]Montreuil, B., R. D. Meller & E. Ballot (2010). Towards a Physical Internet: the impact on logistics facilities and material handling systems design and innovation, in Progress in Material Handling Research 2010, Edited by K. Gue et al., Material Handling Industry of America, p. 305-328.

[5]Levinson, M. (2016). The box. In The Box. Princeton University Press.

[6]Shaikh S. J., N. Kim, B. Montreuil, P. Vilumaa (2021), Conceptual Framework for Hyperconnected Package Transport Logistics Infrastructure, Proceedings of IPIC 2021 International Physical Internet Conference, 12 p.

[7]Buckley, S. (2021). Hyperconnected parcel logistic hubs (Doctoral dissertation, Georgia Institute of Technology).

[8]Kaboudvand S., B. Montreuil (2021). Dynamic Containerized Consolidation in Physical Internet Enabled

Parcel Logistics, Proceedings of IPIC 2021 International Physical Internet Conference, 10 p.

[9]Grover, N., & Montreuil, B. (2021). Dynamic time-based parcel consolidation and container loading in hyperconnected logistic hubs. Proceedings of IISE Annual Conference, 956-961.

[10] Shaikh S. J., B. Montreuil, M. Hodjat-Shamami, A. Gupta (2021), Introducing Services and Protocols for Inter-Hub Transportation in the Physical Internet, Proceedings of IPIC 2021 International Physical Internet Conference, 13 p.

PI Containers:
Smart Modular Containers for Efficient Operations
Authors: Nidhima Grover, Benoit Montreuil

Standard PI containers play as a key role in the PI Web, easing huge burden on transporting, handling and packaging.

Introduction

Just like the Digital Internet transmits information in the form of data packets, which are encapsulated, with the information inside not handled by the internet, it is proposed that parcels be encapsulated in modular containers in a Physical Internet-based logistics system. These are modular sized containers that have standardized sizes which are such that containers fit together like Lego blocks or Tetris. The containers are divided into tiers of transport, handling, and packaging containers, where the lower tier containers are encapsulated inside the higher tier containers. Handling containers can also be in the form of modular totes which fit on mobile racks for ease of handling.

The invention of shipping containers, by the genius of Malcolm McLean, had transformed the shipping industry starting in 1958, making the world smaller and the world economy bigger. The global economy transformed as the shipping system became cheap and more interconnected. [5] In the same spirit, modular transport, handling, and packaging containers will also transform the world logistics industry, making it a more hyperconnected network.

Features and Advantages of PI containers

The modular containers are envisioned to have the capability to compose together to form larger unit loads and decompose easily when needed. They have a snap-interlock design to facilitate these functions. They are robust and reliable, to enable safe shipping and handling, with minimal damage to goods. These functions make it easier and quicker to load and unload the vehicles.

These are smart containers, with an RFID tag and IoT based communication, thus enabling better coordination with other containers. They have the capability to track the goods' temperature, humidity, etc. and ensure the safety and security. They are eco-friendly, in the sense that they can be reused and recycled. They are light and thin, have minimal off-service footprint, and have distinct structural grades.

These containers would enable better consolidation of goods traversing a common path. This would ease operations, reducing operational workload in facilities. This reduces time spent at intermediate facilities, thus allowing goods to traverse a more consolidated path, which simplifies the logistics network.

Dynamic Parcel Consolidation in Modular π- Containers

In Physical Internet-based hyperconnected logistics, packages are routed through a multi-tier meshed network of logistic hubs, proven to be more efficient, sustainable, and resilient than traditional networks in literature. Packages are consolidated in modular handling containers so that they travel together for a long portion of their multi-hub journey, which reduces handling time in intermediate hubs and enables effective utilization of vehicles. PI researchers have focused on the dynamic optimization of parcel consolidation at hubs, considering each parcel's sequence of hubs in the path, arrival time, target time of departure, and dimensions. Kaboudvand and Montreuil (2021) [8], Grover and Montreuil (2021) [9], and Shaikh et al (2021) [10] have developed optimization models and protocols that minimize handling costs and maximizing fill rate, while ensuring that delivery time, consolidation targets, and other operational constraints are met as best as possible.

The use of modular containers promotes innovation in hub operations as shown in Fig 5. With modular transport containers, drivers may swap the modular transport container or swap the entire vehicle. They may re-fuel vehicle or charge or swap batteries in case of electric vehicles. With modular handling containers contained inside the transport containers, one can transship them for transferring onto a different trailer [5]. Handling containers that are further containerized into a composite container such as a rack, can be cross docked as a composite container or reshuffled between composite containers such that all containers within the same composite containers travel together. With packaging containers encapsulated in handling containers, these may need to be re-containerized at the hub such that all parcels inside a handling container are consolidated such that they remain together for a long part of their inter hub journey. This enables the container to be cross-docked or transsshipped at intermediate hubs instead of parcels being sent into sorting, thus reducing dwell time at the hub.

Industrial Progress in π- Containers

Smart Transport Containers: Aeler Technologies startup (https://www.aeler.com/) has developed the next-generation smart transport container for efficiency, cargo protection, supply chain intelligence and sustainability.

Modular handling containers: Ponera group (https://www.poneragroup.com/) has innovated in reusable modular industrial packaging by inventing modules of different sizes that can attach to each other in any direction to create required surface area and are easy to assemble and disassemble. Modular totes on pallets as shown in Fig. 6, are being used in Amazon fulfillment centers. Modular sized bags (shelves) which go into mobile carts are also being used for delivery station operations in Amazon EU.

Modular packaging containers: Companies like MiTek (https://www.mii.com/) are innovating in kitting for manufacturing, with objects being efficiently packed in modular packaging containers, with the aim to reduce the need for filler packaging.

Avenues for Further Innovation

There is a huge scope for innovation in the design of modular containers, making them smart by leveraging IoT technologies, that can enable temperature and humidity tracking, with required conditioning inside containers. They need to have smart tags, where there is scope for innovation in communication technologies. These containers need to be designed for manufacturing and assembly, with a snap interlock design. They also need to be designed for sustainability, to ensure that they can be reused and recycled.

There is also scope for innovation in robotics for handling these containers, and some startups are already emerging in this area. One can have robots that ease loading and unloading operations of composite containers as shown in the figure below. Use of robots for moving these handling containers on the shop floor, and shuffling modular totes in racks, will also make hub operations more efficient.

References

[1] Montreuil B., E. Ballot, W. Tremblay (2016). Modular Design of Physical Internet Transport, Handling and Packaging Containers, Progress in Material Handling Research Vol. 13, Ed. J. Smith et al., MHI, Charlotte, NC, USA.

[2] Sallez Y., S. Pan, B. Montreuil, T. Berger & E. Ballot (2016). On the Activeness of Intelligent Physical Internet Containers, Computers in Industry, v81, 96-104.

[3] Gazzard N. & B. Montreuil (2015). A Functional Design for Physical Internet Modular Handling Containers, 2nd International Physical Internet Conference, Paris, France, 2015/07/06-08, 19 p.

[4] Montreuil, B., R. D. Meller & E. Ballot (2010). Towards a Physical Internet: the impact on logistics facilities and material handling systems design and innovation, in Progress in Material Handling Research 2010, Edited by K. Gue et al., Material Handling Industry of America, p. 305-328.

[5] Levinson, M. (2016). The box. In The Box. Princeton University Press.

[6] Shaikh S. J., N. Kim, B. Montreuil, P. Vilumaa (2021), Conceptual Framework for Hyperconnected Package Transport Logistics Infrastructure, Proceedings of IPIC 2021 International Physical Internet Conference, 12 p.

[7] Buckley, S. (2021). Hyperconnected parcel logistic hubs (Doctoral dissertation, Georgia Institute of Technology).

[8] Kaboudvand S., B. Montreuil (2021). Dynamic Containerized Consolidation in Physical Internet Enabled Parcel Logistics, Proceedings of IPIC 2021 International Physical Internet Conference, 10 p.

[9] Grover, N., & Montreuil, B. (2021). Dynamic time-based parcel consolidation and container loading in hyperconnected logistic hubs. Proceedings of IISE Annual Conference, 956-961.

[10] Shaikh S. J., B. Montreuil, M. Hodjat-Shamami, A. Gupta (2021), Introducing Services and Protocols for Inter-Hub Transportation in the Physical Internet, Proceedings of IPIC 2021 International Physical Internet Conference, 13 p.

实物互联网设施：网络节点

鲍文仓，石佳辰，Benoit Montreuil
Physical Internet Center
H. Milton Stewart School of Industrial & Systems Engineering
Georgia Institute of Technology, Atlanta, GA 30332 USA

  借鉴数字互联网，实物互联网 [1] 是为了大幅度地变革当前的供应链系统，解决当前世界物流网络存在的低效率、不可持续性和脆弱性等严重缺陷。实物互联网 (PI, π) 设施 [2] 是其开放的物流网络的核心节点，提供无缝的生产、转移、处理、分拆/合并、仓储、订单执行和客户交互功能，实现物流网络中社会、经济和环境的全面可持续发展 [1]。本章将介绍和分析实物互联网中设施相关的设计、运营和商业创新理念，并着重阐述它们在实物互联网中的作用与价值。

简介

  一方面，当今的物流行业面临激烈的竞争、剧烈波动的需求、愈加频繁和大规模的突发状况以及严格的反馈和配送时间要求等困难；另一方面，它在社会、经济和环境层面的效率、可持续性和稳定性面临需要指数级改进的挑战。为了帮助应对这些挑战，实物互联网设施需要做到无缝、高效地生产、存储、整合、加工、包装和回收产品。

  实物互联网设施不应该是孤立的，它不应该始终专用于单一用途或用户，而是应该将其服务开放给任何符合 PI 接口和协议认证的企业。它们能够以此被多方按需同时使用，其中一些以较短期、准时的形式使用，而另一些则用于合约制的较长的灵活期限。

  它们参照关键的 PI 概念，尤其是 PI 协议和智能模块化的 PI 容器 [3]，有助于在物流网络和所有 PI 参与者之间实现超互联 [4]。在这里，超互联是指物流网络中的设施和参与者不仅在物理层面，而且在数字、操作、交易、法律和个人各个层面上彻底互联，最终确保随时随地的连接。在这样一个超互联网络中，这些层面被集成来增强全球物流能力、效率、弹性和可持续性。

  借助实物互联网中标准且可实时追踪的 PI 包裹，所有相关参与者都可以访问信息，设施管理人员也能够提前数小时甚至数天掌握收/发信息，从而合理分配资源并平缓用工高峰。例如，在快件仓库中，经理在卡车到达之前确切地知道卡车中哪个包裹中有哪些快件，因此，能够灵活地将卡车指派到最合适的卸货门，由最便捷的卸货设施和工人，卸下并运送到相关类别的存放区域。这为企业管理者在设施运营和设计方面提供了显著的优势：从运营的角度来看，根据传入的数据，企业可以在短时间内分配订单拣选分配，并且可以大量缩短紧急包裹的停留时间；从设计的角度来看，可以平缓仓储区域、工人、设备等资源的使用高峰，从而优化产能和储能。

PI设施的产能和储能可以在物流网络中共享。因为PI容器是标准化的，数据共享采用标准格式，PI协议又适用于跨设施跨行业，仓储机架、生产设备、机器人或设备等可以根据日益波动的需求在PI设施之间错峰使用。打比方说，一家工厂可以将其仓储设备共享给另一家工厂或仓库，并根据需要从一个设施分配或移动到另一个设施。当公司实时预见未来一段时间内产能过剩或产能不足时，这种模式提供了许多选择方案。此外，当更多的运输存储能力可以公开有效地共享时，公司可以扩展潜在市场，为其原先无法覆盖的客户提供产品或服务。

实物互联网利用PI设施网络，通过超互联的运输、交付、订单履行、分销和生产，广泛地加强城市中的全渠道供应链和物流[4]。如图1所示，多个用户参与了超互联的全渠道物流网络，这通常包括数千家供应商、分销商和零售商、数百万设施和车辆、数十亿客户。无论是面对面还是非接触式产品或服务，全渠道商业模式旨在帮助客户在尽量少的时间、地点和渠道的限制下下订单。PI通过扩大互连资源和增加潜在合作伙伴（如第三方制造商、物流提供商和销售点商店），公开访问利用分布式PI设施，降低了公司建立全渠道的投资需求。

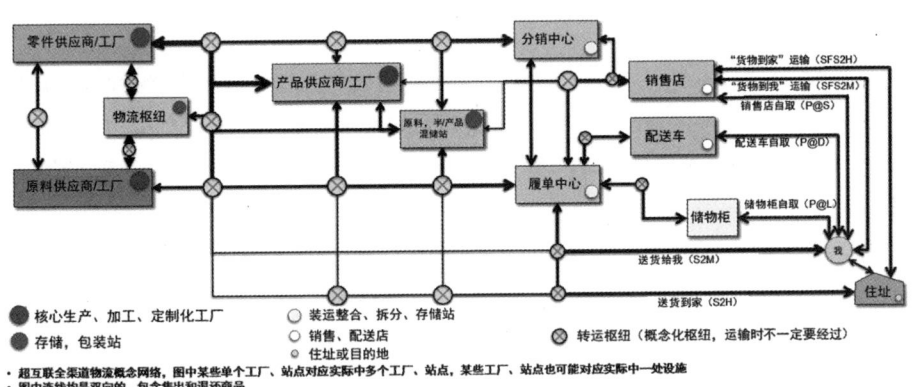

图1 智能超互联全渠道物流理论框架图 [4]

实物供应链设施的分类

在实物互联网的语境下，物流设施可被分为四类：生产车间、缓存中心、物流枢纽和客户接点，它们具有不同的目的和特点。如图2所示，这些设施有不同的功能角色，但彼此又有很强的相互联系。需要注意的是，实际中某一个设施可能具有图中多类功能，例如一处工厂可能兼顾着储存和销售的职能。本节将根据[5]中介绍的分类来描述区分PI设施的类型。

如前所述，无论是哪一类的超互联PI设施，它的一个关键推动因素是PI中的大多数货物的仓储、运输和处理都是在标准化、唯一标识、模块化、生态友好且智能的PI集装箱中

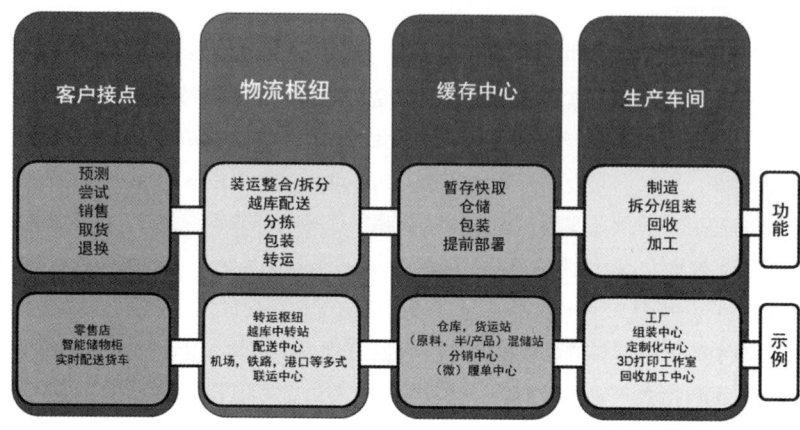

图 2 实物互联网功能分类图 [5]

进行的,这些集装箱扮演了数字互联网中数据包的角色 [1]。这种 PI 集装箱的尺寸范围从大型货物集装箱到模块化尺寸的小包裹和手提箱都有。具有适当规格的 PI 容器可分为三类:包装容器、处理容器和运输容器 [6]。它们的尺寸使得成套的包装容器(包)可以有效地装入搬运容器中,而搬运容器也同样能高效地装入运输容器。大多数 PI 参与者只需要知道他们与之交互的每个容器的类型、尺寸、重量、特殊护理要求以及目标。只有货主、货物的购买者和用户需要知道他们的货物封装在哪些模块化容器中,而相关法律当局需要知道在辖地内流通的 PI 集装箱的内容。PI 集装箱的黑盒特性,加上它们的模块化尺寸和标准化的连接器,极大地简化了它们的装载、处理、存储、运输、交付和卸载。而这又简化了全球 PI 设施的互连、设计和运营。

接下来的章节我们将重点介绍每一种类型的设施,并尽可能避免重复讨论它们的共同特征,例如它们是如何利用 PI 集装箱的。

实物互联网生产车间

PI 生产车间能够实时改变产品状态以提高价值,来适应超互联的供应链和物流网络中动态的需求。它们因此需要能高效、灵活、敏捷地生产、拆卸/组装、加工和回收产品。PI 的理念、原则和协议将传统生产转变为了开放的获取、模块化、智能和自动化,以应对来自激烈竞争的现代市场的短期挑战。此外,它们利用了 PI 中产品和设备的模块化,以及传感器、计算、机器人和自动化方面的新兴技术,以实现实时超互联和信息共享。

超互联移动生产是 [7] 中介绍的一个商业创新概念。超互联移动生产通过动态调配模块化化生产和存储,实现了靠近市场的按需生产。移动生产并不是一个新鲜的概念,一些行业已经开始尝试移动生产,以满足特定市场高峰期的客户苛刻的需求。生产车间由小型、可调节、可移动的生产模块组成,它们可以在卡车拖车或火车车厢上的集装箱中从一个站点转移到另一个站点(如图3),因此它们可以被很容易地设置在最适合快速为客户服务的代工厂中。例如,移动式葡萄酒装瓶制造车间在葡萄酒行业逐渐流行,同样还有在木材行业中使用便携式切片机,在养牛行业中使用移动式屠宰设备。在PI理念的加持下,(1)材料、移动代工厂和产品可以最合适的方式进行运输,以达到全局最优化;(2)生产代工厂,包括设备、机器和其他资源,在高峰和非高峰期都可以被开放访问,乃至可以跨行业共享,以加快交货和提高产能利用率;(3)生产组织变得灵活且可扩展,产能可以很容易地在分布式生产中心之间进行转移调配,而决策过程中无须进行烦琐的计算,也能减小市场战略分析的巨大工作量,难以承受的高额投资和漫长的搬迁时间。

PI所带来的另一个优势与生产设施内的运营管理有关,如在[8]中提出了一个新的生产计划概念:基于实物互联网的主动制造系统调度。[8]将传统的调度与基于PI的制造系统的调度进行了对比。传统的调度在[8]中被称为被动调度,其中待处理的工作和机器必须按照基于明确的责任和权限层次结构的信息决策系统结构中进行的引导。当有突发状况时就会存在等待间隙,因为信息必须先上传到更高级别的决策者,然后再返回更高层下达的决策给相关执行单位。相比之下,在PI协议下这些原本仅仅处于执行层工作和机器可以主动共享信息和做出决策,在分散的决策系统中自行组织工作量。新兴的数据交互和制造技术,例如物联网、大数据以及边缘计算和云计算,增强了运算能力,使这种庞杂的调度得以实现。例如,当一个站点发生了之前未预料到的物料延迟时,传统模式是工人或者智能生产机器人向经理报告并等待经理决定,由他们或另一个团队去某个地方并提取一定数量的物料来继续生产。在PI

图3 卡车车厢内移动式生产车间模块示例
(https://cordis.europa.eu/docs/results/228867/final1-f3-factory-keymessages-and-casestudy-summaries.pdf)

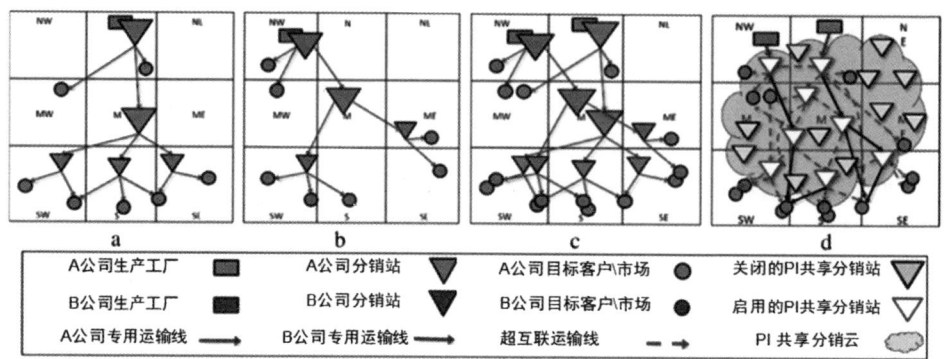

图 4 专用和超互联的分销网络对比 [9]

引导的主动制造系统中，工人可以在与上级报告过程中，主动与系统和附近的站点确认使用原料储量，寻求原料补充方案，而并非在原地空闲等待。这种不可预期的原料短缺在 PI 制造系统中可以被第一时间捕捉，尔后系统处理计算出几个合理的建议并发送给工人和管理人员进行选择。总而言之，PI 解放了生产设施更多潜在的组织和工作，让它们有更高的效率、灵活性和响应性。

实物互联网缓存中心

  PI 缓存中心，类似于信息产业相关的缓存概念，负责存放尚未被客户要求的产品，以支持方便快捷的需求，促进高峰期配送物流的畅通，例如仓库、货场、配送中心和微履单中心。与生产车间不同，调配中心需要的设备变化较少；而它的难点在于如何在快速响应客户和设备的高利用率之间取得平衡。

  如 [1] 中所述，由于投资和运营成本的限制，目前大多数企业使用的调配中心存在局限性且发展缓慢，中小型企业比较明显，但大型的跨国公司也存在这个情况。它们的缓存中心设置的规模严重限制了他们的服务覆盖能力，而由于市场的季节性波动、各类事件以及意外的中断，僵化的调配中心设置方案对全年的设施利用率产生了巨大负面影响。PI 可以将网络中数十万计的专用调配中心开放化，可供任何相关企业成员公开访问，并通过利用实时信息和存储共享来达到无缝互联和全局优化动态调配决策。

  在 PI 中，拥有缓存中心的实物互联网企业成员可以在某些时期保留其全部或部分设施仅供自己内部使用，也可以在有需求时合理、灵活地拟订合约，重新开放己方的设施 [1]。需要在采购商、生产地址与目标市场之间缓存原料或者产品以便配送和运输的企业，在实物互联网中可以在全球，或者局部地区，或者城市范围中的无数开放的缓存中心之间动态快速地调配他们的产品、半产品或者材料。从最终产品到模块、零件和材料的各个层级均适用于这样的调配规划，因为在 PI 它们的处理方式都相同，都被封装在 PI 容器中。

PI 通过缓存中心和服务，以及超互联运输和沟通 [9] 对整个分销系统进行了突破性的转型。这里的分销系统指涵盖所有为向客户调配、存储和交付产品的策略、决策、设施、运营和服务，包括逻辑和物理两个层面。如图 4 所示，子图 a 和 b 是两个独立的配送公司，而子图 c 显示了前面两个子图里独立网络的总和。但是在子图 4 中显示的超互联的分销网络，一些不必要的缓存中心关闭了。在超互联分销中，在当前阶段占主导地位的独立和专用己方的分销网络不仅在物理层面上，而且在信息、运营和业务层面上变得相互连接。开放的配送中心可以归某个公司所有，但它们的容量和资源可以部分或全部对所有经过认证的 PI 用户开放，从而创建一个共享的分销网络。这不仅限于设施，运输载具也应该是超互联分销系统中的共享资源，如卡车、电动车、无人机等。之前公司专有的载具现在能够从其他 PI 用户那里转移整合好的包裹，就避免了许多不必要的情况，例如未满载货车运输的车厢效率低下，和为了满载整车使车辆等待时间过长，导致交货的配送时间长和配送频率低。据 [9] 对 10 家在加拿大－美国市场进行分销的公司的基于优化的实验结果，与当前基本的专用分销系统相比，超互联系统中的集体总分销成本，在基础与最高配送速度服务水平要求下，分别可降低 29%~38%。不仅如此，由于这项研究是在单一产品的假设下进行的，在明确考虑各家公司的产品组合时，超互联连接分销网络的预计潜在收益将更加可观；因为在传统的独立专用分销物流中，协调与合作问题会更为严重，而超互联网络中，信息共享，沟通实时，这样的问题会减轻很多。

现在让我们考虑在世界人口占重要比例的城市环境中的缓存网络。根据 [10]，目前的城市物流大多是专用且碎片化的，缺乏根据市场动态重新扩展和维持的能力。目前，大多数公司

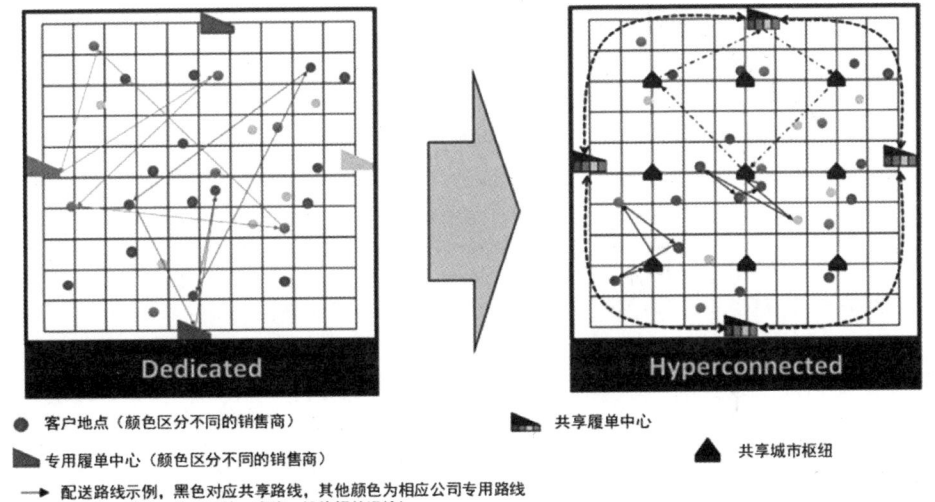

图 5 专用和超互联的城市物流网络对比 [10]

未能以高效、可靠、经济且可持续的方式提供城市物流服务，不具有城市客户和当局所期望的快速响应、精确、准时、安全和无缝性 [11][12]。PI 可以显著增强在城市环境中和其周围调配产品的能力，从大型城郊配送和履行中心到分布在当地城市单元的微型履单中心，PI 提供了一整个可以开放访问的缓存中心网络。

如图 5 所示，假设有四家按颜色区分的零售商在服务于城市中的家具市场，每家零售商目前都使用一个城郊履单中心来交付在线购买的家具或在其整个城市的实体商店网络中购买的家具 [10]。在目前的独用系统中，总的交付距离很长，需要大量的卡车人员和过长的运输时间。现在让我们考虑另外一个超互联系统，以往独用的城市履单中心现在将对所有零售商开放，创建一个共享的履行网络。共享的某个执行中心可以归某个零售商或第三方物流服务提供商所有，有能力且愿意接收装着其他零售商家具的 PI 容器集装箱，从而向所有零售商共享暂存空间。这样的网络能实现不同的零售商商品投递的整合，将产品暂存到市场附近，经由装载着 PI 容器的智能调度的车辆，来满足每位客户。超互联的系统利用城市内部及周边的履单中心，使用大型卡车进行设施间运输，使用小型卡车进行"最后一公里"交付客户的物流枢纽，提高了车辆利用率，同时有效地满足了对客户交付需求时间窗口的承诺。在以上的案例研究中，较传统的城市物流网络，PI 为每份订单减少了约 40% 的预计延迟、50% 的温室气体（如 CO_2 和 $PM2.5$）排放以及 50% 的总成本。

实物互联网物流枢纽

实物互联网物流枢纽负责转运、暂存、整合、越库、分类和交换正在前往目的地的产品，其中大部分产品都封装在 PI 容器中。在这个阶段，市场需求波动剧烈，给需要快速将快件交付给客户的同时保持较低运营成本水平的物流供应商带来了严峻的挑战。而实物互联网物流枢纽可以消除许多运营方面的人为限制，促进了更快、更廉价的物流服务。实物互联网物流枢纽的形式和用途多种多样，本章节将介绍其中几个经典的广泛适用的枢纽示例。

快件物流枢纽是 DHL、Fedex、顺丰快递和 UPS 等快递服务提供商运营的核心。这些枢纽目前或是人力密集型的，或是依赖自动传送带和分拣机，独立处理每个包裹。它们被看作是当前中心辐射式分层网络的一部分，专门负责将整车快件运往单站或多站的最终目的地。为了有效地做到这一点，它们高度依赖于每日的整合截止时间，但这会造成人为的工作高峰和产能需求，并对客户的运送时间等需求加以限制，通常会使缩短订单投递时间更加困难。超互联快件物流从根本上改变了这一模式；(1) 它利用多层的互联网络连接访问枢纽、本地枢纽、网关枢纽、区域枢纽和全球枢纽；(2) 它将快件整合到实物互联网包裹中，并且移动货架会根据共同的目的地运送这些实物互联网包裹，从而限制了单个快件的处理；(3) 它还放宽了截止时间的限制 [13]。这对实物互联网物流枢纽的设计与运营产生了深远的影响。根据 [14] 中提出的框架，实物互联网快件枢纽应用模块化与超互联性，以移动的机器人取代像传送带这样的固定设备，以提高利用率并缩短非高峰时间的行进距离，并连接工作站使之更加灵活。

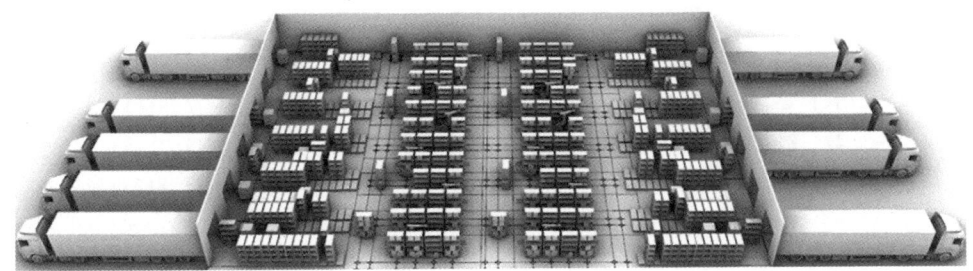

图 6 模块化移动式的超互联快件物流枢纽概念设计图 [14]

在当前的物流枢纽中，传送带等固定设备在特定且不灵活的路线上移动快件，这即使在非高峰时间仍然需要长距离移动并且涉及许多资源。此外，市场需求波动也很剧烈。2021 年"双十一"期间 [22]，自 11 月 1 日至 16 日共派送了 63 亿件快件，其中仅 11 月 11 日就派送了 6.96 亿件，超出了正常交货量 300%。一个可扩展并能重新配置的物流枢纽缓解了模块化超互联工作单元的需求高峰，因为机器人运送的包裹和货架可以在任意车间或仓库间移动和借用，而不受层级和物理上的限制。当需求高峰来临时，共享的包裹和货架可以从其他地方或者其他公司调用过来，不需要额外布局大量固定资产。

受 [13] 中关于下一代 PI 物流枢纽设计的启发，[14] 提出了模块化和移动式物流枢纽的设计，允许工作站根据需求变化自适应地重新定位，允许包裹以较少的资源进行较短距离的运输，这样的迁移和布局调整甚至可以在一天内迅速发生。当不再需要时，设备能够重新合理分配到其他物流设施，而不需要重新设计巨大的计算负担。在给定的案例研究中，将现有传统物流枢纽的信息输入仿真模型中，以验证标准工作单元和模块化布局的建议。图 6 是模块化和移动式超互联包裹物流枢纽的概念布局，卡车上的包裹货架经卸货机器人卸下并运送到储存区，而后由移动机器人送到工作区重新整合包裹，保证每个货架上的包裹都具有相同的下一处目的地后，再由移动机器人送到装车储存区准备装车出发。其间，包裹机器人可以运送单个包裹，应对某些加急包裹的需求。

中转枢纽也是物流网络研究领域中的热门话题，其中，PI 还协助涉及多种运输方式的交通枢纽的运营优化。例如，[15] 提出了公路－铁路枢纽的功能设计概念，并详细阐述了 PI 在其中的作用。在 PI 的道路交通枢纽中，PI 集装箱会在全局优化的情况下，从卡车到火车或火车到卡车之间转运；这里的全局优化涵盖了综合加快响应处理速度，提升经济效益和增强环境保护等多个层面。支持全局优化有多方面的原因：智能集装箱可以共享和跟踪到达信息，管理人员可以提前获取相关数据，并在物联网、云计算等技术辅助下，能够提前分配资源准备装卸转运任务，避免空行浪费；标准集装箱尺寸缓解了集装箱尺寸不匹配带来的低效率问题；超互联的网络设计也拓宽了获取开放资源的选择，更好地利用资源，避免不必要的投资；还可以增强网络的稳定性，意外状况发生时，卡车或火车有更多的备选共享物流枢纽来存储和整合货物，从而避免难以忍受的成本或等待时间。在 [16] 的模拟实验中，即使只考虑 PI 集装箱，不涉及超互联转运网络等其他 PI 应用，所提出的设计也相较于传统转运站，操作和处理时间减少一个数量级，因为标准化、智能化的 PI 集装箱分拣和处理起来非常方便。

海运港口系统在国际供应链中具有不可替代的作用，其运行中的脆弱性问题可能会影响到国际经济，尤其是在新冠肺炎大流行期间。在本章中，我们将专注于海运港口内部的运营，国际物流网络的平衡和调度问题会在接下来的章节中介绍。现行的港口运营制度存在深层次缺陷，例如，2021 年 11 月美国西海岸港口的严重积压就是一个很好的例子 ((https://www.cbsnews.com/news/supply-chain-crisis-60-minutes-2021-11-14/))。装载着价值数百万美元的货物的轮船漂浮在海上，港口停放场上的集装箱堆积如山；而 50% 的装载货物运出港口的卡车司机没有按照约定时间出现，有信息系统故障的原因，也有缺乏卡车底盘支架的原因；但许多转运卡车底盘支架仍安装在空空的集装箱上，空闲在附近，没有人来调用。这是因为港口资源调配规划和系统出现了严重问题。更糟糕的是，港口会对堆积在港口的货物征收罚款，总价格是正常转运价格的 10 倍，这使得物流公司更不想将集装箱运走。在 PI 港口，司机、卡车、集装箱等资源能够在没有烦琐的信息层次结构的情况下进行沟通，促进港口、船舶、卡车车队和轨道等信息管理系统的集成，合理规划调用资源。在 [17] 的调查研究中，PI 港口系统可以显著改善港口运营状况，推动从目前孤立的供应链系统向开放供应链系统的革命，逐渐缓解港口的拥堵。总而言之，为了抵御下一次海运港口危机，PI 是一种很有前途的思路，以应对当前解决方案的不足。

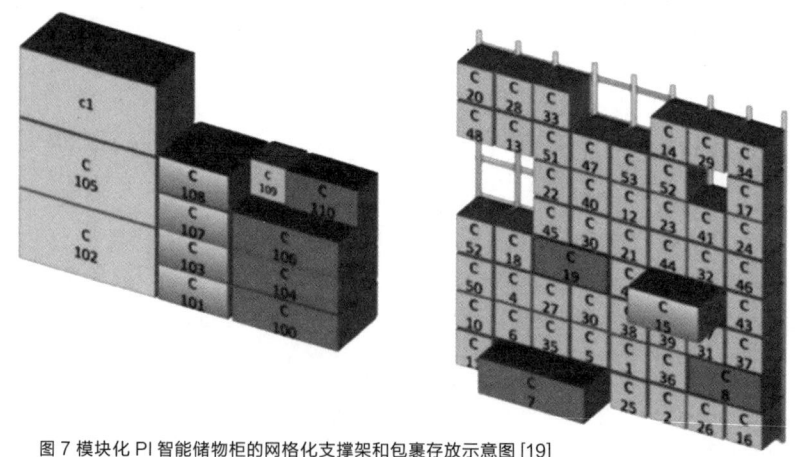

图 7 模块化 PI 智能储物柜的网格化支撑架和包裹存放示意图 [19]

实物互联网客户接点

PI 客户接点是连接企业与客户的窗口，它不仅为企业提供接收和交付产品，还为客户带来便利、周到、快捷的服务。客户接点的形式多种多样，相关的商业创新也层出不穷；从实体店到网络界面，从人工服务到无人机器、设备，都可以是客户接点。PI 的理念可以增强智能储物柜、送货机器人、无人机以及智能零售店等技术创新型客户接点的优势。

智能储物柜是近年非常流行的解决"最后一公里"配送问题的模式，可以为客户提供 24 小时取放服务，降低运营成本。智能储物柜的柜子尺寸，数量和位置可以被进一步优化来提升效益，比如 [18] 中提出了一个智能储物柜设计的优化模型，总结了固定式和模块化塔式智能储物柜设计的优缺点。这里，固定式智能储物柜是指一经设置好后，不能轻易改变的储物柜；模块化塔式智能储物柜是指塔式的，有独立操作控制界面的储物柜，每个塔都可以很方便地和其他塔连接或者拆卸。目前流行的设计仍然是固定式的。在 PI 概念的推动下，包裹都是标准化的，智能储物柜的尺寸就可以据此设计，以避免空间浪费 [19]。在 PI 智能储物柜的设计概念中，每个柜子都是交互式的，由便于拆装的隔板和智能支撑架组成，有加固屋顶和摄像头保证安全。与固定配置的智能储物柜相比，PI 模块化智能储物柜的柜子都可以重新布局，获得更大的灵活性和适应性来满足"最后一公里"配送需求。

一些前沿的物流配送载具方面的创新，如无人机、机器人和无人驾驶车辆，正处于商业应用试验阶段。有研究人员调查 [21] 了最后一公里交付创新解决方案的多个案例研究，发现这些领先的技术仍然面临着多方面的障碍，而 PI 的概念可以帮助缓解运营方面的障碍。一方面，模块化和标准化的 PI 容器提高了空间利用率；另一方面，开放的智能物流让企业可以规划运输，并利用共享设备或第三方来应对高峰时段的需求。

全渠道物流使客户可以无缝地利用不同渠道进行单次消费，例如在线商店和线下展厅，这可以为客户提供额外的增值服务以提高满意度。众所周知，让客户体验产品对利润和品牌效应都会带来极大的利益，但在某些行业，对于的高价值、大体积的产品，例如豪华轿车，传统的线下体验店网络建设成本太高，极难实现；但是基于 PI[20]，奢侈品大型产品体验店的成本可以大大减小。在超互联的辅助下，用于展览和体验的豪华大型产品可以实时共享，以减少资金占用，最大限度地提高客户效用。陈列室和调配中心是超互联的，占用更少的仓储空间并保持相同的响应速度。相关的 PI 参与者可以使用运输车辆和相关的安全设备，以便及时配送到客户选择的体验店。

结论

PI 是应对当代物流效率低下的一种新解决方案。它通过超互联和信息共享消除了不必要的人为限制，简化了设施的设计和运营管理，扩大了业务利益相关者的选择范围，并促进了新颖的交付创新使之成为现实。在之前提到的全新商业理念中，有的已经落地并为企业带来了利润，而有的正在为投入使用而进行测试。

PI 的潜力尚未被充分挖掘，最前沿的商业模式仍不断涌现。而在大的层面上说，PI 本质上能使人们重新思考当前的程序，利用未充分利用的设施和容量来实现动态且各异的客户需求。这样的 PI 普及不可能一蹴而就，多方面的问题仍需要讨论，例如公司之间就信息开放获取、商品检查及对所有 PI 用户的监控和治理还在讨论之中。但这些不足以掩盖 PI 的魅力。它值得我们继续探索，并推动物流系统升级到下一阶段。

参考文献

[1]Montreuil B. (2011). Toward a Physical Internet:meeting the global logistics sustainability grand challenge. Logistics Research, 3(2), 71-87. https://link.springer.com/article/10.1007/s12159-011-0045-x

[2]Montreuil, B., R. D. Meller & E. Ballot (2010). Towards a Physical Internet:the impact on logistics facilities and material handling systems design and innovation, in Progress in Material Handling Research 2010, Edited by K. Gue et al., Material Handling Industry of America, p. 305-328. https://digitalcommons.georgiasouthern.edu/pmhr_2010/40

[3]Montreuil B., E. Ballot, W. Tremblay (2016). Modular Design of Physical Internet Transport, Handling and Packaging Containers, Progress in Material Handling Research Vol. 13, Ed. J. Smith et al., MHI, Charlotte, NC, USA. https://digitalcommons.georgiasouthern.edu/pmhr_2014/1/

[4]Montreuil B. (2017). Omnichannel business-to-consumer logistics and supply chains:Towards hyperconnected networks and facilities, progress in material handling research. Progress in Material Handling Research. MHI, Charlotte NC, USA. https://www.sciencedirect.com/science/article/pii/S2352146516000752

[5]Montreuil B. (2020). The Physical Internet:Shaping a Global Hyperconnected Logistics Infrastructure, IPIC 2020 International Physical Internet Conference, Shenzhen, China, 2020/11/18, Keynote Speaker, https://www.picenter.gatech.edu/sites/default/files/ipic2020-keynotehyperconnectedlogisticsinfrastructure_20201116_web.pdf

[6]Montreuil B., E. Ballot, W. Tremblay (2016). Modular Design of Physical Internet Transport, Handling and Packaging Containers, Progress in Material Handling Research Vol. 13, Ed. J. Smith et al., MHI, Charlotte, NC, USA. https://digitalcommons.georgiasouthern.edu/pmhr_2014/1/

[7]Marcotte S., B. Montreuil. (2016). Introducing the concept of hyperconnected mobile production, Progress in Material Handling Research Vol. 13, Ed. J. Smith et al., MHI, Charlotte, NC, USA https://digitalcommons.georgiasouthern.edu/cgi/viewcontent.cgi?article=1015&context=pmhr_2016

[8]Wang J.Q., Fan, G. Q., Yan, F. Y., Zhang, Y. F., & Sun, S. D. (2016). Research on initiative scheduling mode for a physical internet-based manufacturing system. The International Journal of Advanced Manufacturing Technology, 84(1), 47-58. https://link.springer.com/article/10.1007/s00170-015-7915-3

[9]Sohrabi H., Montreuil, B., & Klibi, W. (2016). On comparing dedicated and hyperconnected distribution systems: an optimization-based Approach. In International Conference on Information Systems, Logistics and Supply Chain (ILS2016). Bordeaux, France. http://ils2016conference.com/wp-content/uploads/2015/03/ILS2016_TE03_3.pdf

[10]Kim N., Montreuil, B., Klibi, W., & Kholgade, N. (2021). Hyperconnected urban fulfillment and delivery. Transportation Research Part E: Logistics and Transportation Review, 145, 102104. https://www.sciencedirect.com/science/article/pii/S1366554520307523?casa_token=dEE_0iAJARYAAAAA:kxAvsDpV_

fUWjrmP2EbpcAvkHwxJK47FbG9YHybA_NrBDb6HM_nj_0n6Ey2jN1iQ6Jm8r87-2Vc

[11]Crainic T. G. & B. Montreuil (2016). Physical Internet Enabled Hyperconnected City Logistics, Transportation Research Procedia – Tenth International Conference on City Logistics, v12, 383-398. https://doi.org/10.1016/j.trpro.2016.02.074

[12]Crainic T., W. Klibi, B. Montreuil (2022). Hyperconnected City Logistics: A Conceptual Framework, Handbook on City Logistics and Urban Freight, Edited by E. Marcucci, V. Gatta, and M. Le Pira, Edward Edgar, forthcoming.

[13]Montreuil B., S. Buckley, L. Faugere, R. Khir & S. Derhami (2018). Urban Parcel Logistics Hub and Network Design:The Impact of Modularity and Hyperconnectivity, Progress in Material Handling Research:2018, Ed. A. Carrano et al., MHI, Charlotte, NC, U.S.A. https://digitalcommons.georgiasouthern.edu/pmhr_2018/19/

[14]Montreuil B., L. McGinnis, S. Buckley (2021). Framework and Research Roadmap for a Next-Generation Hyperconnected Logistics Hub, Proceedings of IPIC 2021 International Physical Internet Conference, https://www.pi.events/IPIC2021/sites/default/files/IPIC2021_DRAFT%20PROCEEDINGS_PAPER_POSTER.pdf

[15]Babalou S., W. Bao, B. Montreuil, L. McGinnis , S. Buckley, A. Barenji (2021). Modular and Mobile Design of Hyperconnected Parcel Logistic Hub, Proceedings of IPIC 2021 International Physical Internet Conference, https://www.pi.events/IPIC2021/sites/default/files/IPIC2021_DRAFT%20PROCEEDINGS_PAPER_POSTER.pdf

[16]Ballot E., B. Montreuil & C. Thivierge (2014). Functional Design of Physical Internet Facilities:A Road-Rail Hub, in Progress in Material Handling Research Vol. 12, Ed. B. Montreuil, A. Carrano, K. Gue, R. de Koster, M. Ogle & J. Smith, MHI, Charlotte, NC, USA, p. 28-61. https://digitalcommons.georgiasouthern.edu/pmhr_2012/13/

[17]Meller R.D., B. Montreuil, C. Thivierge & Z. Montreuil (2014). Functional Design of Physical Internet Facilities: A Road-Based Transit Center, in Progress in Material Handling Research Vol. 12. https://digitalcommons.georgiasouthern.edu/pmhr_2012/13/

[18]Caldeirinha V., Nabais, J. L., & Pinto, C. (2022). Port Community Systems:Accelerating the Transition of Seaports toward the Physical Internet—The Portuguese Case. Journal of Marine Science and Engineering, 10(2), 152. https://www.mdpi.com/2077-1312/10/2/152

[19]Faugère L., White III, C., & Montreuil, B. (2020). Mobile access hub deployment for urban parcel logistics. Sustainability, 12(17), 7213. https://www.mdpi.com/2071-1050/12/17/7213

[20]Faugere L., & Montreuil, B. (2017, July). Hyperconnected pickup & delivery locker networks. In Proceedings of the 4th International Physical Internet Conference (Vol. 6, pp. 1-14). https://www.researchgate.net/profile/Louis-Faugere/publication/318260861_Hyperconnected_Pickup_Delivery_Locker_Networks/links/595f494da6fdccc9b18c5d37/Hyperconnected-Pickup-Delivery-Locker-Networks.pdf

[21]Park J., Dayarian, I., & Montreuil, B. (2021). Showcasing optimization in omnichannel retailing. European Journal of Operational Research, 294(3), 895-905. https://www.sciencedirect.com/science/article/pii/S0377221720303143?casa_token=NtV5jAq8Bm8AAAAA:cH9k2Pdw1pNwuksK3rzdwGgp2ZHm5RMmaNG5HBOCfJykB2uJzMNa21uBm6A5JemlxOZox0QMPco

[22]Liu, W., Long, S., & Wei, S. (2022). Correlation mechanism between smart technology and smart supply chain innovation performance:A multi-case study from China's companies with Physical

Internet. International Journal of Production Economics, 245, 108394. https://www.sciencedirect.com/science/article/pii/S0925527321003704?casa_token=Jpkl8jSFE88AAAAA:JkeYrjbeabhm_sd9l-u3tSN9Xi07p7QpidkgB3FtRayw-ZRpQa0YasCfZEYUUcOitm-RK06XZew

Physical Internet Facilities: Nodes of The Logistic Web

Wencang Bao, Jiachen Shi, Benoit Montreuil

Physical Internet Center

H. Milton Stewart School of Industrial & Systems Engineering

Georgia Institute of Technology, Atlanta, GA 30332 USA

Exploiting the Digital Internet as a metaphor, the Physical Internet [1] is being developed to transform the current supply chain system in a grant scale to address the deep deficiency, unsustainability, and fragility of the world's logistic networks. Physical Internet (PI, π) facilities [2] are core nodes of its open network of logistic networks, providing seamless producing, transferring, handling, de/consolidating, storing, fulfilling, and customer interaction functions to help achieve global societal, economical, and environmental sustainability of its logistic web [1]. In this chapter, PI facility design, operations and innovative business concepts are presented and characterized, with emphasis on how they contribute to the Physical Internet.

Introduction

On one hand, today's logistic industry is challenged by intensive competition, highly fluctuating demand, ever more frequent and higher scale disruptions, and strict response time requirements. On the other hand, it is challenged toward order-of-magnitude improvements in terms of economic, environmental, and societal efficiency, sustainability, and resilience. To help deal with these challenges, PI facilities are responsible for seamlessly and efficiently producing, storing, consolidating, processing, packaging, and recycling.

PI facilities are not meant to be siloed, always dedicated to a single use and/or user, but rather for their access to be open as a service to any certified business respecting PI interfaces and protocols. They thus have the capability of being concurrently used on demand by numerous parties, some in a short punctual manner and others for longer contracted flexible periods.

They are leveraging the key PI concepts, notably PI protocols and smart modular PI containers[3]. They contribute to enabling Physical Internet hyperconnectivity across the logistic web, and all PI participants. Here, hyperconnectivity [4]refers to the ability that components and actors in the logistic network are thoroughly interconnected not only on the physical layer but also the digital, operational, transactional, legal, and personal layers, ultimately anytime, anywhere. In such a hyperconnected network, those layers are integrated for enhanced global logistic capability, efficiency, resiliency, and sustainability.

With the help of standard and trackable PI containers in the logistic web, all related participants have access to the information, and the facility managers are able to grasp the receiving/shipping information hours or days ahead, thus relocate resource and smooth the workload. For instance, consider a parcel logistic hub enabled to know exactly ahead of time what parcels are to arrive and depart in each container in each truck. This brings flexibility capability to assign each truck to the most Appropriate dock to and to dynamically assign human and/or robotic workers to dynamically optimize receiving, processing, and shipping operations. It provides a strong advantage for the business owners on both facility operation and design sides. Given the incoming data for example, operators can assign order-picking allocation in short time to minimize dwell times, especially for urgent parcels. From a design perspective, the use of resources such as storage areas, workers, equipment can be smoothed and capacity can thus be optimized.

The capacity of PI facilities is sharable across logistic networks. Given the increasingly fluctuating demand, capacity such as storage racks, production devices, robots or equipment can be shared amongst PI facilities since PI containers are standardized, the sharing data is under standard format, and PI protocols Apply across facilities and industries. For example, a factory can share its storage equipment to another factory or a warehouse, assigned and/or moved from one facility to another as pertinent. This way expands a lot alternative options when a company dynamically foresee having excess capacity or lacking capacity in forthcoming periods. Also, when more transportation/ deployment capacity is openly and efficiently sharable, companies can extended potential markets, providing their products or services to customers who are beyond their previous coverage.

The Physical Internet leverages networks of PI facilities to bolster up omnichannel supply chains and logistics with hyperconnected transportation, delivery, fulfillment, distribution and production on a grand scale across wide territories and within urban environments[4]. As shown in Figure 1, multiple users participate the hyperconnected omnichannel logistic web, with commonly thousands of suppliers, distributors and retailers, millions of facilities and vehicles, billions of customers. Omnichannel business aims to aid customers to make orders with less constraints on time, locations and channels, no matter in person or contactless, products or services. PI reduces investment requirement of omnichannel establishment for companies via expanding availability spectrum of interconnected resources and potential cooperators such as third-party manufacturers, logistics providers and point-of-sale stores, openly accessing and leveraging distributed PI facilities.

Classification of Physical Internet Facilities

In the context of Physical Internet, facilities can be classified in four types: production fabs, deployment centers, logistic hubs and customer interfaces, with different purposes and challenges. As presented in Figure 2, they have different roles with strong interconnection with each other. This section characterizes and differentiates the types of PI facilities according to the classification introduced in [5].

As mentioned earlier, a key enabler of hyperconnected PI facilities, whatever their type, is that in PI most goods are stored, handled, and transported in standardized, uniquely identified, modular, ecofriendly, and smart PI containers that play the role of data packets in the Digital Internet [1]. Such PI containers range in size from large cargo containers down to small parcels and totes, in modular dimensions. There are three types of PI containers with Appropriate specifications: packaging, handling, and transport containers[6]. Their dimensions are such that sets of packaging containers (packs) fit efficiently into handling containers that similarly fit into transport containers. Most PI actors only need to know the type, dimensions, weight, special care requirements, and destination sets for each container they interact with. Only the owners, buyers, and users of the goods need to know in which modular containers are encapsulated their goods, and pertinent legal authorities need to know the content of PI containers flowing in their territory. The black-box nature of PI containers, coupled with their modular sizes and their standardized connectors eases drastically their loading, handling, storage, transportation, delivery, and unloading. This in turn simplifies and streamlines the interconnectivity, design and operations of PI facilities all around the world.

The forthcoming sections focus on each of the four types of facilities, avoiding as much as possible to repeat dwelling on their common characteristics such their leveraging of PI containers.

Physical Internet Production Fabs

PI production fabs transform the state of products for improved value and purpose as dynamically pertinent across the hyperconnected supply chain and logistic networks. They thus are capable of economically, flexibly and agilely producing, dis/assembling, processing and recycling products. PI concepts, principles, and protocols transform the traditional production to be open-access, modular, smart, and automated, to tackle the recent challenges from intensively competitive modern markets. Furthermore, they leverage the introduction of modularity on both products and devices in PI, and the emerging technologies about sensors, computing, robotics and automation, for real-time hyperconnectivity and information sharing.

Hyperconnected mobile production, introduced in [7] enables near-to-customer on-demand production through dynamic relocation of containerized production and storage modules, or even of entire mobile fabs. Mobile production has already been implemented in some industries to satisfy demanding clients during peak periods in specific markets. The production facilities are composed of small, adjustable, mobile fab modules that may be transferred from site to site in containers on tractors-trailers or on trains (Figure 3), so they can be easily set up in fabs best poised to swiftly serve customers. For instance, mobile wine bottling manufacture units are popular in wine industry, portable chipping machines in wood industry and movable butchery devices in cattle industry. Enhanced by PI concepts, (1) materials, mobile production fabs and products are transported in the most Appropriate way for global optimization; (2) production fabs, including devices, machines and other resources, become open-access assets that can be shared even across industries during peak and off-peak periods, to fasten deliveries and to improve capacity utilization rates; (3) the production organization becomes scalable and flexible, capacity can easily be tactically transferred between distributed production centers without heavy computation and decision making workload on strategic re-designing and unbearable investment and relocation time.

Another advantage induced by PI relates to operations management within the production facilities, as described in [8] who contrast scheduling of traditional and PI-based manufacturing systems. Traditional scheduling is referred to as passive in [8] where to-be-processed jobs and machines have to be guided in hierarchy scheme of information and decision-making system based on an explicit hierarchical structure of responsibility and authority. When a disruption hAppens, there is a waiting gap as information must be uploaded to a higher-level decision agent, then back to the entity to execute the higher-decided action. As a contrast, under PI protocols, those jobs and machines can initiatively share information and make decisions, self-organize workload in decentralized decision-making system. This is enabled through emerging data interaction and manufacturing technology such as Internet of Things, Big Data, as well as Edge and Cloud Computation. For example, when an expected material delay occurs at one station, a traditional way for workers is to report to the manager and wait for decision that they or another team go to a certain place and pick up a certain quantity. In an initiative manufacturing system as induced by PI, workers can actively confirm with nearby stations to use redundant material as well as report to their manager. In a PI-shaped manufacturing system, such an unexpected shortage could be captured in the first time, several reasonable recommendations can be computed and sent to workers and managers to select. In sum, PI liberates more potential organizations and operations of production facilities with more efficiency, flexibility, and responsiveness.

Physical Internet Deployment Centers

PI deployment centers are storing products which have not been yet requested by customers, such as warehouses, depots, distribution centers and micro fulfillment centers, for the purpose of supporting convenient and fast-response demand fulfillment and smoothing the delivery logistics during peak periods. Different from production facilities, less variants of equipment are required in deployment centers; the difficulty lays on the trade-off between fast response to customers and high utilization on facilities.

As mentioned in [1], currently most businesses use a limitative and slowly evolving set of deployment centers, especially small and medium size businesses but even global corporations, due to investment and operational costs constraints. The scale of their deployment center set severely limits severely their service coverage capabilities, and its rigidity has drastic impact on facility utilization across the year as demand may radically rise and fall across seasons, market events, and unplanned disruptions. PI transforms hundreds of thousands dedicated deployment centers for them to become openly accessible by any business, with seamless interconnectivity and dynamic deployment decisions optimized by leveraging live information and storage sharing [1].

In PI, businesses that have deployment centers may reserve their complete or partial use for internal purposes during some periods and make them open-access on demand and/or through smart flexible contracts[1]. Businesses that have products to deploy between their acquisition or production and their targeted selling and shipment to clients can now dynamically and rapidly deploy their products in myriads of open-access deployment centers across the world and regions as well as within urban environments. This Applies at all tiers from final products down to modules, parts, and materials, as they are all treated identically by PI, encapsulated in their PI containers.

PI leads to breakthrough transformation of the entire distribution system by hyperconnecting deployment centers and services as well as transportation and delivery services[9]. Distribution system here is meant to encompass all strategies, decisions, facilities, operations, and services aimed for deployment, storage, and delivery of products to clients, both in their logical and physical manifestations. As presented in Figure 4, sub-figure a and b are two independent logistic companies, sub-figure c shows the combination of 2 independent networks, simply the sum of the previous 2 sub-figures. But in the sub-figure 4, the hyperconnected distribution network is illustrated, some deployment centers are unnecessary and closed. In hyperconnected distribution, the independent and dedicated distribution networks dominant in the current stage become interconnected, not only physically but also on the information, operational, and business sides. The open distribution centers may be owned by a certain firm, but their capacity and resources can be partially or entirely open to all certified PI users, creating a shared distribution web. In addition to facilities, vehicle fleets (trucks, scooters, drones, etc.) are also open resources in hyperconnected distribution, whereas a vehicle owned by a particular company is able to move consolidated packages from other PI users, avoiding many unnecessary scenarios such as less-than-truckload inefficiencies and full-truckload induced long delivery lead times and low frequency. According to optimization-based experimental results from [9]for 10 companies distributing their products for serving the Canada-USA markets, collective total distribution cost in the hyperconnected system can be reduced by 29% to 38% compared with current dedicated distribution system for basic and top service level, respectively. As this study worked at an aggregate portfolio perspective, the potential gains with hyperconnected distribution are expected to be even more promising when accounting explicitly for the multiple-product mix of each company, since coordination and cooperation issues are more severe in traditional independent and dedicated distribution logistics.

Consider now the deployment of goods in urban settings where lie an important share of the world population. According to [10], current city logistics is mostly dedicated and fragmented, lacking the ability to re-scale and sustain dynamically according to the market. Most companies currently fail to offer and deliver urban logistic service with the fast responsiveness, precision, punctuality, security, and seamlessness desired by urban customers and authorities in an efficient, reliable, cost-effective, and sustainable way[11] [12]. PI augments significantly the ability of deploying products around and in urban environments, as it provides access to a web of open-access deployment centers, from large peri-urban distribution and fulfillment centers to micro-fulfillment centers distributed across local urban cells.

As shown in Figure 5, consider four retailers coded by colors serve demand for furniture in a city, each currently using a single peri-urban fulfillment center to deliver furniture purchased online or in their network of stores across the city[10]. In the current dedicated system, total delivery distance is lengthy, requiring large truck crews and overlong transportation times. Consider an alternative hyperconnected system the once-dedicated urban fulfillment centers are now openly accessible to all the retailers, creating a shared fulfillment web. Each open fulfillment center may be owned by a certain retailer or by a fulfillment service provider, and is able and willing to receive PI containers with furniture from other retailers, thus sharing the fulfillment space for all retailers, enabling consolidation of shipments of products sold by distinct retailers to nearby customers, putting then PI containers in vehicles routed smartly to delight each customer. The hyperconnected system takes advantage of fulfillment centers within and around the city, as well as logistic hubs allowing to use large-size trucks for inter-facility transportation and small trucks for last-mile delivery to customers, improving vehicle utilization while efficiently meeting customer delivery time window promises. In the given case study, compared with traditional city logistic web, PI helps reduce around 40% expected lateness per order, 50% greenhouse gas (such as CO2) and PM2.5 emissions, and 50% overall costs.

Physical Internet Logistic Hubs

PI logistic hubs transship, temporarily stage, consolidate, crossdock, sort and swap products which are on the way to their destinations, with most products being encapsulated in PI-containers. At this stage, rapid delivery to customers in highly fluctuating market poses a heavy challenge on logistics providers. PI enabled logistic hubs remove artificial limitations on operations, promoting faster and cheaper logistic services. There is a wide variety of PI logistic hubs. In this section, some widely Applicable ones are discussed.

Parcel logistic hubs are core to the operations of fast delivery service providers such as DHL, Fedex, SF Express, and UPS. Such hubs are currently human intensive or relying on automated conveyors and sorters, treating each parcel independently. They are conceived as part of hub-and-spoke hierarchical networks and they are focused on building full truckload shipments to final destinations, either single-stop or multi-stops. To do so efficiently, they rely heavily on daily cutoff times that facilitate consolidation yet create artificial work peaks and capacity requirements and add constraints to customers, often blocking the potential for shorter order-to-delivery times. Hyperconnected parcel logistics fundamentally transforms this scheme as (1) it leverages a multi-tier web of meshed networks connecting access hubs, local hubs, gateway hubs, regional hubs, and global hubs, (2) it consolidates parcels into PI containers and, as pertinent mobile racks carrying PI containers, according to next shared hub destinations, thus limiting heavily the processing of individual parcels, and (3) it relaxes the cutoff time constraints [13]. This impacts strongly the design and operations of Physical Internet parcel logistic hubs. According to the framework proposed in [14], PI parcel hubs Applying modularity and hyperconnectivity, where fixed devices like conveyors are replaced by moving robots to improve the utilization and shorten the traveling distance in off-peak time, and workstations are connected to improve the flexibility. In current logistic hubs, fixed devices such as conveyors move parcels on specific and inflexible routes, even when off-peak hours parcels still have to travel for a long distance and many resources involved. Also, the market demand fluctuates a lot. During "double 11" in 2021 (https://www.spb.gov.cn/gjyzj/c200096/202111/77be793ef3874e3bb78b8c6219f51d7e.shtml), 6.3 billion parcels are delivered from Nov 1st to Nov 16th, among them 696 million parcels are transported on Nov 11th , more than 300% as normal delivery workload. A scalable and reconfigurable logistic hub relieves the waves of demand by modular and hyperconnected work cells: totes and racks moved by robots can travel between any work cells without hierarchical or physical limitations.

Encouraged by the concept of next generation logistic hub research above, S. Babalou, W. Bao, B. Montreuil et al.[8] proposed a design of modular and mobile logistic hubs, where workstations are allowed to be relocated adaptively with demand changes, permitting parcels to travel a short distance by less resource. Such relocation and evolvement can swiftly hAppen even in a day. And when no longer need, devices are able to be rebalanced to other logistics facilities without huge computational burden on re-designing. In the given case study, information from an existing traditional logistic hub is fed into simulation model to validate the proposal on standard work cells and modular layout.

Transit hubs are also hot topics in global logistic network. PI also aids the operations in transit hubs where multi-transportation mode is involved. E. Ballot, B. Montreuil & C. Thivierge[9] conceptualized the functional design of road-rail hubs and showed the assistance of PI. In a PI-enabled road-trail transit hub, PI-containers are transferred from trucks to trains or vice versa in a grand scale optimization from the perspectives on economic, environment and fast-responsiveness. First, the arrival information can be shared and tracked by smart containers, managers can acquire the relative data ahead, also assisted by Internet of Things and other computation technology, they are able to assign resources in advance preparing unload/load tasks and avoiding empty travel waste; and standard containers size eases inefficiency incurred by mismatch of container size; the hyperconnectivity broadens the options of open-access resource to better utilize resource and avoid unnecessary investments, also resilience and robustness can be enhanced since when disruptions, trucks or trains have more alternative shared logistic hubs to store and consolidate containers without intolerable cost or waiting time. In the simulation experiment by R.D. Meller, B. Montreuil, C. Thivierge & Z. Montreuil[10], the proposed design, even though merely a subset of PI containers is handled, introduced a possible reduction in operation and processing time by an order of magnitude through sorting PI containers compared to railcars as traditional marshaling yards do.

Maritime ports system plays an irreplaceable role in international supply chain, its vulnerability issue in operation could impact nationwide economic, especially during COVID pandemic. In this section we will not cover the balancing and scheduling problems on maritime logistic network. Focusing on harbor operations, deep flaws still exist in current system. The critical backlog in western ports in US in Nov 2021 serves as an excellent example (https://www.cbsnews.com/news/supply-chain-crisis-60-minutes-2021-11-14/). Ships loading millions of dollars' worth cargos were floating on the sea, containers on the parking yards in the harbor were stacked as mountains, whereas fifty percent drivers didn't show for Appointment problems, chassis were attached to full empty container. It got worse that logistics providers were charged penalty for storage in the port, incurring total price on top 10 times as normal price, preventing them to move containers away. In PI ports, resources such like drivers, trucks, containers are able to be communicated without artificial hierarchy structures, fostering integration of information management system including ports, ships, truck fleets and rails. In the investigation conducted by Vítor Caldeirinha et al.[11], PI-shaped port community system can drive a significant improvement in port operation, promoting the revolution from current isolated supply chain system to open supply chain system. The congestion in ports gradually fades away, whereas to resist the risk of the next crisis, PI is a promising solution to deal with the current deficiency to-be-solved.

Physical Internet Customer Interfaces

PI customer interfaces connect business and customers, not only supporting receiving and delivering end nodes for companies, but also bringing benefits to customers on convenience, responsiveness and in-expensiveness. The concepts of PI bolster up the advantages of technical innovations such like smart locks, delivery robots and drones and intelligent retail stores.

Smart locker has become a popular mode to solve the last mile delivery problem in recent years, offering 24-hour pick-and-drop service for customers as well as less operational cost. Faugère L., C.White, B. Montreuil[12] demonstrated an optimization model of smart locker design and summarized the dis/advantages of fixed and modular tower smart locker design, but the current popular design is still fixed. Motivated by PI concepts, Faugere, L., & Montreuil, B.[13] further investigated the PI containers at mobile modular lockers:lockers are composed of supporting basis and a grid wall predetermined surface, so that the locker size can be adjustable with the respect to demand changes by removing or attaching those grid wall surfaces. As shown in the above picture, since PI containers are standard, the size of smart lockers can be designed Appropriately to avoid space waste. And PI containers can be dynamically snApped into the lockers with interactive modules, protection roof, security cameras and lights. Compared to the smart lockers with fixed configuration, PI modular smart lockers win more flexibility and adaptability on serving last mile requests.

Some cutting-edge logistics delivery innovations, such as drones, robots and unmanned vehicles, are at the trial stage towards business Application. A multi-case study of those new last-mile delivery solutions with PI are introduced by Liu, W., Long, S., & Wei, S.[15]. Those leading technology are still facing impeders from a broad of aspects, which PI can assist easing the hinderance on operation side. On one hand, the modular and standard PI containers raise utilization of space; on the other hand, the open and intelligent logistics allows enterprises to plan transportation and make use of sharing devices or third party to deal with peak-hour demand.

Omnichannel logistics enables customers to leverage different channels for one purchase seamlessly, such like online shops and offline showrooms, which should provide extra value-added service for customers to ameliorate satisfaction. It is well known that allowing customers to experience products promotes sufficient benefits on both profit and brand effect, while it is hardly feasible in some industries, particularly for those high-value, high-volume products, such as luxury cars. Park J., I. Dayarian, B. Montreuil[14] proposed an innovative model for luxury large product showrooms. Assisted by hyperconnectivity, luxury large products for exhibition and experience can be shared in time to maximize customer utility with less fund occupancy. Showrooms and deployment centers are hyperconnected to occupy less space as well as maintain the same service level. Transportation vehicle and associated security devices are accessible for related PI participants to move products between showrooms or stores/places customers prefer to pick up.

Conclusion

PI is a newly solution of inefficiency in contemporary logistics. It removes the artificial constrains by hyperconnectivity and information sharing, simplifying the design and operation management of facilities, widening the options of business stakeholders, and facilitating the novel delivery innovations to come into reality. Among the brand-new business concepts mentioned in the above section, some have been implemented and gained profit for companies, others are under testing towards the realization.

The potential of PI is still far from fully exploration, state-of-the-art business models keep cropping up, while in grand scale, PI essentially empowers people to rethink about current procedures, exploiting ill-utilized facilities and capacity to fulfill dynamic and diverse customers' need. Such a PI popularization can hardly come into reality overnight, issues from multiple aspects are still under discussion. Such as negotiation between companies on open-access capacity, examination, monitoring and governance on all PI users. But the beauty of PI could not be hidden from uncertainty, it is worthy to explore, supporting the upgrade the logistic system to next phase.

References

[1] Montreuil B. (2011). Toward a Physical Internet:meeting the global logistics sustainability grand challenge. Logistics Research, 3(2), 71-87. https://link.springer.com/article/10.1007/s12159-011-0045-x

[2] Montreuil, B., R. D. Meller & E. Ballot (2010). Towards a Physical Internet:the impact on logistics facilities and material handling systems design and innovation, in Progress in Material Handling Research 2010, Edited by K. Gue et al., Material Handling Industry of America, p. 305-328. https://digitalcommons.georgiasouthern.edu/pmhr_2010/40

[3] Montreuil B., E. Ballot, W. Tremblay (2016). Modular Design of Physical Internet Transport, Handling and Packaging Containers, Progress in Material Handling Research Vol. 13, Ed. J. Smith et al., MHI, Charlotte, NC, USA. https://digitalcommons.georgiasouthern.edu/pmhr_2014/1/

[4] Montreuil B. (2017). Omnichannel business-to-consumer logistics and supply chains:Towards hyperconnected networks and facilities, progress in material handling research. Progress in Material Handling Research. MHI, Charlotte NC, USA. https://www.sciencedirect.com/science/article/pii/S2352146516000752

[5] Montreuil B. (2020). The Physical Internet:Shaping a Global Hyperconnected Logistics Infrastructure, IPIC 2020 International Physical Internet Conference, Shenzhen, China, 2020/11/18, Keynote Speaker, https://www.picenter.gatech.edu/sites/default/files/ipic2020-keynotehyperconnectedlogisticsinfrastructure_20201116_web.pdf

[6] Montreuil B., E. Ballot, W. Tremblay (2016). Modular Design of Physical Internet Transport, Handling and Packaging Containers, Progress in Material Handling Research Vol. 13, Ed. J. Smith et al., MHI, Charlotte, NC, USA. https://digitalcommons.georgiasouthern.edu/pmhr_2014/1/

[7] Marcotte S., B. Montreuil. (2016). Introducing the concept of hyperconnected mobile production, Progress in Material Handling Research Vol. 13, Ed. J. Smith et al., MHI, Charlotte, NC, USA https://digitalcommons.georgiasouthern.edu/cgi/viewcontent.cgi?article=1015&context=pmhr_2016

[8] Wang J.Q., Fan, G. Q., Yan, F. Y., Zhang, Y. F., & Sun, S. D. (2016). Research on initiative scheduling mode for a physical internet-based manufacturing system. The International Journal of Advanced Manufacturing Technology, 84(1), 47-58. https://link.springer.com/article/10.1007/s00170-015-7915-3

[9] Sohrabi H., Montreuil, B., & Klibi, W. (2016). On comparing dedicated and hyperconnected distribution systems: an optimization-based Approach. In International Conference on Information Systems, Logistics and Supply Chain (ILS2016). Bordeaux, France. http://ils2016conference.com/wp-content/uploads/2015/03/ILS2016_TE03_3.pdf

[10] Kim N., Montreuil, B., Klibi, W., & Kholgade, N. (2021). Hyperconnected urban fulfillment and delivery. Transportation Research Part E: Logistics and Transportation Review, 145, 102104. https://www.sciencedirect.com/science/article/pii/S1366554520307523?casa_token=dEE_0iAJARYAAAAA:kxAvsDpV_fUWjrmP2EbpcAvkHwxJK47FbG9YHybA_NrBDb6HM_nj_0n6Ey2jN1iQ6Jm8r87-2Vc

[11] Crainic T. G. & B. Montreuil (2016). Physical Internet Enabled Hyperconnected City Logistics, Transportation Research Procedia – Tenth International Conference on City Logistics, v12, 383-398. https://doi.org/10.1016/j.trpro.2016.02.074

[12] Crainic T., W. Klibi, B. Montreuil (2022). Hyperconnected City Logistics: A Conceptual Framework, Handbook on City Logistics and Urban Freight, Edited by E. Marcucci, V. Gatta, and M. Le Pira, Edward Edgar,

forthcoming.

[13]Montreuil B., S. Buckley, L. Faugere, R. Khir & S. Derhami (2018). Urban Parcel Logistics Hub and Network Design:The Impact of Modularity and Hyperconnectivity, Progress in Material Handling Research:2018, Ed. A. Carrano et al., MHI, Charlotte, NC, U.S.A. https://digitalcommons.georgiasouthern.edu/pmhr_2018/19/

[14]Montreuil B., L. McGinnis, S. Buckley (2021). Framework and Research Roadmap for a Next-Generation Hyperconnected Logistics Hub, Proceedings of IPIC 2021 International Physical Internet Conference, https://www.pi.events/IPIC2021/sites/default/files/IPIC2021_DRAFT%20PROCEEDINGS_PAPER_POSTER.pdf

[15]Babalou S., W. Bao, B. Montreuil, L. McGinnis , S. Buckley, A. Barenji (2021). Modular and Mobile Design of Hyperconnected Parcel Logistic Hub, Proceedings of IPIC 2021 International Physical Internet Conference, https://www.pi.events/IPIC2021/sites/default/files/IPIC2021_DRAFT%20PROCEEDINGS_PAPER_POSTER.pdf

[16]Ballot E., B. Montreuil & C. Thivierge (2014). Functional Design of Physical Internet Facilities:A Road-Rail Hub, in Progress in Material Handling Research Vol. 12, Ed. B. Montreuil, A. Carrano, K. Gue, R. de Koster, M. Ogle & J. Smith, MHI, Charlotte, NC, USA, p. 28-61. https://digitalcommons.georgiasouthern.edu/pmhr_2012/13/

[17]Meller R.D., B. Montreuil, C. Thivierge & Z. Montreuil (2014). Functional Design of Physical Internet Facilities: A Road-Based Transit Center, in Progress in Material Handling Research Vol. 12. https://digitalcommons.georgiasouthern.edu/pmhr_2012/13/

[18]Caldeirinha V., Nabais, J. L., & Pinto, C. (2022). Port Community Systems:Accelerating the Transition of Seaports toward the Physical Internet—The Portuguese Case. Journal of Marine Science and Engineering, 10(2), 152. https://www.mdpi.com/2077-1312/10/2/152

[19]Faugère L., White III, C., & Montreuil, B. (2020). Mobile access hub deployment for urban parcel logistics. Sustainability, 12(17), 7213. https://www.mdpi.com/2071-1050/12/17/7213

[20]Faugere L., & Montreuil, B. (2017, July). Hyperconnected pickup & delivery locker networks. In Proceedings of the 4th International Physical Internet Conference (Vol. 6, pp. 1-14). https://www.researchgate.net/profile/Louis-Faugere/publication/318260861_Hyperconnected_Pickup_Delivery_Locker_Networks/links/595f494da6fdccc9b18c5d37/Hyperconnected-Pickup-Delivery-Locker-Networks.pdf

[21]Park J., Dayarian, I., & Montreuil, B. (2021). Showcasing optimization in omnichannel retailing. European Journal of Operational Research, 294(3), 895-905. https://www.sciencedirect.com/science/article/pii/S0377221720303143?casa_token=NtV5jAq8Bm8AAAAA:cH9k2Pdw1pNwuksK3rzdwGgp2ZHm5RMmaNG5HBOCfJykB2uJzMNa21uBm6A5JemlxOZox0QMPco

[22]Liu, W., Long, S., & Wei, S. (2022). Correlation mechanism between smart technology and smart supply chain innovation performance:A multi-case study from China's companies with Physical Internet. International Journal of Production Economics, 245, 108394. https://www.sciencedirect.com/science/article/pii/S0925527321003704?casa_token=Jpkl8jSFE88AAAAA:JkeYrjbeabhm_sd9I-u3tSN9Xi07p7QpidkgB3FtRayw-ZRpQa0YasCfZEYUUcOitm-RK06XZew

实物互联网网络：
多层弹性超链接物流网络设计

徐雨葭，Onkar Kulkarni, Simon Soonhong Kwon, Benoit Montreuil

实物互联网中心、供应链与物流研究院 /H. Milton Stewart 工业与系统工程学院
佐治亚理工学院，亚特兰大，GA 30332 美国

实物互联网（PI）概念可以通过多层物流网、连接的物流网络来实现（Montreuil et al., 2018）。如图 1 所示，该物流网络依赖于世界的六层网格，从最低层开始；（1）单元区域；（2）局部单元，单元区域的集群；（3）城市区域，局部单元的集群；（4）地区，城市区域的集群；（5）地区块，地区的集群；（6）世界，地区块的集群。物流枢纽是物流网络的节点，可实现货物的分拣、整合、转运和交叉对接。它们可能由不同方拥有和/或运营，向认证客户公开提供服务，包括物流服务提供商、运输服务提供商、零售商、制造商等。这些中心连接到整个物流网络中的生产工厂、部署中心和客户界面，如图 3 所示，该区域具有两个主要城市。在本章中，我们将重点描述多层弹性超互联的物流网络设计。

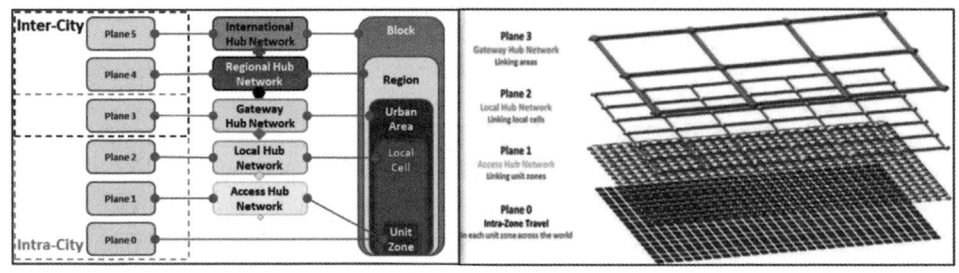

图 1：物流网络的多层世界集群和物流中心网络 [Montreuil et al., 2018]

总体而言，全球枢纽网络将世界各地的区块相互连接起来。全球枢纽与其他全球枢纽以及其所在区块内的区域枢纽相连。其他层的逻辑类似。例如，区域枢纽将区域互联，主要是在一个区块内，它们与所在区域内或附近的全球枢纽以及所在区域内的门户枢纽相连。网关集线器网络类似，但处于区域层级。本地集线器网络位于蜂窝层；和接入中心网络位于区域层。如图 1 所示，可以通过由接入枢纽、本地枢纽和网关枢纽组成的低层物流枢纽网络为大型城市环境提供服务，并通过区域和全球枢纽与更广泛的网络互联。一个较小的城市可能在其范围内只有访问枢纽和本地枢纽。

所有 PI 中心都致力于实现无缝和快速的互联和整合，利用实物互联网模块化货物集装

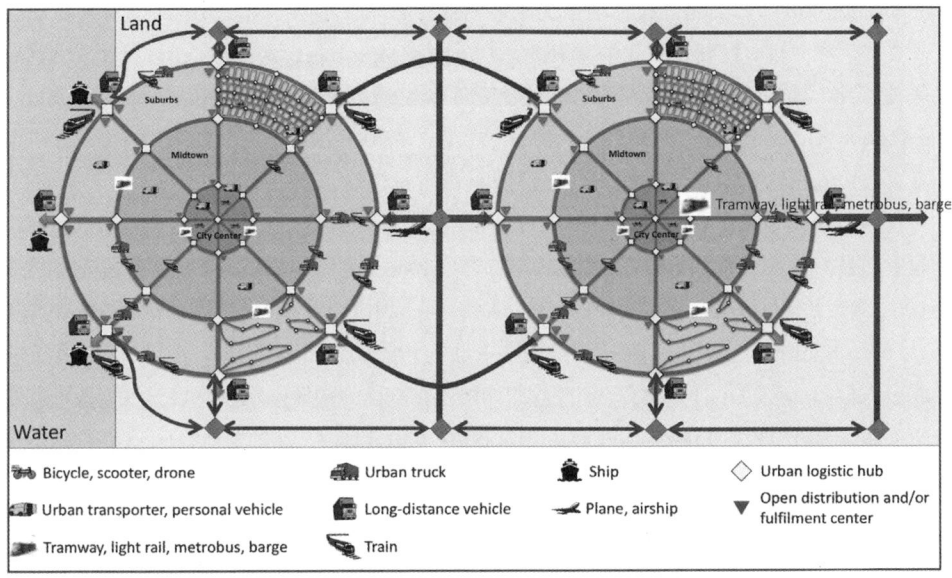

图 2：具有海滨城市和腹地城市的地区的示例性超链接物流中心（改编自 Crainic and Montreuil 2016）

箱化（包裹、货运等）以及整体物理、数字、运营、交易和法律互联。这就是说，枢纽在自动化程度、规模以及整合和分拣能力方面可能存在很大差异，尤其是在不同层级的枢纽，如图 2 所示。例如，一般来说，更高层次的枢纽预计将通常更大，以更多地处理来自较低级别的合并商品。车辆的尺寸和容量以及相关的运输方式也可以适应每一层。在较低层级，预计枢纽间或枢纽到客户的运输将使用轻型运输方式，如小型卡车、货车、踏板车、三轮车或无人机，而大型车辆，如轮船、火车、拖拉机－拖车、飞机和超级高铁型车辆将用于更高级别的枢纽间运输。

与替代物流网络设计的对比

在物流枢纽网络设计领域已经进行了广泛的研究，以探索几种网络配置。这些配置可以大致分为点对点、中心辐射和超连接网状网络（O'Kelly and Miller, 1994; Montreuil, 2011; Jin, 2018）。点对点网络直接将商品从原产地运输到目的地，并且由于缺乏整合机会而面临高昂的运营成本。此外，它们还强制每个集线器配备处理大量连接集线器的设备。为了缓解这些问题，文献中一直在规定轴辐式网络，这首先需要将商品转移到中央枢纽并在中央枢纽整合它们，然后再通过下层枢纽的向下跃点交付它们到相应的目的地位置（O'Kelly and Miller, 1994; Alumur and Kara, 2008; Farahani et al., 2013）。

然而，轮辐式配置会导致通过运输环节进行额外的长途旅行。此外，在运营此类网络时，快递公司通常会设定在原产地接收货物的截止时间，以保证在指定的服务水平内交付（Zäpfel and Wasner, 2002)。因此，这种轴辐式网络配置在高需求场景下表现不佳，因为它可能会在高峰交付和截止时间导致枢纽的包裹拥塞（Tu and Montreuil, 2019）。通过设计混合轴辐式物流网络，其中一些限制已经减少，这也允许包裹通过一些直接路线进行路由（Lin and Chen, 2008; Gelareh et al., 2010; Ben-Ayed, 2013）。FedEx、UPS、DHL 和 SF Express 等主要第三方物流公司在其网络中的多个级别利用此配置来递送包裹。

这些传统网络拓扑引起的运营限制、交货时间、成本和旅行是解决物流和运输行业面临的效率、服务能力、弹性和可持续性挑战的障碍（Montreuil et al., 2018）。为了改善整体货物（包裹、货运）交付过程并克服当前的限制，实物互联网中提出了超链接物流网络（Montreuil, 2011; Montreuil et al., 2018）。超链接物流网络是多平面互连的网状网络，连接多个平面上的开放接入枢纽。它们共同形成了一个开放的网络网络，称为物流网络，参与的参与者可以通过资产共享来利用它（Montreuil et al., 2013, 2018; Ballot et al., 2021）。此外，在这种超链接的配置中，卡车司机可以在不违反驾驶规定的情况下每天返回家中，而包裹则通过物流中心的转运前往相应的目的地。这可以显著提高驾驶员的生活质量和商品的服务水平，而无需像传统的点对点轴辐式网络那样实施截止时间（Pan et al., 2017; Sternberg and Norrman, 2017）。

基于物流网络，图 3 显示了不同的网络拓扑和连接类型，其中（a）表示分层的 3 层中心辐射型网络，同一级别的枢纽之间没有横向连接，（b）表示分层的 3- 具有横向节点间连通性的中心辐射型网络，（c）表示具有垂直和横向节点间连通性的超连通网络结构，如前所述。与传统的轴辐式网络拓扑相比，超链接的物流网络有望通过缩短附近起点 - 目的地对的路线来提高速度、效率、弹性和可持续性。[Campos et al., 2021]

设计超链接的物流枢纽网络

设计超链接的物流枢纽网络需要确定候选枢纽位置以及联合选择枢纽位置和角色（Campos et al., 2021）。原则上，位于相邻低层平面边界的位置以及具有物流意义的位置（例如，道路交叉口、主要城市的外围）作为一组候选枢纽。如果候选位置集如此庞大导致难以

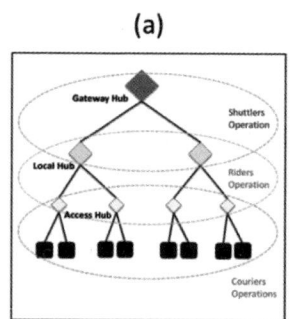 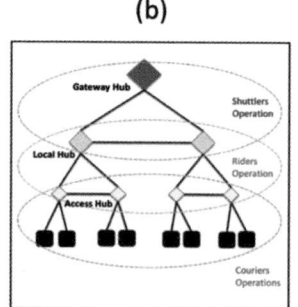 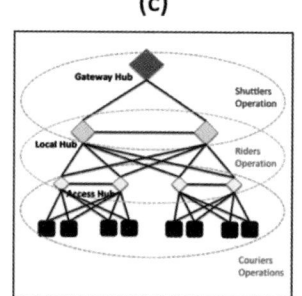

图 3：对比不具有 (a) 和具有 (b) 横向连通性的分层枢纽辐射型物流网络与具有更高纵向和横向连通性 (c) 的 PI 枢纽网络

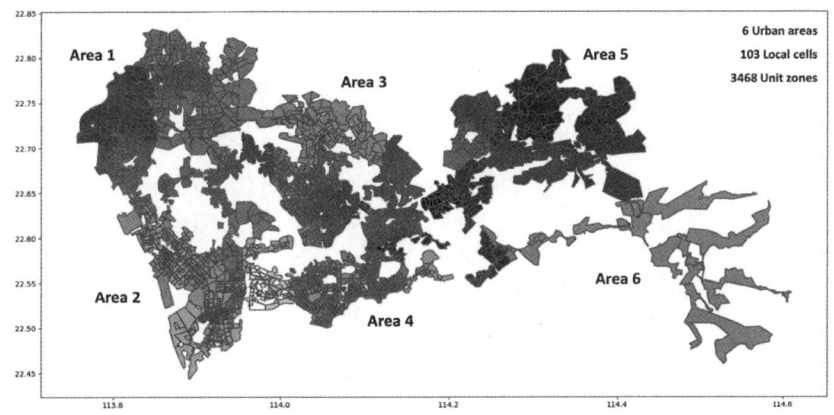

图 4：中国深圳特大城市的多层次地域集群示例，突出显示了城市区域、局部单元和单元区域及其各自的需求密度

解决的枢纽选择问题，则可以采用基于优化的方法来过滤候选位置，同时保留要设计的网络的结构特性（Muthukrishnan et al., 2021）。对于枢纽选择，最初的方法使用了网络流模型（Ducret, 2014; Tu and Montreuil, 2019）。基于这一原则，早期的多层开放式物流网络被设计用于食品配送、邮件递送和包裹递送等各种目的（Montreuil et al., 2013; Ducret, 2014; Qi et al., 2018; Tu and Montreuil, 2019）。

为了说明 PI 超连链物流网络可以是什么，请考虑中国深圳特大城市的潜在地域集群，分为六个城市区域、103 个本地单元和 3468 个单元区域的层次结构，如图 4 所示。出于说明目的，Simon Soonhong Kwon 和 Benoit Montreuil 在乔治亚理工学院的实物互联网中心生成了地域集群和超链接的物流网络，在 Montreuil (2020) 中进行了介绍。

图 5 至图 8 提供了服务深圳的潜在物流网络，重点关注物流中心，省略了生产工厂、部署

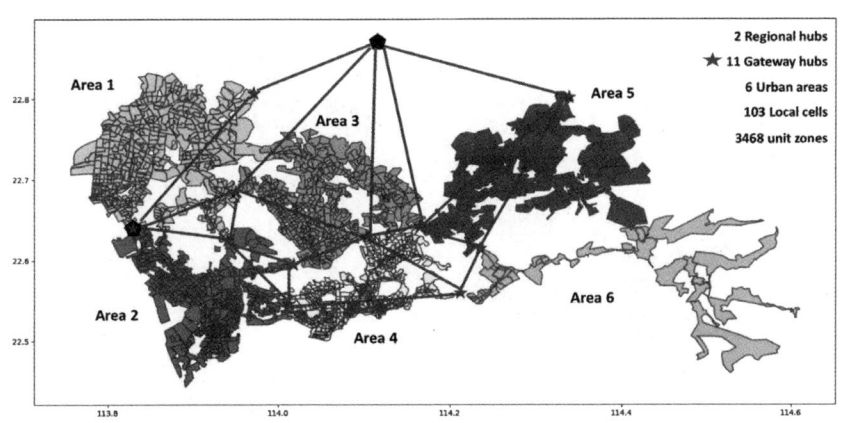

5：中国深圳特大城市潜在的网关枢纽网络

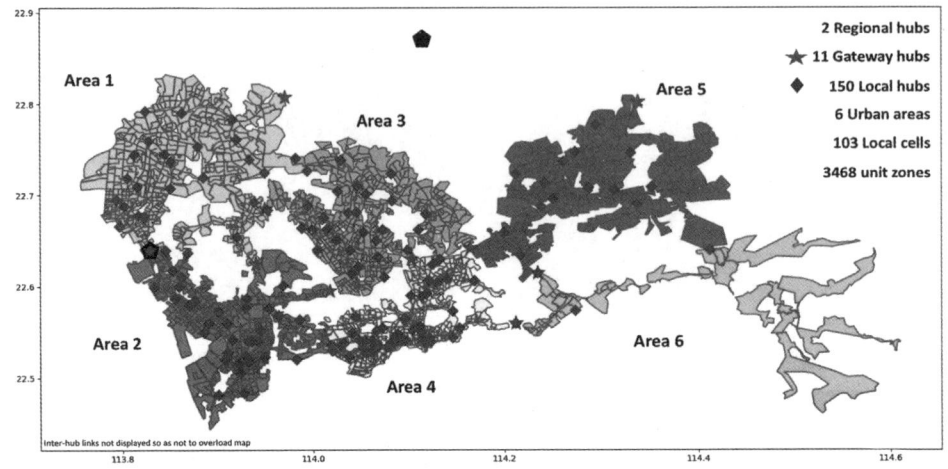

图 6：中国深圳特大城市潜在的本地枢纽网络

中心和客户界面的描述。六个区域通过网状区域网络与深圳的 11 个门户枢纽相互连接，如图 5 所示，该门户枢纽通过两个区域枢纽向上连接到区域间网络，其中一个具有航空货运能力。

在较低层，图 6 描绘了一个由 150 个本地集线器组成的网状网络，它们将 103 个本地小区互联。每个本地集线器横向连接到附近的本地集线器，向上连接到附近的网关集线器，向下连接到附近的较小接入集线器。在图 6 到 8 中，为了清晰起见，连接集线器的网络链路没有明确描绘。

在最低层，图 7 描绘了一组 4146 个潜在的访问中心站点，用于为 3468 个单元区域提供服务。图 8 放大了其中一个市区，显示了该区域 5 中的 9 个局部小区和 291 个单元区域，从

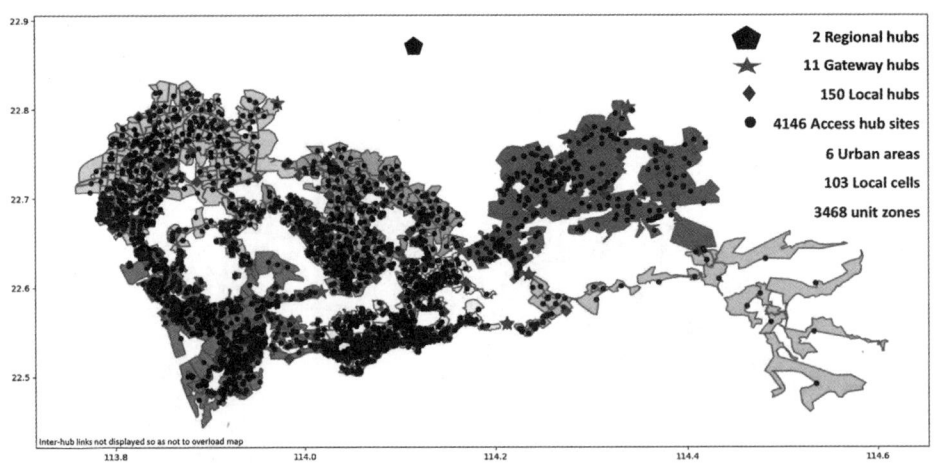

图 7：中国深圳特大城市的潜在接入枢纽网络

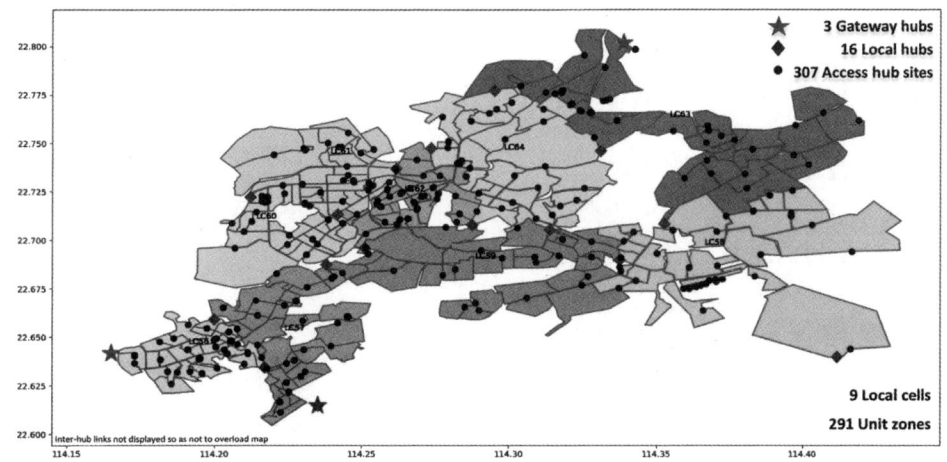

图 8：中国深圳特大城市五区潜在接入枢纽网络

而展示了单元区域内和周围的 307 个目标位置。此插图可以适用于两种类型的访问集线器实施：固定式或移动式。在固定实施中，这组 4146 个站点将用于优化较少数量的固定接入枢纽的位置，旨在覆盖所有单元区域，通常在单元区域的关键交叉点设置接入枢纽。借助移动枢纽，可以根据预测的需求在几天之内或几天内更改访问枢纽的位置决定，因此 4146 个站点可用于其停车预先安排和日常部署优化（Faugere et al., 2020; Muthukrishnan et al., 2021）。

为了提供更广泛的物流网络图示，图 9 显示了一个由 90 个区域物流中心组成的潜在网络，这些网络将向下连接到网关枢纽并向上连接到全球枢纽。该网络将服务于拥有 93.58%

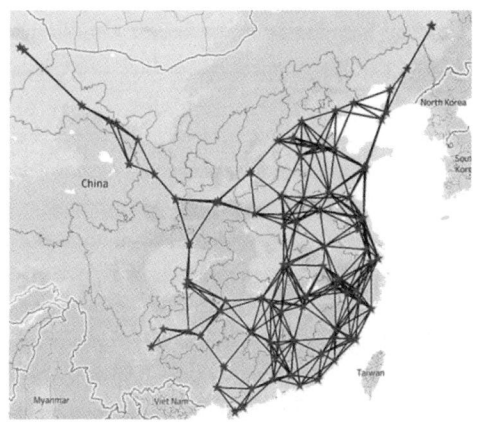

图 9：中国 90 个区域物流枢纽的潜在网络

的中国人口的地区，分布在 95.09% 的中国可居住土地上，并产生中国 94.42% 的 GDP 总量（Li et al., 2018）。网络显示侧重于基于公路的旅行，不包括在整个多式联运网络中补充公路旅行的航空和铁路旅行。以公路为基础的网络使货物能够有效地到达中国各地，同时如果他们愿意，可以通过卡车司机、拖拉机/卡车、拖车和集装箱在枢纽的相关组合交换每天让卡车司机回家。PI 集装箱通过从一个枢纽跳到另一个枢纽，进行转运、交叉对接和/或整合，从而无缝快速地向各自的目的地移动。在图 9 的显示中，星号代表一个区域枢纽或相关区域枢纽集群的位置，考虑到流量密度、竞争力和弹性目的。

为超链接的物流枢纽网络设计弹性

所有物流网络，包括那些塑造 PI 物流网络的物流网络，都面临着由停电或重大交通拥堵等频繁事件以及自然灾害、流行病和蓄意攻击等低概率高影响事件造成的中断。这种中断会导致包裹递送延迟、递送成本增加以及功能网络组件的压力过大。尽管如此，一些研究在设计物流枢纽网络时并未考虑中断的风险和影响（Ukkusuri et al., 2007; Ben-Ayed, 2013）。他们利用随机优化、稳健优化或混合整数规划的技术，并考虑固定需求或多需求场景（Zäpfel and Wasner, 2002; Luathep et al., 2011; Lin and Lee, 2018; Ouhimmou et al., 2019）。虽然这样的网络可以承受需求的变化，但它们并没有做好应对中断的准备。

在为实物互联网设计中心网络时，必须考虑中断准备。由于这一事实，网络弹性受到了极大的关注。网络弹性被广泛定义为网络在存在挑战的情况下提供可接受的服务水平的能力（Smith et al., 2011）。特别是，弹性取决于网络结构和为在中断事件中维持和恢复正常运行条件而采取的活动（Chen and Miller-Hooks, 2012）。

多项研究表明，网络结构对网络弹性有显著影响（Craighead et al., 2007; Falasca et al., 2008）。这种影响也通过几个破坏实验得到了展示（Osei-Asamoah and Lownes, 2014）。因此，通过网络的结构和距离特性来衡量各种物流和运输网络的弹性已经付出了相当大的努力（Dall'Asta et al., 2006）。在这种情况下，可以通过考虑各种中断场景和量化恢复特性，使用模拟方法评估网络弹性（Li et al., 2017）。此外，已经开发了基于网络拓扑的分析方法来创建图论测量（Leu et al., 2010; Zhang et al., 2020）。这种基于拓扑的弹性度量的示例包括节点/边缘程度、可达性、接近中心性、中介中心性，以及 k 最短路径长度、边缘不相交路径的数量（Ip and Wang, 2009, 2011; Marvel and Agvaanluvsan, 2010; Herrera et al., 2016; Kim et al., 2017; Bai et al., 2020）。所有这些措施都估计了网络的脆弱性，这近似于网络对中断的敏感性。尽管这些调查有助于评估网络的弹性，但基于拓扑的弹性测量很少用于网络设计级别（Newman, 2005; Ip and Wang, 2009, 2011; Osei-Asamoah and Lownes, 2014）。

为了设计有弹性的枢纽网络，一些调查研究了恢复活动以在中断后恢复正常状态。他们将基于中断后恢复时间或中断期间的性能损失的指标视为在设计中心网络时评估潜在恢复活动有效性的工具（Fattahi et al., 2020）。这些指标包括但不限于运营成本或交付时间的增

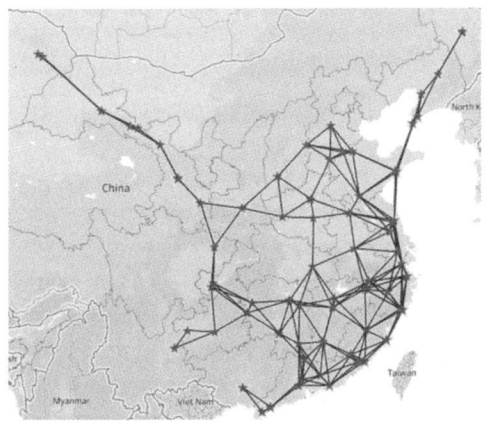

图 10：中国 70 个区域物流枢纽的潜在网络

加，以及在恢复预算的情况下所服务的需求比例（Chen and Miller-Hooks, 2012; Klibi and Martel, 2012a; Miller-Hooks et al., 2012; Fattahi et al., 2020）。此类网络设计问题通过一组离散的中断场景被建模为随机双层程序（Klibi and Martel, 2012b; Mak and Shen, 2012; Fattahi and Govindan, 2018）。

另一组调查将弹性策略作为在设计中心网络时应对潜在中断的一种机制。这些弹性策略基本上是在发生中断事件之前以先发制人的方式决定的行动计划。这些弹性策略包括在枢纽功能失调时分配备用枢纽（Azizi et al., 2016; Azizi, 2017），指定每个开放枢纽的防御程度（Sawik, 2013; Torabi et al., 2015），分配备用路线 (s) 在枢纽中断的情况下（Cardoso et al., 2015）或它们的组合（Behzadi et al., 2017; Zhalechian et al., 2018; Gholami-Zanjani et al., 2021）。

尽管这两种文献都提供了解决手头问题的复杂工具，但这些建模框架不可扩展，只能设计小规模的枢纽网络。然而，这样的网络对一个旨在在广泛的地理区域持续交付商品的行业来说几乎没有什么启示。

Kulkarni et al. (2022) 开发了一种超链接 PI 网络的弹性设计方法，并对其进行试验，以设计一个弹性超连接城际包裹物流枢纽网络，作为中国地面运输和包裹整合的骨干基础设施。作为横跨中国的实物互联网的核心，这个区域枢纽网络可以被多家包裹递送公司利用，利用其与较低级别的网关枢纽、本地枢纽和接入枢纽的互联，每天在中国各地运送数百万个包裹。或者，主要物流提供商也可以将网络拓扑用作内部共享的物理内联网。

为了设计网络，Kulkarni et al. (2022) 将主要高速公路的交叉口和现有的基于城市的门户枢纽（入站/出站）视为城际枢纽的候选位置。这些位置有助于绕过市内交通和可能的延误。此外，由于中国的规定，卡车司机每天可以驾驶 11 小时。因此，我们将运输边缘限制在不同地点之间最长 5.5 小时的行驶时间，以使卡车司机能够在包裹继续向目的地移动的同时每天返回家中。

为了估计物流枢纽网络的弹性，Kulkarni et al. (2022) 考虑图论测量，重点关注断开特定起点－目的地对所需的同时集线器间边缘中断的数量，以及具有最佳行驶距离百分比的替代路径的可用性，提供在发生中断时的选项。

通过求解离散优化模型，Kulkarni et al. (2022) 为不同数量的物流枢纽设计了多个潜在的超链接物流枢纽网络：70、80 和 90。具有 90 和 70 个枢纽的超链接网络分别如图 8 和图 9 所示。一侧有更多数量的较小集线器，如图 9 或更少数量的较大集线器，如图 10 所示，另一方面，由于集线器数量较多的网络提供了更高的弹性，假设集线器本身为有弹性的。

实验表明，与精益非 PI 网络相比，所提出的网络设计优化可以生成弹性 PI 网络，该网络可以更好地处理其边缘随机发生的中断，或影响局部区域。

参考文献

[1] B. Montreuil, S. Buckley, L. Faugere, K. Reem, and S. Derhami, "Urban Parcel Logistics Hub and Network Design: The Impact of Modularity and Hyperconnectivity," in Proceedings of 15th International Material Handling Research Colloquium, Savannah, Georgia, USA, 2018

[2] Campos, Miguel, et al. "Enabling Scientific Assessment of Large Scale Hyperconnected Urban Parcel Logistics: System Configuration and Assessment." IIE Annual Conference. Proceedings. Institute of Industrial and Systems Engineers (IISE), 2021.

[3] Alumur, S., Kara, B.Y., 2008. Network hub location problems: the state of the art. Eur. J. Oper. Res. 190, 1–21.

[4] Azizi, N., 2017. Managing facility disruption in hub-and-spoke networks: formulations and efficient solution methods. Ann. Oper. Res. 272, 159–185.

[5] Azizi, N., Chauhan, S., Salhi, S., Vidyarthi, N., 2016. The impact of hub failure in hub- and-spoke networks: mathematical formulations and solution techniques. Comput. Oper. Res. 65, 174–188.

[6]Bai, G., Li, Y., Fang, Y., Zhang, Y.A., Tao, J., 2020. Network Approach for resilience evaluation of a UAV swarm by considering communication limits. Reliab. Eng. Syst. Saf. 193, 106602.

[7]Ballot, E., Montreuil, B., Zacharia, Z.G., 2021. Physical internet: first results and next challenges. J. Bus. Logist. 42, 101–107.

[8] Behzadi, G., O'Sullivan, M.J., Olsen, T.L., Scrimgeour, F., Zhang, A., 2017. Robust and resilient strategies for managing supply disruptions in an agribusiness supply chain. Int. J. Prod. Econ. 191, 207–220.

[9] Ben-Ayed, O., 2013. Parcel distribution network design problem. Operational Research 13, 211–232.

[10] Cardoso, S.R., Paula Barbosa-Póvoa, A., Relvas, S., Novais, A.Q., 2015. Resilience metrics in the assessment of complex supply-chains performance operating under demand uncertainty. Omega 56, 53–73.

[11] Catlin, P.A., Lai, H.J., Shao, Y., 2009. Edge-connectivity and edge-disjoint spanning trees. Discrete Math. 309, 1033–1040.Chen, L., Miller-Hooks, E., 2012. Resilience: an indicator of recovery capability in intermodal freight transport. Transport. Sci. 46, 109–123.

[12] Craighead, C.W., Blackhurst, J., Rungtusanatham, M.J., Handfield, R.B., 2007. The severity of supply chain disruptions: design characteristics and mitigation capabilities. Decis. Sci. J. 38, 131–156.

[13] Crainic T. G. & B. Montreuil (2016). Physical Internet Enabled Hyperconnected City Logistics, Transportation Research Procedia – Tenth International Conference on City Logistics, v12, 383-398. https://doi.org/10.1016/j.trpro.2016.02.074

[14] Cunningham, W.H., 1985. Optimal attack and reinforcement of a network. J. ACM 32, 549–561.

[15] Dall'Asta, L., Barrat, A., Barthelemy, M., Vespignani, A., 2006. Vulnerability of weighted networks. J. Stat. Mech. Theor. Exp. 2006, 04006.

[16] Ducret, R., 2014. Parcel deliveries and urban logistics: changes and challenges in the courier express and parcel sector in Europe - the French case. Research in Transportation Business and Management 11, 15–22.

[17] Falasca, M., Zobel, C., Cook, D., 2008. A decision support framework to assess supply chain resilience. In: 5th International Conference on Information Systems for Crisis Response and Management.

[18] Farahani, R.Z., Hekmatfar, M., Arabani, A.B., Nikbakhsh, E., 2013. Hub location problems: a review of models, classification, solution techniques, and Applications. Comput. Ind. Eng. 64, 1096–1109.

[19] Fattahi, M., Govindan, K., 2018. A multi-stage stochastic program for the sustainable design of biofuel supply chain networks under biomass supply uncertainty and disruption risk: a real-life case study. Transport. Res. E Logist. Transport. Rev. 118, 534–567.

[20] Fattahi, M., Govindan, K., Maihami, R., 2020. Stochastic optimization of disruption- driven supply chain network design with a new resilience metric. Int. J. Prod. Econ. 230, 107755.

[21] Faugère L., C.White, B. Montreuil (2020). Mobile Access Hub Deployment for Urban Parcel Logistics, Sustainability, 12, 7213 https://doi.org/10.3390/su12177213

[22] Gelareh, S., Nickel, S., Pisinger, D., 2010. Liner shipping hub network design in a competitive environment. Transport. Res. E Logist. Transport. Rev. 46, 991–1004.

[23] Gholami-Zanjani, S.M., Klibi, W., Jabalameli, M.S., Pishvaee, M.S., 2021. The design of resilient food supply chain networks prone to epidemic disruptions. Int. J. Prod. Econ. 233, 108001.

[24] Herrera, M., Abraham, E., Stoianov, I., 2016. A graph-theoretic framework for assessing the resilience of sectorised water distribution networks. Water Resour. Manag. 30, 1685–1699.

[25] Ip, W.H., Wang, D., 2009. Resilience evaluation Approach of transportation networks. In: Proceedings of the 2009 International Joint Conference on Computational Sciences and Optimization, CSO 2009, vol. 2, pp. 618–622.

[26] Ip, W.H., Wang, D., 2011. Resilience and friability of transportation networks: evaluation, analysis and optimization. IEEE Syst. J. 5, 189–198.

[27] Jin, H.W., 2018. Restructuring parcel delivery network by considering dynamic customer demand. E a M: Ekon. Manag. 21, 83–95.

[28] Kim, D.H., Eisenberg, D.A., Chun, Y.H., Park, J., 2017. Network topology and resilience analysis of South Korean power grid. Phys. Stat. Mech. Appl. 465, 13–24.

[29] Klibi, W., Martel, A., 2012a. Modeling Approaches for the design of resilient supply networks under disruptions. Int. J. Prod. Econ. 135, 882–898 (Green Manufacturing and Distribution in the Fashion and Apparel Industries).

[30] Klibi, W., Martel, A., 2012b. Scenario-based supply chain network risk modeling. Eur. J. Oper. Res. 223, 644–658.

[31] Kulkarni O., M. Dahan, B. Montreuil (2022). Hyperconnected Parcel Delivery Network Design Under Disruption Risks, International Journal of Production Economics, v251, https://doi.org/10.1016/

j.ijpe.2022.108499

[32] Leu, G., Abbass, H., Curtis, N., 2010. Resilience of Ground Transportation Networks: A Case Study on Melbourne. Australasian Transport Research Forum.

[33] Li, M., He, B., Guo, R., Li, Y., Chen, Y., Fan, Y., 2018. Study on population distribution pattern at the county level of China. Sustainability 10.

[34] Li, R., Dong, Q., Jin, C., Kang, R., 2017. A new resilience measure for supply chain networks. Sustainability 9.

[35] Lin, C.C., Chen, S.H., 2008. An integral constrained generalized hub-and-spoke network design problem. Transport. Res. E Logist. Transport. Rev. 44, 986–1003.

[36] Lin, C.C., Lee, S.C., 2018. Hub network design problem with profit optimization for time- definite LTL freight transportation. Transport. Res. E Logist. Transport. Rev. 114, 104–120.

[37] Luathep, P., Sumalee, A., Lam, W.H., Li, Z.C., Lo, H.K., 2011. Global optimization method for mixed transportation network design problem: a mixed-integer linear programming Approach. Transp. Res. Part B Methodol. 45, 808–827.

[38] Mak, H.Y., Shen, Z.J., 2012. Risk diversification and risk pooling in supply chain design. IIE Trans. 44, 603–621.

[39] Marvel, K., Agvaanluvsan, U., 2010. Random matrix theory models of electric grid topology. Phys. Stat. Mech. Appl. 389, 5838–5851.

[40] Miller-Hooks, E., Zhang, X., Faturechi, R., 2012. Measuring and maximizing resilience of freight transportation networks. Comput. Oper. Res. 39, 1633–1643.

[41] Montreuil, B., 2011. Toward a physical internet: meeting the global logistics sustainability grand challenge. Logistics Research 3, 71–87.

[42 Montreuil B. (2020). The Physical Internet: Shaping a Global Hyperconnected Logistics Infrastructure, IPIC 2020 International Physical Internet Conference, Shenzhen, China, 2020/11/18, Keynote Speaker, https://www.picenter.gatech.edu/sites/default/files/ipic2020-keynotehyperconnectedlogisticsinfrastructure_20201116_web.pdf

[43] Montreuil, B., Buckley, S.M., Faugere, L., Khir, R., Derhami, S., 2018. Urban parcel logistics hub and network design: The impact of modularity and hyperconnectivity. In: Progress in Material Handling Research.

[44] Montreuil, B., Meller, R.D., Ballot, E., 2013. Physical Internet Foundations. Springer Berlin Heidelberg, Berlin, Heidelberg, pp. 151–166.

[45] Muthukrishnan, P., Faugere, L., Montreuil, B., 2021. Potential access hub network design optimization in hyperconnected urban logistics. In: 8th International Physical Internet Conference.

[46] Newman, M.E., 2005. A measure of betweenness centrality based on random walks. Soc. Network. 27, 39–54.

[47] O'Kelly, M.E., Miller, H.J., 1994. The hub network design problem. J. Transport Geogr. 2, 31–40.

[48] Osei-Asamoah, A., Lownes, N.E., 2014. Complex network method of evaluating resilience in surface transportation networks. Transport. Res. Rec. 2467, 120–128.

[49] Ouhimmou, M., Nourelfath, M., Bouchard, M., Bricha, N., 2019. Design of robust distribution network under demand uncertainty: a case study in the pulp and paper. Int. J. Prod. Econ. 218, 96–105.

[50 Pan, S., Ballot, E., Huang, G.Q., Montreuil, B., 2017. Physical internet and interconnected logistics services: research and Applications. Int. J. Prod. Res. 55, 2603–2609. Perez, C., Germon, R., 2016.

[51] Qi, W., Li, L., Liu, S., Shen, Z.J.M., 2018. Shared mobility for last-mile delivery: design, operational prescriptions, and environmental impact. Manuf. Serv. Oper. Manag. 20, 737–751.

[52] Sawik, T., 2013. Selection of resilient supply portfolio under disruption risks. Omega 41, 259–269 (Management science and environmental issues).

[53] Smith, P., Hutchison, D., Sterbenz, J.P., Schöller, M., Fessi, A., Karaliopoulos, M., Lac, C., Plattner, B., 2011. Network resilience: a systematic Approach. IEEE Commun. Mag. 49, 88–97.

[54] Sternberg, H., Norrman, A., 2017. The physical internet – review, analysis and future research agenda. Int. J. Phys. Distrib. Logist. Manag. 47, 736–762.

[55] Torabi, S., Baghersad, M., Mansouri, S., 2015. Resilient supplier selection and order allocation under operational and disruption risks. Transport. Res. E Logist. Transport. Rev. 79, 22–48.

[56] Tu, D., Montreuil, B., 2019. Hyper-connected Megacity Logistics: Multi-Tier Territory Clustering and Multi-Plane Meshed Hub Network Design, IPIC 2019 International Physical Internet Conference, London, UK,2019/07/08-11pp. 159–167.

[57] Ukkusuri, S.V., Mathew, T.V., Waller, S.T., 2007. Robust transportation network design under demand uncertainty. Comput. Aided Civ. Infrastruct. Eng. 22, 6–18. Yen, J.Y., 1971. Finding the k shortest loopless paths in a network. Manag. Sci. 17, 712–716.

[58] Zhalechian, M., Torabi, S.A., Mohammadi, M., 2018. Hub-and-spoke network design under operational and disruption risks. Transport. Res. E Logist. Transport. Rev. 109, 20–43.

[59] Zhang, C., Xu, X., Dui, H., 2020. Resilience measure of network systems by node and edge indicators. Reliab. Eng. Syst. Saf. 202, 107535.

[60] Zäpfel, G., Wasner, M., 2002. Planning and optimization of hub-and-spoke transportation networks of cooperative third-party logistics providers. Int. J. Prod. Econ. 78, 207–220.

Physical Internet networks: multi-tier resilient hyperconnected logistics web design

Yujia Xu, Onkar Kulkarni, Simon Soonhong Kwon, Benoit Montreuil

Physical Internet Center, Supply Chain & Logistics Institute

H. Milton Stewart School of Industrial & Systems Engineering

Georgia Institute of Technology, Atlanta, GA 30332 USA

The Physical Internet (PI) concept can be materialized through a multi-tier logistic web, a network of logistic networks [Montreuil et al., 2018]. As depicted in Figure 1, this logistic web relies on a six-tier meshing of the world starting at the lowest tier with (1) unit zones, (2) local cells as clusters of unit zones, (3) urban areas as clusters of local cells, (4) regions as clusters of areas, (5) blocks as clusters of regions, with (6) the world as a cluster of blocks. Logistic hubs are the nodes of the logistics web that are enabling sorting, consolidation, transshipment, and crossdocking of goods. They may be owned and/or operated by different parties, providing services openly to certified clients, be they logistic service providers, transportation service providers, retailers, manufacturers, etc. These hubs are connected to production fabs, deployment centers, and customer interfaces in the overall logistic web, as illustrated in Figure 3 for a stylized region with two major cities. In this chapter, the focus is on the logistic hub networks of the logistic hub.

Overall, global hub networks interconnect the world's blocks. Global hubs link with other global hubs and with regional hubs within their block. The logic is similar at other tiers. For example, regional hubs interconnect regions, mostly within a block, they link with global hubs in or near their region and with gateway hubs in areas within their region. Gateway hub networks are similar, yet at the tier of areas. Local hub networks are at the tier of cells; and access hub networks are at the tier of zones. As indicated in Figure 1, a large urban environment can be served through logistic hub networks at the lower tiers comprised of access hubs, local hubs, and gateway hubs, and interconnected with the wider networks with regional and global hubs. A smaller city may only have access hubs and local hubs within its realm.

All PI hubs share the same quest toward enabling seamless and swift interconnection and consolidation, leveraging Physical Internet modular containerization of goods (parcel, freight, …) as well as overall physical, digital, operational, transactional, and legal interconnectivity. This said, hubs may differ widely in terms of their degree of automation, their size, and their consolidation and sortation capacity, especially hubs in distinct tiers. For example, in general, higher tiered hubs are expected to be larger in general, to deal more with consolidated goods stemming from lower tiers. The size and capacities transport of vehicles, as well as pertinent modes, can also be adapted to each tier. In the lower tiers, the inter-hub or hub-to-customer shipments are expected to be executed with light transportation modes such as smaller trucks, vans, scooters, tricycles, or drones, while larger vehicles such as ships, trains, tractors-trailers, airplanes, and hyperloop-type vehicles are to be used for inter-hub shipment in higher tiers.

Contrasting with alternative logistic network designs

Extensive research has already been conducted in the domain of logistics hub network design to explore several network configurations. These configurations can be broadly classified into point-to-point, hub- and-spoke, and hyperconnected meshed networks (O'Kelly and Miller, 1994; Montreuil, 2011; Jin, 2018). Point-to-point networks transport commodities directly from origin to destination locations and face high operational costs due to the lack of consolidation opportunities. In addition, they force each hub to be equipped to deal with vast sets of connecting hubs. To mitigate these issues, the literature has instead been prescribing hub-and-spoke networks, which first require transferring commodities to central hub(s) and consolidating them at the central hub(s) before delivering them through downward hops at lower-tier hubs to the corresponding destination locations (O'Kelly and Miller, 1994; Alumur and Kara, 2008; Farahani et al., 2013).

However, the hub-and-spoke configuration induces extra long-haul travel through the transportation links. In addition, when operating such networks, delivery companies usually set cut-off times for accepting goods at origin locations to guarantee delivery within specified service levels (Zäpfel and Wasner, 2002). As a consequence, such a hub-and-spoke network configuration does not perform well in high demand scenarios as it may cause congestion of parcels at hubs during peak delivery and cut-off times (Tu and Montreuil, 2019). Some of these limitations have been reduced by designing hybrid hub-and-spoke logistics networks, which also allow the routing of parcels through some direct routes (Lin and Chen, 2008; Gelareh et al., 2010; Ben-Ayed, 2013). Major third-party logistics companies such as FedEx, UPS, DHL, and SF Express leverage this configuration at multiple levels across their networks to deliver parcels.

Based on the logistics web, Figure 3 shows different network topology and connectivity types where (a) represents a hierarchical 3-tier hub-and-spoke network with no lateral connectivity between hubs at the same level, (b) represents a hierarchical 3-tier hub-and-spoke network with lateral internodal connectivity, and (c) represents the hyperconnected network structure with both vertical and lateral internodal connectivity as explained earlier. Hyperconnected logistic networks are expected to enable an increase in speed, efficiency, resilience, and sustainability, as compared to the traditional hub-and-spoke network topologies, by enabling shorter routes for nearby origin-destinations pairs. [Campos et al., 2021]

Designing hyperconnected logistic hub networks

Designing hyperconnected logistic hub networks requires the identification of candidate hub locations and the joint selection of hub locations and roles (Campos et al., 2021). Principally, the locations that lie on the boundary of an adjacent lower-tier plane, as well as locations with logistics significance (e.g., roadway intersections, periphery of major cities) serve as a set of candidate hubs. In the event where the set of candidate locations is so huge as leading to an intractable hub selection problem, optimization-based methodologies can be employed to filter candidates while preserving structural properties of the network to design (Muthukrishnan et al., 2021). For hub selection, initial Approaches have utilized network flow models (Ducret, 2014; Tu and Montreuil, 2019). Based on this principle, early multi-tiered open logistic webs have been designed for various purposes such as food distribution, mail delivery, and parcel delivery (Montreuil et al., 2013; Ducret, 2014; Qi et al., 2018; Tu and Montreuil, 2019).

In order to provide an illustration of what a PI hyperconnected logistic web can be, consider the potential territorial clustering of Shenzhen megacity, China, into a hierarchy of six urban areas, 103 local cells, and 3468 unit zones, as depicted in Figure 4. The territorial clustering and hyperconnected logistic networks have been generated at Georgia Tech's Physical Internet Center by Simon Soonhong Kwon and Benoit Montreuil for illustrative purposes, introduced in Montreuil (2020).

Figures 5 to 8 provide a potential logistic web for serving Shenzhen, focusing on the logistic hubs and omitting the depiction of production fabs, deployment centers, and customer interfaces. The six areas are interconnected by a mesh regional network with 11 gateway hubs in Shenzhen, as depicted in Figure 5 which also shows the gateway hubs to be upward connected to the inter-region network through two regional hubs, with one having airfreight transportation capability.

At a lower tier, Figure 6 depicts a mesh network of 150 local hubs interconnecting the 103 local cells. Each local hub is laterally connected to nearby local hubs, as well upward connected to nearby gateway hub-s and downward connected to nearby smaller access hubs. In Figures 6 to 8, the network links connecting the hubs are not explicitly depicted for visual clarity purposes.

At the lowest tier are depicted in Figure 7 a set of 4146 potential access hub sites for serving the 3468 unit zones. Figure 8 zooms in one of the urban areas to display the nine local cells and 291 unit zones in this area 5 so as to exhibit the 307 targeted locations within and around unit zones. This illustration can be fitting two types of access hub implementation: stationary or mobile. In a stationary implementation, the set of 4146 sites would be used to optimize the location of a lower number of stationary access hubs, with aim to have a coverage of all unit zones, often setting access hubs at key intersections of unit zones. With mobile hubs, decisions as to where to locate access hubs can be altered between and within days based on predicted demand, so the 4146 sites can be used for their parking prearrangement and daily deployment optimization (Faugere et al., 2020; Muthukrishnan et al., 2021).

In order to provide a wider-scale illustration of the logistic web, Figure 9 displays a potential network of 90 regional logistic hubs to be connected downward to gateway hubs and upward to global hubs. The network is to serve regions that house 93.58% of the Chinese population, are spread across 95.09% of the Chinese inhabitable land, and generate 94.42% of total Chinese GDP (Li et al., 2018). The network display focuses on road-based travel and excludes air and rail travel which complement road travel in the overall multimodal network. The road-based network notably enables for shipments to reach destinations far across China efficiently while having truckers back home daily if they so prefer, through exchange of combinations of truckers, tractors/trucks, trailers, and containers at hubs as pertinent. PI containers seamlessly and swiftly moving toward their respective destinations by hopping from hubs to hubs, being transshipped, crossdocked, and/or consolidated as pertinent. In the display of Figure 9, a star represents the location of one regional hub or a cluster of such regional hubs as pertinent, accounting for flow density, competitiveness, and resilience purposes.

Designing resilience into hyperconnected logistic hub networks

All logistics networks, including those shaping the PI's logistics web, face disruptions caused by frequent events such as power outages or major traffic jams, as well as low-probability high-impact events such as natural disasters, pandemics, and deliberate attacks. Such disruptions lead to delayed parcel deliveries, increased delivery costs, and excess pressure on functional network components. Despite this fact, several studies have designed logistics hub networks without considering the risks and effects of disruptions (Ukkusuri et al., 2007; Ben-Ayed, 2013). They leverage techniques from either stochastic optimization, robust optimization or mixed-integer programming and consider either fixed demand or multiple demand scenarios (Zäpfel and Wasner, 2002; Luathep et al., 2011; Lin and Lee, 2018; Ouhimmou et al., 2019). While such networks can withstand demand variability, they are not prepared against disruptions.

Disruption preparedness must be factored in while designing hub networks for the Physical Internet. Owing to this fact, network resilience is receiving a great deal of attention. Network resilience is broadly defined as the ability of a network to provide an acceptable service level in the presence of challenges (Smith et al., 2011). In particular, resilience depends on the network structure and activities that are undertaken to maintain and restore normal operating conditions in a disruption event (Chen and Miller-Hooks, 2012).

Several studies have shown that network structure has a significant impact on network resilience (Craighead et al., 2007; Falasca et al., 2008). This impact has also been showcased through several disruption experiments (Osei-Asamoah and Lownes, 2014). As a consequence, considerable efforts have been devoted to gauge the resilience of various logistic and transportation networks through structural and distance properties of the networks (Dall'Asta et al., 2006). In such cases, network resilience can be evaluated with simulation methods by considering varied disruption scenarios and quantifying recovery properties (Li et al., 2017). Additionally, analytical methods have been developed based on network topology to create graph-theoretic measures (Leu et al., 2010; Zhang et al., 2020). Examples of such topology-based resilience measures include node/edge degree, reachability, closeness centrality, betweenness centrality, as well as k-shortest path lengths, number of edge-disjoint paths (Ip and Wang, 2009, 2011; Marvel and Agvaanluvsan, 2010; Herrera et al., 2016; Kim et al., 2017; Bai et al., 2020). All these measures estimate the vulnerability of a network, which Approximates the network's susceptibility to disruptions. Although these investigations are helpful to assess the resilience of networks, topology-based resilience measures have rarely been used at the network design level (Newman, 2005; Ip and Wang, 2009, 2011; Osei-Asamoah and Lownes, 2014).

To design resilient hub networks, several investigations have studied recovery activities to restore normal conditions after disruptions. They consider metrics based on post-disruption recovery time or performance loss during disruptions as a tool to assess the efficacy of potential recovery activities while designing the hub networks (Fattahi et al., 2020). These metrics include but are not limited to increase in operational cost or delivery times, and fraction of demand served given a recovery budget (Chen and Miller-Hooks, 2012; Klibi and Martel, 2012a; Miller-Hooks et al., 2012; Fattahi et al., 2020). Such network design problems are modeled as stochastic bi-level programs through a discrete set of disruption scenarios (Klibi and Martel, 2012b; Mak and Shen, 2012; Fattahi and Govindan, 2018).

Another set of investigations examines resilience strategies as a mechanism to cope with potential disruptions while designing the hub networks. These resilience strategies are basically the plans of actions decided in a pre-emptive manner before the realization of a disruption event. These resilience strategies involve assigning backup hubs when a hub is dysfunctional (Azizi et al., 2016; Azizi, 2017), designating the degree of fortification for each opened hub (Sawik, 2013; Torabi et al., 2015), allocating alternate route(s) in case of disruptions at hubs (Cardoso et al., 2015) or a combination of them (Behzadi et al., 2017; Zhalechian et al., 2018; Gholami-Zanjani et al., 2021).

Although both streams of literature provide sophisticated tools to solve the problem at hand, these modeling frameworks are not scalable and are only able to design small-scale hub networks. However, such networks reveal little to an industry that aims to persistently deliver goods across a wide geographical region.

Kulkarni et al. (2022) developed a resilience design methodology for hyperconnected PI networks and experimented it for the design a resilient hyperconnected intercity parcel logistics hub network to be the backbone infrastructure of China for ground transportation and consolidation of parcels. Core to the Physical Internet spanning China, this network of regional hubs could be leveraged by multiple parcel delivery companies to move numerous millions of parcels across China every day, exploiting its interconnection to lower tiers of gateway hubs, local hubs, and access hubs. Alternatively, the network topology could also be used by a major logistics provider as an internally shared Physical Intranet.

To design the network, Kulkarni et al. (2022) consider intersections of major highways and existing city-based gateway hubs (inbound/outbound) as candidate locations for intercity hubs. These locations help bypass the intracity traffic and probable unnecessary delays. In addition, due to Chinese regulations, a truck driver can drive for 11 hours per day. Hence, we limit the transportation edges to up to robust 5.5 hours' drive time between locations to enable truck drivers to return home daily while the parcels keep moving toward their destinations.

To estimate the resilience of logistics hub networks, Kulkarni et al. (2022) consider graph-theoretic measures that focus on the number of simultaneous inter-hub edge disruptions required to disconnect specific origin-destination pairs and on the availability of alternative paths with a percentage of the best travel distance, offering options in case disruptions occur.

By solving a discrete optimization model, Kulkarni et al. (2022) designed multiple potential hyperconnected logistics hub networks for different numbers N of logistics hubs to be opened: 70, 80, and 90. The hyperconnected networks with 90 and 70 hubs are respectively shown in Figures 8 and 9. There is a compromise between a higher number of smaller hubs as in Figure 9 or a smaller number of larger hubs as in Figure 10 on one side, and the reachable resilience on the other side as the network with higher number of hubs offers higher resilience assuming the hubs themselves are as resilient.

The experiments demonstrate that the proposed network design optimization generates resilient PI networks that can handle disruptions occurring randomly across their edges, or impacting a localized region, in a better way compared to the lean non-PI networks.

References

[1] B. Montreuil, S. Buckley, L. Faugere, K. Reem, and S. Derhami, "Urban Parcel Logistics Hub and Network Design: The Impact of Modularity and Hyperconnectivity," in Proceedings of 15th International Material Handling Research Colloquium, Savannah, Georgia, USA, 2018

[2] Campos, Miguel, et al. "Enabling Scientific Assessment of Large Scale Hyperconnected Urban Parcel Logistics: System Configuration and Assessment." IIE Annual Conference. Proceedings. Institute of Industrial and Systems Engineers (IISE), 2021.

[3] Alumur, S., Kara, B.Y., 2008. Network hub location problems: the state of the art. Eur. J. Oper. Res. 190, 1–21.

[4] Azizi, N., 2017. Managing facility disruption in hub-and-spoke networks: formulations and efficient solution methods. Ann. Oper. Res. 272, 159–185.

[5] Azizi, N., Chauhan, S., Salhi, S., Vidyarthi, N., 2016. The impact of hub failure in hub- and-spoke networks: mathematical formulations and solution techniques. Comput. Oper. Res. 65, 174–188.

[6] Bai, G., Li, Y., Fang, Y., Zhang, Y.A., Tao, J., 2020. Network Approach for resilience evaluation of a UAV swarm by considering communication limits. Reliab. Eng. Syst. Saf. 193, 106602.

[7] Ballot, E., Montreuil, B., Zacharia, Z.G., 2021. Physical internet: first results and next challenges. J. Bus. Logist. 42, 101–107.

[8] Behzadi, G., O'Sullivan, M.J., Olsen, T.L., Scrimgeour, F., Zhang, A., 2017. Robust and resilient strategies for managing supply disruptions in an agribusiness supply chain. Int. J. Prod. Econ. 191, 207–220.

[9] Ben-Ayed, O., 2013. Parcel distribution network design problem. Operational Research 13, 211–232.

[10] Cardoso, S.R., Paula Barbosa-Po ́voa, A., Relvas, S., Novais, A.Q., 2015. Resilience metrics in the assessment of complex supply-chains performance operating under demand uncertainty. Omega 56, 53–73.

[11] Catlin, P.A., Lai, H.J., Shao, Y., 2009. Edge-connectivity and edge-disjoint spanning trees. Discrete

Math. 309, 1033–1040.Chen, L., Miller-Hooks, E., 2012. Resilience: an indicator of recovery capability in intermodal freight transport. Transport. Sci. 46, 109–123.

[12] Craighead, C.W., Blackhurst, J., Rungtusanatham, M.J., Handfield, R.B., 2007. The severity of supply chain disruptions: design characteristics and mitigation capabilities. Decis. Sci. J. 38, 131–156.

[13] Crainic T. G. & B. Montreuil (2016). Physical Internet Enabled Hyperconnected City Logistics, Transportation Research Procedia – Tenth International Conference on City Logistics, v12, 383-398. https://doi.org/10.1016/j.trpro.2016.02.074

[14] Cunningham, W.H., 1985. Optimal attack and reinforcement of a network. J. ACM 32, 549–561.

[15] Dall'Asta, L., Barrat, A., Barthelemy, M., Vespignani, A., 2006. Vulnerability of weighted networks. J. Stat. Mech. Theor. Exp. 2006, 04006.

[16] Ducret, R., 2014. Parcel deliveries and urban logistics: changes and challenges in the courier express and parcel sector in Europe - the French case. Research in Transportation Business and Management 11, 15–22.

[17] Falasca, M., Zobel, C., Cook, D., 2008. A decision support framework to assess supply chain resilience. In: 5th International Conference on Information Systems for Crisis Response and Management.

[18] Farahani, R.Z., Hekmatfar, M., Arabani, A.B., Nikbakhsh, E., 2013. Hub location problems: a review of models, classification, solution techniques, and Applications. Comput. Ind. Eng. 64, 1096–1109.

[19] Fattahi, M., Govindan, K., 2018. A multi-stage stochastic program for the sustainable design of biofuel supply chain networks under biomass supply uncertainty and disruption risk: a real-life case study. Transport. Res. E Logist. Transport. Rev. 118, 534–567.

[20] Fattahi, M., Govindan, K., Maihami, R., 2020. Stochastic optimization of disruption- driven supply chain network design with a new resilience metric. Int. J. Prod. Econ. 230, 107755.

[21] Faugère L., C.White, B. Montreuil (2020). Mobile Access Hub Deployment for Urban Parcel Logistics, Sustainability, 12, 7213 https://doi.org/10.3390/su12177213

[22] Gelareh, S., Nickel, S., Pisinger, D., 2010. Liner shipping hub network design in a competitive environment. Transport. Res. E Logist. Transport. Rev. 46, 991–1004.

[23] Gholami-Zanjani, S.M., Klibi, W., Jabalameli, M.S., Pishvaee, M.S., 2021. The design of resilient food supply chain networks prone to epidemic disruptions. Int. J. Prod. Econ. 233, 108001.

[24] Herrera, M., Abraham, E., Stoianov, I., 2016. A graph-theoretic framework for assessing the resilience of sectorised water distribution networks. Water Resour. Manag. 30, 1685–1699.

[25] Ip, W.H., Wang, D., 2009. Resilience evaluation Approach of transportation networks. In: Proceedings of the 2009 International Joint Conference on Computational Sciences and Optimization, CSO 2009, vol. 2, pp. 618–622.

[26] Ip, W.H., Wang, D., 2011. Resilience and friability of transportation networks: evaluation, analysis and optimization. IEEE Syst. J. 5, 189–198.

[27] Jin, H.W., 2018. Restructuring parcel delivery network by considering dynamic customer demand. E a M: Ekon. Manag. 21, 83–95.

[28] Kim, D.H., Eisenberg, D.A., Chun, Y.H., Park, J., 2017. Network topology and resilience analysis of South Korean power grid. Phys. Stat. Mech. Appl. 465, 13–24.

[29] Klibi, W., Martel, A., 2012a. Modeling Approaches for the design of resilient supply networks under disruptions. Int. J. Prod. Econ. 135, 882–898 (Green Manufacturing and Distribution in the Fashion and Apparel Industries).

[30] Klibi, W., Martel, A., 2012b. Scenario-based supply chain network risk modeling. Eur. J. Oper. Res. 223, 644–658.

[31] Kulkarni O., M. Dahan, B. Montreuil (2022). Hyperconnected Parcel Delivery Network Design Under Disruption Risks, International Journal of Production Economics, v251, https://doi.org/10.1016/j.ijpe.2022.108499

[32] Leu, G., Abbass, H., Curtis, N., 2010. Resilience of Ground Transportation Networks: A Case Study on Melbourne. Australasian Transport Research Forum.

[33] Li, M., He, B., Guo, R., Li, Y., Chen, Y., Fan, Y., 2018. Study on population distribution pattern at the county level of China. Sustainability 10.

[34] Li, R., Dong, Q., Jin, C., Kang, R., 2017. A new resilience measure for supply chain networks. Sustainability 9.

[35] Lin, C.C., Chen, S.H., 2008. An integral constrained generalized hub-and-spoke network design problem. Transport. Res. E Logist. Transport. Rev. 44, 986–1003.

[36] Lin, C.C., Lee, S.C., 2018. Hub network design problem with profit optimization for time- definite LTL freight transportation. Transport. Res. E Logist. Transport. Rev. 114, 104–120.

[37] Luathep, P., Sumalee, A., Lam, W.H., Li, Z.C., Lo, H.K., 2011. Global optimization method for mixed transportation network design problem: a mixed-integer linear programming Approach. Transp. Res. Part B Methodol. 45, 808–827.

[38] Mak, H.Y., Shen, Z.J., 2012. Risk diversification and risk pooling in supply chain design. IIE Trans. 44, 603–621.

[39] Marvel, K., Agvaanluvsan, U., 2010. Random matrix theory models of electric grid topology. Phys. Stat. Mech. Appl. 389, 5838–5851.

[40] Miller-Hooks, E., Zhang, X., Faturechi, R., 2012. Measuring and maximizing resilience of freight transportation networks. Comput. Oper. Res. 39, 1633–1643.

[41] Montreuil, B., 2011. Toward a physical internet: meeting the global logistics sustainability grand challenge. Logistics Research 3, 71–87.

[42] Montreuil B. (2020). The Physical Internet: Shaping a Global Hyperconnected Logistics Infrastructure, IPIC 2020 International Physical Internet Conference, Shenzhen, China, 2020/11/18, Keynote Speaker, https://www.picenter.gatech.edu/sites/default/files/ipic2020-keynotehyperconnectedlogisticsinfrastructure_20201116_web.pdf

[43] Montreuil, B., Buckley, S.M., Faugere, L., Khir, R., Derhami, S., 2018. Urban parcel logistics hub and network design: The impact of modularity and hyperconnectivity. In: Progress in Material Handling Research.

[44] Montreuil, B., Meller, R.D., Ballot, E., 2013. Physical Internet Foundations. Springer Berlin Heidelberg, Berlin, Heidelberg, pp. 151–166.

[45] Muthukrishnan, P., Faugere, L., Montreuil, B., 2021. Potential access hub network design optimization in hyperconnected urban logistics. In: 8th International Physical Internet Conference.

[46] Newman, M.E., 2005. A measure of betweenness centrality based on random walks. Soc. Network. 27, 39–54.

[47] O'Kelly, M.E., Miller, H.J., 1994. The hub network design problem. J. Transport Geogr. 2, 31–40.

[48] Osei-Asamoah, A., Lownes, N.E., 2014. Complex network method of evaluating resilience in surface transportation networks. Transport. Res. Rec. 2467, 120–128.

[49] Ouhimmou, M., Nourelfath, M., Bouchard, M., Bricha, N., 2019. Design of robust distribution network under demand uncertainty: a case study in the pulp and paper. Int. J. Prod. Econ. 218, 96–105.

[50] Pan, S., Ballot, E., Huang, G.Q., Montreuil, B., 2017. Physical internet and interconnected logistics services: research and Applications. Int. J. Prod. Res. 55, 2603–2609. Perez, C., Germon, R., 2016.

[51] Qi, W., Li, L., Liu, S., Shen, Z.J.M., 2018. Shared mobility for last-mile delivery: design, operational prescriptions, and environmental impact. Manuf. Serv. Oper. Manag. 20, 737–751.

[52] Sawik, T., 2013. Selection of resilient supply portfolio under disruption risks. Omega 41, 259–269 (Management science and environmental issues).

[53] Smith, P., Hutchison, D., Sterbenz, J.P., Schöller, M., Fessi, A., Karaliopoulos, M., Lac, C., Plattner, B., 2011. Network resilience: a systematic Approach. IEEE Commun. Mag. 49, 88–97.

[54] Sternberg, H., Norrman, A., 2017. The physical internet – review, analysis and future research agenda. Int. J. Phys. Distrib. Logist. Manag. 47, 736–762.

[55] Torabi, S., Baghersad, M., Mansouri, S., 2015. Resilient supplier selection and order allocation under operational and disruption risks. Transport. Res. E Logist. Transport. Rev. 79, 22–48.

[56] Tu, D., Montreuil, B., 2019. Hyper-connected Megacity Logistics: Multi-Tier Territory Clustering and Multi-Plane Meshed Hub Network Design, IPIC 2019 International Physical Internet Conference, London, UK,2019/07/08-11pp. 159–167.

[57] Ukkusuri, S.V., Mathew, T.V., Waller, S.T., 2007. Robust transportation network design under demand uncertainty. Comput. Aided Civ. Infrastruct. Eng. 22, 6–18. Yen, J.Y., 1971. Finding the k shortest loopless paths in a network. Manag. Sci. 17, 712–716.

[58] Zhalechian, M., Torabi, S.A., Mohammadi, M., 2018. Hub-and-spoke network design under operational and disruption risks. Transport. Res. E Logist. Transport. Rev. 109, 20–43.

[59] Zhang, C., Xu, X., Dui, H., 2020. Resilience measure of network systems by node and edge indicators. Reliab. Eng. Syst. Saf. 202, 107035.

[60] Zäpfel, G., Wasner, M., 2002. Planning and optimization of hub-and-spoke transportation networks of cooperative third-party logistics providers. Int. J. Prod. Econ. 78, 207–220.

实物互联网运营：可持续化的超链接物流实现

李京泽，Sahrish Shaikh, Benoit Montreuil

Physical Internet Center

H. Milton Stewart School of Industrial & Systems Engineering

Georgia Institute of Technology, Atlanta, GA 30332 USA

1. 简介

  本章重点关注实物互联网如何使人们从根本上重新思考关于供应链和物流网络运营的构思和实现方式。其中，代表性运营领域包括运输和交付、分销和履单，生产和供应，展示了实物互联网所支持的超链接转型。而超链接转型的核心，在于如何利用动态开放的资产共享和开放式流量整合，显著提高运营的效率、功能性、弹性和可持续性。

  如图 1 所示，物流、生产、供应链和运输的演变可以概括为四个时代：原子时代、集成时代、协同时代和超链接时代 [1]。在如今几乎绝迹的原子时代，无论是设计或着运营一个仓库、一个工厂还是一条运输路线，一切都是隔离的、碎片化的、孤岛化的，通过单独运营实现的。这势必引起较长的交付时间、货物大批量化和较高的库存需求，种种影响进而会沿着供应链和物流网络蔓延传播。

  如今，大多数公司处于集成时代。他们强调端到端式的供应链，旨在尽可能地全盘掌控从分销商及下游顾客，到生产商及上游供应的每一个环节。他们利用准时化和精益化的理念和技术，以及需求平滑来适应他们的精益准时化模式。他们依赖同供应链参与者进行电子数据交换 (EDI)。他们经常设立专门的集中工厂、配送中心、履单中心和物流枢纽，以增强其控制力和规模化的表现。事实证明，进入集成时代，对于世界各地的许多公司来说是意义非凡的，尤其对跨国公司而言，尤其是在通过高效率和规模经济实现盈利方面。然而，进入集成时代，许多公司也往往会呈现资产密集化和有界化的特点。公司永远都不够大，很难实现完全整合

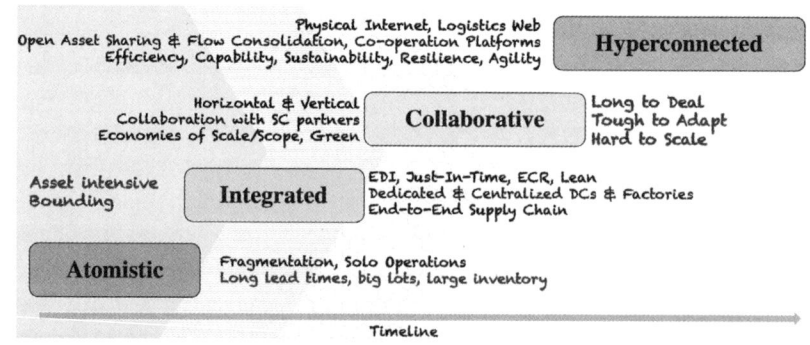

图 1：面向物流、交通、生产和供应链模式演变的新纪元 [1]

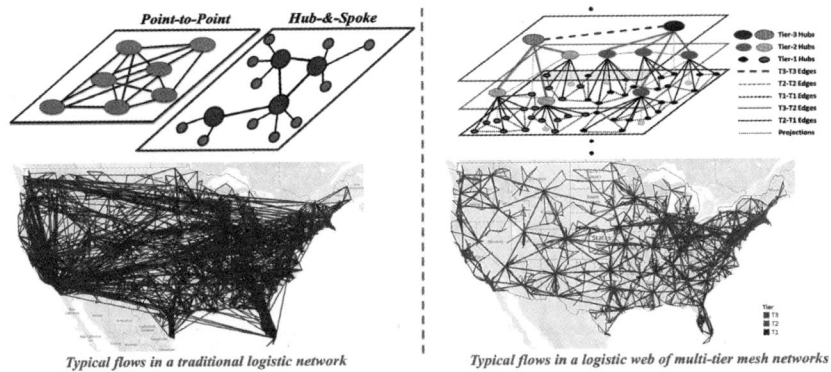

图 2: 端到端网络、轴辐式网络和超链接密集网络下的物流图

到真正为客户服务所需的规模，从而导致部分地区服务不足、过满载卡车、低频率交付、高运输和交付成本等。

为了规避集成时代的局限，一些龙头企业已经进入协同时代。他们的目标是利用与活跃在市场领域和整个供应链中的其他公司的横向和/或纵向合作，以实现仅凭自身无法达到的规模经济或范围经济。这种协同合作通常在少数合作伙伴之间会起到不错的效果，甚至大多数情况下是在两个合作伙伴之间。例如，一家拥有轻而大货品的公司和另一家拥有小而重货品的公司可能会协同运输他们的产品，进而成功地利用集装箱、货车和火车车厢容许的重量和体积。尽管协同合作具有种种优点，但它仍然存在一些例外。简而言之，协同合作的瓶颈有三个方面：达成协议时间长、低适应性和难以规模化。数十家或数百家公司之间的合作非常罕见。因此，在协同时代的前提下，渴望在数千、数万、数十万甚至数百万企业之间达成合作仍然是乌托邦式的不切实际 [1]。

新兴的超链接时代旨在克服集成和协同时代的局限性，其利用开放的多方多模式流量整合、开放资产和资源获取和共享，通过实物互联网及其支持的物流网络，囊括移动、部署、实现、供应和服务等多方面 [1, 2, 3, 4]。其目的是对供应链和物流的敏捷性、功能性、效率、弹性、安全、可持续性和可信赖性等方面实现史诗级的提升。这一想法的由来，源自数字互联网、万维网、大量应用程序、云计算和边缘计算以及数字智能等，正从根本上改变了全球的决策、信息和通信能力以及性能。

作为新兴时代的核心，物理互联网可以被正式定义为一个超链接的全球物流系统。它通过标准化的封装、模块化、协议化和多接口实现无缝的开放资产共享和流量整合，以提高满足人类实物服务需求的能力、效率、弹性和可持续性 [5]。超链接这个特点，体现在实物互联网的各组成部分和参与者能通过交错的物理层、数字层、运营层、交易层、法律层和私有层，最终实现随时随地的相互连接 [5]。

文章接下来的部分，将重点讨论实物互联网的运营层，即在超链接运输和交付、超链接配送和履单以及超链接生产和供应等具体内容。

2. 超链接运输和交付

当今运输采用最多的仍为端到端网络和轴辐式网络。在端到端网络中，如图 2 的左上角所示 (参考 [6])，货物由单方承运人在单次行程中从源头运输到目的地，例如整车运输、直接送达或者多目标地同时运输。这给司机带来了相当多的长途运输任务，和有限的货运整合机会，进而导致运力无法得到充分利用、较长延误时间和较低交付频率以实现满载。

图 2 中上部所示的轴辐式网络已用于缓解这些问题。它们通过允许在物流枢纽进行转运和货物整合进而实现接力化运输。然而，网络中的流动会受限于轴辐式的网络结构。根据轴辐式网络的树状图案，每个源头仅连接到一个入口物流枢纽或者辐条，每个目的地也仅连接到一个出口物流枢纽或辐条，每个辐条连接到单个物流枢纽，并且每个物流枢纽通常也只连接到有限数量的其他物流枢纽。一个典型的货运行程首先将货物从源头运送到辐条，然后将其整合并运送到第二个运输商的物流枢纽；它再次在物流枢纽处整合到下一个运输商的物流枢纽或者辐条处，再经过多次反复，直到最终在辐条处合并，最终交付到目的地。因此，轴辐式网络将大量流量集中进出在少数的通常规模较大的物流枢纽。大多数轴辐式网络都专属于单方运输商。他们通常面临许多挑战，例如需求高峰期间的物流枢纽拥堵，低节点间连接性导致的额外行程，有限的整合机会，尤其是辐条之间缺乏连接性，以及依赖严格的截止时间和阈值时间来确保协调高吞吐量的物流枢纽。

为了实现对物理对象的提取、运输、交付和退还，实物互联网转向依赖于物流网，一个开放的由各个物流网络构成的统一网络 [4]。如图 2 右上角所示，物流网可以被阐释为多层密格化物流网络。正如 [7] 中提出的，不同物流网层可以对应于地址到区块、区块到单元、单元到局部、局部到区域、区域到洲块以及块、洲块到整个星球的多层次空间聚类。因此，最低平面网络支持小区块内的物流，例如村庄、校园、城市社区，甚至是高层建筑或巨型建筑的一部分。最高平面网络支持全球物流。各层次相邻平面的网络通过临近的物流枢纽之间的超链接相互连接。货运进而可以快速从始发地通过物流枢纽之间的多个短途航线到达目的地，中途停留时间短，整合度高，同时允许卡车司机在以公路为基础的情况下多进行物流枢纽间的短途运输循环，避免长期离家。

超链接的物流网络改变了货运流量图并开辟了新的方案，它让人们重新思考超越当前范式的运输和交付模式。与轴辐式网络一样，超链接物流网里的货运同样通过接力化的运输方式，但所有物流枢纽的整合自由度更高，对截止时间和阈值时间的依赖更少。由于其独特的网状性质，超链接物流网更具弹性和并能避免额外形成。为实物互联网设计的物流枢纽和模块化集装箱使得货物运输速度更快，开放多元多模式的超链接物流网也为多运输方式提供了基础。图 2 的下半部分说明了传统端到端网络和基于 PI 的超链接物流网络之间的流量模式差异，其清楚

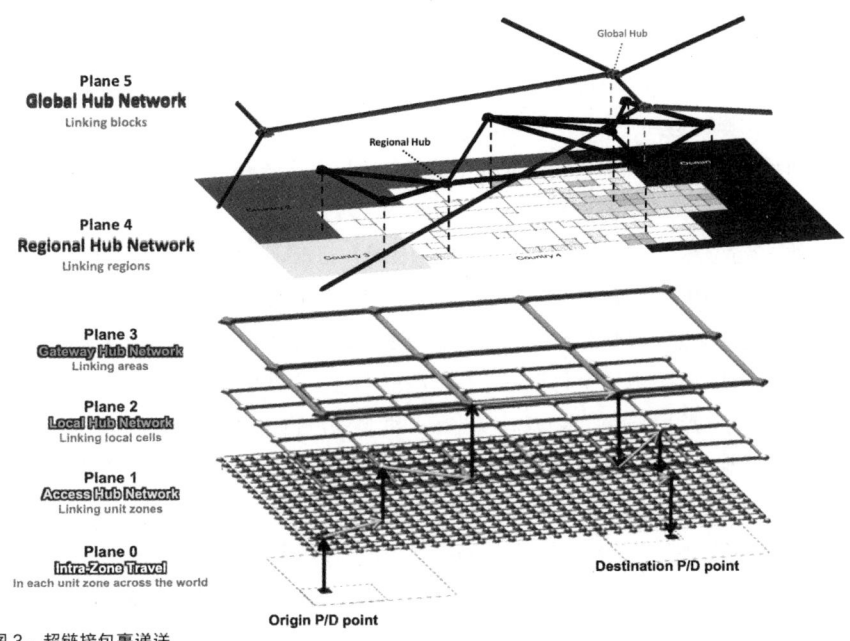

图 3：超链接包裹递送

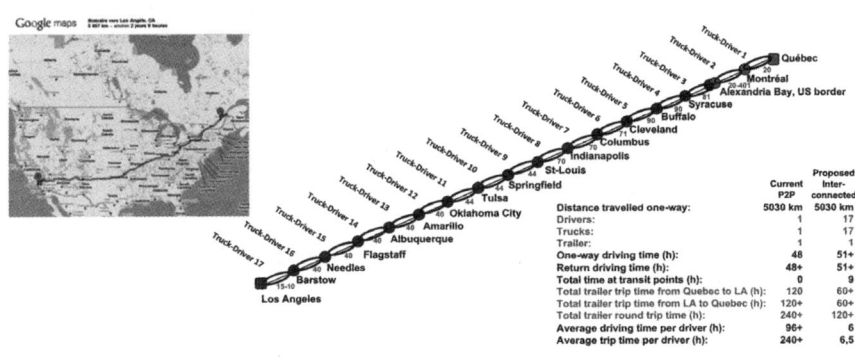

图 4: 超链接挂车运输案例中的运输行程 [2]

地展示了后者可以实现高自由度的流量整合，并同时保证从源头到终点点高效运输行程。

为了帮助读者更好地理解超链接运输和交付是如何运作的，下文将会介绍两个具体案例，即超链接包裹递送和超链接挂车运输。

首先，考虑超链接包裹递送的逻辑，如图 3 [7, 8] 所示。假设一个城市的客户请求在某个源位置提取包裹并在某个目的地位置交付它。首先，快递员要取走它并将它与其他取走的包裹一起移动到附近的接口式物流枢纽。无论客户的包裹需要运送到附近的地方、城市的另一边、另一个城市还是世界各地的某个地方，都会影响包裹下一步将被运送到哪里。如果目的地在同一本地单元内，则包裹将简单地移动到接口式物流枢纽网络中的另一个接口式物流枢纽，然后从那里运送到目的地。否则，它将被移动到附近的局域式物流枢纽，在那里它将被整合并转移到更高平面的局域式物流枢纽网络。按相同的逻辑，包裹也可以从局域式物流枢纽移动并上升到网关式物流枢纽网络，然后再到区域式物流枢纽网络，依此类推，根据其最终目的地进行适当的动态合并。当包裹到达目的地附近时，它会向下转移到低平面网络中，再向下转移到目的地附近的最合适的接口式物流枢纽，以转移给快递员进行最终交付。无论始发地和目的地在哪里，总是有超链接的运输和递送服务来提取包裹或递送包裹。多个运输商可以共同充当从源头到第一个物流枢纽、物流枢纽之间以及从最后一个物流枢纽到目的地的运输者，并酌情使用不同的运输方式。此外，每个物流枢纽也可以由特定的一方操作。使用标准协议并共享为超链接物流设计和运营的开放式物流设，是保障整体效率、公平性、弹性、无缝性、可信赖性和速度的基础。

其次，考虑超链接挂车运输和交付的逻辑 [2, 9]。它不是主要依靠牵引车及其司机对每辆挂车进行直接的端到端运输，而是依赖从始发地到第一个转运枢纽、然后是枢纽之间、最后一个转运枢纽的到最终目的地的接力化运输，每条运输线段都由特定的牵引车和司机负责，并在转运枢纽进行异步交换。对于长途运输，与单司机直接运输相比，接力化运输缩短了从起点到终点的行程时间，并使得每个司机有机会每天回家。参考自 [2]，图 4 说明了一个典型的案例，一个运输

Indicator	non-PI (current)	Physical Internet		
Scenario	2.5	2.50	2.00	1.75
Number Drivers-Trucks	10 127	10 127	8 110	7 159
Economic indicators				
Total cost ($)	311 317 288	262 324 657	254 594 970	252 647 722
Energy and Environmental indicators				
Diesel consumption	81 017 871	79 551 137	77 307 158	76 177 722
Energy consumption (tons)	3 139	3 077	2 990	2 947
CO_2 Emissions (tons)	215 751	211 845	205 869	202 861
CH_4 Emissions (tons)	11,00	11,00	10,00	10,00
N_2O Emissions (tons)	32	32	31	30
Number of Trucks	10 127	10 127	8 110	7 159
Social Indicators				
Level Service indicators				
Delivered orders	450 278	452 689	443 917	429 992
Delivered orders without delay	301 958	396 458	350 580	308 670
Percentage of deliveries without delay due July 1st	97%	97%	94%	90%
Drivers's quality of life indicators				
Total distance travelled by drivers	202 120 250	187 927 900	181 819 409	179 155 391
Total duration of trips	5 161 777	3 948 963	3 926 179	3 875 666
Profitability factor of drivers' trips	63%	86%	82%	79%
Average trip duration per shipment	11,460	8,410	8,320	8,310

图 5：基于实物互联网的挂车运输在加拿大魁北克市的大规模绩效结果 [10]

商打算将一辆挂车从魁北克市(加拿大)通过公路运输到洛杉矶(美国),行程超过 5000 公里。除了其他环境和社会收益外,如果用超链接运输代替当前实施的端到端运输,总行程时间将会减少一半。在超链接方式里,挂车以接力化模式通过几个开放的转运枢纽,在这些枢纽中,它从一个认证的承运人异步转移到另一个承运人,以进行下一站的行程。该示例可以很容易地与多模式联运相结合,例如使用 [9] 中介绍的物流枢纽支持部分铁路运输、部分公路运输。

以上的挂车示例着眼于单个挂车的运输上。 大规模开展这个项目需要建立一个覆盖目标区域的转运枢纽网络,如图 5 上半部分所示的加拿大魁北克省,以实现超链接的挂车运输进出其领土。 [10] 中评估涉及的转运枢纽网络包括大约 30 个内部枢纽和 10 个跨界枢纽。 当前端到端的方式在 [10] 中估计有大约 10,000 辆卡车司机和牵引车来支持挂车的整体物流。

图 5 的下半部分提供了比较端到端和超链接运输的大规模仿真实验结果。在情景 2.5 下,对应于 10,000 辆卡车司机和拖拉机,我们可以得知比较不同替代方案的结果。即超链接比端到端方面整体占优,从经济角度来看,总体成本更低;从环境角度来看,燃料消耗和温室气体排放量更少;从社会角度来看,总体上为运输商提供更好的递送服务水平,也为卡车司机提供更好的生活质量。

在仿真中,超链接运输的主导绩效是通过简单的 PI 协议实现的,其在操作上比端到端运输简单得多。在超链接方针中,指导操作的 PI 协议是:(1) 卡车司机根据其在物流枢纽的到达顺序优先选择挂车;(2) 具有相同下一个(枢纽)目的地的挂车按照到达顺序优先排序。

全源运输 [1, 6] 是基于 PI 的超链接运输运营的一个关键方面,它是关于智能且动态地利用多种运输模式和资源。在全源运输中,每家有运输需求的公司都具有广泛的可见性和无缝访问各种运输源的能力,以满足其运输需求。各种运输源包括依靠自己的专用车队或与服务提供商达成战略合作伙伴关系来满足其整体需求的(稳定)部分,依靠与特定地区或车道的服务提供商达成动态有效的合约(例如从几个月到几年),以及利用按需现货市场,特别是针对他们需求中波动较大的部分。人们有权限去访问运输源的实时可用性以及对于认证、能力和性能

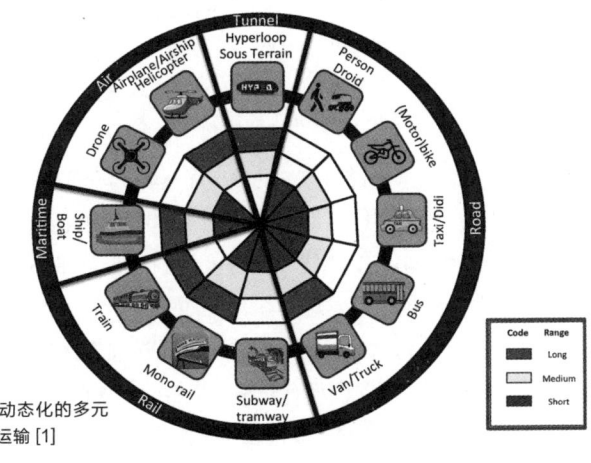

图 6:实物互联网通过动态化的多元多模式运输实现全方位运输 [1]

等的公开监控，可以在数字智能工具的支持下做出明智的决策，从而巧妙地利用全源选项。

全源运输将多方和多模式运输源合并为一个更通用的框架。事实上，不同的各方可能会提供更适合特定环境的交通方式选择。有时依靠踏板车进行短时间敏感的递送可能会非常令人满意，但各方提供的其他替代方案有时也有更优解，具体取决于地形、拥堵、紧迫性等：步行或带着包裹跑步，骑（电动）自行车并带着一个装有一些包裹的模块化容器，使用小型电动卡车，驾驶无人机，或者依靠机器人或移动机器人。

如图6所示，多种多运输模式选项包括利用航空、铁路、隧道、公路和水路，以动态适应、主动应对地形、行程、交通量、拥堵、天气和其他突发状况。所有这些都可能专门用于货运移动或共享用于货运和人员流动。一些选项可能是完全或部分自主的，而另一些选项则需要人工驾驶。航路选项包括飞机、飞艇、无人机和直升机。铁路选择包括单轨铁路、地铁和火车，从轻型到重型。隧道/管道方式选项包括新的模式,例如与货物通道和货物高铁相关的模式。水路选择包括驳船、船只、轮船和潜艇。

仅仅关注最大容量的运输商并不总是最明智的方式。我们可以用装有集装箱的轮船进行生动的例证。从好的方面来说，目前最大的集装箱船可以运载24,000个24英尺当量集装箱（TEU），最高可达240,000吨，它们非常节省人力，节省燃料，并且能够很好地抵抗恶劣的天气/海洋条件。不利的一面是，它们在400米长的港口中占用了大量空间，它们需要深水通道，造成深层排水和浪潮问题，它们在港口运营中造成巨大的吞吐量高峰和低谷，并且由于它们的低频率，多港口循环和较长的装卸时间会影响托运人和收货人的运营和库存。在物理互联网中，这些巨大的船舶在上层全球物流网络中具有明确的作用，而较小的船舶在区块或区域内的下层网络中具有更好的适应度。

总体而言，通过使用单一运输方式或者多种组合，可以实现具有差异化优势的特定运输方式，不同绩效指标包括可用性（时刻表）、容量（尺寸大小）、能源自主性、环境影响、价格、可靠性、安全性和速度等。全源运输旨在为每次（经过整合的）货运提供大量相关运输选项以及在这些选项中进行巧妙的动态选择，特别是考虑到客户的时间和价格敏感性、需求和供应的可变性和随机性，并推动增强效率、弹性、安全性和可持续性。

3. 超链接配送和履单

下面我们用一个直观的例子来说明传统的独自配送和PI式的超链接配送之间的区别[1]。图7的左侧描绘了两家制造商，它们拥有各自专门的工厂和配送中心（DC）来补给零售商。同样，零售商也拥有自己的独自的配送中心，以进一步与客户进行对接，例如零售实体店和线上下单线下车取。每个制造商将其生产的商品发送到其各自的配送中心。根据零售商的订单，货物将从制造商的配送中心运送到零售商的配送中心，进而运送到零售商的零售实体店进行补货。不同制造商的分销网络和流程互相之间没有联系，零售商的独自配送亦是如此。

图8的左侧和中间，通过一个网格背景上的特定案例，分别描绘了独自配送加上独自运输、

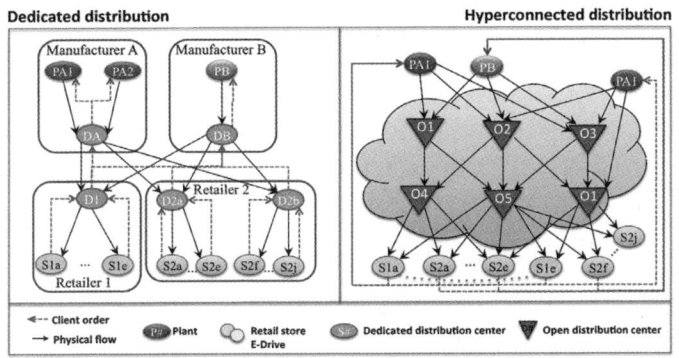

图 7：体现独自配送和超链接配送区别的简明案例 [1]

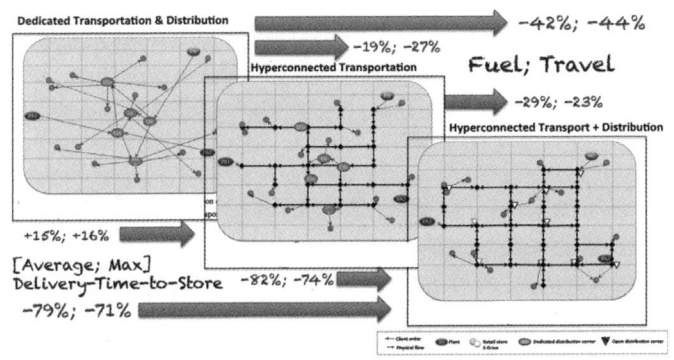

图 8: 以简明案例分析独自运输配送和超链接运输配送的区别 [1]

独自配送加上以密集物流枢纽网为基础的超链接运输所对应的物流。如图 8 所示，在独自配送场景下，由独自运输向超链接运输的转变，可以节省 19% 的燃油费和 27% 的运输费。而由于物流枢纽中转运和整合的需要，也导致平均 15% 和最大 16% 的从配送中心到零售店的补货时间增加。

超链接配送打破了每一个制造商和零售商进行独自配送的束缚。如图 7 右侧所示，通过虚拟互联网层面的云信息共享，它使得开放式配送中心的服务共享成为可能。每一个零售商能够动态部署库存在多个配送中心，甚至接近客户窗口来实现轻松配送；每一个制造商也可以部署货物到靠近零售商到配送中心，甚至可能实现制造商和零售商到配送中心一体化。

图 8 右侧描绘的超链接配送和超链接运输协同下的对应物流。在依赖超链接运输情况下，从独自配送到超链接配送，案例显示这种转变可以节约 29% 燃料费和 23% 运输费，同时会减少从配送中心到零售店平均 82%、最少 74% 的配送时长。而从独自配送和运输到超链接配送和运输到彻底转型，则会显著的节约平均 42% 的燃油费和 44% 运输费，同时减少从配送中心到零售店平均 79% 和最小 71% 的配送时长。[13, 14] 提供了基于大规模优化的实验调查结果，该实验表明了北美超链接配送和运输对应的高可持续绩效，而 [15] 提供了基于仿真调查的类

似证据，侧重于城镇履单和运输。

世界正在迅速发展，许多公司已经开始利用超链接配送和履单的概念。图 9 显示了三个 PI 化的现实模型。在第一个模型中，一些公司拥有共享配送网络，例如 Americold 在美国拥有 100 多个冷链设施，其服务可以动态签约给不同客户，并按单位负载处理的操作和存储时间收费。第二种模式由 FLEXE.com 开创，其目标是成为仓储领域的 Airbnb。该模型依赖于临时存储和履单市场上那些特定时刻拥有空闲储存空间的公司来平台注册，然后另一些想要临时储存空间的公司去市场上购买服务。于是，FLEXE.com 促进二者之间的交互。在亚马逊开创的第三种模式里，一些公司提供履单网络服务。例如，亚马逊有 100 多个履单中心，并告诉其他公司只要把他们的东西带到那里，亚马逊就会让接下来的一切顺利进行，进而确保客户需求的每件商品都能及时运送到目的地。这使供应商能够快速、高效、可靠地为客户提供跨越地域的履单和交付服务，而无须在这些步骤里进行额外投资。这些模型正在迅速发展，并越来越符合实物互联网概念和原则下的超链接配送和履单模式。

4. 超链接生产和供应

除了运输、配送、存储和履单之外，实物互联网还支持超链接生产和供应 [1、2、3、4]，逻辑与前几章内容类似。

如图 10 所示，它的左侧显示了在单个集成工厂中进行中心化制造和装配，以服务于地理市场，即从该工厂向客户运送产品。在中间，制造商将核心生产保留在一个集中的独自制造工厂中，从那里向分布在全国各地的装配厂提供部件，并将订单分配给目标客户附近的可用工厂。分布式装配厂不是独自为这个制造商服务的；实际上，它们可以是来自多方的开放式工厂，它们动态地与多家制造商签订组装业务合同。因此，制造商可以根据需要选择使用装配商。图 10 的右侧进一步延伸了这一概念。现在，一个称为虚拟制造商的制造商不再接触其零件和产品。它会根据需要利用开放生产网络来生产其核心部件。它动态匹配开放的生产厂和开放

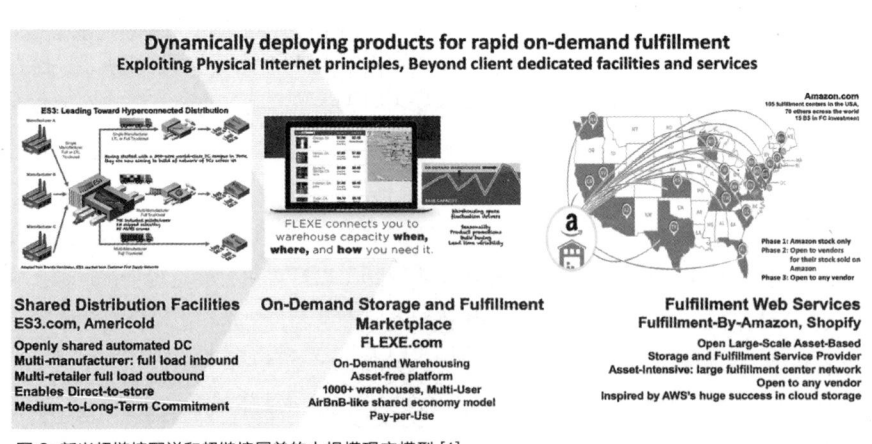

图 9: 新兴超链接配送和超链接履单的大规模现实模型 [1]

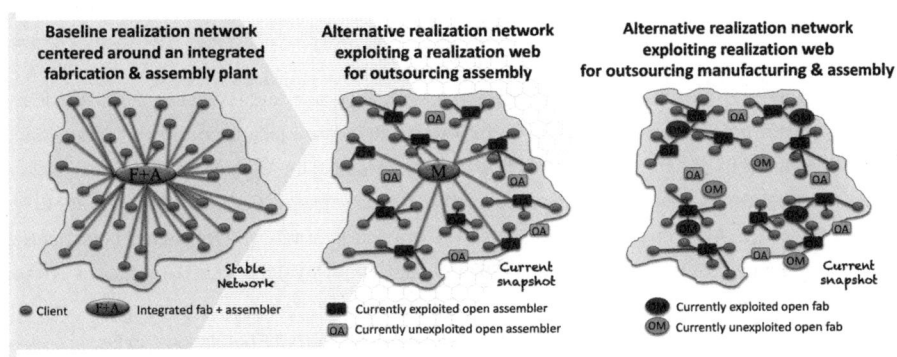

图10：关于超链接生产和供应 [1]

的装配厂，以实现其产品接近需求地。

几十年来，思科系统和耐克等知名公司一直在使用这种类型的操作，保持承包商和流量相对稳定。而供给层面的超链接运输、配送和生产相结合，可以很好地支持图 10 的三个生产示例。这意味着它可以实现从限制性的独自和集中式制造向利用高敏捷性、高效率、高弹性、和可持续性分布式（包含分布式开放工厂的）制造网络，以及（包含多层分布式供应商的）供应网络 进行重大转变 [4]。

图 10 的示例里，我们可以考虑通过具备模块化和移动性设计特点的开放式工厂来提升潜在性能，同时允许在开放式工厂之间的进行动态重组生产和存储模块以响应突发情况和波动需求，而模块集装箱化也将使得站点间的超链接运输更加便捷 [16, 17]。

5. 总结

本章重点关注实物互联网的运营，即超链接运输和交付、超链接配送和履单，以及超链接生产和供应。文章强调了实物互联网如何能够从当前的运营模式进行演变，旨在描绘它如何改进全球规则，如何提供新的范式框架，进而引起人们重新思考供应链和物流领域的各个方面。

许多年前，大多数人甚至不知道数字互联网是什么。 如今大多数人的生活，都离不开连接到数字互联网的智能手机或笔记本电脑，每个人的日常生活和每个组织的运作已经发生极大的改变。而自然而然的，新兴的实物互联网也有着异曲同工的划时代意义，因为它也将极大可能地改变每个人的日常生活和每个组织的运作。

事实上，正如 [1] 中所表达的，实物互联网产生了三个方面影响。 首先，它协同实现了经济、环境和社会领域的效率、弹性和可持续性的全面提升，从根本上改善了全球竞争环境。 其次，它使商业、工业及各地区行业的能力发生显著改变，特别是在敏捷性、全渠道流动性、响应能力、可扩展性、同步性和可信赖性方面。最后，利用实物互联网，可以战略化提高超链接商业、工业和各地区行业的竞争力。 而这些为各行业和各国家决定是否、何时、如何拥抱物理互联网提供了令人信服的论据。

参考文献

[1] Montreuil B. (2021). The Physical Internet：Origin, Progress, and Projection, 2021 Physical Internet Symposium, Keynote Speech, Tokyo, Japan, 2021/01/21, https://www.picenter.gatech.edu/node/658

[2] Montreuil B. (2011). Towards a Physical Internet：Meeting the Global Logistics Sustainability Grand Challenge, Logistics Research, Vol. 3, No. 2-3, p. 71-87. https://doi.org/10.1007/s12159-011-0045-x

[3] Ballot, É, B. Montreuil, R.D. Meller (2014), The Physical Internet：The Network of Logistics Networks, (English adaptation of Ballot & Montreuil (2014), L'Internet Physique：Le Réseau des Réseaux de Prestation Logistique), La Documentation Française, Paris, France, 205p.

[4] Montreuil B., R.D. Meller & E. Ballot (2013). Physical Internet Foundations, in Service Orientation in Holonic and Multi Agent Manufacturing and Robotics, ed. T. Borangiu, A. Thomas and D. Trentesaux, Springer, p. 151-166. https://link.springer.com/content/pdf/10.1007%2F978-3-642-35852-4_10.pdf

[5] Montreuil B. (2015). The Physical Internet：A Conceptual Journey, 2nd International Physical Internet Conference, Keynote Speech, Paris, France, 2015/07/06-08.

[6] Shaikh S. J., N. Kim, B. Montreuil, P. Vilumaa (2021), Conceptual Framework for Hyperconnected Package Transport Logistics Infrastructure, Proceedings of IPIC 2021 International Physical Internet Conference, 12 p., www.pi.events

[7] Montreuil B., S. Buckley, L. Faugere, R. Khir & S. Derhami (2018). Urban Parcel Logistics Hub and Network Design：The Impact of Modularity and Hyperconnectivity, Progress in Material Handling Research：2018, Ed. A. Carrano et al., MHI, Charlotte, NC, U.S.A. https://digitalcommons.georgiasouthern.edu/pmhr_2018/19/

[8] Shaikh S. J., N. Kim, B. Montreuil, P. Vilumaa (2021), Conceptual Framework for Hyperconnected Package Transport Logistics Infrastructure, Proceedings of IPIC 2021 International Physical Internet Conference, 12 p., www.pi.events

[9] Ballot, E., B. Montreuil & C. Thivierge (2014). Functional Design of Physical Internet Facilities：A Road-Rail Hub, in Progress in Material Handling Research Vol. 12, Ed. B. Montreuil, A. Carrano, K. Gue, R. de Koster, M. Ogle & J. Smith, MHI, Charlotte, NC, USA, p. 28-61.

[10] Hakimi D., B. Montreuil & A. Hajji (2015). Simulating Physical Internet Enabled Hyperconnected Semi-Trailer Transportation Systems, 2nd International Physical Internet Conference, Paris, France, 2015/07/06-08, 11 p. www.pi.events

[11] Hakimi D., B. Montreuil, R. Sarraj, E. Ballot, S. Pan. Simulating a physical internet enabled mobility web：the case of mass distribution in France. 9th International Conference on Modeling, Optimization & SIMulation - MOSIM'12, Jun 2012, Bordeaux, France. 10 p. https://hal.archives-ouvertes.fr/hal-00728584/

[12] Shaikh S. J., B. Montreuil, M. Hodjat-Shamami, A. Gupta (2021), Introducing Services and Protocols for Inter-Hub Transportation in the Physical Internet, Proceedings of IPIC 2021 International Physical Internet Conference, 13 p., www.pi.events

[13] Sohrabi H., B. Montreuil & W. Klibi (2016). On Comparing Dedicated and Hyperconnected Distribution Systems：An Optimization-Based Approach, Proceedings of ILS 2016 International Conference on Information Systems, Logistics and Supply Chains, Bordeaux, France, June 1-4.

[14] Sohrabi H., B. Montreuil & W. Klibi (2016). Collaborative and Hyperconnected Distribution Systems：A Comparative Optimization-Based Assessment, Proceedings of the 2016 Industrial and Systems

Engineering Research Conference, Anaheim, Ca, U.S.A.

[15] Kim, N., B. Montreuil, W. Klibi, N. Kholgade (2020). Hyperconnected Urban Fulfillment and Delivery, Transportation Research Part E Logistics and Transportation Review, Vol. 145, 23p. https://doi.org/10.1016/j.tre.2020.102104

[16] Marcotte S., B. Montreuil & L.C. Coelho (2015). Modeling of Physical Internet Enabled Hyperconnected Modular Production, Proceedings of 2nd International Physical Internet Conference, Paris, France, 2015/07/06-08, 13 p. www.pi.events

[17] Marcotte S. & B. Montreuil (2016). Introducing the Concept of Hyperconnected Mobile Production, Progress in Material Handling Research Vol. 13, Ed. J. Smith et al., MHI, Charlotte, NC, USA https://digitalcommons.georgiasouthern.edu/cgi/viewcontent.cgi?article=1015&context=pmhr_2016

Physical Internet Operations: Hyperconnected Logistics Realization of Sustainability

Jingze Li, Sahrish Shaikh, Benoit Montreuil

Physical Internet Center

H. Milton Stewart School of Industrial & Systems Engineering

Georgia Institute of Technology, Atlanta, GA 30332 USA

1.Introduction

This chapter focalizes on how the Physical Internet leads to fundamentally rethinking the way operations are conceived and realized across supply chains and logistic networks. It tackles typical operations such as transportation and delivery, distribution and fulfillment, production and supply, demonstrating how the Physical Internet enables their hyperconnected transformation. It emphasizes how the induced dynamic open asset sharing and open flow consolidation leads to improving drastically the efficiency, capability, resiliency, and sustainability of operations.

As depicted in Figure 1, the evolution of logistics, production, supply chain, and transportation can be framed into four eras: the atomistic, integrated, collaborative, and hyperconnected eras [1]. In the now mostly extinct atomistic era, no matter whether designing or running warehouses, factories, or transportation routes, everything was segregated, fragmented, siloed, achieved via solo operations. This induced long lead times, big lots, and large inventory, cascading along supply chains and logistic networks.

Nowadays most companies are in the integrated area. They emphasize end-to-end supply chains and aim toward controlling them as much as possible from customers' customers to suppliers' suppliers. They leverage just-in-time and lean philosophy and techniques, as well as demand smoothing and shaping to fit their lean just-in-time orientation. They rely on electronic data interchange (EDI) with supply chain actors. They often put in place dedicated centralized factories, distribution centers, fulfillment centers, and logistic hubs to enhance their control and scale driven performance. Shifting to this era has proven highly potent for many companies around the world, notably the global corporations, notably with high gains in efficiency and economies of scale. However, it also been clearly demonstrated to be very asset intensive and bounding. Companies are never big enough to achieve through integration the scale they would need to really well serve their customers, leading to underserved regions, full truck load impositions, low frequency delivery, high transportation and delivery costs, and so on.

To avoid the limitations of the integration era, some of the leading companies have entered the collaborative era. They aim to leverage horizontal and/or vertical collaboration with other companies active in their market territories and across their supply chain to reach economies of scale or scope unachievable on their own. Collaboration works often well between a few partners, most are indeed between two partners. For example, a company with light yet large products and a company with smaller yet heavier products may partner for shipping their products, succeeding to leverage both the weight and volumetric capacity of containers, trailers, and railcars. Even though highly potent, collaborative endeavors remain the exceptions. In a nutshell, bottlenecks for collaborative endeavors are threefold: they are long to deal, hard to adapt, and hard to scale. Collaborations between multiple companies, like tens or hundreds are very rare. Aspiring to collaborations between thousands, tens of thousands, hundreds of thousands, or even millions, within the premises of the collaborative era has thus remained utopian [1].

The emerging hyperconnected era aims to overcome the limitations of the integrated and collaborative eras by leveraging the open multiparty multimodal flow consolidation and the open asset and resource access and sharing through the Physical Internet and its enabled Logistic Web with its mobility, deployment, realization, supply, and service facets [1, 2, 3, 4]. The aim is to achieve order-of-magnitude improvements in terms of supply chain and logistics agility, capability, efficiency, resilience, security, sustainability, and trustability. This aspiration is inspired by the path traced by the Digital Internet, the World Wide Web, the plethora of Apps, cloud and edge computing, and digital intelligence, that have radically transformed decision, information and communication capabilities and performance across the world.

At the core of this emerging era lies the Physical Internet. It can be formally defined as a hyperconnected global logistics system enabling seamless open asset sharing and flow consolidation through standardized encapsulation, modularization, protocols, and interfaces to improve the capability, efficiency, resiliency, and sustainability of fulfilling humanity's needs for physical object services [5]. It is characterized as being hyperconnected as its components and actors are interconnected, ultimately anywhere and anytime, through interlaced physical, digital, operational, transactional, legal, and personal layers [5].

The forthcoming sections focus on the operational layer of the Physical Internet, within the contexts of hyperconnected transportation and delivery, hyperconnected distribution and fulfilment, as well as hyperconnected production and supply.

2. Hyperconnected Transportation and Delivery

Typical to current transportation are the point-to-point networks and hub-and-spoke networks. In point-to-point networks, depicted in the upper left of Figure 2 (from [6]), freight is transported by a single-party carrier from source to destination in a single journey, such as in full truckload shipment, either directly or through a multi-stop route. This induces considerable long-haul shipment tasks for drivers and limited consolidation opportunities for freight, leading to unused capacity, or longer delays or lower delivery frequency to fill capacity.

Hub-and-spoke networks, depicted in the upper center of Figure 2, have been used to alleviate these issues. They rely on relay-based transportation by allowing transferring and consolidating freight at hubs. However, flow is constrained to the hub-and-spoke structure. Every source is connected to only one entry hub or spoke, every destination to only one exit hub or spoke, every spoke is connected to a single hub, and every hub to a limited number of other hubs often according to a tree graph topology. A typical freight journey has it first shipped from source to a spoke where is it consolidated and shipped to a hub in a second carrier; it again consolidated at the hub into another carrier either to a spoke or another hub for one or a few more hops, until it is finally consolidated at a spoke for final delivery to destination. Hub-and-spoke networks thus concentrate a lot of the flow in and out of a few hubs that are generally of large size. Most hub-and-spoke networks are dedicated to a single-party transporter. They face lots of challenges such as hub congestion during demand peaks, extra travel induced by their low inter-node connectivity, restricted consolidation opportunities notably due to lack of connectivity between spokes, and reliance on strict cut-off and threshold times to ensure coordination at the high-throughput hubs.

To enable the pickup, transportation, delivery, and return of physical objects, the Physical Internet alternatively relies on a Logistic Web, an open network of logistic networks [4]. As depicted in the upper right side of Figure 2, this Logistic Web can be structured as a multi-plane network of logistic meshed networks. As proposed in [7], the planes may correspond to a hierarchical spatial clustering of addresses into zones, zones into cells, cells into areas, areas into regions, regions into blocks, and blocks into the overall planet. Thus, the lowest-plane networks support flows within a small zone, such as a village, a campus, an urban neighborhood, or even a high-rise building or a part of a gigantic one. The highest-plane network support global flows across the world. The networks of hierarchically adjacent planes are interconnected through hyperlinks between their nearby hubs. Freight shipments get fast from origin to destination through multiple short-haul legs between hubs with short stopover and high consolidation, and concurrently allow truckers to be back home frequently through short-haul inter-hub cycles when they are road-based.

Hyperconnected logistic networks change freight flow and open up alternatives to rethink transportation and delivery beyond the current paradigms. As in hub-and-spoke networks, freight moves through relay-based freight transportation, yet with more degrees of freedom for consolidation at all hubs, less reliance on cut-off and threshold times, more resilience and less extra travel due to meshed nature of each network and the hyperlinks between networks, more velocity with hubs designed for the Physical Internet and its modular containers, and more shipment options due to the open-access, multi-party, multimodal foundation of hyperconnected logistic networks. The lower portion of Figure 2 illustrates the flow pattern difference between traditional point-to-point networks and PI-based hyperconnected logistic networks, clearly demonstrating the higher degree of achievable flow consolidation while allowing efficient freight journeys from source to destination.

To help readers better understand how operations of PI transportation and delivery work, two scenarios re hereafter addressed, hyperconnected parcel delivery and hyperconnected semi-trailer transportation.

First, consider the logic of hyperconnected parcel delivery, showcased in Figure 3 [7, 8]. Assume that a client in a city puts a request for picking up a parcel at some source location and delivering it at some destination location. First a courier is to pick up and move it with its other picked up parcels to a nearby access hub. Where the client's parcel needs to go nearby, the other side of the city, another city, or somewhere across the world, influences where the parcel will be directed to move next. If the destination is nearby in the same local cell, the parcel will simply be moved toward another access hub in the access hub network and then get shipped from there to its destination. Otherwise, it will be moved to a nearby local hub in the Appropriate direction where it will be consolidated and shifted to the higher-plane local hub network. Keeping the same logic, the parcel can also be moved from a local hub and climb to the gateway hub network, and then to the regional hub network, and so on, being dynamically consolidated Appropriately, depending on its final destination. When the parcel gets to near to its destination, it shifts downward into lower-plane networks down to the most Appropriate access hub near its destination for transfer to a courier for final delivery. No matter where the origins and destinations are, there is always hyperconnected transportation and delivery service to pick parcels up or deliver parcels to. Multiple parties can act as transporters from source to first hub, between hubs, and from last hub to destination, using diverse modes of transport as Appropriate. Also, each hub may be operated by a distinct party. The usage of standard protocols and sharing the services of open-access facilities designed and operated for hyperconnected logistics are the basis of overall efficiency, fairness, resilience, seamlessness, trustability, and velocity.

Second, consider the logic of hyperconnected semi-trailer transportation and delivery [2, 9]. Instead of mostly relying on direct end-to-end transport of each semi-trailer by a tractor and its driver-s, it relies on relay-based transportation from origin to a first transit hub, then between hubs, and from the last transit hub to the final destination, with each leg taken care of by a distinct tractor-driver pair with asynchronous exchange at transit hubs. For long-haul transportation, this shortens the origin-to-destination time as contrasted to single-driver direct transportation and allows for each driver to be back home daily. Figure 4, introduced in [2], illustrates a typical case of a shipper intending to have a semi-trailer transported by roadway from Québec City (Canada) to Los Angeles (USA), a journey of more than 5000 km. In addition to other environmental and social gains, travel duration is decreased by half when considering the hyperconnected Approach instead of end-to-end delivery as currently practiced. In the hyperconnected Approach, the semi-trailer is routed in a relay mode through several open transit hubs where it is asynchronously transferred from a certified carrier to another for the next leg on its journey. The example can easily be made multimodal, for example transshipping to/from rail for some segments using bimodal hubs such as introduced in [9].

The semi-trailer illustration above focused on a single semi-trailer having to be shipped. Doing this at scale requires putting in place a transit hub network covering the targeted territory, as depicted in the upper part of Figure 5 for the Québec province of Canada, to enable hyperconnected semi-trailer transportation into, within, and out of its territory. The transit hub network proposed in [10] for assessing the potential includes about 30 internal hubs and 10 transboundary hubs. The current point-to-point way was estimated in [10] to have about 10,000 truckers and tractors to support the overall flow of semi-trailers.

The lower part of Figure 5 provides results from a large-scale simulation-based experiment comparing point-to-point and hyperconnected transportation. Provided are results comparing these alternatives under the 2.5 scenario corresponding to the availability of 10,000 truckers and tractors. They show that hyperconnected dominates point-to-point, outperforming it significantly from an economic perspective with less overall cost, from an environment perspective with less fuel consumption and less greenhouse gas emissions, and from a societal perspective with overall better delivery service level for shippers and better quality of life for truckers.

In the simulation, the dominant performance of hyperconnected transportation has been achieved with simple PI protocols, operationally much simpler than point-to-point transportation. Illustrative PI protocols guiding operations in the hyperconnected simulation are: (1) truckers have priority on semi-trailer selection based on their hub arrival order; and (2) semi-trailers with the same next (hub) destination are prioritized according to their arrival order.

A key facet of PI-based hyperconnected transportation operations, omnisource transportation [1, 6] is about smartly and dynamically leveraging multiple transportation modes and resources. In omnisource transportation, every company that has shipping needs has wide visibility and seamless accessibility to a large variety of sourcing options for its meeting its transport needs. Options include relying on its own dedicated fleet or a strategic partnership with a service provider for (steady) parts of its overall needs, relying on dynamic smart contracts (e.g. from a few months to a few years) with service providers for specific territories or lanes, as well as leveraging the on-demand spot market, notably for more volatile parts of their needs. Access to live availability of sourcing options and to open monitoring of the certifications, capabilities, and performance of the various sources enables informed decision-making supported by digital intelligence tools to smartly leverage the omnisource options.

Omnisource transportation merges multi-party and multimodal sourcing into a more general framework. Indeed, distinct parties may offer transportation mode options better fitting specific contexts. Sometimes relying on a scooter for a short time-sensitive delivery may be quite satisfactory, yet there are other alternatives offered by various parties that may prove better fitting at times depending on terrain, congestion, urgency, etc.: walking or running with the packet, (e-)biking with a trailer with a modular container holding several packets, using a small e-truck, flying a drone, or relying on a droid or mobile robot.

As schematized in Figure 6, there is a wide variety of multimodal options leveraging the airways, railways, tunnel ways, roadways, and waterways in order to dynamically adapt, proact, or react to terrain, journey, volume, congestion, weather, and disruption. All may be dedicated for freight mobility or shared for both freight and people mobility. Some options may be fully or partial autonomous while others require human for piloting them. Airway options includes aircrafts, airships, drones, and helicopters. Railway options include monorails, subways, and trains, from light-duty to heavy-duty capacity. Tunnel/pipeline ways options include novel modes such as associated with cargo-souterrain and hyperloop. Waterways options include barges, boats, ships, and submarines.

Targeting the biggest-capacity carrier is not always the smartest way. Container ships provide a vivid illustration. On the plus side, the current largest container ships may carry 24,000 twenty-foot equivalent containers (TEUs), up to 240,000 tons, they are very manpower efficient, they are fuel efficient, and they resist well to severe weather/ocean conditions. On the negative side, they take a lot of space in ports with their 400-meter length, they require deep-water access creating deep drainage and tide issues, they are creating huge throughput peaks and valleys at ports operations, and their low frequency due to multi-port cycles and long loading-unloading times affect the operations and inventory of shippers and receivers. In the Physical Internet, these huge ships have a clear role in the upper-plane global logistic networks, yet smaller ships have better fitness in lower-plane networks within a block or region.

Overall, across and within option types, there may be specific options with differentiating characteristics such as availability (schedule), capacity (size), energy autonomy, environmental impact, price, reliability, security, and speed. Omnisource transportation is about enabling the availability of a wealth of pertinent options and the clever dynamic selection among these options for each (consolidated) shipment, accounting notably for the time and price sensitivity of customers, demand and supply variability and stochasticity, and driving toward enhanced efficiency, resilience, security, and sustainability.

3.Hyperconnected Distribution and Fulfillment

An intuitive example is hereafter used to illustrate the difference between conventional dedicated distribution and PI-induced hyperconnected distribution [1]. The left side of Figure 7 depicts two manufacturers that have dedicated plants and distribution centers (DCs)to feed retailers. The retailers have their run their own dedicated distribution centers to further feed interfaces with clients such a retail stores and click-and-collect drives. Each manufacturer sends its produced goods to its dedicated distribution center. Upon orders from retailers, goods are shipped by the manufacturer from its distribution center to distribution centers of the clients from where the retailers ship the goods to replenish their stores. The distribution networks and processes of distinct manufacturers are completely disconnected, as is also the case for the retailers in dedicated distribution.

The resulting flows with dedicated distribution for this simple case are illustrated in the left side and the center of Figure 8 for a specific implementation over a simple grid-based territory, with the left side depicting it implemented with dedicated transportation and the center depicting is implemented with hyperconnected transportation leveraging a meshed logistic hub network. Figure 8 reveals that induced overall fuel and travel in dedicated distribution are respectively reduced in average by 19% and 27% by switching from dedicated to hyperconnected transportation, yet inducing an average and maximum DC-to-store time increase of 15% and 16% respectively due to transshipment and consolidation times at hubs.

Hyperconnected distribution breaks away from dedicating distribution centers to each manufacturer and retailer. Instead, it enables to share services of open-access distribution centers, as depicted conceptually in the right side of Figure 7, in the spirit of cloud storage with the Digital Internet. Each retailer can now dynamically deploy smartly its stock in multiple distribution centers near its customer interfaces to ease their replenishment. Each manufacturer can also do similarly, deploying its stock near to the distribution centers where retailers are deploying their stock, even potentially in the same centers.

The resulting flows with hyperconnected distribution coupled with hyperconnected transportation are depicted in the right side of Figure 8. With both dedicated and hyperconnected distribution relying on hyperconnected transportation, switching from dedicated to hyperconnected distribution reduces overall fuel and travel in average by 29% and 23% in this case, and induces an average and minimum

DC-to-store time reduction of 82% and 74% respectively. The complete switch from dedicated distribution and transportation to hyperconnected distribution and transportation impressively results in an average reduction of overall fuel and travel by 42% and 44%, and an average and minimum DC-to-store time reduction of 79% and 71% respectively. [13, 14] provide results from larger-scale optimization-based experimental investigation of the high sustainable performance of hyperconnected distribution and transportation across North America while [15] provide similar evidence based on simulation-based investigation for urban fulfillment and transportation.

The world is evolving rapidly and many companies are already starting to leverage concepts of hyperconnected distribution and fulfillment. Three PI-oriented models are currently used, as depicted in Figure 9. In a first model, some companies have networks of shared distribution centers like Americold that has over 100 cold chain facilities across the USA, whose services can be contracted dynamically by various clients charged per unit load handling operation and storage duration. A second model has been pioneered by FLEXE.com, with an ambition of becoming the AirBnB of warehousing. The model relies on an on-demand storage and fulfillment marketplace where companies that have space available for any given time register on the platform. Then those who want to have access to on-demand storage space for some time go to the marketplace and shop for their desired services. FLEXE.com facilitates the interactions between them. As a third model pioneered by Amazon, some companies offer fulfillment web services. For example, Amazon has over a hundred fulfillment centers and tells other companies to just bring their stuff there such that Amazon will facilitate everything to make sure that every good demanded by clients will be shipped in time to the targeted destination. This allow vendors to be able to rapidly be able to offer their clients fast, efficient, and reliable fulfillment and delivery all across a wide territory without having to invest in assets. These models are evolving rapidly, ever more in line with Physical Internet concepts and principles underlying hyperconnected distribution and fulfillment.

4.Hyperconnected Production and Supply

Beyond transportation, delivery, storage, and fulfillment, the Physical Internet also enables hyperconnected production and supply [1, 2, 3, 4], leveraging the same type of logic as developed in the preceding sections.

As an illustration, consider Figure 10. Its left side shows a centralized way of fabricating and assembling in a single integrated factory for serving a geo-market, shipping products to clients from that factory. In the middle, the manufacturer keeps the core production in a centralized dedicated fabrication plant, from which it feeds assembly plants distributed across the country, assigning orders to the available plants nearer the targeted clients. The distributed assembly plants are not dedicated to this manufacturer; indeed, they are open factories from multiple parties that dynamically contract assembly operations from multiple manufacturers. So, manufacturers are leveraging assemblers on an as-needed basis. The right side of Figure 10 pushes the concept further. Now the manufacturer, which could be termed a virtual manufacturer, does not touch its parts and products. It further leverages as needed a web of open fabs to produce its core parts. It dynamically matches open fabs and open assemblers to realize its products near to demand.

This type of operations has been used for decades by leading corporations such as Cisco

Systems and Nike, yet with relatively steady sets of contractors and flows. The combination of hyperconnected transportation, distribution, and production at all supply tiers allows to support well the three production examples of Figure 10. This said it enables a massive shift away from restrictive dedicated and centralized manufacturing toward leveraging for higher agility, efficiency, resilience, and sustainability a manufacturing web of distributed open factories, and a supply web of multi-tier distributed suppliers [4].

The examples of Figure 10 can be elevated in potential performance by considering the open factories to be designed for modularity and mobility, allowing for the dynamic reallocation of production and storage modules between open factories as a response to disruptions and fluctuating demand, containerizing these modules for easing their inter-site hyperconnected transportation [16, 17].

5.Conclusion

This chapter has focused on Physical Internet operations, with emphasis on hyperconnected transportation and delivery, hyperconnected distribution and fulfillment, as well as hyperconnected production and supply. It has emphasized how the Physical Internet enables to evolve from the current operations, aiming to depict how it is poised to elevate the game across the globe, offering a novel paradigmatic framework that leads to rethinking every facet of supply chains and logistics.

Many years ago, most people had no idea what the Digital Internet was all about. Nowadays, most people would be reluctant to go back living without a smart phone or a laptop connected them to the Digital Internet, which has dramatically changed everyone's daily life and every organization's operation. It is natural to make the analogy with the emerging Physical Internet as it also has the potential to dramatically change everyone's daily life and every organization's operation.

Indeed, as expressed in [1], the Physical Internet has impact on three levels. At a first level, it concurrently enables across-the-board order-of-magnitude improvement of economic, environmental, and societal efficiency, resilience, and sustainability, essentially raising the worldwide playing field. At a second level, It enables order-of-magnitude capability improvement of business, industries, and territories, notably relative to agility, omnichannel fluidity, responsiveness, scalability, synchromodality, and trustability. At the third level, it enables competitiveness improvement of smart hyperconnected business, industries, and territories adopting and leveraging the Physical Internet. This provides a compelling argument for industry and nations to decide whether, when, how they are to embrace the Physical Internet.

6.References

[1] Montreuil B. (2021). The Physical Internet: Origin, Progress, and Projection, 2021 Physical Internet Symposium, Keynote Speech, Tokyo, Japan, 2021/01/21, https://www.picenter.gatech.edu/node/658

[2] Montreuil B. (2011). Towards a Physical Internet: Meeting the Global Logistics Sustainability Grand Challenge, Logistics Research, Vol. 3, No. 2-3, p. 71-87. https://doi.org/10.1007/s12159-011-0045-x

[3] Ballot, É, B. Montreuil, R.D. Meller (2014), The Physical Internet: The Network of Logistics Networks, (English adaptation of Ballot & Montreuil (2014), L'Internet Physique: Le Réseau des Réseaux de Prestation Logistique), La Documentation Française, Paris, France, 205p.

[4] Montreuil B., R.D. Meller & E. Ballot (2013). Physical Internet Foundations, in Service Orientation in

Holonic and Multi Agent Manufacturing and Robotics, ed. T. Borangiu, A. Thomas and D. Trentesaux, Springer, p. 151-166. https://link.springer.com/content/pdf/10.1007%2F978-3-642-35852-4_10.pdf

[5] Montreuil B. (2015). The Physical Internet: A Conceptual Journey, 2nd International Physical Internet Conference, Keynote Speech, Paris, France, 2015/07/06-08.

[6] Shaikh S. J., N. Kim, B. Montreuil, P. Vilumaa (2021), Conceptual Framework for Hyperconnected Package Transport Logistics Infrastructure, Proceedings of IPIC 2021 International Physical Internet Conference, 12 p., www.pi.events

[7] Montreuil B., S. Buckley, L. Faugere, R. Khir & S. Derhami (2018). Urban Parcel Logistics Hub and Network Design: The Impact of Modularity and Hyperconnectivity, Progress in Material Handling Research: 2018, Ed. A. Carrano et al., MHI, Charlotte, NC, U.S.A. https://digitalcommons.georgiasouthern.edu/pmhr_2018/19/

[8] Shaikh S. J., N. Kim, B. Montreuil, P. Vilumaa (2021), Conceptual Framework for Hyperconnected Package Transport Logistics Infrastructure, Proceedings of IPIC 2021 International Physical Internet Conference, 12 p., www.pi.events

[9] Ballot, E., B. Montreuil & C. Thivierge (2014). Functional Design of Physical Internet Facilities: A Road-Rail Hub, in Progress in Material Handling Research Vol. 12, Ed. B. Montreuil, A. Carrano, K. Gue, R. de Koster, M. Ogle & J. Smith, MHI, Charlotte, NC, USA, p. 28-61.

[10] Hakimi D., B. Montreuil & A. Hajji (2015). Simulating Physical Internet Enabled Hyperconnected Semi-Trailer Transportation Systems, 2nd International Physical Internet Conference, Paris, France, 2015/07/06-08, 11 p. www.pi.events

[11] Hakimi D., B. Montreuil, R. Sarraj, E. Ballot, S. Pan. Simulating a physical internet enabled mobility web: the case of mass distribution in France. 9th International Conference on Modeling, Optimization & SIMulation - MOSIM'12, Jun 2012, Bordeaux, France. 10 p. https://hal.archives-ouvertes.fr/hal-00728584/

[12] Shaikh S. J., B. Montreuil, M. Hodjat-Shamami, A. Gupta (2021), Introducing Services and Protocols for Inter-Hub Transportation in the Physical Internet, Proceedings of IPIC 2021 International Physical Internet Conference, 13 p., www.pi.events

[13] Sohrabi H., B. Montreuil & W. Klibi (2016). On Comparing Dedicated and Hyperconnected Distribution Systems: An Optimization-Based Approach, Proceedings of ILS 2016 International Conference on Information Systems, Logistics and Supply Chains, Bordeaux, France, June 1-4.

[14] Sohrabi H., B. Montreuil & W. Klibi (2016). Collaborative and Hyperconnected Distribution Systems: A Comparative Optimization-Based Assessment, Proceedings of the 2016 Industrial and Systems Engineering Research Conference, Anaheim, Ca, U.S.A.

[15] Kim, N., B. Montreuil, W. Klibi, N. Kholgade (2020). Hyperconnected Urban Fulfillment and Delivery, Transportation Research Part E Logistics and Transportation Review, Vol. 145, 23p. https://doi.org/10.1016/j.tre.2020.102104

[16] Marcotte S., B. Montreuil & L.C. Coelho (2015). Modeling of Physical Internet Enabled Hyperconnected Modular Production, Proceedings of 2nd International Physical Internet Conference, Paris, France, 2015/07/06-08, 13 p. www.pi.events

[17] Marcotte S. & B. Montreuil (2016). Introducing the Concept of Hyperconnected Mobile Production, Progress in Material Handling Research Vol. 13, Ed. J. Smith et al., MHI, Charlotte, NC, USA https://digitalcommons.georgiasouthern.edu/cgi/viewcontent.cgi?article=1015&context=pmhr_2016

驱动面向大规模全行业部署的"元联网"

文 / 孔祥天瑞

深圳大学经济学院物流管理系副主任 / "逗号科技"总经理

1. 背景

互联网 (Digital Internet) 颠覆了传统电信企业的服务、运作和收费模式。类比互联网模式，元联网 (Physical Internet) 为解决物流行业传统专网模型的低效率、高成本、环境污染、缺乏弹性等问题，提供了开创性的解决方案 (Mervis 2014)。元联网上，货运活动将独立于实际操作，通过一系列承运人服务和"接力式"设施，以一种公开统一的方式进行 (Montreuil, 2011)。

2006 年，PI 术语第一次出现在《经济学人》上。之后，无论是学术界还是产业界，PI 概念都已取得迅速发展 (Ballot et al., 2014)。本文内容根据两份 Physical Internet 特刊 (运筹学和管理科学领域 Top4 国际期刊 International Journal of Production Economics，工业工程领域权威期刊 Industrial Management & DataSystems) 的内容节选翻译而成。

在此之前，有多篇文章对元联网做了系统的研究文献综述，如 Treiblmaier, Mirkovski, and Lowry(2016)，Sternberg 和 Norrman(2017)，Matusiewicz et al.(2020) 和 Treiblmaier, Mirkovski, Lowry, and Zacharia (2020)。一些国际物流与供应链领域的旗舰期刊，也发表了专注 PI 概念的特刊并引发巨大关注，例如，梳理 PI 概念及其发展应用的首批研究工作学者及其研究成果的第一份 PI 特刊 (Pan 等，2017)；研究 PI 如何重塑物流和供应链管理中的组织模式和落地实践 (Ballot 等, 2020)；持续演化的 PI 相关概念范式，如 Logistics Web (Kaboudvand 等，2021)、Hyperconnected Logistics (Crainic 和 Montreuil, 2016)、Synchromodal Transport System (Ambra 等，2019) 等。

这些研究有助于定位 PI 新范式、识别驱动使能技术，并给出了在特定领域应用的实施工具和方法的建议。

PI 到底能为物流行业带来什么? 欧美及中国创新企业，正在积极地进行商业模式设计、研究 PI 相关的闭环实验和测试。这里，我们列举一些符合 PI 概念的商业模式创新、同步在市场上取得很大进展的案例。

跨大陆的典型项目和企业案例有以下几个

●欧洲 PI 创新：ALICE 是涉及欧洲主要物流企业和领先科研人员的技术平台 (Horizon 2020 和 Horizon Europe)，已发布 Physical Internet 路线图，有多个 Horizon 2020 重点研究项目获得资助，如关于物流节点再造开发的 SuperGreen 和 COREALIS 项目、关于物流网络再造开发的 ICONET、SYNCHRO- NET、LOGISTAR 和 ePIcenter 项目、关于物流互操作再造开发的 Modulushca、Clusters 2.0、FENIX 和 PLANET 项目，以及关于 PI 商业模式和治理政策研究的 SENSE 项目。

● 美国 PI 创新：ES3 拥有约克郡最大的全自动化共享配送中心，采用 PI 模式，为众多制造和零售客户共享履约并存储货物；Flexe.com 的目标，是成为存储空间领域的 AirBnB，已在美国 20 多个州开展业务。其他还包括开放存取的履行网络服务（如 darkstore.com, sell.Amazon.com/fulfillment-by-amazon）、开放存取交付平台（如 roadie.com），以及货运和物流市场和应用程序（如 coyote.com, uber.com/freight, ware2go.co）等。

● 中国 PI 创新：基于庞大的人口基数、爆炸增长的电子商务和良好通用的供应链基础设施，中国物流业也在加快 PI 创新——顺丰速运构建基于规模化仓运配资产的电商及高端快递服务网络，京东物流在其开放仓储云平台下管理着超 2500 万平方米的仓库空间，菜鸟网络采用协同物流方式提高供应链所有上下游参与者的效率和客户体验……其他创新，涉及整车交易平台（如 fulltruckalliance.com）、零担配送网络（如 dekuncn.com）、按需城市物流运营平台（如 huolala），以及与 PI 相关的初创公司（如 watermirror.ai, smartcomma.com）。

上述学界探索与产业实践显示：PI 概念，正从完全陌生走向被更多人所知；PI 应用，正在不同行业、不同领域，以不同视角和方式推进；PI 价值，通过多元化的商业案例、试点项目、闭环测试，被以更具体、可量化、成体系地验证。不同物流场景中，传统运作网络与按 PI 新模型、协议、标准设计的新运作网络，能力差距在被不断测量和消除，比如按需共享的城配网。

这些最佳实践与科研成果，推动着 PI 应用走向更大规模和更广阔行业，一如当年 Digital Internet（数字互联网）的产业化商业化路径——Digital Internet 以一套协议为基础，最初也主要由研究人员开发，后续通过个体企业应用，逐渐被整个行业采用，最终走向所有社会和经济领域的广泛使用。

新冠肺炎疫情的肆虐，对 PHysical Internet 这一范式革命，起到了前所未有的推动作用。社交隔离措施使得物流和交通运输被迫中断，人们不得不居家工作和在线上完成购物，物流服务需求暴增。在过去的 18 个月，世界集装箱指数增长了 5 倍，航空运输指数翻了一番（Mckinsey 2021, Millefiori et al. 2021）。这些变化，使得学界和业界更深入思考：后疫情时代需要什么样的智能物流解决方案？之前形成的理论成果，是否可以解决后疫情物流实践中的痛点与难点？新系统设计需要遵循哪些范式与标准？研究、完善、推进 PHysical Internet 方案的规模化应用，其重要性和必要性被放大。

深圳大学研究团队联合美国佐治亚理工大学、香港大学等国内外顶尖高校，组织了第七届 Physical Internet 国际会议 (IPIC2020)，这是 PI 国际会议第一次在亚洲举办，第一次走进中国，在线直播总点击量超过 16.5 万人次。该会议为了解、学习和讨论 PI 全球最新成果和挑战提供了独特机会。通过严格评审的部分优秀获奖论文，以及经匿名评审专家严格评审选取的会议结束后一年时间里收到的来自不同国家和地区的 PI 投稿论文，均被收录在特刊之中。

2. 元联网 (Physical Internet) 全球理论前沿

IJPE 特刊主要包括 16 篇研究论文，IMDS 包括 5 篇经过多轮同行评审的研究论文。表 1

总结了本期特刊中包含的论文所研究的解决方案和相关问题。相关解决方案可分为以下四个主要类别（如图1所示）。

2.1 协调与激励机制

机制设计理论 (Narahari et al. 2009) 或博弈论 (Shapley 1953)，常用来研究合作运营商之间相互激励问题。然而，这些机制在复杂的网络场景下，无法得出均衡解。PI 网络须考虑跨网络级别的协作，因为它通过枢纽节点将不同的异构传输网络以及市场互联起来。

Niu 等人专注于在元联网环境下，协调物流服务提供商 (LSP) 在利润分配和信息共享方面的激励措施。他们构建了一种短途和长途物流服务提供商共同提供差异化服务的物流服务模式。他们发现：因为可以更准确地确定服务价格，元联网模式总是有利于长途物流服务提供商，而物流效率的提升程度和竞争强度，影响短途物流服务提供商对元联网的偏好……

Pan 等人专注于在元联网环境下，易腐烂产品与物流的捆绑解决方案。他们提出了一个支持元联网的实时系统，为零售商管理两种互补的易腐产品；根据元联网数据，为互补产品设计捆绑和单独的策略，重新制定定价策略。他们发现：通过提供实时信息，元联网可以帮助零售商获得更多洞察力……

Tan 等人讨论启用元联网的停车管理系统。动态的车位分配和定价过程，使绩效评估更加复杂，他们提出以维克里拍卖来静态分配和定价停车位，再将静态拍卖机制与连续时间马尔可夫链模型，进行动态设置并测试关键因素的影响。实验表明：系统的预期盈利能力和到达率正在增加……

Xiao 等人专注于针对新兴的众包包裹递送范式的多属性拍卖设计。他们为多个案例设计了第二优先评分和维克里—克拉克—格罗夫斯评分 (VCG 评分) 拍卖，综合考虑了包裹的价格和

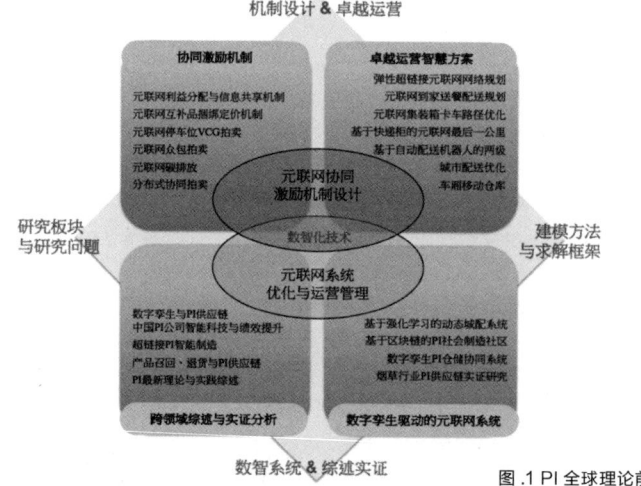

图 .1 PI 全球理论前沿框架

重量。通过数值分析，多属性拍卖在社会福利最大化方面优于单属性拍卖和固定利率机制……

Huang 等人专注于考虑温室气体 (GHG) 排放的供应链营销决策和供应商选择。制造商从替代供应商那里购买某种功能的可选组件，并为不同独立细分市场的零售商定制一套平台产品。他们提出层次分析目标级联 (ATC) 模型，应用 Jaya 算法，在其编码过程中实现了供应商选择和产品系列设计……

Wang 等人专注于实物互联网的教育普及，对如何帮助学生理解实物互联网复杂的协调机制(去中心化拍卖)做了有益的尝试。这是第一项游戏化帮助学生改善元联网学习的研究，设计了包含一个对照组和三个实验组的一款元联网交通游戏教学实验，采用 T 检验、相关分析和回归分析方法，回应了大量研究问题……

2.2 卓越运营智慧方案

传统的运营操作技术难以实现 PI 标准下的互操作性，因此必须重新评估和重新设计。为了在元联网系统中实现这一潜力，运营要素必须加强利益相关者管理、多学科综合以及成功实施卓越运营。事实上，关于对"当前的产业实践是否需要加强并追求全价值链解决方案"的探讨，将让我们更加关注元联网卓越运营管理和方法创新。

Kulkarni 等人专注于破坏性物流网络问题的元联网解决方案，设计了有弹性的超链接物流中心网络，还提供了两种基于整数程序的解决方案，通过物流枢纽连接一组起点和目的地。他们开发了一种元启发式和图形测量，来分别改进解决方案并更好地评估设计网络的弹性。中国包裹递送的案例研究证明，所设计的超链接物流网络具有出色的抵抗传统精益网状物流网络中断的能力……

Lin 等人讨论了在元联网的概念中当前的到家送餐服务。他们将与 PI 相关的属性集成到到家送餐交付中的自我交付 (SD)、外包交付和志愿者交付 (VD) 模型中，利用层次聚类算法开发了一种新的多目标混合整数线性规划模型。决策目标是最大限度地降低成本，最大限度地提高客户满意度。案例研究和模型敏感性分析表明，志愿者交付模型适用于元联网，受到需求分布和几个集群的影响(受固定调度成本的影响最大)……

Li 等人讨论了由于进出集装箱不平衡导致的内陆集装箱卡车的闲置运行。为提高盈利，货运公司在现货市场购买运输，条件是购买请求的起点和目的地与空闲旅程相同。现货市场需求的随机性会导致稳定性差，他们因此采用元联网理念，允许在物流中心将请求从一辆卡车转移到另一辆卡车，将其建模为基于元联网的选择性车辆路径问题 (PI-SVRP)，并在小型实例上使用 CPLEX 开发混合整数程序 (MIP)。他们运用嵌入自适应大邻域搜索 (ALNS) 框架中的新颖启发式算法来解决实际问题，提出一种将分散在时空上的空闲资源结合起来的解决方案，以中继方式实现选择性运输请求的传递……

Ghaderi 等人专注于受元联网概念启发的众包"最后一公里"交付 (LMD) 问题，针对众包 LMD 问题提出了一种创新的解决方案，允许一个或多个众包者使用包裹储物柜作为交付任务的交换点。他们的目标是通过众包网络中实施包裹储物柜，减少旅行路线并改善地理覆盖范围。为此，他们设计了一种两阶段算法，根据包裹储物柜的潜在位置对其进行排名和选择：第一阶段，将任务分类为单个和联合交付集合，根据其在协作交付中的使用情况评估每个潜在的储物柜；第二阶段，设计了基于随机、轮盘和反向轮盘的算法，将任务分配给众包，以实现单个或联合任务。案例研究证明，所提的算法可以微薄的计算成本产生结果，显示使用组合交付提高了成功交付率……

Liu 等人专注于由元联网启用混合车辆负载相关的两级车辆路径问题，设计出一个创新的两级交付系统，传统货车和自动交付机器人 (ADR) 与在"最后一公里"交付中发挥关联作用，以最小化运输成本和排放，解决两级车辆路线问题——因为混合车辆和多个仓库的单位运输成本和单位排放量取决于负载。他们将问题表述为混合整数规划模型，采用基于集群的人工免疫算法予以解决……

Luo 等人探讨了新零售时代城市物流的挑战与解决方案。为实现以全渠道、碎片化订单、去中心化 2C 配送为特征的新零售的全面突破，以元联网概念重新定义城市物流设施、赋能二级城市物流的解决方案。其关键创新在于"集装箱即仓库"的运营模式，启用元联网集装箱作为移动仓库投放到城市停车场，提供灵活的城市物流服务。基于迭代过程设计的自适应大邻域搜索 (ALNS)，建立了所提解决方案的数学模型……

2.3 跨领域综述与实证研究

虽然众多学者和研究机构为元联网制定了战略蓝图，目前仍不确定元联网将如何提高物流运作的可持续性，以及为什么物流服务商应该参与元联网，对可能涉及关键参与者并促进采用元联网概念所需的商业模式缺乏了解。

以下文章回顾了有关元联网的最新成果，并进行了批判性讨论。

Liu 等人重点研究智能技术水平 (STL) 与智能供应链创新绩效 (SSCIP) 之间的关联关系和机制。他们以中国 PI 公司为例，提出了一个理论框架，发现智能技术水平推动了智能供应链创新 (SSCI) 的实施，这对那些促进智能供应链创新绩效的公司和 SSCI 实践尤为重要。他们还发现政府强有力的支持政策和快速反应策略，削弱了智能技术水平在促进智能供应链创新实践中的作用……

Nguyen 等人系统回顾了以往关于供应链管理中数字孪生和元联网知识图谱的研究，分析了该课题的新趋势。他们收集了 518 篇论文，并将它们分类为与元联网和数字孪生相关的 10 个研究流，包括作业车间调度、智能制造设计、基于元联网的 SCM、制造虚拟化、信息管理、可持续发展、数据分析等。他们根据引用突发率和关键字分析时间演变，总结了 7 个潜在的进一步研究机会……

Guo 等人讨论了一种用于工业 4.0 制造业的新型生产和运营管理范式，需要提高生产力、弹性和灵活性。他们开发了一个支持超链接元联网的智能制造平台 (HPISMP) 来支持制造同步操作，还提出了毕业智能制造系统 (GiMS) 来解决动态、随机和复杂的制造环境。通过一个制造案例，证明了系统理念的有效性，为工业 4.0 时代的运营管理提供了更多的洞见……

Duong 等人系统回顾了产品退货相关的研究，提出以混合方法识别的研究流，结合机器学习主题建模和文献计量分析，将先前研究中的三个主要群体聚集在一起：(1) 公关的运营管理；(2) 零售商和 (再) 制造商问题；(3) 顾客心理、体验和对营销活动的认知。从中分析出数字化、多层次、多渠道等未来 5 个研究方向……

Chen 等人确定了 PI 最新关键主题并指出了差距，以展示行业中 PI 部署的当前状态。文章采用系统文献综述 (SLR) 方法，共选取 2011—2021 年的 88 篇论文进行编码分析，确定了包括 PI 概念、PI 评估、PI 组成部分、PI 应用的创新设施、PI 协作、PI 实施和文献回顾 7 个主题，同时对实验、探索、审查、设计科学研究，以及混合方法 5 种关键方法进行了分类……

2.4 数字孪生驱动的元联网平台

物联网、区块链、智能传感等技术进步，驱动行业的数字化转型，现在可以实现在数字虚拟世界中塑造物理世界的对象及其生命周期。数字孪生技术将物理世界和网络世界交织在一起，并控制物体的全履约链条、全生命周期运行。基于强化学习的模型也已开发出来并在 PI 中应用，用来解决控制大车队群的调度、协同与合作，或者用来重新配置基于元联网的供应链结构。

Leung 等人关注与元联网中心相关的库存管理和运营问题，提出一个基于数字孪生的入站同步框架，以简化超链接城市物流系统中元联网中心的操作。数字双胞胎和物联网技术被用于物理对象的数据收集和虚拟化，机器学习集成模型可以优化联合订单履行和补货。该框架还通过模拟实验进行了评估……

Li 等人专注于构建基于区块链的数字孪生共享平台，为社会制造社区整合可重构的社会化制造资源，采用域驱动设计来识别问题域并区分业务子域。引入区块链技术辅助数字孪生的版权保护和共享。他们还提出了一种可重新配置的数字双胞胎架构，以提高数字双胞胎的可重用性。3D 打印的案例研究验证了所提出的系统和平台的有效性……

Qin 等人讨论了复杂动态的城市交通系统中的车辆任务分配，提出基于多智能体强化学习的车辆动态任务分配，并将分配问题转化为随机博弈过程。最优策略可以通过扩展的 actor-critic (AC) 算法获得。案例研究证明他们的方法和框架可以显著降低沟通成本，提高每个周期的接受率和盈利能力……

Shen 等人调查了中国广西省烟草供应链的真实案例。在烟草专卖制度的管理下，我国烟草物流已形成工业物流与商业物流分离的特点。标准的三层供应链结构，使烟草物流在 PI 概念应用和数字化推广方面有了良好基础。文章基于广西烟草企业的相关数据，计算了广西烟草企业的业绩值，通过对各指标和各城市绩效值的分析，发现改进能力对烟草供应链绩效有重大影响。文章建立了系统动力学模型，进一步论证了信息数字化对烟草供应链绩效的影响……

表1 Physical Internet 特刊收录文章概览

题目	作者	技术方法
元联网在构建可追踪和可持续物流服务供应链中的作用 — 博弈分析（The role of Physical Internet in building trackable and sustainable logistics service supply chains：A game analysis）	Baozhuang Niu, Zhipeng Dai, Yaoqi Liu, Yong Jin	博弈论分析
中断风险下的弹性超链接包裹递送网络设计（Resilient Hyperconnected Parcel Delivery Network Design Under Disruption Risks）	Onkar Kulkarni, Mathieu Dahan, Benoit Montreuil	建模和优化
支持元联网的停车管理系统的反向维克里拍卖（A reverse Vickrey auction for physical internet (PI) enabled parking management systems）	Bing Qing Tan, Su Xiu Xu, Kai Kang, Gangyan Xu, Wei Qin	拍卖机制
从传统仓库到元联网中心：基于数字孪生的仓储同步框架（From traditional warehouses to Physical Internet hubs：A digital twin-based inbound synchronisation framework for PI-order management）	Eric K.H. Leung, Carmen Kar Hang Lee, Zhiyuan Ouyang	基于数字孪生的框架
元联网对到家送餐系统的价值分析（The value of the Physical Internet on the meals-on-wheels delivery system）	Meiyan Lin, Shaodan Lin, Lijun Ma, Lianmin Zhang	建模和优化
用于PI众包交付的高效真实的多属性拍卖（Efficient and truthful multi-attribute auctions for crowdsourced delivery）	Fei Xiao, Haijun Wang, Shuojia Guo, Xu Guan, Baoshan Liu	拍卖机制
供应链管理中数字孪生和元联网的知识图谱：系统文献综述（Knowledge mApping of digital twin and physical internet in Supply Chain Management：A systematic literature review）	Tiep Nguyen, Quang Huy Duong, Truong Van Nguyen, You Zhu, Li Zhou	系统文献回顾
基于元联网的内陆集装箱运输问题（A Physical Internet (PI) based inland container transportation problem with selective non-containerised shipping requests）	Ming Li, Saijun Shao, Yang Li, Hua Zhang, Nianwu Zhang, Yandong He	建模和优化
物流不确定性易腐产品捆绑：基于实体互联网的解决方案（Perishable product bundling with logistics uncertainty：Solution based on physical internet）	Fei Pan, Shenle Pan, Wei Zhou, Tijun Fan	实时信息系统
基于区块链的可重构社会化制造资源整合数字孪生共享平台（Blockchain-based digital twin sharing platform for reconfigurable socialised manufacturing resource integration）	Ming Li, Zhi Li, Xidian Huang, Ting Qu	区块链和数字孪生
智能技术与智能供应链创新绩效的关联机制 — 基于中国实体互联网企业的多案例研究（Correlation mechanism between smart technology and smart supply chain innovation performance：A multi-case study from China's companies with Physical Internet）	Weihua Liu, Shangsong Long, Shuang Wei	实证研究
基于多智能体强化学习的PI城市交通系统车辆动态任务分配（Multi-agent reinforcement learning-based dynamic task assignment for vehicles in urban transportation system）	Wei Qin, Yan-Ning Sun, Zi-Long Zhuang, Zhi-Yao Lu, Yao-Ming Zhou	强化学习
了解PI产品退货：使用机器学习和文献计量分析的系统文献回顾（Understanding product returns：A systematic literature review using machine learning and bibliometric analysis）	Quang Huy Duong, Li Zhou, Meng Meng, Truong Van Nguyen, Petros Ieromonachou, Duy Tiep Nguyen	系统文献综述和机器学习
工业4.0制造的同步互操作（Synchroperation in industry 4.0 manufacturing）	Daqiang Guo, Mingxing Li, Zhongyuan Lyu, Kai Kang, Wei Wu, Ray Y. Zhong, George Q. Huang	数字平台与信息系统
基于包裹储物柜的众包最后一公里交付（Crowdsourced last-mile delivery with parcel lockers）	Hadi Ghaderi, Lele Zhang, Pei-Wei Tsai, Jihoon Woo	建模和优化
元联网的电子杂货店配送网络：基于混合车辆的负载依赖两级车辆路径问题（Physical Internet-enabled e-grocery delivery network：a load-dependent two-echelon vehicle routing problem with mixed vehicles）	Dan Liu, Evangelos I. kaisar, Yang Yang, Pengyu Yan	建模和优化
数字化烟草物流对烟草供应链绩效的影响研究 — 以广西烟草业为例（A study on the impact of digital tobacco logistics on tobacco supply chain performance：taking the tobacco industry in Guangxi as an example）	Xiaoping Shen, Yeheng Zhang, Yumei Tang, Yuanfu Qin, Nan Liu, Zelong Yi	实证研究
新零售时代元联网赋能二级城市物流解决方案（Physical Internet enabled two-tier city logistics solution in the new retail era）	Hao Luo, Yilun Wang, Zhixing Luo	建模和优化
云视角下多层级供应链的分析目标级联决策（Analytical target cascading for multi-level supply chain decisions in a cloud perspective）	Yun Huang, Kaizhou Gao, Kai Wang, Haili Lv, Fan Gao	建模和优化
工业中的元联网部署：文献回顾和研究机会（Physical Internet deployment in industry：literature review and research opportunities）	Sihua Chen, Linlin Su, Xusen Cheng	系统文献回顾
游戏化对元联网教学和学习的影响：一项准实验研究（The impact of gamification on teaching and learning Physical Internet：a quasi-experimental study）	Chao Wang, Jianbo He, Zhaodong Jin, Shenle Pan, Mariam Lafkihi, Xiangtianrui Kong	实证研究

3. 讨论

元联网范式提出了许多雄心勃勃、虽然困难重重但很值得研究的议题，两期特刊希望能激发学界研究者和产业界实践家乃至政府政策制定者，在 PI 探索上取得更大进展。

首先，产业界需要给予 PI 更多的落地应用演示，无论可对学界研究者开放共享的场景和信息，还是在更大应用范围内。虽然一些公司使用了接近 PI 的概念，但关于这一主题的有限沟通，使得这些实践的传播仍然困难重重。本文涵盖讨论的 PI 智慧解决方案，均可进一步工业化、商业化并部署在现实物理世界中，特别是对于大型、融合多方的物流系统。可以预见，一些设计问题必须事先解决。

其次，在物流效率的复杂提升过程中，如何协调庞大且分散的行业参与者，以实现全行业的可持续发展，这一重大挑战值得深入探索。尽管海运集装箱已在全球范围内部署，但其循环共享共用直到如今，仍然是一个海运联盟内的"孤立"现象，足可反映出 PI 全行业规模化应用遇到的梗阻。除了必要的实验或局部的成功与失败之外，须在参与者之间达成决策、利益协调，以实现系统和资源共享。两个特刊还揭示了跨学科方法对研究课题的重要性，涉及运筹学、数据科学、计算机科学、信息系统管理、软件和硬件工程，以及系统和组织理论，相信这个轴线在未来会受到更多的关注。

最后，数据驱动和数字孪生驱动的方法，在加强系统与系统、对象与对象或对象与环境的互操作性方面具有巨大潜力。形成一张超大规模、跨行业且融合各方利益的"地网"存在实施上的诸多挑战，可能需要更长的时间才能完成。但从虚拟空间联结一张更智能、更优化与更可持续的"天网"，存在实际可行性且行业需求迫切，尤其可以帮助中小物流企业实现降本增效、持续盈利的目标并应对后疫情时代中的重大不确定性。

随着新兴数字技术的发展，可以进一步研究参与 PI 平台网络的"小企业、小组织"在大规模实施、应用与反馈新技术中的转型潜力。

参考文献

[1] Ambra T, Caris A, Macharis C. Towards freight transport system unification：reviewing and combining the advancements in the physical internet and synchromodal transport research[J]. International Journal of Production Research, 2019, 57(5-6):1606-1623.

[2] Ballot E, Montreuil B, Meller R. The Physical Internet：The Network of Logistics Networks[M]. 2014.

[3] Ballot E, Montreuil B, Zacharia Z G. Physical Internet：First results and next challenges[J]. Journal of Business Logistics, 2021.

[4] Benedito E, Corominas A. Optimal manufacturing policy in a reverse logistic system with dependent stochastic returns and limited capacities[J]. International Journal of Production Research, 2012, 51(1):1-13.

[5] Chen S, Su L, Cheng X. Physical Internet deployment in industry：literature review and research opportunities[J]. Industrial Management & Data Systems, 2022, 122(6)：1522-154.

[6] Duong Q H, Zhou L, Meng M, et al. Understanding product returns：A systematic literature review using machine learning and bibliometric analysis[J]. International Journal of Production Economics, 2022, 243.

[7] Guo D, Li M, Lyu Z, et al. Synchroperation in Industry 4.0 Manufacturing[J]. International Journal of Production Economics, 2021, 238(4).

[8] Huang, Y., Gao, K., Wang, K., Lv, H. and Gao, F. (2022), Analytical target cascading for multi-level supply chain decisions in cloud perspective, Industrial Management & Data Systems, Vol. 122 No. 6, pp. 1480–1498. https://doi.org/10.1108/IMDS-06-2021-0402.

[9] "How COVID-19 is reshaping supply chains" ,https://www.mckinsey.com/business-functions/operations/our-insights/how-covid-19-is-reshaping-supply-chains.

[10] Kaboudvand, S., Campos, M., & Montreuil, B. (2021). Enabling Scientific Assessment of Large Scale Hyperconnected Urban Parcel Logistics: Agent-Based Simulator Design. In IIE Annual Conference. Proceedings(pp.1094-1099). Institute of Industrial and Systems Engneers (IISE).

[11] Kulkarni O, Dahan M, Montreuil B. Resilient Hyperconnected Parcel Delivery Network Design Under Disruption Risks[J]. International Journal of Production Economics,2022,251:108499.

[12] Leung E, Lee C, Ouyang Z. From traditional warehouses to Physical Internet hubs: A digital twin-based inbound synchronization framework for PI-order management[J]. International Journal of Production Economics, 2022, 244.

[13] Li,M., Li, Z., Huang, X., & Qu, T.(2021). Blockchain-based digital twin sharing platform for reconfigurable socialized manufacturing resource integration. International Journal of production economics, 240, 108223.doi.

[14] Li M, Shao S, Li Y, et al. A Physical Internet (PI) based inland container transportation problem with selective non-containerized shipping requests[J]. International Journal of Production Economics, 2022, 245.

[15] Lin M, Lin S, Ma L, et al. The value of the Physical Internet on the meals-on-wheels delivery system[J]. International Journal of Production Economics, 2022, 248:108459-.

[16] Liu W, Long S, Wei S. Correlation mechanism between smart technology and smart supply chain innovation performance: A multi-case study from China's companies with Physical Internet[J]. International Journal of Production Economics, 2022, 245.

[17] Luo, H., Wang, Y. and Luo, Z. (2022), Physical internet enabled two-tier city logistics solution in the new retail era, Industrial Management & Data Systems, Vol. 122 No. 6, pp. 1453–1479. https://doi.org/10.1108/IMDS-09-2021-0597.

[18] Matusiewicz. Logistics of the Future-Physical Internet and Its Practicality[J]. Transportation Journal, 2020, 59(2): 200.

[19] Mervis, J. The information highway gets physical[J]. Science, 2014, 344(6188):1104-7.

[20] Millefiori L M, Braca P, Zissis D, et al. COVID-19 Impact on Global Maritime Mobility[J]. Scientific Reports.

[21] Ming L, Zhi L, Xh E, et al. Blockchain-Based Digital Twin Sharing Platform for Reconfigurable Socialized Manufacturing Resource Integration[J]. International Journal of Production Economics, 2021.

[22] Montreuil B. Toward a Physical Internet: meeting the global logistics sustainability grand challenge[J]. Logistics Research, 2011, 3(2):71-87.

[23] Nguyen T, Duong Q H, TV Nguyen, et al. Knowledge mApping of digital twin and physical internet in Supply Chain Management: A systematic literature review[J]. International Journal of Production Economics, 2022, 244:108381.

[24] Niu B, Dai Z, Liu Y, et al. The role of Physical Internet in building trackable and sustainable logistics service supply chains: A game analysis[J]. International Journal of Production Economics, 2022, 247.

[25] Pan F, Pan S, Zhou W, et al. Perishable product bundling with logistics uncertainty：Solution based on physical internet[J]. International Journal of Production Economics, 2022, 244:108386.

[26] Pan S, Ballot E, Huang G Q, et al. Physical Internet and Interconnected Logistics Services：Research and Applications[J]. International Journal of Production Research, 2017, 55(9-10):2603-2609.

[27] Pan S, Trentesaux D, Mcfarlane D, et al. Digital interoperability and transformation in logistics and supply chain management：Editorial[J]. Computers in Industry, 2021, 129:103462.

[28] Qin W, Sun Y N, Zhuang Z L, et al. Multi-agent reinforcement learning-based dynamic task assignment for vehicles in urban transportation system[J]. International Journal of Production Economics, 2021.

[29] Shen, X., Zhang, Y., Tang, Y., Qin, Y., Liu, N. and Yi, Z. (2022), A study on the impact of digital tobacco logistics on tobacco supply chain performance：taking the tobacco industry in Guangxi as an example, Industrial Management & Data Systems, Vol. 122 No. 6, pp. 1416-1452. https://doi.org/10.1108/IMDS-05-2021-0270

[30] Sternberg H, Norrman A. The Physical Internet-review, analysis, and future research agenda[J]. International Journal of Physical Distribution & Logistics Management, 2017, 47(8):00-00.

[31] Tan B Q, Xu S X, Kang K, et al. A reverse Vickrey auction for Physical Internet (PI) enabled parking management systems[J]. International Journal of Production Economics, 2021.

[32] Tgca C, Bm B. Physical Internet Enabled Hyperconnected City Logistics – ScienceDirect[J]. Transportation Research Procedia, 2016, 12:383-398.

[33] Treiblmaier H, Mirkovski K, Lowry P B. Conceptualizing the Physical Internet：Literature Review, Implications and Directions for Future Research[C]// 11th CSCMP Annual European Research Seminar, May 12-May 13. 2016.

[34] Treiblmaier H, Mirkovski K, Lowry P B, et al. The Physical Internet as a New Supply Chain Paradigm：A Systematic Literature Review and a Comprehensive Framework[J]. Social Science Electronic Publishing.

[35] Wang C, He J, Jin Z, et al. The impact of gamification on teaching and learning Physical Internet：a quasi-experimental study[J]. Post-Print, 2022.

[36] Xiao F, Wang H, Guo S, et al. Efficient and truthful multi-attribute auctions for crowdsourced delivery[J]. International Journal of Production Economics, 2021, 240.

后记

2022年：PI定义"新物流"

文 / 马宏
"棋盘资本"创始人 /"棋兆基金"执行事务合伙人

（一）

在物流信息互通共享技术与应用国家工程实验室主任相峰组织的论坛上，从"物界科技"创始人田民那里，第一次听到 Physical Internet 这个词。记得当时，我用"震撼"一词，表达了 PI 概念给我带来的冲击。

过去 5 年，有一群人一直在寻找。

2016 年 10 月，阿里云栖大会，马云提出"新零售"概念——以消费者体验为中心数据驱动的泛零售业态。"以消费者体验为中心"，正确的废话，"客户中心"几乎是所有创业企业至少嘴上的共识；"数据驱动"，仍旧是废话，IT 时代走向 DT 时代的必然；关键是"泛零售业态"，所谓"随时随地随便买""任何时间、任何地点、任何主体、任何内容"——有了 Internet，信息流自可通畅，资金流亦非问题，在 3D 打印尚且遥远的今天，物流如何随心所欲？没有"地网"支撑的"天网"，只是空中楼阁。

新零售的本质是新物流。

什么是"新物流"？模糊感觉：一种前所未有的新业态正在逼近，现有的名目繁多的物流定义，均不能准确地概括它的全貌，只能姑且称之为新物流。但三年级就是三年级、五年级就是五年级，不能总叫作"新学期"，必须赋予新物流以准确定义。

在德马科技创始人卓序策划下，2017 年间，万涎资本做了三场线下沙龙，并将讨论内容上网，引来百家争鸣。之后，就有了那本辑结了 108 位业内大咖的《无法预见的革命：百家争鸣"新物流"》，记录了这代物流人那一时刻的思考。虽然经过一年讨论，最终还是未能给出新物流准确的定义，只能在书末留下"讨论还在继续……"的尾声。

Physical Internet，这个早在 2006 年就已出现的概念，在那么一个不经意的场合，与一直寻寻觅觅的我不期而遇，给我带来的欣喜和振奋，不言而喻。

3 月 14 日，3.14，正与 Physical Internet 简称 PI 的谐音 π 数字对应。"中国 PI 第一人"田民，在这个特殊日子发了一篇小文，简要介绍了这场"超越今天传统物流模式的颠覆式创新和范

式革命",并展示了欧盟、美国和日本实施 PI 的路径图和时间表。一石击起千层浪(按大连市仓配协会秘书长于波的说法:一"实"激起千层浪),引来"百家争说物 π 网"。细掰概念的、质疑观望的、积极拥抱的、谨慎试水的、宣称自己就是 PI 企业的,莫衷一是。

之后一段时间,恰是魔都最魔幻的日子,空间被封,工作停摆,物流阻断,乱象频现。上帝按下了暂停键。战术狂奔不得不转为战略思考:今日变奏,正是昨日之果? 快进键终将重启,我们如何"种下"明天……

2022 年 4 月,国家《关于加快建设全国统一大市场的意见》出台——通过基础性制度建设,消解妨碍大市场循环到位的各种"堵点"——深化改革的步伐,使得 PI 探讨具有了更多的现实意义。开放中改革,改革中开放。正是 2022 年元旦,RCEP(区域全面经济伙伴关系协定)正式生效,"10+5",缩小版的全球化"大群"诞生,"百年未有之大变局"。

自由贸易离不开通畅的物流基础,作为"进博会"永久举办地、中国进口贸易促进创新示范区,上海虹桥国际中央商务区的重要战略任务,就是连接外循环与内循环,畅通国际国内一盘货、推进内外贸一体化发展。显然,这和 PI 基本理念有着很强的契合度。大虹桥的领导敏锐地注意到了这场恰逢其时的讨论。

在上海虹桥国际中央商务区管委会指导下,虹桥·中国实物互联网论坛(CPIC, China Physical Internet Conference) 应运而生,2022 年 8~9 月间,以线上直播形式举办了首届,包括 PI 理论的提出者、有着"Physical Internet 之父"之誉的美国佐治亚理工大学教授班旺·蒙特勒伊、美国 SOLE 国际物流协会亚太总裁詹斯敦、香港大学实物互联网实验室创办人黄

 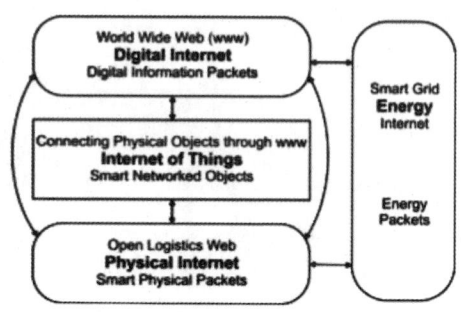

国全等纷纷躬身入局,这场民间自发的 PI 讨论又被推起一波小高潮……

延续记录 5 年前那次新物流讨论的《无法预见的革命》,我们辑结了 5 年后这场物 π 网讨论的《正在遇见的革命》。这是中国第一本正式出版的全面探讨 Physical Internet 的科普读物,初衷依然是"立此存照"——记录间隔 5 年时间,这代物流人在这一时刻新的思考。书尾仍不免留有"讨论还在继续……",讨论的内容显然已有进化,参与人数也达到了 208 人。

也许再隔 5 年时间,还会有一场讨论,还会有"百家争说",还会再续上一本《无法躲避的革命》——三册一套的"革命三部曲",将"保真"地记录下这代物流人在这"特别的十年"里的思想脉络。谁说物流不过是些"腿壮膊粗头脑简单"之徒跑腿搬货的营生?物流已然成为思想者(至少是思考者)日渐云集的领域……

(二)

到底什么是 Physical Internet?虽"芳龄"16,依然没有准确的中文名字。按照中国仓储协会副会长、中国物流技术协会副会长王继祥的揣测:PI 很可能源于一场意外的翻译事故——2005 年的一次中外交流会上,不够专业的翻译,就把物联网 Internet of Things,错翻成了 Physical Internet。

实物互联网 (Physical Internet 现较通行的翻译),当然不是互联网 (Internet),亦非物联网 (IoT)。在第一财经"金话筒"阳子主持的 CPIC2022 首场论坛《PI:一场物流和观念的"范式革命"》上,几位中国 PI 在读博士徐雨葭、鲍文仓、李京泽,提到了他们的导师班旺·蒙特勒伊,曾用一张三层结构图,解答了 Internet、PI(Physical Internet)、IoT(Internet of Things) 三者的区别:最上一层,是建立在虚拟云端、数字连接的数字互联网 Internet,代表着信息流通;最下一层,是建立在现实空间、实物连接的实物互联网 Physical Internet,代表着实物流通;顶层信息流与底层实物流之间,是依靠数据互联产生决策互动的物联网 Internet of Things,比如智能家居、智能汽车之类。"这是两张不同的网,处理对象各不相同",田民也有专文参与讨论:IoT(物联网)实现的,实际还是"物与物之间的信息交互";而"在 Physical Internet(实物互联网)网络里自主流转的,是经过标准化封装处理的'实物包'(Smart Physical Packets)"。

Physical Internet 到底是什么?"新瓶旧酒"的概念标新也好,"痴人说梦"的乌托城邦也罢,抑或是"未来已来"的终局"范式革命",或者就是 5 年前"百家争鸣"试图重新定义的"新物流"……有人说这就是盲人摸象,摸鼻子摸腿摸牙齿摸耳的都有。其实再正常不过:新事物突如其来,我们每个人都会自觉不自觉地,以自己过往的经验,去触碰,去感知。

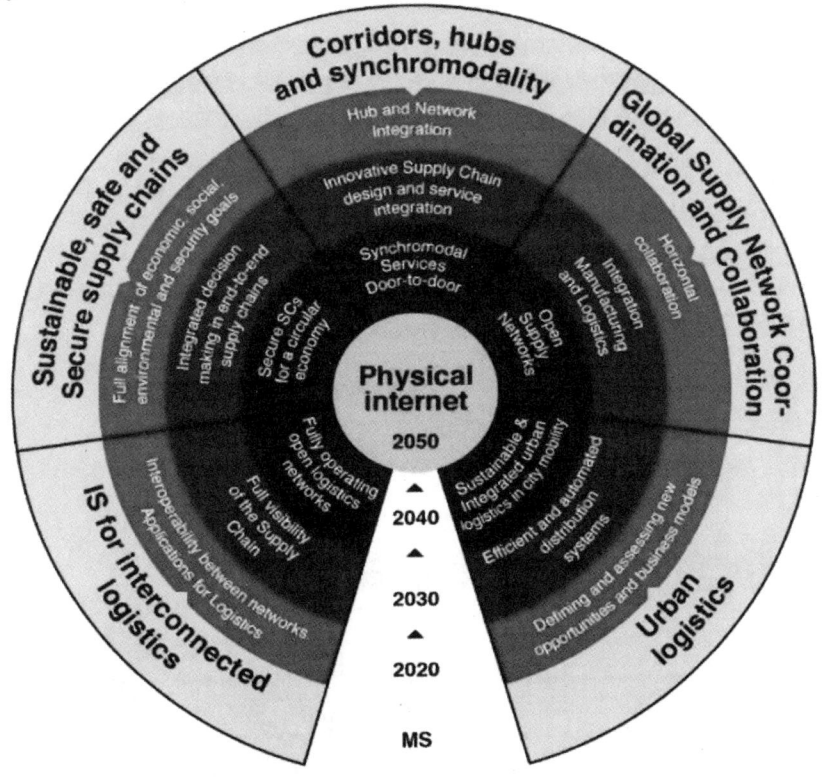

被封在上海寓所,我定心拜读了"百家争说物 π 网"的所有文字。鼻子、腿也好,牙齿、耳也罢,如果不带任何预设立场,将各位"摸"到的局部综合起来,也许就能窥探到"大象"的全貌。数字物流、智慧物流、柔性物流、绿色物流……这些年,各种概念的确听过不少,对照细品,Physical Internet 的内涵确实更为广博厚实。

简单地说,Physical Internet 就是"当实物体 (P) 遇到了互联网 (I)",这是船长出身的陆小建的质朴语言:PI 就是"物理性 (P) 和网络性 (I) 的集合"。这位道裕物流创始人因此断言:人类第一次把商品交易的物理性和网络性进行完美结合,就诞生了20年波澜壮阔的

Internet 浪潮；Physical Internet 就是"人类试图再次把物流的物理性和网络性进行完美结合"。中国报关协会会长、欧坚网络董事长葛基中，则把"I"和"P"看作是"太极中的阴阳两极"："存在于同一个世界里，并且相互变化发展"，Physical Internet 就是"将虚拟世界与现实世界结合起来的体系"。

优联资本董事长、阿里集团前副总裁王孝华，直指行业本质，"PI 概念，可不是'物流+互联网'这么简单"，如果不能切实理清"到底是什么？用来做什么？如何做？为什么"，以及"传统商业的本质是什么？传统物流的本质又是什么？物流究竟为谁服务？物流行业的痛点在哪里？如何解决"等问题，PI"就是一个伪命题"。

Physical Internet 并不是(或并不仅是)一整套技术集成、一系列创新产品，甚至不是商业模式"组合拳"。欧链咨询创始人刘世宏，坦言现实的中国物流"需要一个聚集地和支撑点"：让"在散乱中缺乏相互支撑，也不知道未来的结合点到底在哪里"的一系列"新技术或者新生态"，拥有共同的"归属地"和"安放点"。他认为 PI 概念的提出，打出了"一面旗帜"、树立了"一个灯塔"，"可以把各种新技术在物流行业里碎片化的发展，聚集在一棵大树之下"。

"人是悬挂在自己编织的意义之网上的动物"，尤瓦尔·赫拉利的《人类简史：从动物到上帝》所要表达的，正是《新教伦理和资本主义精神》作者马克斯·韦伯的这句名言。Physical Internet 就是一个筐：Internet 成功构建了一张"天网"信息流的"筐"，人类还需要一张 Physical Internet"地网"物流的"筐"。

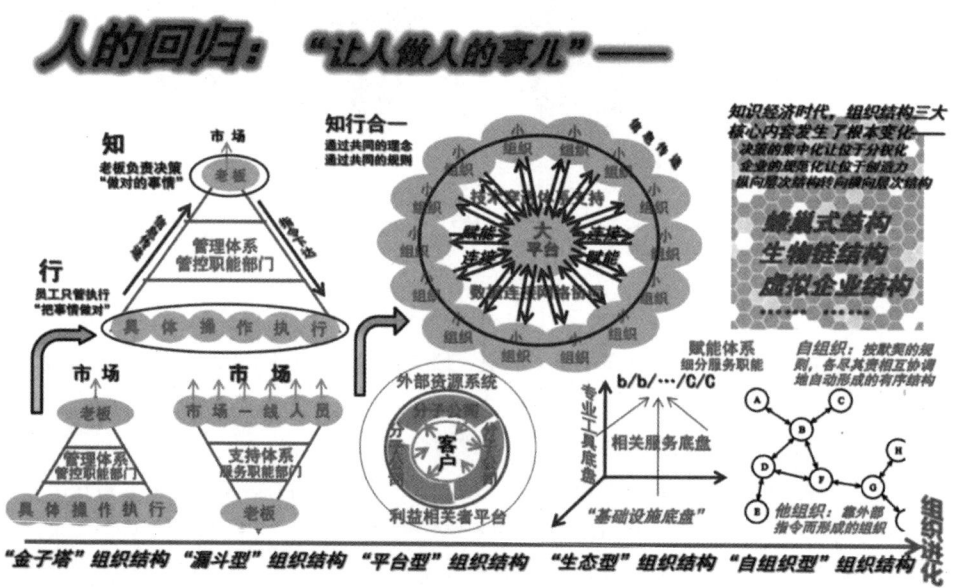

(三)

Who owns the Physical Internet，谁拥有这张实物互联网？这是个好问题，也是个奇怪的问题，恰如你问 Who owns the Internet，谁拥有互联网？——Physical Internet 是一种状态、一种环境，是一种通用工具、一种底层架构，是未来人们工作和生活方式的有机组成部分，一如我们今天习以为常的 Internet，一如于我们已大恩平常的阳光和空气。

未来新物流"大森林"里，狭义 PI 只是基础设施之"肥沃大地"，所谓"基础底盘"；茂密其上的，是精彩纷呈的"生态物种"，即各类 PI 企业；两者相辅相成，共同构建起广义的"PI 生态"——也许这就是这些年沸沸扬扬的"数据连接、技术穿透、网络协同"的"共生组织"或"命运共同体"吧——所谓 S2b2c、产业路由器、大中台等，似乎也是从不同角度，阐述着这同一种变化。

浙江省物流协会产业供应链分会会长、英赋嘉集团董事长张金连，闯荡物流江湖已有 30 年，切身感受着这些年的行业巨变："随着快递、快运的迅猛发展，快递网络和快运（小票零担）网络，乃至快线（大票零担）网络日渐加剧的整合购并，以及各枢纽节点的打通，一张'超级大网'似乎正在慢慢形成。如果再负载上科技的助力，也许这就是未来所谓的'PI 网络'吧"。这张网，越铺越大，越织越密，正在以集约化的"效率为王"原则，碾压着传统物流企业。

5 年前，那场"新物流"讨论，笔者曾提出《物流的"三重性"》：除"物的流通"之天然物理属性外，因其"陪伴和见证了物的全生命周期"，物流还自带第二重"数据属性"；由此衍生，因为能"比客户更了解他的客户，比消费者更了解消费者自己"，物流还拥有了第三重"服务属性"。"服务深藏在产业供应链里，'新三方'的利润来源，在产业供应链的各个节点之上"，这是江湖"老板娘"张金连不得不求变的感悟，也正契合着"十四五规划"中，"分行业做好供应链战略设计和精准施策，推动全产业链优化升级"之句明确的指导思想。

"这场 PI 革命，必将给物流行业的组织变革带来深远影响。可以预测的是，未来物流企业的组织发展，必将更加'数字化、平台化、生态化'，不断打破组织边界，体现出'去中心化'运营的特征"，这是上海市管理科学学会管理咨询专委会主任、硕智管理创始人黄文平的判断。"先聚人，再聚货；先组织化，再用技术驱动。理想在天上，物流在路上"，运联智库创始人褚方鸿，亦强调"组织变革是当下的主要任务"："生物界有三种组织形式，一是细菌型组织，二是大象型组织，还有一种就是蚂蚁型组织"，"信息时代，蚂蚁型组织特别值得我们学习和借鉴"——成群结队共同生存，既"分工协作"又"气味相投"。这位业内"褚大姐"宣称，"未来的新物流，应该是由蚂蚁雄兵组织起来的数智化平台型物流企业"，"'小组织'追求的是利润最大化，'点效率'最大化；'大平台'追求的是总体效率最大化，'间效率'最大化"。

身处一线，灵活敏捷，小组织们显然更加具备有效应对"黑天鹅"的生存弹性——上海

一个月内应急出 30 万社区团长，已然证明蚂蚁雄兵之"分布式商业"和"网状柔性供应链"的力量；若配以"合并同类项"共建大平台，数据连接智能协同，就能让蚂蚁雄兵在关键时刻瞬间卷起"沙尘暴"。

也许，这正是 VUCA 时代的生存之道，正是"统一大市场"期待的目标。

正是成千上万并在汩汩泉涌的创业群体的共同努力，造就了 Internet 今天的繁荣，相信 Physical Internet 也会一样。国家发改委综合运输研究所所长汪鸣，以"管理技术—增量产业—组织手段"三阶段论，概述了这些年中国物流的发展历史——2009 年，物流业被列入中国十大产业调整和振兴规划，还是很出乎绝大多数人的意料的——清华大学互联网产业研究院数字物流首席专家、京沪高速铁路前总经理徐海锋更是直指核心：PI"不仅是物理架构，更是一种关系的重新定义"。

Internet 大背景下，"所有企业都值得重新再做一遍"。Physical Internet 新基建下，同样如此。按照《第三次零售革命》《产业互联网时代》两书作者颜艳春的描述：在这个由若干"物流产业路由器"连接进化而成、"高度智能和高度容错、具有自主纠错、自主优化线路和深度学习能力"的"物流产业互联网"上，甚至"将诞生多个 100 亿到 1000 亿美元级别的、物流平台级别的大厂"。

（四）

破局，首先是思维破框。Internet 如此，Physical Internet 亦如此。

网上"互联网思维"不少，"实物互联网思维"唯见田民的"十字诀"：标准，规则，连接，共识，共享。"十字诀"正应对着 Physical Internet 的核心"三要素"：标准化容器 (PI Container)、高效的节点 (PI Node)、开放的协议栈 (PI Protocol)。

单兵突进渐成历史，连接抱团才是未来。连接需要标准，标准源于规则，规则出于共识——这是一切的前提，是整个 PI 生态的基石。共享则是 PI 的出发初心和最后归属。

连接，首当其冲；连接，谈何容易。

靠什么连接？在中国叉车及物流技术行业研究专家刘世宏主持的 CPIC2022 第二场论坛《内化于心，外化于行——机遇：PI 的设备与资产》上，全球最大的托盘和物流周转箱共用租赁服务公司集保物流的亚洲总裁钱钰、中国最早身体力行推行"共享托盘"的创业者之一——派链供应链创始人宋伟,围绕 PI 核心要素"标准化容器"(所谓"单元化载具"),从中外不同发展历程的观察视角,进行了剖析——将数以亿计错综复杂的托盘,共享共用成上下游、生态圈的一体化、标准化运行体系,已非天方夜谭;供应链节点上交互的最小颗粒度,就能实现工业 4.0 智能制造的产业链前瞻性划分……"惊艳世界的中国快递黑科技"立镖机器人创始人夏慧玲、"科创板智能物流装备第一股"德马科技创始人卓序,更是提到了"黑灯工厂",提到了"工业元宇宙"……

正如《集装箱改变世界》一书所呈现的:改变世界的,不过是一只相貌平平、构造简单的"冷冰冰的铝制或钢制的大箱子",而正是这只普普通通的箱子,打破了固有的"规则"。

企业间的连接叫作供应链,行业间的连接是谓产业链。"今天参加论坛的嘉宾企业,实际就可以构成一个 PI 生态系统",在 CPIC2022 第四场论坛《内外循环下的零售供应链共赢之道》上,虹桥海外华商会进博及贸易促进中心顾问邵翊政,以"近期即可实现的 PI 场景"的"五大屏畅想",回答了论坛主持、中国条码协会副会长、先达集团创始人陈春的"假如实物互联网这一基础设施已初步建成,我们现有的商业系统会发生什么样的变化"的愿景展望:第一个屏,显示"进博会"的海外产品,正在通过进宝汇的达人"天网"直播带货;最后一个屏,显示这些海外产品,已经通过中虹聚坤的经销商"地网",直达全国县域商超门店;另外三个屏,一个是运匠科技提供的产品货物在运输、仓储过程中的管理信息呈现,一个是万位数字提供的产品货物任意位置的状态(包括速度、重量、温度等)信息呈现,还有一个是各类外综服数据(包括智能拼箱、报关报检等)显示屏——"一脉相承"的五个专业串联大屏,背后是先达集团提供的产品身份"识""别"支持系统,是辰达物联提供的相应各种智能设备工具,是宝链智能提供的全套直播设备系统……

邵翊政畅想:"天地融合""软硬兼施"的五大屏贯通后,即可连接"内外循环",直观呈现"畅通国际国内一盘货,实现一票到底"的内外贸易一体化,初步完成并不断完善"虹桥大通道"建设。其中关键,正是 PI 的核心理念——连接。难怪上海虹桥国际中央商务区管委会副主任孔福安在 CPIC 论坛开幕致辞中表示:商务区最大的功能就是连接,"连接带来创新",他热忱欢迎"所有有志打造全国统一大市场的实物互联网的力量能够集聚虹桥,从虹桥出发,创造更多的连接,并且从更多的连接中实现更多的创新"。

连接离不开规则。"从探索'联手共建''天网'好友汇,到以'大平台、小组织'模式组建'地网'德坤供应链,我们一直致力于创建一个开放互联的物流网络路由",德坤供应链董事长徐明亮,例举的正是专线小老板的整合难题——"没有了'大家长','兄弟'们如何相处?":"小公司靠'家长',大企业靠'规则'。整合之前的'无知之幕'设定,就是一套规则;整合过程的'动态股权'设计,也是一套规则;'大平台'与'小组织'之间、'小组织'与'小组织'之间,还是一整套规则……PI 的本质,就是一整套'标准'和'规则'。PI 核心的'容器''节点'和'协议栈',不都是'标准'和'规则'吗?所谓'协议',也正是达成共识的'规则'的书面表现形式而已"。德坤供应链由此说自己是正在践行 PI 理论的企业，并不为过。

"互联网思维"似乎更关注"自由"强调"个性"，"实物互联网思维"似乎更在意"标准"强调"规则"。未来世界，到底是更个性的世界，还是更标准的世界？——相互包容，共同发展——又绕到了辩证法：未来世界，尽可张扬个性，又必须与人协作／协同。要"融入"社会，要与世界"对话"，必须有一套共识基础的标准话语体系，否则，只能是鸡同鸭讲自说自话。这就如同行业不同、业务各异、规模悬殊、区域分散的千差万别的"个性"公司，想要进入公共的资本市场，首先必须完成的，就是按市场"标准"进行股份制改制；首先必须遵循的，就是市场"公开、公平、公正"的各项"规则"。

这就不得不提到企业数字化改造的急迫和重要——数字化才能数智化，数字化是企业走向未来世界的门票。还不得不提到对"资本"的重新（或者说准确）认知——金钱本身不等于资本，只有用来生钱以期获得价值增值，才成为资本，这叫金融资本；投入体力脑力以期获得价值增值，可以是成本更可以是资本，这叫人力资本；创新技术或社会资源带来价值增值，也可以成为资本，这叫智力资本或社会资本；甚至还有基于 Prosumer（产销者）模式、颜艳春所谓的"消费者资本主义"——资本是一种用以获得价值增值的本钱工具，是承载着一整套"游戏规则"的中性之"器"：股东会议事规则、董监高治理结构、"四大委员会"制度设计、"五大机制"环环相扣，乃至投资合同、对赌条款、合伙协议、公司章程，等等，

都是各类生态(或称"共生组织""命运共同体")在"共识"前提下的"规则",是利益相关者的结构化设计……

(五)

毫无疑问,标准、规则不可能一成不变。"未来的方向,应该是寻找有效的方法,使得员工、企业、合伙伙伴(客户)、供应商之间,构建起更为合理的、基于价值贡献的分配机制,一种能够兼顾当前、近期和远期的合理分配机制,构建一种新的'资本+价值贡献'的双轨定价机制",这是雷励金服创始人刘海燕的视角。"PI不完全是一个技术的问题,也是一个组织的问题,更是一个利益的问题",中通物流研究院副院长罗辉林有着更深入的长期思考:"通过PI聚合业务所产生的资本溢价,如何合理公平地分配给各个参与贡献的公司?"

不得不特别说说其中的这位活跃分子罗辉林:1980年生人,曾是京东到家物流规划总监、京东众包物流奠基者、北京众诚众享科技的创始人、公众号"本质说"的打理人;2010年至今,他已经写下了一脉相承、层层递进的三本书。

第一本,是2011年9月正式出版的《物流智联网:物流、电子商务、供应链的革命》,率先独立提出了"物流智联网"概念——其实正是我们今天讨论的 Physical Internet——"通过协议连接打通物流全链,符合标准的服务商皆可接入,将现有的'企业提供物流服务模式'(近似于若干局域网)的壁垒打破,构建灵活插拔的物流领域万维网,物流将成为互联网之后又一个全球公共基础网络"。早在2011年1月,罗辉林已经为他推出的全球第一份物流互联网化协议申请了专利。

第二本,是2017年1月正式出版的《共享思维:互联网下的去中心化商业革命》,罗辉林的思考开始从"技术"走向"人":"'互联网与共享模式'只是解决了信息的共享,并不能真正解决价值共享和财富共享。而且,互联网平台控制了信息和数据以及用户,形成了'流量黑洞',同样也吞噬着参与者的血汗,控制了对他们所创造的财富的分配权。"罗辉林开始以"人"为中心进行思考和商业模型设计。

第三本,是业已完成尚未正式出版的《民富论:基于区块链原理构建共富体系》,模拟 IPFS(InterPlanetary File System,分布式存储和共享文件的网络传输系统)的技术原理和逻辑,构想出一个"面向全球'多对多'的物流基础设施网络"——借助区块链"挖矿"的逻辑理念,实现财富创造者的剩余价值共享:"推而广之,大众参与一个体系,进行业务建设为社会创造财富,并获得财富的分配,这过程就可以称为'挖矿',我们定义为'基于业务贡献挖矿'""如此一来,我们可以建立和实现一种新型的社会大协作组织模式。"……

罗辉林想要"革西方人发明的'公司'组织的命",认定这工业文明时代的产物,已无法与数字文明时代相适应。工业文明时代,价值链传导机制,是环环紧扣的"物的传递"——

上游产品是下游的原材料,终端产品便是客户手中的商品,生产要素是规模越大效率越高的机器,操控者是背后的金融大资本,人"异化"为维护机器正常运作的工具;数字文明时代,价值链传导机制,变成了"数据链接"——价值链上所有参与各方,可以现身同一平台"多对多"信息共享,链式结构"扁平为"网状结构,生产要素的颗粒度变得越来越细小,掌控力越来越"分布式",甚至金融资本也被风投、众筹等方式切分为极小单元……

罗辉林的解决方案,是让所有参与者依据各自的价值贡献获得"矿产",即所谓的"数字股权"——这与颜艳春所谓的"币权"异曲同工——罗辉林试图解决的,正是这个时代"数字资产"的归属问题。颇多共鸣,于是碰撞出一篇《"罗马对话":技术进步与组织创新》,罗辉林还把他的 PI 项目——"共建、共享、共富的 DAO 生态体系"的《CoLink 白皮书》发给了我,约定解封后即见面深聊。谁料就在刚解封的 6 月 5 日傍晚,这位不倦的思考探索者、超常勤奋的写作者、连续创业实践者,竟永远地倒在了健身房……天妒英才啊!

在有信运 CEO 姚杰眼里:农耕时代的核心是土地、工业时代的核心是机器;农耕时代工业时代都是中心化集权范式,信息化网络平台也是中心化产物。全面数智化将带来个体价值时代:"个体作为内容创作者,产权自治、自由分享、自由交易……人们从为生存工作到为兴趣工作,从赚钱养家到热爱生活。"

"现代人不缺头脑,缺的是认知落地的工具",数据"产品"当然也需要有生产工具——"随着科技的发展,数字世界越来越多的代码被封装、被模块化、被组件化。未来我们所有的创造都不需要直面代码,只需要通过各种矿机'零代码平台'去创造自己的'币'","这么说吧,如果 PI 是安卓,那光有手机没有 App 不行。我们做的就是 App",这位华为 MVP 专家成员信心满满,他带领的有信运就是要在 Physical Internet 新基建平台上,把技术也切分为最小单元的"零代码配置","给您一台轻松操作的'矿机'",让劳动力的颗粒度,也能最小化为"数字化员工"……

"让人做人的事儿"!一个"强个体时代",将崛起于 Internet 天网和 Physical Internet 地网之间,人将被再度"解放","数人"们将就此释放出巨大的"生命动能"。

（六）

有个很有意思的现象：一说到 Physical Internet，有人立马就要求你列举几个现实的"高大全"典型出来。这实在是拿结果取代过程、拿整体抹杀局部的思维定式。

正如敏思达 CEO 刘雪飞所言："谈到互联网，大家可能有个误区，认为所有的东西都是即需即得的，我想要啥马上就有。其实不是。互联网真正标准的，只是底层的协议框架。不同的应用，还要开发不同的软件工具，还要考虑数据和文件的存储，以及读取效率和安全性，等等"。"从更大意义上来看，互联网是构建了一个基于网络协议的新生态"——Physical Internet 如出一辙，更何况她还在萌芽初期——"模仿互联网做物流互联，不能简单意义地理解为一个标准化的货物包装，然后通过数据驱动与识别，进行跨企业的流转，就达到某个终极的目标，实现了资源效率的最大化"……

且不说田民的物界科技团队，这三四年来默默地砥砺前行，也不说宋伟的派链托盘，十年如一日地"践行着托盘的标准化共享事业"；且不说罗浩的博士团队逗号科技，通过智能算法＋微服务软件＋可穿戴硬件"三层核心能力建设"，已落地诸多成功案例，也不说陈星浩的中物汇智"在思考如何参与构建 PI 的过程中，针对人员能力、系统能力、决策价值封装，构建了 BSIM（数字孪生物流设计平台）体系，力图打造 PI 的标准化能力封装与协同测试平台，通过利用 UGC（用户生成内容），探索人人创造 PI 元宇宙的新模式"；且不说祁萌的大马鹿"身体力行地把 Physical Internet 的理念，应用到了自家的同城配送路径优化系统当中"，也不说杨立的派天下"长期致力于高速公路网络这一相对封闭的网络场景（也许这是无人驾驶货车可以最先实施的场景）的物流应用的探索，其初衷和模式设计，与 PI 理念和愿景极其相似，只是把聚焦点放在了高速公路这个'局域'而已"……

在逗号科技联合创始人兼 CEO 孔祥天瑞主持的 CPIC2022 第三场论坛《PI 数智化及跨行业落地实践》上，国药控股物流事业部总经理、国药集团医药物流党委书记马建聪、联想全球供应链数字化转型物流领域高级经理郝佳、溢达集团中国区物流总监赵军、顺丰供应链首席数字官孙伟、德坤集团董事长高级助理／满运科技总经理范基元、逗号科技创始人兼董事长罗浩等企业代表纷纷现身，分享了 PI 在各自企业的落地实践。

很多事物其实早已盎然生长，只是你没有看到而已。中通研究院院长金任群就宣称：PI "就是'通达模式'，弥漫状的数字物流闭环体系"；传化智联前高级副总裁张彤也宣称："其实 PI，我们在懵懵懂懂中，都已经做过一部分了。原来在'中交兴路'时期，我们做的事情，也就是满帮、福佑、G7 们现在正在做的事情，都应该就是 PI 的一部分，只是广义和狭义、整体和局部的区别。"在圆通速递副总裁相峰主持的 CPIC2022 第五场论坛《中国快递的速度之谜：先行一步的实物互联网》上，中通快递副总裁金任群、韵达控股副总裁黄伟、申通快递副总裁黄磊，以及极兔速递副总裁后军仪、顺丰集团前 CTO／顺丰科技前 CEO 田民等一众快递实操大佬纷纷亮相，述说着中国快递连续数年占据全球快递总量 60% 以上之谜。

组织模式之外当然少不了硬科技——"与 PI 内涵不谋而合"的"小黄人"立镖机器人,"在整个 PI 体系内实现物料搬运功能"的"魔方盒子"木牛流马,"一个小产品,就可以连接整个 PI 大世界"的"创智动物园"辰达物联,乃至"致力于'P(位置)、S(传感器)、A(算法)、S(方案)'四方面核心能力打造""位置链接价值"的万位数字,以及探索以数字孪生技术构筑"产业元宇宙"的德马科技,"从关注单一环节的最优化,转向整个系统的优化"的新通联等上市公司,正从一个个局部甚至是一个个细小环节入手,努力着让 PI 理想照进现实,让 PI 世界慢慢变得触手可及。"通过连接冷库(节点),再连接冷链车(标准化载具),进而构建一个'区域'的 PI 网络"的冰魔方科技,更是在讨论进程中,拿到了专业机构的投资……

先行者难免孤独,开拓之路注定崎岖,终成"先烈"也司空见惯。虽然"行业与地区的利益不同,全球化的标准统一仍充满困难,但在特定的区域内,Physical Internet 或将给人们带来惊喜,这是值得努力和期待的。未来这些拥有共同基因的缩小版'PI'互联融合,最终将改变整个世界",新通联创始人曹文洁如是表达。

"其实地上本没有路,走的人多了,也便成了路",这是鲁迅先生的名言。

(七)

伍强科技创始人尹军琪坦言:"以我们今天的眼光去理解 PI,会有一定的局限性。完全从 Internet 的理念出发,去定义和理解 PI,亦会有生搬硬套的嫌疑。"上海市供应链发展促进会常务副会长兼秘书长陈永军直言,PI "是一场基因重塑的革命性工程"。方源资本合伙人吕明方则明言:"目前的中国物流企业,总体来讲,还是粗放的、简单的、效率低下的。这种管理模式,正需要一些'革命'。""随着传统企业数字化升级与数字化普及,IoT 中的万物,除了'实物'外,更是把具有思想的'企业'和'人'连接了进来。在未来数字经济体占主导的情况下,IoT 会发生更大、更广的'质变',产生一种新形式,这可能就是 PI",这是麦得邻创始人徐永刚的思考……

的确,今天谈论 Physical Internet,"无疑具有强烈的理想主义色彩",甚至有些人认为:这就是"不明觉厉"的新名词/新概念"故弄玄虚"地堆砌,尤其当 PI 与碳中和(物流的社会总成本)、区块链(分布式/通证)、元宇宙(数字孪生/虚实合体)等这些时髦概念混杂在一起的时候。

仔细一想:真正的创业者,骨子里哪个不是理想主义者?"我们都有理想,而且或多或少都是理想主义者。亦或者说,我们一直走在去往理想的路上。"《冷库视界》专家委员会主席王沁如是说。

"推动世界滚滚向前的是一个双轮结构,前轮是'艺术'和'梦想',后轮是'科学'和'实践'。很多'革命',都来自起初似乎不切实际的'灵光一闪'"众城一家创始人赵明的金句,颇有些诗意。"不管名字怎么叫,概念炒作也好,'范式革命'也罢,这也算是我们物流人最终想做成的事。"上海冷链协会秘书长、新天天冷链总经理谢珮玲的话语,简单明了。

无论是从行业终局思考出发、站在未来布局今天、"相信相信的力量""旧地图找不到新大陆"的"故事派",还是从核心能力审视入手、立足今天面对未来、"认识自己的无知""摸着石头过河"的"赛马派",都不得不正视并积极应对这场"正在遇见的革命";不管是热情如"火"的理想主义,还是冷静似"水"的经验主义,不管是细掰概念、质疑观望,还是积极拥抱、谨慎试水,实际上都已经开始了探寻PI(不管它叫什么名字)现实落地路径的努力……

"故事"当然不能只是用来忽悠投资,"不能把手段当目的,把投资人当成了市场,把融资看作成功,这些都是不长久和不根本的。"这是天地汇集团董事长兼CEO徐水波的忠告。集保亚洲总裁钱钰则说她对 Physical Internet 这个新事物的兴趣,"来自对物流行业现状的理解,以及我对互联网这个人类最伟大发明之一的信仰"——确实,Physical Internet 本身,又何尝不是一种"信仰"。

顺便提一句,讨论中笔者发现:有些人根本没有沉下心来,认真(甚至是不屑)了解 Physical Internet 或阅读他人文章,仅凭望题生义或道听途说或断章取义的只言片语,便妄下断言。这里,我们着实看到了那两个心理学现象:一曰"预期效应",所谓"你听到的,其实是你想听到的,你看到的,其实是你希望看到的";一曰"证实偏见",即"人们往往倾

向于寻找那些能够支持其原来观点的信息，往往忽视掉那些可能推翻其原来观点的信息"。这也许正是现今社会，信息越来越多元、"愤青"越来越偏激的原因。

多听听不同的声音总是不错的，也许正是这些思想"杂矛"，能刺破我们一些固有思维的"框框"。"这是一个新世界，首先需要打破的是枷锁，是我们的习惯、'人我'和傲慢!"中国口岸协会科技分会副会长、元初控股董事长黄影明表示……

"独特的加盟模式，穿起了'三通一达'的局域小网，创造出中国快递突飞猛进的奇迹。把局域网和局域网再连接起来，又将发生什么样的变化？有人积极去拥抱，于是进入更大空间；有人排斥和拒绝，于是成为孤岛。"相峰一再强调他的物流信息互通共享技术与应用国家工程实验室的名称中，就包含着"互通"和"共享"两个关键词。

在2022年DHL罗列的未来5～10年最具冲击力的社会和商业趋势中，Decarbonization（低碳）和Physical Internet（实物互联网）被排在了最靠前的位置。忽然想起班旺·蒙特勒伊的那张Internet—IoT—Physical Internet三层结构图，图中还标示有一张

连接着前述三张大网的网络 Energy Internet——智能传输"能源包"的能源网，似乎已经把这两场"范式革命"联系在一起。如出一辙，写下《第三次工业革命》、《零边际成本社会》、《零碳社会》三本全球畅销书的美国未来学家杰里米·里夫金，在他那本《第三次工业革命》的书里，也提出了通讯互联网、能源互联网、物流和交通互联网、物联网"四种不同的互联网"，并宣称：这种"协作共享"的新经济范式的演变，"就是第三次工业革命。"

风、光、锂、氢，去中心化能源革命已星火燎原；新能源、新基建、无人驾驶、黑灯枢纽，物流基础设施革命亦如火如荼。"现在是枢纽中心指挥着一帮快递小哥在奔跑，未来是分布式节点连接着一帮机器人在忙碌……"这是红杉资本合伙人杨兆国的断言。"物流的工作场景、连接方式，乃至技术设备，都会发生根本的改变。若不紧紧跟上，时代抛弃你时，连招呼都不会打。"德马科技创始人卓序这样解释他积极参与这场 PI 讨论的心境。

2022 年，Physical Internet 实物互联网，明确定义了"新物流"。

5 年前的那次新物流讨论，诞生了那本《无法预见的革命》；

5 年后的这场物 π 网讨论，诞生了这本《正在遇见的革命》；

也许再隔 5 年时间，还会有一场讨论，还会有"百家争说"，还会再续上一本《无法躲避的革命》……

一套"革命三部曲"，将"保真"地记录下这代物流人在这"特别的十年"里的思想脉络……